JOACHIM GAUCK

Winter im Sommer – Frühling im Herbst

JOACHIM GAUCK

Winter im Sommer –
Frühling im Herbst

Erinnerungen

in Zusammenarbeit mit
Helga Hirsch

Siedler

FSC

Mix

Produktgruppe aus vorbildlich
bewirtschafteten Wäldern und
anderen kontrollierten Herkünften

Zert.-Nr. SGS-COC-001940
www.fsc.org
©1996 Forest Stewardship Council

Verlagsgruppe Random House FSC-DEU-0100
Das für dieses Buch verwendete FSC-zertifizierte Papier *Munken Premium*
liefert Arctic Paper Munkedals AB, Schweden.

Elfte Auflage

Copyright © 2009 by Siedler Verlag, München,
in der Verlagsgruppe Random House GmbH

Umschlaggestaltung: Rothfos + Gabler, Hamburg,
unter Verwendung einer Fotografie von Jonas Maron
Lektorat und Satz: Ditta Ahmadi, Berlin
Druck und Bindung: GGP Media GmbH, Pößneck
Printed in Germany 2010
ISBN 978-3-88680-935-6

www.siedler-verlag.de

Inhalt

»Wo ich her bin ...«

Wenn ich den Sommer besuchen will, habe ich es nicht weit. Auf dem Fischland, östlich von Rostock an der mecklenburgischen Küste, kühlt er seine Hitze zwischen Ostsee und Bodden. Dort, wo das Land zwischen den beiden Wassern auf gerade einmal fünfhundert Meter zusammenschrumpft, liegt das Ostseedorf Wustrow.

Von hier stammen die ersten Erinnerungsbilder, die meine Seele aufbewahrt, denn hier verbrachte ich die ersten fünf Jahre meines Lebens: das Gesicht der Mutter über mir, das Haus, der Baum, der Himmel – hell. Das große Wasser, die Großmutter, der Himmel – dunkel. Die kleine Schwester, Kindertränen, Kinderglück. Alles war zum ersten Mal.

Aber immer, wenn ich mich erinnere, gibt es ein erstes Bild. Ich bin zwölf Jahre, besuche Tante Marianne, eine Freundin meiner Mutter. Sie wohnt mit ihren beiden Kindern in einem uralten Fachwerkhaus am Bodden. Im vorderen Bereich der dunklen Diele mit dem Lehmfußboden sind die Ställe, hinten liegen die Küche und die Zimmer. In der Diele streichen Katzen herum, Schwalben fliegen ein und aus, unter dem Gebälk haben sie ihre Nester gebaut.

Das Haus gehört Opa Konow, Tante Mariannes Vater, einem Mecklenburger Urgestein. Sein kleines Holzboot, eine Polt, liegt fünfzig Schritte entfernt im »Hafen«, einer kleinen Ausbuchtung im Schilfgürtel am Rande des Grundstücks. In diesem Boot lerne ich rudern und – da man es schnell in ein Segelboot verwandeln kann – auch segeln. Man holt damit Heu von einer Boddenwiese oder von der gegenüberliegenden Kreisstadt das Bindegarn, das für die Mähmaschine gebraucht wird. Opa spricht natürlich Plattdeutsch, mit Einheimischen und Fremden gleichermaßen, gelegentlich auch mit dem Wind, wenn der es »tau un tau dull« treibt mit dem kleinen Holzboot – nicht, dass man noch beidrehen und reffen muss!

Wenn sein Enkel Burckard und ich »anstellig« sind, kriegen wir ein gutes Wort und später in der Bauernküche Leckmilch, einen fast körnigen Quark. Wahrscheinlich buttert Tante Marianne gleich. Ich entwickle einen regelrechten Heißhunger auf die frische, mit winzigen Wasserteilchen behaftete sattgelbe Butter aus dem Fass, die Tante Marianne am Abend verschwenderisch auf ein Stück Schwarzbrot schmiert. Wir sind immer hungrig, denn wir sind immer draußen, bei Wind und Wetter, auf dem Hof, auf den Wiesen und auf dem Wasser.

An diesem Tag zieht ein Gewitter auf, was nicht allzu oft geschieht, denn meist, so die Alten, zögen die Gewitter am Fischland vorbei, wegen der Lage zwischen den Wassern. Aber wenn es kommt, dann mächtig. Mein Freund und ich rennen in die Laube gegenüber der Küche, wir erschauern, wenn die Blitze den Himmel zerreißen, und hören dem Regen zu, der laut auf das Laubendach trommelt und leise in den weichen Lagen des Rohrdachs gegenüber versickert.

Es ist so dunkel geworden, dass in Tante Mariannes Küche jetzt Licht brennt. Ich sehe sie dort hantieren, die Oberseite der Küchentür steht offen. Gern würde ich ihre Augen sehen – mir war immer, als würden ihre Augen ja sagen zum Leben. Sie haben das sicher immer und überall getan, aber in diesem Sommer bin ich es, der in den Blick dieser Augen gekommen ist. Ich spüre: Ich bin einer, der dazugehört. Tante Marianne hat mich geborgen. Jetzt blickt sie auf, sieht zu uns hinüber in die Laube, sie lächelt und winkt, wahrscheinlich gibt es gleich Abendbrot.

Morgen würde das Gewitterdunkel weitergezogen sein, Tante Marianne würde uns mitnehmen in die Wustrower Kirche. Jeden Mittwoch ist hier Sommerabendfeier, ein Abend bestimmt von der Musik durchreisender Künstler, vom Klang der Orgel und immer demselben Lied zum Schluss. Ich werde es schnell auswendig kennen:

Der Tag nimmt ab. Ach schönste Zier,
Herr Jesu Christ, bleib du bei mir,
es will nun Abend werden.
Lass doch dein Licht
auslöschen nicht
bei uns allhier auf Erden.

Während wir mit unseren Fahrrädern am Bodden entlang zurückfahren unter unser Dach, summe ich die Melodie vor mich hin. Heute schlafen Burckard und ich im früheren Kälberstall neben der alten Scheune. Es gibt kein Licht und keine Betten, wir liegen auf Stroh bei Mäusen und Fledermäusen, wir sind mutige große Jungs. Die Tür zum Hof steht offen, der Himmel ist klar, wenn ich den Kopf wende, sehe ich die Sterne. »Der Tag nimmt ab … lass doch dein Licht auslöschen nicht …« – da bin ich eingeschlafen.

Heimat, so hörte ich den Rostocker Schriftsteller Walter Kempowski gut dreißig Jahre später im Westrundfunk sagen, Heimat sei für ihn der »Ort früher Leiden«. Ich weiß noch, wie ich mich dagegen auflehnte. Für mich war Heimat frühes Glück. Erst zwanzig Jahre später sollte ich begreifen, dass mein Glück im Sommer 1952 eng mit dem Unglück ein Jahr zuvor verbunden war. Tante Marianne hatte mich aufgenommen, nachdem mein Vater abgeholt worden war und spurlos verschwand. Wegen des dunklen Sommers ein Jahr zuvor hat der Sommer bei Tante Marianne alle früheren Bilder überstrahlt.

Als meine Familie nach Rostock zog, blieb Wustrow für mich ein Zufluchtsort, ein tröstlicher Bezugspunkt ein ganzes Leben lang: Als ich jung war und jetzt, da ich in die Jahre gekommen bin; als ich noch allein lebte und als ich verheiratet war; als ich ein Kind war und als ich Kinder hatte. Noch heute umfängt mich das Gefühl einer ganz besonderen Wärme und innere Freude, wenn ich, von Rostock kommend, auf das Fischland abbiege, parallel zur See nach Nordosten fahre, wenn dann in der Ferne der Kirchturm von Wustrow auftaucht und ich rechter Hand hinter Wiesen und Schilf den Bodden weiß. Auch wenn ich nur zu Besuch komme, fühle ich: Hier bin ich zu Hause.

Dabei waren wir doch Zugezogene, ansässig erst seit 1938, als meine Eltern Joachim und Olga Gauck nach ihrer Heirat eine Haushälfte gegenüber der Seefahrtschule in der heutigen Parkstraße mieteten, die damals Adolf-Hitler-Straße hieß. Wirklich fremd waren sie allerdings nicht, denn beide waren Mecklenburger, mein Vater zumindest ein halber, denn sein Vater stammte aus Sachsen. Mein Vater hat in Wustrow die Seefahrtschule besucht und sie zunächst mit dem Steuermanns-, 1940 mit dem Kapitänspatent A 6 beendet: Kapitän auf großer Fahrt. Als Kapitän ist er im Krieg allerdings nicht mehr gefahren; herumgekommen auf den Weltmeeren war er allerdings schon seit der Zeit, da er, gleich nach dem Abitur, als Schiffsjunge auf der Viermastbark »Gustav« angeheuert hatte. Im Familienalbum finden sich Bilder aus Australien, Afrika, Skandinavien und von Sumatra. Zuletzt arbeitete er in der Reederei Ferdinand Laeisz in Hamburg und holte auf Fruchtschiffen Bananen und andere Südfrüchte aus Afrika.

Meine Mutter scheint ihn bei einem seiner Landgänge regelrecht gekapert zu haben. In der Familie wurde jedenfalls kolportiert, dass die junge Olga Warremann den immerhin schon 31-Jährigen nach der Rückkehr aus Kamerun bei der Hamburger Reederei abgeholt und erwartungsvoll gefragt habe:

»Hast du meinen Brief bekommen?«

Mein Vater wusste von keinem Brief.

»Dann weißt du nicht, dass wir morgen in Blankenese heiraten?«

Offensichtlich musste mein Vater nicht lange überlegen.

So kam es, dass, als mein Vater zum Militär eingezogen wurde, meine Mutter nach Wustrow zog. Dort lebte ihre Schwiegermutter Antonie Gauck, die sich hier ein Haus an der Ostsee hatte bauen lassen. Als Tochter eines Ackerbürgers mit kleinem Viehhandel in der mecklenburgischen Kleinstadt Penzlin verfügte sie zwar über ein Erbe, aber über keine laufenden Einkünfte. So wollte sie Sommergäste beherbergen, um sich den Lebensunter-

Sommer 1952 mit Burckard und Tante Marianne. Sie hat mir ein Zuhause im ersten Sommer gegeben, den meine Geschwister und ich ohne den Vater verbringen mussten.

halt zu sichern. Die Leute im Dorf sagten: »De Fru iss woll nich klauk, will sick dor'n Huus hen bugen«, denn das Haus lag unmittelbar an der See, weit vor allen anderen Häusern des Ortes. Doch 1936 stand das Gebäude, groß genug, um nicht nur die eigene Wohnung, sondern auch Raum für einige Feriengäste zu bieten.

Großmutter Antonie hatte sich scheiden lassen, als mein Vater ein kleiner Junge war. Niemand wusste, warum. Niemand, auch nicht der eigene Sohn, hatte je ein Bild ihres Mannes, seines Vaters, gesehen. Bekannt war allein, dass er aus Dresden stammte und Apotheker gewesen war. Weder Fragen noch gar Gerüchte konnten die stolze Mecklenburgerin zum Reden bringen. Sie verweigerte jede Auskunft, verbannte jede Erinnerung und entledigte sich schleunigst seines Namens. Wie sehr sie ihn abgelehnt haben muss, konnte mein Vater ahnen, als sie sich einmal bei einem Spaziergang zu dem inzwischen erwachsenen Sohn umdrehte und es ihr erschrocken entfuhr: »Mein Gott, du siehst ja aus wie dein Vater!« Antonie hat niemals wieder eine Beziehung zu einem Mann geknüpft, vielmehr meiner Schwester Marianne schon im Schulmädchenalter eingeimpft: »Lass dir nie von Männern imponieren!«

Auf letztlich ungeklärte Weise stellte diese herbe, sehr entschlossene und eigensinnige Frau auch ohne Mann etwas dar. Mit einigen repräsentativen Möbeln aus der Kaiserzeit und einem Schrank voller Bücher gab sie sich einen bürgerlichen Anstrich; meine Mutter mag sie gelegentlich als arrogant und dominant empfunden haben. Sie wisse sehr viel, und man könne einiges von ihr lernen, schrieb meine Mutter jedenfalls an ihre Schwester Gerda, aber wenn Oma Gauck nicht in ihre Schranken gewiesen werde, mische sie sich permanent ein. Sie hat zur Schwiegermutter eine gewisse Distanz gehalten.

Meine Mutter war selbst eine eigenständige Frau, eine gelernte Bürofachfrau, in praktischen Dingen außerordentlich beschlagen und nicht bereit, sich in Fragen des Haushalts und der Kindererziehung unterzuordnen. Ihre Eltern Franz und Luise Warremann stammten vom Land. Ihr Vater war in Kukuk geboren, wo auch immer das liegen mag, ihre Mutter in Kassebohm bei Rostock.

Oma Warremanns Eltern waren bettelarme Landarbeiter. Als sie klein war, mussten jeweils zwei Kinder in einem Bett schlafen; bei den gemeinsamen Mahlzeiten gab es Stühle nur für Vater und Mutter, die Kinder standen um den Tisch herum. Die Schule hat Oma Warremann gerade einmal bis zur siebten Klasse besucht, dann musste sie arbeiten gehen. Über die Armut hat sie aber nicht ein einziges Mal geklagt. Sie erzählte vielmehr, wie sie sich Weihnachten freute über die kleinen Geschenke oder welch großes Erlebnis es war, mit zehn oder zwanzig Pfennig zu Fuß zum Pfingstmarkt nach Rostock zu gehen, um dort eine Waffel zu erstehen oder einmal mit dem Karussell zu fahren.

Mit sechzehn Jahren heiratete meine Großmutter den Maurergesellen Franz Warremann und zog mit ihm in eine Mietwohnung nach Rostock. Tochter Olga, meine Mutter, wurde 1910 geboren, Sohn Walter einige Jahre früher, Tochter Gerda einige Jahre später. Die Armut dauerte in der Ehe zunächst an. Oma erzählte, dass Opa Ende der Weimarer Republik am Wochenende mit einen Rucksack voller Geld nach Hause gekommen sei, dieses Geld aber, wenn sie es nicht gleich in Ware umgesetzt habe, in der folgenden Woche schon wertlos gewesen wäre.

Glücklicherweise qualifizierte sich Großvater Warremann in den dreißiger Jahren zum Baumeister und begann, mit einem Betonmischer, ein paar Schubkarren und einigen Arbeitern ein Unternehmen zu betreiben: Franz Warremann, Baugeschäft. Auf alten Bildern sieht man ihn mit seinem Bierbauch stolz vor einem Opel stehen. Er hatte den Aufstieg geschafft. Ende der dreißiger Jahre errichtete er ein eigenes Haus im Rostocker Vorort Brinckmansdorf, ruhig gelegen, mit Garten und Blick über die Felder. Dieses Haus blieb für alle drei Warremann-Kinder, selbst als sie schon Familien hatten, ein Bezugspunkt und Zufluchtsort. Auch ich habe mehrfach in diesem Haus gelebt.

Mutters Familie hielt untereinander engen Kontakt. Besonders eng waren die Beziehungen meiner Mutter zu ihrer Schwester Gerda; es schien, als hätten sie sich in lebenswichtigen Fragen abgesprochen: Sie heirateten im Abstand von wenigen Wochen, in beiden Fällen waren die Auserkorenen keine Einheimischen. Außerdem gebaren sie ihre Kinder jeweils kurz hintereinander, mein Cousin Gerhard, der älteste Sohn meiner Tante Gerda, ist nur fünf Monate älter als ich.

In ihrem Wesen gab es allerdings Unterschiede. Die blonde, kurzhaarige Gerda, da waren sich alle einig, sei die hübschere der beiden Schwestern; die dunkelhaarige Olga, genannt Olly, die klügere. Gerda galt als die bessere Ehefrau, Olly als die bessere Mutter. Sollte irgendeine Rivalität zwischen den Frauen existiert haben, so blieb sie uns Kindern verborgen; vorherrschend waren ihre Vertrautheit und Solidarität, die auch andauerten, als sie − beide ihrer Männer wegen − in unterschiedliche Orte zogen: Gerda nach Saarbrücken, Rostock, Kiel und Memel, Olly nach Wustrow.

Wustrow war nicht irgendein Dorf. Es hatte Bedeutung gewonnen durch die 1846 errichtete »Großherzogliche Navigationsschule zu Wustrow«, die erste staatliche Seefahrtschule in Mecklenburg. Die Seeleute brachten große Muscheln von fernen

Küsten mit, Porzellan aus Japan und China, Keramik aus England, und ihre Frauen schmückten die guten Stuben mit Bildern der Schiffe, auf denen ihre Männer als Kapitäne fuhren. Schüler und Lehrer am Ort wechselten, nicht wenige aber heirateten Frauen vom Fischland und blieben. So verwob sich Bodenständigkeit mit einem Hauch von Weltläufigkeit.

Kapitäne gab es seit alter Zeit reichlich in Wustrow. In der Segelschiffszeit besaß der Ort eine für damalige Verhältnisse beachtliche Flotte. Als Ende des 19. Jahrhunderts die Dampfschiffe die Segler verdrängten, entwickelte sich ein sehr bescheidener Tourismus, auch wenn die Anreise zunächst äußerst beschwerlich war. Bis 1929 die Fischlandchaussee gebaut wurde, gelangte man ausschließlich mit dem Schiff von Ribnitz aus über den Bodden nach Wustrow. Mit einem Segelboot oder einem Dampfer wurden Badegäste, Kühe, Schafe, Schweine und Post zwei Mal am Tag innerhalb einer Stunde übergesetzt. Noch nach dem Krieg standen die Jungen an der Anlegestelle, um das Gepäck der Feriengäste mit Schubkarren oder Ziehwagen in die Pensionen zu transportieren. Auch ich habe mir so gelegentlich in den Schulferien Taschengeld verdient.

Einer der Höhepunkte des Sommers war seit Generationen das Tonnenabschlagen, ein Volksfest in den Dörfern rund um den Bodden, das nicht zuletzt eine so große Bedeutung gewann, weil Schützenfeste und andere ländliche Traditionen von den Kommunisten aus den Dörfern verbannt worden waren. Wie aus der Zeit gefallen war dieses Volksfest – ohne FDJ- und Pionierumzüge, ohne sozialistische Lieder und Reden von Parteifunktionären. Stattdessen ein Umzug mit geschmückten Pferden und Reitern, mit Auszeichnungen aus der Vorkriegszeit, einem Ritual, das dauerhaft blieb, mochten sich die Zeiten und Flaggen auch wandeln. Ursprünglich hat man mit dem Fest die Ablieferung der letzten Heringstonne an die Schweden gefeiert, die Teile Mecklenburgs und Vorpommerns bis ins 19. Jahrhundert besetzt hielten. Im Laufe der Zeit ist daraus ein beliebtes Volksfest geworden, ein Wettkampf zu Pferde, bei dem im Galopp auf ein Heringsfass in drei bis vier Meter Höhe eingeschlagen werden muss, bis es zerbricht. Und der siegreiche Tonnenkönig stößt an: »Hoch Fischlands Art und Sitte / Und alter Feste Brauch!«

Es hatte etwas Tröstliches für die, die am Rande in bunten Sommerkleidern zuschauten, und für die, die mit schweren Holzknüppeln gegen das Fass schlugen. Es machte Spaß, es war schön, es war »unsers«, und alle wünschten sich: So soll es bleiben.

Für Touristen gewann Wustrow noch an Attraktivität durch das vier Kilometer entfernte Ahrenshoop. Wegen seiner Abgeschiedenheit und eigenwilligen Melancholie hatte dieses Küstendorf seit Ende des 19. Jahrhunderts Maler und Schriftsteller angezogen und sich wie Worpswede zu einer Künstlerkolonie entwickelt. Hier arbeiteten unter anderen die Maler Paul Müller-Kaempff und Erich Heckel. In der Nähe erwarb auch der Bildhauer Gerhard Marcks ein Haus; zunächst pendelte er zwischen Berlin und dem Fischland; nachdem die Nationalsozialisten ihn als Professor entlassen, große Teile seiner Arbeiten beschlagnahmt und zur entarteten Kunst erklärt hatten, zog er sich bis Kriegsende gänzlich hierher zurück. Nur wenig entfernt von ihm ließ sich der Maler Fritz Koch-Gotha nieder, der berühmte Autor der »Häschenschule«. Er fand seine letzte Ruhestätte auf dem Friedhof von Wustrow, ebenso Dora Menzler, die Gymnastiklehrerin aus Leipzig, die 1908 eine Schule für Bewegung und Musikerziehung gegründet hatte und den Unterricht in den Sommermonaten nach Wustrow verlegte. 1933 gab Dora Menzler die Leitung der Schule ab, weil sie als Halbjüdin deren Schließung fürchten musste. Doch ihre Arbeit blieb im Gedächtnis. Noch nach dem Krieg hörte ich immer wieder von den »Hüppers«, den jungen Frauen, die nackt am Wustrower Strand getanzt hatten. Sie hatten die Freikörperkultur für sich entdeckt, die in DDR-Zeiten am Ostseestrand trotz des phasenweisen Widerstands der prüden kommunistischen Herrschaft äußerst populär blieb.

In Wustrow selbst lebten die Maler Hedwig Holtz-Sommer und ihr Mann Erich Theodor, genannt ETH. Mein Schulfreund Christian Gätjen lernte von ihnen auf vielen gemeinsamen Wan-

derungen und blieb ihnen mit seinen Blumen- und Landschafts-
bildern treu bis zu seinem frühen Tod 2008.

In dieser Welt bin ich aufgewachsen. Meine Mutter hatte
mich am 24. Januar 1940 in einer Rostocker Klinik zur Welt gebracht. Auf der Heimfahrt blieb das Auto meines Großvaters etwa
einen Kilometer von unserer Wohnung entfernt in einer Schnee-
wehe stecken, ein Militärfahrzeug musste uns aus den Schneemas-
sen befreien. Es war ein kalter Winter, Eisbrecher hielten nur mit
Mühe die Fahrrinne über die Ostsee nach Dänemark frei, Süd-
schweden meldete vier Meter hohe Schneewehen.

Besonders denen, die aus den Städten kamen, erschien das
Dorfleben friedfertig, auch wenn Krieg war. Da waren die kleinen
Häuser, die neugotische Kirche, von deren Turm aus der Ort von
der Ostsee bis zum Bodden zu überblicken war, der ewige Wind,
der durch die Pappeln und Linden fuhr, über die Felder und Dü-
nen. Und wenn der Wind stärker wurde, war da die laute, bedrohliche Brandung, die manchmal so wütend tobte, dass sie Men-
schenopfer forderte oder Schiffe auf den Strand warf – wie 1965
die »Stinne«, einen dänischen Zwei-Mast-Schoner, der nicht mehr
frei geschleppt werden konnte.

Mein Vater wurde bald zur Kriegsmarine eingezogen und war
fast nie bei uns. Aber ich fühlte mich dennoch geborgen, unsere
dreiköpfige Restfamilie war keineswegs allein. Oma Antonie
wohnte nur wenige Minuten entfernt, außerdem traf sich meine
Mutter trotz Krieg und Not regelmäßig mit anderen Kapitäns-
frauen zu einem Kränzchen. Wir waren immer viele, denn Familien mit fünf Kindern waren keine Ausnahme. In meiner Erinnerung waren es heitere Treffen. Wenn die Frauen Angst um ihre
abwesenden Männer gehabt haben, so haben wir Kinder nichts
davon gespürt.

Ich sei, sagt meine anderthalb Jahre jüngere Schwester Marianne, Mutters Liebling gewesen. Dafür sprechen auch die kurzen Kommentare, die meine Mutter zu Fotos aus meinem ersten
Lebensjahr verfasste. Nach den Erzählungen, die im Familienkreis
weitergetragen wurden, dürfte der kleine Junge jedoch eine recht

Kriegssommer 1940 im Garten unserer Wustrower Wohnung in der damaligen Adolf-Hitler-Straße. Ich bin umgeben von den drei Frauen, die über die ersten Jahre meines Lebens wachten: Großmutter Antonie hält mich auf dem Schoß, flankiert von meiner Mutter (links) und Großmutter Warremann (rechts), ganz links unsere Nachbarin.

gespaltene Haltung zu dieser Frau gehabt haben. Er soll als Säugling und kleines Kind viel geschrien haben, weil er nicht genug zu trinken und zu essen bekam. Seine Mutter hatte wie Hunderttausende anderer deutscher Frauen wohl gelesen, was Johanna Haarer in ihrem Buch »Die deutsche Mutter und ihr erstes Kind« für die Säuglingspflege empfahl: Wenn das Kind schreie und als Beruhigungsmittel auch der Schnuller versage, »dann, liebe Mutter, werde hart! Fange nur ja nicht an, das Kind aus dem Bett herauszunehmen, es zu tragen, zu wiegen, zu fahren oder es auf dem Schoß zu halten, es gar zu stillen.« Später fand ich dieses Buch in unserem Bücherschrank. »Auch das schreiende Kind muss tun, was die Mutter für nötig hält, und wird, falls es sich weiterhin ungezogen aufführt, gewissermaßen ›kaltgestellt‹, in einen Raum verbracht, wo es allein sein kann und so lange nicht beachtet, bis es sein Verhalten ändert. Man glaubt gar nicht, wie früh und wie rasch ein Kind solches Vorgehen begreift.«

Meine Mutter muss die Anweisungen genau befolgt haben. Regelmäßig wurde der kleine Junge in seinem Kinderwagen hinausgeschoben auf die Wiese neben dem Haus. Entgegen Johanna Haarers Vorhersage aber scheint er sich keineswegs rasch und klaglos dem Mutterwillen unterworfen zu haben, denn er hat – so wurde kolportiert – weiterhin erbärmlich geschrien. Das Schreien stärke die Lungen, beruhigten sich damals die Mütter, es sorge dafür, dass das Kind gesund bleibe. So kam es, dass der unbeachtete und ungesättigte kleine Junge ständig Ausschau hielt, wo es etwas zu essen oder zu trinken gab. Als dann sehr schnell ein zweites Baby, meine Schwester Marianne, kam, griff der Kleine, wenn er sich unbeobachtet glaubte, gierig nach der Babyflasche, trank sie in einem Zug leer und strahlte – für kurze Zeit.

Obwohl Krieg war, es Lebensmittelkarten gab und Mangel herrschte, hat es uns in Wustrow dank der organisatorischen Fähigkeiten meiner Mutter selten an etwas gefehlt. Wir weckten ein, was im Garten heranreifte, außerdem konnte man Obst und Gemüse bei den Nachbarn erwerben. Unsere Versorgung wurde schlagartig schlechter, als Mutter mit meiner Schwester Marianne und mir für mehr als vier Monate, von Juli bis Dezember 1943, zu meinem Vater zog. Nach einem Einsatz in einer Minensuchflottille vor der dänischen Ostküste war er nach Adlershorst bei Gdingen, dem damaligen Gotenhafen, an die Navigationsschule versetzt worden, wo er Mathematik und Nautik unterrichtete. Offensichtlich versuchte Mutter, den Lebensstandard von Wustrow zu halten, versagte dabei aber unter den Bedingungen im besetzten Polen. In Briefen an ihre Schwester Gerda bat sie um die Nachsendung eines Kochers sowie von Röcken und Blusen, und sie ließ in Paketen und Kisten per Post und Bahn auch Eingewecktes nachkommen: Marmelade, Äpfel, Saft, Rübchen, Weintrauben (von der Hauswand unseres Großvaters Warremann in Brinckmansdorf), sogar Tomaten, die – so führte sie Klage in einem Brief – ihren Bestimmungsort leider zum Teil eingedrückt erreichten.

Ostern 1943 sind meine Mutter, meine Schwester Marianne und ich zu einem kurzen Besuch bei meinem Vater in Adlershorst bei Gdingen (damals Gotenhafen) im besetzten Polen. Im Herbst verbrachten wir sogar einige Monate in seiner kleinen Dienstwohnung. Der kleine Junge fühlte sich nicht wohl. Was taten wir hier? Es war wohl die Fremdheit, die ihn verunsicherte.

Nur einmal, am 10. Oktober 1943, berichtete Mutter ihrer Schwester von einem »ganz hübschen Tagsangriff« auf Gotenhafen, bei dem »das Krankenhaus vernichtet worden ist und ein Lazarettschiff. Außerdem hat ein Splittergraben mit vielen Kindern aus dem Krankenhaus einen Volltreffer bekommen«. Adlershorst blieb zwar verschont, »die Aufregung war allerdings auch hier groß, als wir die Unzahl von Flugzeugen sahen, es waren wohl mehr als zweihundert. So was habe ich noch nicht gesehen.« Kein Wort der Angst, kein Wort des Mitleids mit den Verwundeten und den Angehörigen der Toten, kein Wort der Besorgnis über die Kriegsereignisse. Dabei befand sich die Wehrmacht nach der schweren Niederlage bei Stalingrad und der misslungenen Offensive bei Kursk im Osten bereits in der Defensive. Die Front verschob sich seit Frühsommer 1943 unaufhaltsam nach Westen.

Mein Vater dürfte darüber gut informiert gewesen sein. Außerdem bangte Tante Gerda um ihren Mann, der als Marinepfarrer nach Memel eingezogen worden war. Mit dem Wissen von heute erscheint befremdlich, wie weit meine Mutter in Sorge um das tägliche Wohlergehen der Familie das große Geschehen ausblendete und verdrängte, wie sie abwertende Worte fand über »die Polacken«, an die man sich erst gewöhnen müsse, und darüber, dass sie »so was von Stehlen wie hier« noch nicht erlebt habe, die bedrohliche Kriegslage hingegen hartnäckig ignorierte. Vermutlich suchte sie so ihren Glauben an den Endsieg der Deutschen aufrechtzuerhalten.

An den Fliegerangriff kann ich mich nicht erinnern, aber in meinem Gedächtnis hat sich ein Schatten über den ganzen Aufenthalt gelegt. Auch Adlershorst lag an der Ostsee, auch dort gab es einen breiten Strand und eine Steilküste wie in Wustrow. Doch ich empfand den Ort als fremd, unsicher, kalt. In der kleinen Dienstwohnung fühlte ich mich beengt, die kahlen, mehrstöckigen Häuser ängstigten mich, ich vermisste die großen Lindenbäume in Wustrows Straßen. Alles war zu unübersichtlich. Vor allem die Parade, zu der mich meine Mutter in Sonntagskleidung führte, um mich Stolz auf meinen Vater zu lehren. Die Marine marschierte, Mutter hob mich hoch, damit ich besser sehen konnte. Immer wieder wies sie vom Straßenrand mit dem Zeigefinger in den Zug: »Siehst du ihn nicht? Da ist er doch!« Der kleine Junge sah in die Reihen, sah uniformierte Männer im Gleichschritt paradieren: ein schönes, ein beeindruckendes, ein überwältigendes Bild. Aber ein Marinesoldat sah aus wie der andere. Wie hätte der Dreijährige in dem unüberschaubaren, schier endlosen Zug, der forschen Schritts unter lautem Trommelwirbel vorbeizog, ein einzelnes Gesicht fixieren sollen? Der Vater existierte nicht in der Masse.

Zurück in Wustrow hörte ich im Reichsrundfunk häufig die Sendung »Das Oberkommando der Wehrmacht gibt bekannt«, nicht gerade eine Kindersendung. Eine sehr markante Fanfarenmusik leitete die Meldungen über die Siege ein – und der kleine Junge wollte siegen mit seinen zwei Panzern aus Holz. Einer war grün-bräunlich mit Tarnfarben bemalt, der andere anthrazitgrau und glich den englischen Tanks aus dem Ersten Weltkrieg. Mit großer Ausdauer führte er sie um die Sessel in dem kleinen Wohnzimmer herum. Er sei fortwährend unterwegs gewesen, erzählte die Mutter später, um in El Alamein und sonst wo auf der Welt seinen Vater aus der Hand übermächtiger Feinde zu befreien. Offenbar glaubte der kleine Junge seinen Vater in Gdingen in Gefahr.

Weihnachten 1944 bestand ich meinen ersten öffentlichen Auftritt auf einer wahrscheinlich von der nationalsozialistischen Frauenschaft veranstalteten Weihnachtsfeier. Ich vermochte ein ganzes Weihnachtsgedicht aufzusagen, ohne mich zu verhaspeln und ohne zu stocken: »Von drauß, vom Walde komm ich her ...« Der Weihnachtsmann war so gerührt, dass er versprach, nach der Feier noch bei mir zu Hause vorbeizukommen und mir ein spezielles Geschenk zu übergeben. Er hielt sein Versprechen: Ich bekam einen weiteren Panzer aus Holz.

Wustrow blieb vom Krieg verschont. Zwei Bomben fielen auf die Wiesen vor dem Ort, ohne irgendwelchen Schaden anzurichten. Rostock hingegen wurde bereits Ende April 1942 zu sechzig Prozent durch Bombenangriffe der Royal Air Force zerstört. In den vier Nächten zwischen dem 23. und dem 27. April legten jeweils über hundert Flugzeuge die historische Altstadt in Schutt und Asche, Brände fraßen Sankt Nikolai und die Petrikirche auf. Die Erwachsenen standen in Wustrow auf dem Deich und blickten bang über das Wasser nach Westen, wo der Rauch aufstieg; viele hatten Verwandte in Rostock, meine Mutter sorgte sich um ihre Eltern. Bei entsprechendem Westwind trieb es die Asche bis in die Gärten von Wustrow. Der Krieg hatte Mecklenburg gefunden.

Einmal, so meine einzige wirkliche Kriegserinnerung, waren wir bei den Großeltern Warremann in Rostock zu Besuch. Wir saßen miteinander im Keller des Hauses, von fern hörte ich Sirenen, die Bedrohung konnte ich nicht ermessen, aber ich spürte die Angst der Erwachsenen, die sich auf mich übertrug.

Insgesamt kamen die Großeltern im Krieg glimpflich davon. Bomben, die im Rostocker Vorort Brinckmansdorf nieder gingen, zerstörten zwei Häuser in der Nachbarschaft. Bei den Großeltern wurde nur die angebaute Garage neben dem Haus weggerissen und das Dach beschädigt. Oma Warremann und die Schwester meiner Mutter mit ihren beiden Kindern überstanden die Angriffe unversehrt im Keller. Die Möbel waren etwas lädiert, aber noch zu gebrauchen. Als in den letzten Apriltagen 1945 der Kanonendonner von der Front zu hören war, packte Großvater Warremann einen Leiterwagen mit Federbetten und etwas Hausrat, setzte meinen Cousin Gerhard und meine Cousine Dörthe darauf, dann schoben die Erwachsenen den Wagen Richtung Westen bis Bad Doberan, wo sie zum Dorf Retschow abbogen. Dort fanden sie bis Kriegsende im Pfarrhaus Unterschlupf.

In Rostock und Ribnitz zog die Sowjetarmee am 1. Mai 1945 ein. Über die Dorfstraße von Wustrow fuhren am 2. Mai einige sowjetische Panzer zum Hohen Ufer direkt an der Ostseeküste. Nachdem sie dort nur auf eine verlassene Stellung und zwei gesprengte Geschütze gestoßen waren, zogen sie sich wieder zurück.

Am Morgen des 3. Mai wurde schließlich auch Wustrow besetzt. Wir Kinder waren hinter den Erwachsenen her zu einer Anhöhe gelaufen. Von dort konnte man die einzige Straße überblicken, die sich auf das Fischland schlängelt. Sie kamen vom Westen, aus der Kreisstadt Ribnitz, Soldaten in abgerissenen Uniformen mit Panjewagen und strubbeligen, abgemagerten Pferden. Ohne einen einzigen Schuss abzugeben, zogen sie in das Dorf ein, wo sich fast alle Frauen versteckt hielten, viele hatten die Gesichter schwarz angemalt.

Kaum hatte sich die Schreckensnachricht vom Anmarsch der Russen verbreitet, eilte Oma Antonie auf den Hof. Sie hatte es auf meine Fahne abgesehen, die Fahne des Deutschen Reiches seit 1935, rot mit einem schwarzen Hakenkreuz in einem weißen Kreis. Oma Antonie versuchte den mit deutscher Gründlichkeit am fünfzig Zentimeter langen Fahnenstock befestigten Stoffteil abzureißen, brach, als ihr dies nicht gelang, den Stock einfach über ihrem Knie entzwei und steckte Stock und Fahne in das Feuer des Waschkessels, in dem gerade die große Wäsche kochte. Ich war entsetzt und verstand die Welt nicht mehr. Die müsse weg, erklärte Oma Antonie, weg, bevor die Russen kämen.

Meine Mutter verhielt sich erstaunlich ruhig. Sie hatte erst wenige Tage vor dem Einmarsch der Sowjettruppen ihr drittes Kind geboren, meinen Bruder Eckart. Als die Russen von der Landstraße abbogen, eine abenteuerliche Gestalt mit asiatischen Gesichtszügen und zwei weitere Soldaten in unser Haus traten, hörten wir als erstes, was schon Tausende vor uns gehört hatten und Tausende nach uns noch hören würden: »Uhri, Uhri.« Mutter reagierte geistesgegenwärtig und ließ blitzschnell ihre Armbanduhr vom Handgelenk in die Sesselritze rutschen, dann streckte sie die Arme hoch: Sie hatte keine Uhr.

Bald wurde requiriert und geklaut. Wer noch ein Auto hatte, der Arzt und einige wenige andere, musste es abliefern. Die Fahrzeuge wurden vor der Schule abgestellt. Wir Jungen kletterten heimlich in die unverschlossenen Gefährte, umfassten das Lenkrad − ein einzigartiges Vergnügen, besaß doch keiner unserer Väter ein Auto. Noch heute erinnere ich mich an den wunderbaren Geruch der Ledersitze und des Benzins. Ferner mussten Radios und Telefone abgeliefert werden; Fahrräder wurden nicht eingefordert, dafür aber in der Regel von den russischen Soldaten requiriert.

Die Seefahrtschule wurde okkupiert, die Tannen an ihrer Frontseite eine nach der anderen gefällt und zum Bau von Holzbaracken verwendet, die als Pferdeställe dienten. Nautische Geräte, Kreiselkompasse, mit denen die angehenden Steuerleute und Kapitäne ihr Handwerk erlernt hatten, fanden sich, achtlos weggeworfen, in unserem Garten wieder. Mehrere Häuser wurden für die Offiziere beschlagnahmt. Unsere Nachbarin Frau Fuchs, deren Wohnung nur durch den Eingangsflur von unserer getrennt war, musste zwei Zimmer und die Veranda an einen sowjetischen Major abtreten. Meine Mutter war darüber zunächst entsetzt. Doch der Major liebte uns Kinder von Herzen, nahm uns auf den Arm, das war zwar unangenehm, denn er roch nach Wodka, aber er lachte und schenkte uns Brot.

Die drei Gebäude, die unmittelbar an der Ostsee lagen –
darunter das Haus meiner Großmutter Antonie –, wurden für
militärische Zwecke genutzt. Den russischen Soldaten schien
Großmutters Haus geeignet, um dort einen Ausguck zur See zu
errichten. Sie stießen einfach das Rohrdach durch, warfen Klei-
dungsstücke und Möbel aus dem Fenster, einige Bücher wurden
zerrissen, andere in russischer Schrift mit Losungen wie »Tod
den deutschen Okkupanten!« versehen. Großmutter Antonie kam
jedoch ungeschoren davon und durfte sich mit einem Teil ihrer
Habe bei Bekannten im Dorf einmieten.

Mitte Juni 1945 teilte meine Mutter einem Bekannten in
einem Brief mit, Flüchtlinge, Evakuierte und Ausländer müssten
Wustrow innerhalb der nächsten Tage verlassen; es liefen sogar
Gerüchte um, die ganze Küste werde aus militärischen Gründen
geräumt. Dann reduzierte sich die Maßnahme offensichtlich auf
die Sperrung des Strandes. Nicht einmal Kinder hatten Zugang
zur Ostsee.

Mit fünf Jahren war ich zu klein, um auch nur annähernd zu
erfassen, was um mich herum vorging. Mir erschien das Kriegsende vor allem interessant und abenteuerlich. Die Soldaten brachten Abwechslung in unsere kleine Dorfwelt, sie sahen anders aus,
sprachen anders, benahmen sich anders – etwas Neues hatte begonnen.

Auch Jungen, die ein wenig älter waren als ich, nahmen das
Geschehen zunächst eher von der sportlich-abenteuerlichen Seite.
Sie fanden Koppel, Munitionstaschen und Munition, die haufen-
weise auf dem Hohen Ufer zwischen Wustrow und Ahrenshoop
lagen, wo Küstengeschütze stationiert gewesen waren. Heute sind
nicht nur die Militäranlagen aus der NS-Zeit, sondern auch aus
der DDR-Zeit im Wasser verschwunden, denn die Ostseewellen
tragen das Land am Hohen Ufer ab. Damals buddelten die Jungen die Kartuschen aus der Erde, klopften sie auf, schütteten das
Schwarzpulver aus und veranstalteten Feuerwerke. Ein paar Jahre
später war auch ich dabei. Wir häuften das Munitionspulver fast
einen halben Meter hoch und schichteten Seetang, Steine und

Sand darüber, nicht ohne zuvor eine kleine, ebenfalls mit Pulver aufgeschüttete Rinne dorthin geführt zu haben. Es war ein diebisches Vergnügen. Der Haufen flog in die Luft, und die Steine wirbelten durch die Gegend.

Wenn ich als Erwachsener zurückblicke, staune ich, welch harmlose Ereignisse im Gedächtnis des kleinen Jungen haften blieben. Erst viel später erfuhr ich, dass sich mehrere Wustrower unmittelbar vor dem Einmarsch der Sowjetarmee umgebracht hatten. Der Bildhauer Johann Jaenichen schnitt sich die Pulsadern auf; er war kein Nazi gewesen, die Gründe für seinen Freitod sind nicht bekannt. Unbekannt blieben auch die Motive des Selbstmords der Flüchtlingsfamilie Hennings; erst tötete das Ehepaar seine achtjährige Tochter, dann sich selbst. Der Dorfpolizist aus Wustrow erhängte sich mit seiner Frau auf dem Dachboden seines Hauses. In Ahrenshoop erschoss sich ein Ehepaar, das als fanatisches Nazi-Pärchen bekannt war. Offensichtlich fürchteten sie die Strafe der Sieger.

Die Verhaftungen von Männern zwischen fünfzehn und fünfzig blieben mir ebenfalls verborgen. Die wenigen, die sich im Dorf aufhielten, standen im Verdacht, Mitglied der NSDAP oder der SA gewesen zu sein; fast alle kamen ins Lager Fünfeichen bei Neubrandenburg, oder sie wurden in die Sowjetunion deportiert.

Auch von den Vergewaltigungen habe ich nichts bemerkt. Meine Mutter wurde zwar manchmal belästigt, dann stand ein Soldat grinsend auf der Türschwelle. Doch offensichtlich haben die Anwesenheit des Majors und das neugeborene Kind sie geschützt. Andere Frauen hingegen wurden abends um sieben zum Ausheben von Schützengräben auf den Deich befohlen. Sie hatten keine Chance zu entkommen. Vor ihnen die Ostsee, hinter ihnen Wiesen, in denen Flüchtende sofort auszumachen gewesen wären. Am Tag nach solchen Einsätzen erschienen dann einige in der Praxis unseres Arztes Dr. Meyer, der Scheidenspülungen vornahm, um Schwangerschaften zu verhindern. Im Frühjahr und Sommer 1945 suchten bis zu vierzig Menschen in seinem Haus

Zuflucht, zwei Drittel von ihnen Frauen. Zur Abschreckung sowjetischer Soldaten hatte Familie Meyer das Bett der Großmutter gleich hinter der Eingangstür aufgestellt. Sie hatte Gelbsucht und war so quittegelb, dass ein Russe, wenn er sich tatsächlich über die Schwelle traute, gleich wieder kehrtmachte.

Die Soldaten hatten schreckliche Angst vor Typhus, Paratyphus und Infektionskrankheiten.Offiziere, bei denen man eine Geschlechtskrankheit feststellte, wurden zum einfachen Soldaten degradiert. Deswegen war Doktor Meyer auch bei den Besatzern gefragt. Einmal wurde er abends zum russischen Kommandanten gerufen, um dessen Tripper zu behandeln. Erst am nächsten Morgen kehrte der Arzt nach Hause zurück – sturzbetrunken, weil er die ganze Nacht hatte anstoßen müssen: »Sto gramm!« Die Familie war ihm trotzdem nicht gram, denn er brachte, eingewickelt in gestohlenes Leinen, ein Stück von einer requirierten Kuh mit: ein Dank des Kommandanten.

Bei uns sah es allerdings anders aus. Das Essen war knapp. Bald gab es keinen Zucker mehr, kein Brot, kein Mehl, nicht einmal Salz. Im Sommer liefen die Frauen zum Strand, schöpften Wasser aus der Ostsee und ließen es in großen Zinkwannen verdunsten. Die Methode war wenig ergiebig, gerade mal ein weißer Hauch setzte sich am Wannenboden ab, wenn das Wasser verdunstet war. Das Obst und Gemüse aus den Gärten und das wenige Vieh reichten nicht aus, um die Dorfbewohner zu ernähren, zumal die Einwohnerzahl durch den Zustrom der vielen Flüchtlinge aus Ostpreußen und Pommern bei Kriegsende wohl doppelt so hoch war wie vor dem Krieg. Einige Wustrower hatten etwas von dem Proviant retten können, den ein SS-Trupp zurückließ, als er sich im letzten Moment über die Ostsee nach Dänemark absetzte. Andere gingen auf Hamsterfahrt, setzten mit dem Dampfer über nach Ribnitz und zogen von Bauernhof zu Bauernhof, um Bettwäsche oder Tischdecken gegen Eier und Brot zu tauschen. Im Übrigen war es wichtig, dass es Fischer gab – Flüchtlinge aus Ostpreußen und Pommern, die Schollen aus der Ostsee holten, Sprotten und kleine Fische, die sie Tobis nannten.

Wo Jugendliche in den Familien waren, fiel das Organisieren leichter. Als beispielsweise eine der Kühe, die die Russen an der Küste von Wustrow nach Althagen trieben, am Hohen Ufer abstürzte, konnte, wer schnell genug zur Stelle war, mit einem Stück Fleisch nach Hause ziehen. Ein Sohn des Arztes stahl in sportlichem Ehrgeiz den russischen Soldaten sogar neun frei laufende Pferde. Sein Vater scheuchte sechs Tiere gleich wieder weg, eines aber spannte er vor das Gefährt, das ihm als Ersatz für sein eingezogenes Auto diente, ein weiteres tauschte er bei einem Bauern gegen eine Kuh. So trugen Jugendliche erheblich zum Überleben ihrer Familien bei.

Meine Mutter hatte es dagegen schwer, unsere Familie durchzubringen. Mein Vater, der kurz vor dem Einmarsch der Sowjettruppen von Ostpreußen in die Marine-Kriegsschule nach Flensburg-Mürwik versetzt worden war, war in englische Gefangenschaft geraten. Unter Aufsicht eines englischen und eines polnischen Verbindungsoffiziers hatte er ehemalige polnische Zwangsarbeiter auf Frachtschiffen in ihre Heimat zurückzubringen. Wir wussten zunächst nichts von seinem Verbleib, erst im Sommer 1946 kehrte er nach Hause zurück. Wir drei Kinder aber waren bei Kriegsende noch zu klein, um Mutter beistehen zu können. So zogen wir Ende 1945 von Wustrow zu den Großeltern Warremann nach Rostock, in die Räume, die Mutters Schwester gerade verlassen hatte, weil ihrem Mann eine Pfarrstelle in dem mecklenburgischen Dorf Sanitz zugewiesen worden war.

Großmutter Antonie blieb allein in Wustrow zurück. Sie hoffte auf die Rückgabe ihres Hauses an der See. Doch von den Russen ging das Haus an einen Großbetrieb über. Großmutter Antonie erhielt eine beleidigend niedrige Miete, das war ihre Rente. Als die ersten Pachtverträge ausliefen, musste sie weiter verpachten, zuletzt an einen großen Staatsbetrieb aus Magdeburg. Oma Antonie lebte in wechselnden Wohnungen, zuletzt im Pfarrhaus Wustrow. Sie starb 1964 bei dem Pastorenehepaar Hanns und Renate Wunderlich in dem Ort, den sie zu ihrer Wahlheimat gemacht hatte – aber nicht in dem Haus, das sie dort errichtet hatte.

Wenn wir nach ihrem Tod den Ort besuchten, haben wir das Haus gemieden, der Anblick war zu trist.

Das Haus am Deich war für uns zum Zeichen von Willkür geworden. Es war unseres, aber gleichzeitig nicht unseres. Es verkam langsam, war mit seinem zerzausten Strohdach und einem angebauten Schuppen hässlich anzusehen – typisch für die DDR. Schließlich gingen wir vorbei wie an etwas Fremdem.

Das Haus war verloren – punktum. Jedenfalls war es kein großes Thema mehr. Seine weitere Geschichte ist eine von ungezählten DDR-Unrechtsgeschichten. Als mein Vater Mitte der achtziger Jahre nach Ablauf des letzten Pachtvertrages dem staatlichen Pächter mitteilte, er wolle das Haus künftig selber nutzen, er habe auch Kinder, Enkel und Urenkel, stieß er auf Ablehnung. Das Starkstromkombinat Magdeburg wollte Haus und Grundstück nicht räumen, zumal es dort inzwischen ohne Erlaubnis des Eigentümers eine große Klärgrube für seine benachbarten Ferienbungalows errichtet hatte.

Unser Vater klagte beim Kreisgericht auf Vertragserfüllung – und verlor. Er wandte sich an die nächste Instanz, das Bezirksgericht – und verlor. Die Nutzung seiner Immobilie durch einen sozialistischen Großbetrieb, so wurde ihm bedeutet, sei wichtiger als die private Nutzung. In zweiter Instanz wurde zudem der Paragraph des Pachtvertrages, der die Pachtzeit begrenzt hatte, aufgehoben. Nun war die Verpachtung unbefristet. Auf den Vorschlag seines Anwalts, er solle das offensichtlich rechtswidrige Urteil in Berlin durch das Oberste Gericht kassieren lassen, ging mein Vater nicht mehr ein. Erstens, sagte er, werde er in diesem Staat sowieso kein Recht erhalten, zweitens fehle ihm das Geld für das fragwürdige Unterfangen. Stattdessen eröffnete er uns Kindern: »Ich verschenk' den Katen.«

In der DDR war das eine übliche Praxis. Wer beispielsweise ein Mietshaus in der Innenstadt besaß und mit den gesetzlich vorgeschriebenen Niedrigmieten nicht einmal die notwendigsten Reparaturen finanzieren konnte, musste sich zwangsläufig ruinieren. Viele alte Menschen haben daher die Städte gebe-

Großmutter Antonies Haus – anders als heute noch einsam un-
mittelbar hinter dem Deich stehend. Wohnen konnte sie seit 1945
nicht mehr darin. Erst beschlagnahmte es die Sowjetarmee, spä-
ter wurde es, zuletzt erzwungenermaßen, an große volkseigene
Betriebe verpachtet. Nach 1989 kam es zurück in die Obhut der
Familie und ist seither Feriendomizil für Enkel, Urenkel, Urur-
enkel und Feriengäste.

ten, sie zu »retten« und sich die unrentablen Häuser schenken zu
lassen.

Mein Vater wäre ebenso verfahren, hätten seine erwachsenen Kinder ihn nicht daran gehindert. Wir machten ihm klar, dass
man für ein großes Grundstück an der See immer Käufer finden
könne. Um das übliche Vorkaufsrecht der Kommunen nicht
fürchten zu müssen, sollte er unter staatlich anerkannten Persönlichkeiten nach einem Käufer suchen. Ein Verkauf an Partei- oder
Staatsfunktionäre, an Militär-, Volkspolizei- oder Stasi-Personal
schied für meinen Vater selbstverständlich aus. Am liebsten hätte
er an unseren Bischof verkauft. Aber die Mecklenburger Bischöfe
waren kritisch gegenüber dem Staat eingestellt, ihnen wäre kein
Hauskauf erlaubt worden. Allerdings gab es Kirchenväter, die auf
besserem Fuß mit der Staatsmacht standen. So wurde ein Anwalt

beauftragt – er hieß Wolfgang Schnur –, in Berlin, Greifswald oder Thüringen nach einem Käufer zu suchen.

Zunächst zeigte der Anwalt selbst Interesse. Er hätte das Grundstück gern zum Einheitswert von 1934 erworben – zu einem Bruchteil des tatsächlichen Wertes also –, mehr Geld habe er nicht. Wir wollten zwar nicht reich werden, uns aber auch nicht für dumm verkaufen lassen und lehnten ab.

Anfang April 1987 schien die Suche doch noch zum Erfolg zu führen: Rechtsanwalt Wolfgang Schnur, alias IMB Torsten, ein langjähriger Mitarbeiter der Stasi, berichtete seinem Führungsoffizier Major Fiedler, dass ihm von Oberlandeskirchenrat Martin Kirchner, alias IM Küster, ebenfalls ein langjähriger Spitzel der Stasi, mitgeteilt worden sei, die Thüringer Landeskirche habe einen Beschluss zum Kauf des Hauses gefasst. Die Kirche konnte sowohl die Unterstützung vom Rat des Bezirks Erfurt als auch des Bezirks Rostock für ihr Anliegen gewinnen.

Von diesen Vorgängen hatte ich keinerlei Kenntnis. Völlig unvermittelt wurde ich als Leiter der Kirchentagsarbeit der Mecklenburgischen Landeskirche während eines Dienstgesprächs zur Vorbereitung des Kirchentags 1988 informiert, der Rat des Bezirks habe nichts dagegen einzuwenden, wenn ich mein Haus an der Ostsee verkaufen würde. Man wollte mir einen »Gefallen« tun, um mich gefügig zu machen. Ich verstand das Angebot sofort und sagte kühl: »Ich habe kein Haus. Meinen Sie meinen Vater?«

Überraschenderweise scheiterten die Verhandlungen mit der Thüringischen Landeskirche im Oktober 1988, von weiteren Interessenten hat Rechtsanwalt Schnur uns nichts mehr mitgeteilt. Offensichtlich war er völlig ausgelastet als gesuchter Strafverteidiger von Oppositionellen, als einer der effektivsten Informanten der Stasi und als aktiver Christ in Ehrenämtern der evangelischen Kirche. Die zivilrechtlichen Dinge mussten warten.

Sie blieben liegen, bis das Volk der DDR die Regierenden verjagte. Plötzlich war nichts mehr, wie es vorher war. Aus dem angesehenen Anwalt und angehenden Regierungschef der DDR von 1990 wurde eine Persona non grata, aus »Recht« wurde wieder Recht, arrogante Kombinatsleiter und Juristen verwandelten sich in entgegenkommende Vertragspartner.

Das Haus – inzwischen völlig verwahrlost – kam zurück zur Familie. Wir haben es mit Krediten instand setzen lassen und wie Oma Antonie Ferienwohnungen eingerichtet. Und wenn es irgend geht, kommen wir selbst zu Besuch: vier alt gewordene Enkelkinder, zehn Urenkel und sechzehn Ururenkel. In jeder Wohnung des Hauses hängen einige alte Fotos, die Gästen, die es interessiert, ein klein wenig über die Geschichte des Hauses erzählen. Und über Oma Antonie, »de Fru, de woll nich ganz klauk wier«.

Winter im Sommer

Es war der 27. Juni. Dieser Tag spielte in unserer Familie eine besondere Rolle. Er war nicht nur der Siebenschläfer, an dem sich entscheiden würde, wie der Sommer sein sollte. Der 27. Juni war Oma Antonies Geburtstag. 1951 wurde sie 71 Jahre alt. Meine Eltern fuhren mit der jüngsten Schwester, der damals vierjährigen Sabine, zur Geburtstagsfeier in die Lindenstraße nach Wustrow. Am nächsten Morgen kehrte unsere Mutter allein zurück, aufgelöst, mit dem Kind auf dem Arm.

»Sie haben Vater abgeholt.«

Tags zuvor waren kurz vor 19 Uhr zwei Männer in Zivil bei Oma Antonie aufgetaucht: Ob sie Joachim Gauck hier finden könnten? Sie hatten ihn bereits in unserer Rostocker Wohnung gesucht, dort aber von meiner Schwester Marianne erfahren, dass er sich in Wustrow aufhalte. Auf der Neptun-Werft sei ein Unfall geschehen, behaupteten die Männer, mein Vater – damals Arbeitsschutzinspektor für Schifffahrt in Rostock – müsse mitkommen, um die Sache zu untersuchen.

Die beiden warteten eine Stunde, bis Vater von einem Besuch bei einem Freund zurückkehrte, dann zogen sie sich mit ihm in die Gartenlaube zurück. Ihm sei das Ganze gleich suspekt erschienen, hat Vater später erzählt. Kurz hätte er überlegt: Ich könnte durch den Garten weglaufen Richtung Seefahrtschule, könnte mich verbergen. Aber er fürchtete, dann würde seiner Familie etwas geschehen, und so erklärte er sich bereit mitzufahren. Meine Mutter griff hastig nach Tasche und Jacke, um ihn zu begleiten, aber sie wurde zurückgewiesen. Vater folgte den beiden Männern und stieg mit ihnen in einen blauen Opel. Seitdem war er verschwunden.

Eben: abgeholt.

Selbst uns Kindern war dieses Wort vertraut, es signalisierte

Unheil und Gefahr. Dass schon in der Ära der braunen Diktatur »abholen« eine böse Bedeutung hatte, würde ich erst später erfahren. Aber alle wussten damals: Wer in der Kneipe zu tief ins Glas schaute und ungeschützt redete, wer bei Familienfeiern zu laut politische Witze erzählte oder Lieder von gestern sang, wurde schnell gewarnt: »Halt den Mund – oder willst du abgeholt werden?« Wir hatten schon gehört von solchen Menschen, in der Regel kannten wir sie aber nicht.

Später, als ich Uwe Johnsons »Jahrestage« las, erhielten diese mecklenburgischen Menschen für mich Namen: Prof. Dr. jur. Tartarin-Tarnheyden aus Rostock, 1945 verurteilt zu zehn Jahren Zwangsarbeit; Prof. Ernst Lübcke, 1946 verhaftet, in der Sowjetunion verschwunden; Erich-Otto Paepke, Gerd-Manfred Ahrenholz, Hans Lücht, Hermann Jansen, Studentenpfarrer Joachim Reincke – jeweils 25 Jahre Zwangsarbeit usw. usw.

Später hörte ich auch von den vielen Jugendlichen, die unter der aberwitzigen Beschuldigung, »Werwölfe« zu sein, als angebliche nationalsozialistische Untergrundkämpfer in Speziallagern wie Buchenwald, Sachsenhausen und Fünfeichen in Mecklenburg verschwanden, die die Sowjets von den Nationalsozialisten übernommen hatten.

Nach dem Krieg war es zweifellos gerechtfertigt, führende Nationalsozialisten oder Funktionsträger von SS, SA, Gestapo, des Sicherheitsdienstes (SD) und des politischen Führungskorps zu verhaften und zu verurteilen. Die meisten Verhafteten wurden aber willkürlich Opfer des Regimes, waren verleumdet, aus unterschiedlichen Gründen denunziert worden. Oft handelte es sich um relativ untergeordnete NS-Mitläufer und natürlich um Gegner des stalinistischen Systems. Es traf auch völlig Unschuldige wie den Nazi-Gegner und evangelischen Theologen Ernst Lohmeyer. Anfang der dreißiger Jahre war er Professor und Rektor an der Universität Breslau gewesen, 1935 wegen seines demonstrativen Eintretens für jüdische Kollegen – unter anderem für Martin Buber – an die Universität Greifswald strafversetzt worden. Unmittelbar nach Kriegsende war ihm das Amt des Universitätsrektors angetragen worden, doch im Februar 1946 wurde er aus unbekannten Gründen vom NKWD verhaftet, wenige Tage später seines Amtes enthoben und am 19. September 1946 erschossen. Fünfzig Jahre später – 1996 – wurde das Todesurteil gegen ihn in Moskau formell aufgehoben.

Uns waren derartige Fälle damals nicht bekannt. Wir wussten nur: Vater war weder ein Funktionsträger in der NSDAP gewesen, noch hatte er der Gestapo, der SS oder SA angehört. Er hatte in der DDR keine Sabotage und keine antisowjetische Propaganda betrieben, er hatte keinen Fluchtversuch unternommen, und er besaß keine Waffen. Warum also hatte man ihn abgeholt?

Mutter und Oma Antonie riefen an jenem Tag sofort auf der Neptun-Werft an; dort war von einem Unfall nichts bekannt. Sie liefen zur Staatssicherheit und zur Kriminalpolizei. Sie gaben eine Vermisstenanzeige auf und fragten täglich auf den Revieren der Volkspolizei nach. Überall zuckte man die Schultern. Manchmal hörten sie: »Wenn die Russen Ihren Mann geholt haben, können wir nichts machen.«

Oma Antonie wollte sich mit dieser Auskunft nicht zufriedengeben. Anfang Juli schrieb sie eine Eingabe an den Staatspräsidenten Wilhelm Pieck und schickte, als sie keine Antwort erhielt, im September eine zweite hinterher: »Voller Verzweiflung und voller Vertrauen bitte ich Sie, mir zu helfen, meinen Sohn zu finden. Meine Schwiegertochter ist gesundheitlich völlig zusammengebrochen, und ich suche meinen einzigen Sohn.« Sie schrieb an den Staatssicherheitsdienst in Schwerin, den »Ersten Staatsanwalt bei der Staatsanwaltschaft« in Rostock, an das Internationale Komitee vom Roten Kreuz/Delegation in Deutschland. Sie schickte meine Mutter zum Sohn des Ministerpräsidenten Otto Grotewohl, der in Wustrow Urlaub machte, und suchte selbst den Kontakt zu Gerhart Eisler, dem Verantwortlichen der DDR-Regierung für Rundfunk und Presse, als dieser sich in Ahrenshoop aufhielt.

Wochenlang fuhr sie von Gefängnis zu Gefängnis, von Mecklenburg bis Sachsen, von Rostock bis Bautzen. Doch nirgends war ein Joachim Gauck bekannt. Angeblich auch nicht in Schwerin, obwohl er hier nach kurzem Aufenthalt in Rostock einsaß: in dem Justizgebäude mit angegliedertem Gefängnis am Demmlerplatz, dem ehemaligen Sitz der Gestapo, den der sowjetische Geheimdienst NKWD übernommen hatte. Die Haftanstalt am Demmlerplatz wurde genauso berüchtigt wie das Gefängnis in der Bautzener Straße in Dresden oder in der Leistikowstraße in Potsdam. Wohl 40 000 bis 50 000 Menschen sind durch die sowjetischen Militärtribunale (SMT) verurteilt worden, sogar noch nach dem 7. Oktober 1949, als Rechtsprechung und Strafvollzug im Prinzip bereits an die neu gegründete DDR übergeben worden waren.

Mein Vater erhielt zweimal 25 Jahre.

Die ersten 25 Jahre wegen Spionage für einen Brief, den er von Fritz Löbau erhalten hatte, seinem ehemaligen Vorgesetzten auf der Rosslauer Werft, mit dem er 1947 ein Schnellboot für die Sowjets erprobt hatte. Löbau hatte sich in den Westen abgesetzt und meinen Vater zu einem Besuch nach West-Berlin eingeladen, fünfzig Mark Reisegeld lagen dem Brief bei. Obwohl mein Vater nicht reagiert hatte, wurde ihm die Einladung beziehungsweise diese Bekanntschaft zum Verhängnis; Löbau soll mit dem französischen Geheimdienst zusammengearbeitet haben.

Die zweiten 25 Jahre erhielt mein Vater wegen angeblicher antisowjetischer Hetze. Bei einer Hausdurchsuchung war eine legal vom Postzeitungsvertrieb zugestellte nautische Fachzeitschrift aus dem Westen gefunden worden. Die Vorwürfe waren willkürlich und folgten dem Prinzip: Hat man erst die Person, so findet sich auch ein Delikt. Genauso gut hätte mein Vater für den Besitz von alten Illustrierten aus der NS-Zeit verurteilt werden können, auf die man sicherlich in seinem Bücherschrank noch hätte stoßen können.

Ausgerechnet der Satz aus alten Zeiten »Recht muss doch Recht bleiben« schmückte den Eingang des Saals, in dem das Militärtribunal in Schwerin tagte. Große Porträtfotos von Lenin und Stalin hingen an den Wänden, Tische und Wände waren mit roten Fahnen behängt. Das Gericht bestand aus drei Offizieren, anwesend war außerdem ein Dolmetscher. Die Öffentlichkeit war ausgeschlossen, ein Verteidiger nicht zugelassen, Entlastungszeugen konnten nicht angeführt werden.

In der Regel wurden die Verurteilten in die Sowjetunion deportiert – wo sie in den Gulag kamen oder in Moskau hingerichtet wurden –, oder man überstellte sie in DDR-Speziallager wie das berüchtigte »gelbe Elend« in Bautzen. Mein Vater kam in das südliche Sibirien. Im Februar 1952 gelangte er nach endloser Zugfahrt mit Zwischenaufenthalten in den Gefängnissen von Brest, Orel, Moskau und Nowosibirsk in den Großraum des Baikal-Sees, in den Rayon Tajschet nahe der Stadt Ulan Ude. In dieser Taiga mit lockerem Waldbestand musste er Bäume fällen und daraus Balken oder schwere Schwellen zuschneiden. Viele Häftlinge überlebten den Hunger und die Torturen nicht. Selbst harte Bestrafungen schreckten sie oft nicht von Selbstverstümmelungen ab, Hauptsache, man kam nicht in die Knochenmühle im Wald oder im Bergwerk. Im Sommer, so erzählte Vater später, seien die Temperaturen auf über dreißig Grad gestiegen, im Winter auf unter dreißig Grad gefallen. Als die Quecksilbersäule einmal sogar auf minus 52 Grad sank, wurden die Häftlinge von der Arbeit befreit. Nach einem Jahr war mein Vater so abgemagert, dass er »invalidisiert« wurde und leichtere Arbeit erhielt.

Wir wussten nichts von alledem. An Sibirien dachten wir nicht. Wenn er lebt, so die Vermutung, sitzt er in Bautzen. Dass er nicht leben könnte, haben Mutter und Oma Antonie vor uns Kindern nicht erörtert, obwohl sie durchaus mit dieser Möglichkeit rechneten. »Ich bitte Sie nun nochmals um Ihre Hilfe«, schrieb Antonie Gauck am 5. November 1951, nachdem sie zum sechsten Mal beim Versuch, persönlich bei Staatspräsident Wilhelm Pieck vorsprechen zu dürfen, abgewiesen worden war. »Selbst wenn mein Sohn nach dem Menschenraub grausig ermordet wäre, müsste es doch auf Ihre Anordnung dem Polizeiapparat möglich sein, den Fall aufzuklären.«

Ich begann, für meinen Vater zu beten. Unsere Familie war nicht sonderlich religiös, schlicht norddeutsch protestantisch, tägliche Gebete gehörten keineswegs zu unserer Gewohnheit. Aber ich zwang mich, jeden Abend in meinem Kinderzimmer an den Abwesenden zu denken. Nicht, dass ich eine besonders enge Bindung an ihn gehabt hätte, aber leben sollte er doch, und wiederkommen sollte er auch. Meine Mutter war so unglücklich. Manchmal starrte sie einfach in die Luft, Tränen liefen ihr dann über das Gesicht. Wir hatten sie vorher nie weinen sehen. Mehrfach wurde sie von der Staatssicherheit vorgeladen und gedrängt: »Lassen Sie sich scheiden, Ihr Mann ist ein Spion.« Sie ließ sich nicht scheiden, aber ihre Angst wuchs. Als ihre Tochter Marianne über drei Jahrzehnte später einmal zur Stasi gerufen wurde, geriet sie in so panische Angst, dass sie zitterte.

Auch andere wurden damals abgeholt. Aber ich wusste nichts von Arno Esch, jenem jungen Studenten der Rechtswissenschaften, der gesagt hatte: »Mein Vaterland ist die Freiheit.« Erst viel später lernte ich, dass Esch, ein Flüchtlingskind aus Memel, Gründer der Betriebsgruppe der in der DDR erlaubten Liberal-Demokratischen Partei an der Universität Rostock gewesen war. Im Juli 1950 wurde er mit drei oder vier anderen Kommilitonen zum Tode verurteilt, am 24. Juli 1951 im Alter von 23 Jahren in der Lubljanka erschossen, im zentralen Gefängnis des sowjetischen Geheimdienstes in Moskau.

Ich kannte auch Karl-Alfred Gedowsky nicht, Sport- und Germanistikstudent an der Rostocker Universität, Vorsitzender der Hochschulsportgemeinschaft. Er hatte sich in West-Berlin Literatur besorgt, die in der DDR verboten war: »Wir wollten den Studenten zeigen«, sagte er im Schlusswort seines Prozesses, »dass es neben dem historischen und dialektischen Materialismus noch eine andere Weltanschauung gibt. Um sich für eine Weltanschauung zu entscheiden, muss man auch die anderen kennen.« Gedowsky wurde am 6. Dezember zum Tode verurteilt. Seine Kommilitonen Brunhilde Albrecht, Otto Mehl, Gerald Joram und Alfred Gerlach mussten für jeweils 25 Jahre in Zwangsarbeitslager. Es ist für mich schamvoll, daran zu denken, wie wenig ich von anderen Verfolgten und Verfolgungen wusste.

Wenn ich, ein Opponent gegen kommunistisches Unrecht, diese und andere Verurteilte nicht kannte, was wollte ich dann von anderen erwarten? Sollte ich mich wundern, wenn später Kommilitonen das Schicksal meines Vaters für untypisch und unwahrscheinlich halten würden?

Ein Verhängnis kann man wohl nur ertragen, wenn man die Normalität wieder in Kraft setzt. Nach dem Schock forderte der Alltag sein Recht. So war das auch in meiner Familie.

Meine Mutter hatte als Seemannsfrau gelernt, wochen-, ja monatelang ohne Partner zurechtzukommen. An die Abwesenheit ihres Mannes war sie also gewöhnt, doch anders als früher kamen keine Briefe, und wir hatten keinen Ernährer mehr. Mutter erhielt laut Bewilligungsbescheid der Stadt Rostock eine monatliche Sozialunterstützung in Höhe von 45 Mark, dazu für ihre vier Kinder 142 und für die Miete 32 Mark, also insgesamt 219 Mark. Das reichte nicht zum Leben. Sie musste sich nach Arbeit umschauen, doch die Frau eines »Abgeholten« mit vier kleinen Kindern nahm nicht jeder. Da sie eine gut ausgebildete Bürokraft war, fand sie schließlich doch eine Stelle als Sekretärin und Sachbearbeiterin in der Deutschen Handelszentrale Leder, einem volkseigenen Großhandel in der Nähe unserer Wohnung.

Selbst in der Zeit, als wir von Bratkartoffeln und Milchsuppe lebten, hat meine Mutter ein offenes Haus geführt. Alle Besucher empfanden sie als herzlich. Wenn wir jemanden mitbrachten, bat sie den Gast zu Tisch und ließ ihn bei uns übernachten. Sie redete viel mit uns Kindern, war nicht übertrieben streng, allerdings auch wenig zärtlich. Sie war immer für uns da und verteidigte uns wie eine Löwin. War unsere Mutter auf der Arbeit, haben ihr Bruder Walter und seine Frau Hilde auf die kleineren Geschwister Eckart und Sabine aufgepasst. Großzügig und hilfsbereit waren auch Mutters Schwester Gerda und deren Mann Gerhard. In ihren Pfarrhäusern in Sanitz und später in Güstrow waren wir Kinder stets willkommen. Zudem erhielten wir Pakete mit Margarine, Kaffee, Öl, Kokosfett, harter Wurst, auch Büchern und Kleidung aus dem Westen – von Freunden oder uns völlig unbekannten Menschen, die Patenschaften für ostdeutsche Familien übernommen hatten. Eine dieser Familien war die des späteren Regisseurs Hark Bohm.

Es gab geradezu rührende Anteilnahme. Die Heimatschriftstellerin Käthe Miethe vom Fischland brachte mir ihre Ziehharmonika. Ich sollte das Spiel so lernen wie mein Vater. Am ersten Heiligabend nach Vaters Verhaftung – es war schon dunkel – schickte unser rheinisch-katholischer Hausarzt Dr. Rüther seine Tochter Brigitte mit einem großen Korb voller Süßigkeiten und Überraschungen: frohe Weihnachten, liebe Familie Gauck!

So kamen wir über die Runden. An Armut waren wir gewöhnt. Wir hatten schon in der Nachkriegszeit gelernt, mit wenig auszukommen. Ich erinnere mich an den Heiligabend 1946. Schon eine Woche war der kleine Junge nicht mehr zur Schule gegangen, weil er keine Schuhe hatte. Doch unter dem Tannenbaum in der Weihnachtsstube bei den Großeltern Warremann stand unter den wenigen Geschenken unübersehbar ein Paar Schnürstiefel für mich, zwei Nummern zu groß, aber aus herrlichem braunen Leder. Tante Dodi hatte ein Paket geschickt, die mir unbekannte Dodi, eine Nichte von Oma Antonie, die nach Amerika ausgewandert war.

Dass man die Existenz einer Halbwaise führte, gehörte damals zur Normalität. Meine Schwester Marianne und ich gingen mit vielen Kindern zur Schule, die Waisen oder Halbwaisen waren, Kinder von Gefallenen, Vermissten, Kriegsgefangenen. Aber weder in meiner noch in Mariannes Klasse gab es einen Fall wie den meines Vaters. Es war selbstverständlich, dass wir weder in die Pionierorganisation noch später in die FDJ eintraten. Es gab aber eine Zeit, da führte meine Schwester Marianne mit Mutter die Debatte: »Warum darf ich kein Mitglied werden?« Sie empfand sich als ausgeschlossen und verstand nicht, warum sie nicht auch zu den Veranstaltungen gehen sollte wie ihre Freundinnen, deren Eltern dem System ähnlich distanziert gegenüberstanden wie unsere. Doch in dieser Frage duldeten alle drei Frauen, die in unserem Rostocker Haushalt erziehungsberechtigt waren – unsere

Mutter, Großmutter Warremann und Tante Hilde, Mutters Schwägerin – keinerlei Kompromisse. Als ich beispielsweise aus der Grundschule mit einem sehr guten Zeugnis nach Hause kam und voller Stolz das Abzeichen für gutes Wissen trug, verpasste mir meine Mutter spontan eine Ohrfeige. Sie glaubte, ich sei den Pionieren beigetreten, denn auf dem Abzeichen prangten die Initialen JP. Dabei war es tatsächlich nur eine Auszeichnung für gutes Wissen gewesen! Schlimmeres widerfuhr meiner kleinen Schwester Sabine. Als sie eines Nachmittags strahlend von einer Weihnachtsfeier der Pioniere zurückkehrte, deren Besuch ihr zu Hause untersagt worden war, stürzte Tante Hilde auf sie zu, entriss ihr die Geschenke, warf diese zu Boden und trampelte mit den Füßen darauf herum. »Du nimmst Geschenke von den Pionieren an – und deinen Vater haben sie abgeholt!«

Es gab fest umrissene Grenzen des Anstands. »Wenn euch jemand fragt, wann ihr in die Pioniere eintretet«, schärfte Mutter uns Kindern wiederholt ein, »dann antwortet ihr: ›Ihr könnt wieder nachfragen, wenn wir wissen, wo unser Vater ist und wann er wiederkommt.‹«

Das Schicksal unseres Vaters wurde zur Erziehungskeule. Die Pflicht zur unbedingten Loyalität gegenüber der Familie schloss auch die kleinste Form von Fraternisierung mit dem System aus. *Das* machen wir nicht, vermittelte uns die Mutter unmissverständlich. Ich hatte dieses Gebot so verinnerlicht, dass ich nicht einmal mehr durch die Freizeitangebote der FDJ in Versuchung geriet. Dafür lebte ich in dem moralisch komfortablen Bewusstsein: *Wir* sind die Anständigen. Intuitiv wehrte ich das Werben des Regimes für die Akzeptanz seiner moralischen und politischen Ziele ab, denn über uns hatte es Leid und Unrecht gebracht.

Ich habe Vaters Schicksal nie verheimlicht. Schweigen wäre mir wie Verrat vorgekommen. Mitunter habe ich auf sein Schicksal sogar anklagend verwiesen. Wenn in den Schulstunden Lieder und Parolen allzu verlogen waren oder die angeblichen Aufbauleistungen des Sozialismus gefeiert wurden von den »Neulehrern«, die pädagogisch häufig wenig kompetent, dafür aber politisch umso engagierter waren, dann wurden Wut und Empörung in mir übermächtig. Ein oder zwei Mal verlor ich sogar die Beherrschung, wollte nicht mehr argumentieren, sondern nur noch anklagen: »Alles Lüge!« Meist traf mich dann ein arroganter und strafender Blick, der mich zum Schweigen bringen sollte.

Je nachdem, ob der Lehrer nur pro forma Kommunist war und Mitleid mit dem Jugendlichen hatte oder ob er zu den »Überzeugten« gehörte, vor denen man sich vorsehen musste, fiel der nächste Satz aus. Man solle doch den Mund halten und den Unterricht nicht stören, sagten die einen. Andere sprachen einen Tadel aus oder gaben eine schlechte Zensur in Betragen. Unser Geschichtslehrer, den wir alle sehr gern mochten, nahm mich in der sechsten Klasse nach einem derartigen Anfall beiseite und schrieb mir einen Satz auf, den ich nicht verstand: Si tacuisses, philosophus mansisses (Wenn du geschwiegen hättest, wärest du ein Philosoph geblieben). Meine Mutter nickte, als sie das las. Sie hatte sich den Satz von einem Bekannten übersetzen lassen. Aber ich war nicht sicher, ob sie wirklich zustimmte. Einerseits wünschte sie, ich wäre ein guter Schüler und würde keine Schande über sie bringen. Andererseits sah sie einen Mut in mir, den sie schätzte – wenn er nicht als schierer Übermut und jugendliches Imponiergehabe daherkam. Vielleicht aber ahnte sie, dass im Gewand pubertärer Dreistigkeiten der Jugendliche Schritt für Schritt die Fähigkeit zum Protest gegen Normen und zur Auflehnung für die Wahrheit erlangte. In einer Welt der Jasager musste es die geben, die es wagten, nein zu sagen oder wenigstens nein zu tun.

Ich war ein ziemlich großmäuliger Schüler, der seiner pubertären Aufmüpfigkeit wahrscheinlich weniger Schranken setzte als andere, weil ich das Recht und die Moral auf meiner Seite sah. In der Oberschule buhlte ich besonders bei der geliebten jungen Deutschlehrerin Frau Krause um Aufmerksamkeit – mal mit einem guten Aufsatz oder Zitaten von Rainer Maria Rilke, Hermann Hesse und anderen sensiblen, feingeistigen Autoren, mal mit reinem Blödsinn und Übermut. Während einmal alle anderen über einem Aufsatz brüteten, machte ich nur dumme Sprüche.

Nach der ersten Stunde ermahnte mich Frau Krause: »Hat das nicht bald ein Ende, Joachim?«

Nach einer weiteren halben Stunde: »Sie haben ja immer noch nichts geschrieben!«

»Nein, Frau Krause«, sagte ich, »die Muse hat mich noch nicht geküsst.«

Sie warf mich hinaus. Beim gegenüberliegenden Bäcker kaufte ich 28 Kuchenteilchen – das Stück zu fünfzehn Pfennig –, ging zurück in die Klasse und verteilte sie unter den Klassenkameraden. Dann stolzierte ich mit pubertärem Hochgefühl wieder hinaus und machte mir einen schönen Tag. Der kantige und souveräne Kommentar der jungen Lehrerin stand auf der leeren Seite im Aufsatzheft und bestand aus einer einzigen Zahl in Rot: 5, Krause.

Ein anderes Mal hatte ich den in Umlauf befindlichen Spruch »Aljoscha, die Kolchose brennt, rette die Parteibücher!« abgewandelt und mit einer Melodie unterlegt, die ich als russische Volksweise ausgab. Als wir dann wie üblich zu Beginn des Unterrichts ein Lied anstimmen mussten, hob die ganze Klasse an:

Aljoscha, Aljoscha, die Kolchose brennt!

Sattele die Hühnerchen, rette das Parteibüchlein!

Aljoscha, Aljoscha, die Kolchose brennt!

Lautstarkes Geklapper mit Dosen und Linealen begleitete die Vorführung. Frau Krause teilte unsere Begeisterung über die Neuschöpfung keineswegs, aber sie verpfiff uns nicht, und wir liebten sie dafür. Wir respektierten sie, obwohl sie systemkonform war, denn sie war offen und las auch Texte mit uns, die im Lehrplan nicht vorgesehen waren. Nie hatten wir den Eindruck, dass sie uns schaden wolle. So habe ich sie später auch zu Hause besucht und ihr Gedichte gezeigt, die mein Vater in seiner Gefängniszeit verfasst, auswendig gelernt und nach seiner Rückkehr niedergeschrieben hatte.

Die nicht angepassten oder gar oppositionellen Kinder bildeten in der ersten Hälfte der fünfziger Jahre noch die Mehrheit in den Klassen. So umgab mich ein Schutz. Nicht, dass alle mein

Verhalten unterstützt hätten, dazu waren viele zu vorsichtig. Aber sie *högten* sich doch – sie freuten sich diebisch, wenn jemand den Mund aufmachte und Dinge sagte, die sie selber nur dachten oder auf den langen Schulwegen äußerten, wenn man unter sich war. Auch wenn ich in der Klassenhierarchie nicht ganz oben stand, besaß ich eine gewisse Autorität und konnte immer auf einen Teil der Mitschüler zählen. Das war eine gute Erfahrung: Die »Anständigen« sind auf meiner Seite. Das vermittelte das Gefühl einer moralischen Legitimität und Akzeptanz.

Oft fiel es mir leicht, der ideologischen Beeinflussung in Schule und Öffentlichkeit zu widerstehen. Aber bei einem Thema war es für mich schwer, Abstand zu gewinnen: bei der Erziehung zum Antifaschismus. Das kreatürliche Mitgefühl ist immer auf der Seite der Opfer. So litt ich auch mit den Kommunisten, von deren Widerstand gegen die Nazis wir hörten. Doch bald wurde ich immun gegen den Antifaschismus des Systems. Selbst wenn in der Schule oder im Kino der Märtyrertod Ernst Thälmanns oder die Leistungen der Sowjetarmee bei der Niederwerfung der Nazi-Diktatur gewürdigt wurden, selbst wenn wir der Opfer des Faschismus gedachten, entwickelte ich eine innere Reserve. Ich wollte mich nicht gewinnen lassen von meinen Unterdrückern. Ich konnte keine Empathie für Menschen entwickeln, deren Leben und Sterben in Dienst genommen wurden von einer verlogenen Propaganda. Hätte ich im Westen gelebt und Anna Seghers' »Das siebte Kreuz« gelesen, ich wäre sicher ergriffen gewesen. Als wir Schüler aber damals ins Kino geführt wurden und »Ernst Thälmann, Sohn seiner Klasse« sahen, argwöhnte ich, die Tatsachen seien manipuliert oder halbwahr. Ich glaubte »ihnen« nicht. Wenn Falsche das Richtige sagen, wird leicht auch das Richtige falsch. Eine bestürzende Erkenntnis im Nachhinein. Ich musste sehr viel älter werden, um einen eigenen, nicht vom Staat diktierten Zugang zum Leiden auch von Kommunisten im Widerstand gegen den Nationalsozialismus zu gewinnen. Dann jedoch empfand ich tiefen Respekt vor diesen Menschen, die oft die Letzten waren, die noch an Widerstand gedacht und ihn praktiziert hatten. Sie riskierten ihr Leben – mit dieser seltenen und kostbaren Haltung haben sie mehr gegeben, als die meisten Menschen vermögen, und damit bleibende Zeichen gesetzt.

Damals bewegten mich andere Ereignisse allerdings mehr. Die Weltgeschichte hatte Überraschungen bereit, die selbst einen Dreizehnjährigen zu elektrisieren vermochten.

Am 5. März 1953 starb Josef Wissarionowitsch Stalin, der große Lenker und geniale Kopf, der »Vater der Völker und große Führer der fortschrittlichen Menschheit«. In allen Schulen wurde das Ereignis in einer Mischung aus Erschrecken und pompösem Gebaren inszeniert. In den Kindergärten, den Betrieben, in allen Institutionen entstanden Komitees zur Organisierung der Trauerfeiern. Die Bilder aus der Schule, den Wochenschauen, aus den Defa-Filmen im Kino und den Zeitungen schieben sich in meiner Erinnerung zu einem einzigen pathetischen Panorama zusammen. Einige Dichter verfassten Kantaten und Poeme, Johannes R. Becher erging sich in einem panegyrischen Exzess:

Es wird ganz Deutschland einstmals Stalin danken.
In jeder Stadt steht Stalins Monument.
Dort wird er sein, wo sich die Reben ranken,
Und dort in Kiel erkennt ihn ein Student.

Dort wird er sein, wo sich von ihm die Fluten
Des Rheins erzählen und der Kölner Dom.
Dort wird er sein, in allem Schönen, Guten.
Auf jedem Berg, auf jedem deutschen Strom.

Du trittst herein. Welch eine warme Helle
Strömt von Dir aus und was für eine Kraft
Und der Gefangene singt in seiner Zelle.
Er fühlt als Riese sich in seiner Haft.

In Stalins Namen wird sich Deutschland einen.
Er ist es, der den Frieden uns erhält.
So bleibt er unser und wir sind die Seinen.
Und »Stalin, Stalin« heißt das Glück der Welt.

Mein Vater erfuhr von Stalins Tod beim Arbeitseinsatz in einer Latrine. Er war gerade damit beschäftigt, den gefrorenen Kot abzuschlagen, der sich in den Gräben unter den Donnerbalken im kalten März zu hohen Stalagmiten auftürmte, als die Sirenen des nahe gelegenen Holzwerkes zu heulen begannen und gar nicht wieder aufhörten. Etwas Außergewöhnliches musste vorgefallen sein. Der Ukrainer, mit dem er zusammenarbeitete, blickte fragend durch den Donnerbalken zu ihm hinunter und strich mit zwei Fingern mehrfach die Oberlippe auf und ab, um einen Bart anzudeuten: »Ob DER gestorben ist?«

Meine Familie empfand es als angenehm tröstlich, dass ein solcher Machthaber, wie ihn die Welt zuvor selten gesehen hatte, sterblich war. Wenn ein Diktator seine zeitliche Begrenzung erfährt, hat dies eine ganz andere Bedeutung, als wenn jedermann dahingeht. Für uns hatte Stalins Tod einen banalen, aber doch sehr wirksamen Trost: Auch Diktatoren leben nicht ewig.

Wenn man sich die Zeitungen, die Rundfunkberichte und Wochenschauen dieser Zeit ins Gedächtnis ruft, erscheint unvorstellbar, was wenige Wochen später in dem Trauerland passieren sollte.

Am 16. Juni 1953 protestierten Arbeiter in Ost-Berlin gegen eine zehnprozentige Erhöhung der Arbeitsnormen. Auch freie Wahlen wurden gefordert und der Rücktritt der Regierung. Die Protestierenden schrieben es auf und riefen es einander zu: »Wir wollen freie Menschen sein!«

Ich war außer mir vor Aufregung und Erwartung und verbrachte ganze Nachmittage und Abende vor dem Radio, denn man konnte die Westsender hören – außer dem RIAS, der war bei uns gestört. Von zwei Berliner Betrieben aus, so erfuhr ich, hatte sich ein kleiner Protestzug formiert, dem sich auf dem Weg zum Haus der Gewerkschaften und zum Regierungssitz in der Leipziger Straße immer mehr Arbeiter angeschlossen hatten. Unglaublich, dass so etwas möglich war, wo es doch keine freien Gewerkschaften gab! Am 17. Juni erfasste der Aufstand fast die ganze DDR. Wahrscheinlich eine Million Menschen gingen auf die

Straßen; in siebenhundert Orten wurde demonstriert, mehrere Gefängnisse und Polizeireviere wurden gestürmt. In 167 von 217 Landkreisen wurde der Ausnahmezustand verhängt.

Ich erinnere mich an die großen Plakate des sowjetischen Militärkommandanten an den Litfaß-Säulen: »Befehl Nummer 1: Alle Demonstrationen, Versammlungen, Kundgebungen und sonstige Menschenansammlungen über drei Personen werden auf Straßen und Plätzen wie auch in öffentlichen Gebäuden verboten.«

Es herrschte Kriegsrecht; die Regierungsgewalt lag wieder in den Händen der sowjetischen Truppen. Doch in unserer Familie, unter unseren Freunden und Mitschülern herrschte nicht Angst, sondern eine unglaubliche Euphorie. Erst einmal fiel für einen Tag Schule aus. Dann wurde das Fach Gegenwartskunde – später Staatsbürgerkunde – vorübergehend gestrichen. Lehrer, die bis dahin besonders ideologiefest aufgetreten waren, machten einen verschüchterten und verklemmten Eindruck, einige ließen sich zu selbstkritischen Bemerkungen hinreißen. Und ältere Schüler, die von der Schule geworfen worden waren, weil sie sich als Christen nicht von der Jungen Gemeinde getrennt hatten, kamen zurück und durften das Abitur nachholen.

Auch unter den Arbeitern und Bauern in unserem immer als schlafmützig belächelten Mecklenburg gärte es. Am 18. Juni morgens ab neun Uhr streikten 5000 Arbeiter auf der Neptun-Werft: »Wir fordern, dass die Regierung zurücktritt!« Insgesamt traten über 10 000 Arbeiter, rund ein Drittel der Belegschaften, in den Hafenstädten Rostock und Stralsund in den Ausstand. Am 18. Juni unterbrachen Bauern die Rede des Kreissekretärs der Vereinigung der gegenseitigen Bauernhilfe immer wieder mit Zwischenrufen wie: »Euch müsste man alle aufhängen und totschlagen, besonders aber auch die Regierung, die alle Verbrecher sind.« Ein anonymer Briefschreiber drohte dem Rostocker Bürgermeister und den »Bonzen in der SED«: »Alle werden wir euch hängen. Ihr Lumpen, Strolche, Russenknechte, Speichellecker, Abschaum der Menschheit, wir verlangen unsere Freiheit. Acht Jahre habt ihr uns hungern lassen. Ihr seid die Pest am deutschen Volk. Mit euren Lügen und leeren Versprechungen ist es aus. Adenauer wollen wir haben, keinen anderen, einen Menschen mit Verstand.«

Wochenlang – das wissen wir heute aufgrund von Dokumenten, die sich nach 1989 fanden – war die SED damals gelähmt. »Die Parteimitglieder und Parteileitungen befinden sich gegenwärtig in der Defensive und im Schlepptau der Massen«, konstatierte die Bezirksleitung Rostock im Juli 1953. »Der Gegner hat einen großen Einfluss in den Reihen unserer Mitglieder gewonnen.« 22 Mitglieder der SED-Grundorganisation gaben allein in der Kleinstadt Sassnitz auf Rügen ihre Parteidokumente zurück, einige FDJ-Grundorganisationen verfügten über keine Leitung mehr. Funktionäre, Parteimitglieder und FDJler wurden provoziert, überfallen und niedergeschlagen.

Doch dann blieb alles beim Alten, obwohl das Regime durch die Rücknahme der Normenerhöhung versuchte, innenpolitisch Druck aus dem Kessel zu nehmen. Aber der Aufstand wurde erstickt. 55 Menschen bezahlten ihren Protest mit dem Leben, über 5000 wurden verhaftet. Der viel kritisierte Parteichef Walter Ulbricht kam ungeschoren davon, stattdessen wurden Reformer der Partei wie der Chefredakteur des *Neuen Deutschland*, Rudolf Herrnstadt, und der Stasi-Chef Wilhelm Zaisser kaltgestellt. Nach einer kurzen Zwischenphase hatten sich in Moskau nach Stalins Tod wieder die Hardliner durchgesetzt.

Aber für uns änderte sich doch etwas. Am 2. September 1953 wurde meine Mutter auf ausdrückliche Anordnung der Staatssicherheit *mündlich* benachrichtigt, »dass ihr Ehemann am 6.7.1951 wegen feindlicher Tätigkeit gegen die Besatzungsmächte zu 25 Jahren Freiheitsstrafe verurteilt worden« sei.

Nun wusste sie wenigstens, dass er lebte, und sie wusste, dass er sich in der Sowjetunion befand. »Ich habe allerdings keine Erklärung dafür«, schrieb sie dem sowjetischen Botschafter Wladimir Semjonow kurz darauf, »worin seine Schuld bestanden haben könnte, und es ist uns allen, die wir meinen Mann kennen, unfassbar … Wir leiden naturgemäß schwer darunter, dass wir seit Jahr und Tag ohne jede Nachricht von ihm sind. Wie glücklich wären wir über ein kleines Lebenszeichen! Es wäre das ein menschliches Entgegenkommen, für das wir alle, nicht zuletzt die Kinder, unendlich dankbar wären. Bitte erlauben Sie ihm, eine kurze Antwort an uns zu senden.«

Es war ein Versuch, nach den unzähligen folgenlosen Bittbriefen seit der Verhaftung ohne große Hoffnung geschrieben. Doch es war die Zeit einer gewissen Lockerung im Gulag-System. Eines Tages brachte der Postbote eine eigentümliche Briefkarte im A6-Format, deren Vorderseite russische Schriftzeichen trug, auf deren Rückseite wir aber die unverkennbare Handschrift unseres Vaters erkannten. Das erste Lebenszeichen von ihm nach über zwei Jahren! Als Absender war eine Nummer in Moskau angegeben, die wir später mit Hilfe eines Artikels über den Gulag in einer westdeutschen Zeitung als ein Lager in Tajschet entschlüsselten. Wir konnten auf dem Atlas suchen: Wo liegt denn Tajschet? Wo ist unser Vater jetzt?

Vaters erste drei Karten hatten fast denselben Wortlaut, so dass wir davon ausgehen mussten, dass er unsere Karten nicht erhalten hatte. Bald antwortete nur noch unsere Mutter, denn wir Kinder füllten die beigeheftete Karte bereits mit wenigen Großbuchstaben aus. Dann schrieb Vater, er dürfe Pakete bekommen, nicht schwerer als zehn Pfund. So schickten wir Pakete, ohne sicher zu sein, ob sie ihn erreichen würden. Wir besorgten Zucker, Unterwäsche, Handschuhe, Socken, eine Salami, eingelegte Sardinen, Kekse und Knoblauch, den ich in unserer Familie zuvor niemals gesehen hatte. Auch Fotos zu schicken war erlaubt. Mutter ging mit uns zum Fotografen und ließ uns fotografieren, in Sonntagskleidung, sorgfältig gekämmt, mit kleinem Lächeln.

Diese Bilder existieren noch. Ein Mithäftling kommentierte beim Anblick der wohlgenährten Kinder nicht ohne Bitterkeit: »Aber *wir* haben doch den Krieg gewonnen!« Manchmal bettelten zerlumpte russische Kinder die Sträflinge an, wenn sie aus dem Tor zur Arbeit geführt wurden: »Gib Gold! Gib Gold!« Selbstverständlich besaß keiner Gold, aber da mein Vater nun gelegentlich

*Einband des Fotoalbums, das mein Vater sich in Sibirien gebas-
telt hat. Als wir nach zwei Jahren endlich ein Lebenszeichen
von ihm erhalten hatten, durften wir ihm einmal im Monat ein
Paket schicken und konnten ihm so Fotos zukommen lassen.*

Schokolade aus Westdeutschland erhielt, hatte er Stanniolpapier;
das schenkte er den bettelnden Kindern. Ein eigentümliches Gefühl sei das gewesen, sagte mein Vater, »einerseits war man als
Sträfling der letzte Dreck des Sowjetregimes, andererseits wurde
man angebettelt von den Kindern der ›Freien‹«.

Die Briefe verschafften uns eine gewisse Beruhigung und
Hoffnung, obwohl wir selbstverständlich nicht erfuhren, warum
er verurteilt worden war und wann er eventuell freikommen
könnte. Merkwürdig war nur, dass Oma Warremann eines Tages
begann, die Kleidung meines Vaters zu lüften und seine Wäsche
aus den Schränken herauszuholen, zu waschen und zu bügeln,
ohne dass es einen konkreten Hinweis auf seine Rückkehr gegeben hätte. Es war irrational, wer oder was mochte ihr das einge-
geben haben?

Wir wussten allerdings aus den Westnachrichten, dass Bundeskanzler Konrad Adenauer Anfang September 1955 auf Einladung
des Kreml zu einem Arbeitsbesuch nach Moskau gereist war.

Vaters russische Mitgefangene schauten staunend auf die Bilder: »So sehen deine Kinder aus?«, fragten sie, »seid ihr reich? So runde Gesichter!« Das Foto von 1953 zeigt mich mit meinen Geschwistern Sabine, Marianne und Eckart.

Schon vor der Abreise hatte er die Freilassung der 10 000 deutschen Kriegsgefangenen und 20 000 Zivilinternierten zu seinem größten Anliegen erklärt, das er nach schwierigen Verhandlungen im Tausch gegen diplomatische Beziehungen auch tatsächlich durchsetzen konnte. Ich saß in jener Zeit oft vor dem Radio, hörte, wie Adenauer bei seiner Rückkehr auf dem Flughafen Köln/Bonn begeistert gefeiert wurde, hörte, wie bewegt die Mütter, Frauen, Schwestern und Brüder die Kriegsgefangenen und Zivilinternierten empfingen, die vom 7. Oktober an in Friedland eintrafen.

Am 19. Oktober wurde ich überraschend ins Direktorenzimmer gerufen. Ich war mir keiner Schuld bewusst, ging aber mit dem beklommenen Gefühl eines Jungen, der nicht gerade ein Musterschüler ist. Wider Erwarten empfing mich der kommunistische Direktor freundlich und teilte mir nicht ohne Rührung mit: »Ich habe gerade den Anruf bekommen – dein Vater ist zurückgekommen.« Er stand auf, gab mir feierlich die Hand, ich durfte nach Hause gehen. Wie betäubt lief ich in die Klasse, nahm wortlos meine Tasche, fuhr wie üblich mit der Straßenbahn bis zur Endstation und lief dann noch zehn Minuten zu Fuß. Du musst jetzt glücklich sein, sagte eine Stimme in mir. Doch ich vermochte es nicht. Zu Hause saß ein Mann fast ohne Zähne, mit stark gelichtetem Haar, sehr hageren, aber sehr männlichen Gesichtszügen. Er war mir vertraut, doch zugleich sehr fremd. Ob wir uns umarmt haben? Ich weiß es nicht. Männer taten so etwas nicht.

Sobald Vater am 19. Oktober 1955 im Aufnahmelager Fürstenwalde angekommen war, wo die Freigelassenen mit Kleidung, ein wenig Geld und einer Mahlzeit versorgt worden waren, hatte er meine Tante angerufen, die als eine von wenigen bereits ein Telefon besaß.

»Hilde, sitzt du?«, fragte er in seiner ironischen Art.

Und sie: »Mein Gott, Jochen!«

Er bat sie um die Adresse des Arbeitsplatzes seiner Frau. Als er dort am nächsten Tag mit seinem kleinen Holzkoffer erschien, standen Mutters Kollegen bereits alle auf der Verladerampe.

Unbefangen kann ein Wiedersehen nach über vier Jahren wohl nicht sein. Meine Schwester Marianne trat dem Mann an der Seite unserer Mutter sehr schüchtern gegenüber. Sie war den beiden entgegengelaufen, hat dann aber auf dem gemeinsamen Heimweg geschwiegen und verlegen auf die Erde geschaut, erzählte sie später. Die Nachbarn hingegen, die im Garten arbeiteten oder sich zufällig auf der Straße befanden, waren gerührt. Der Tischler, der in den Nachkriegsjahren unsere Holzschuhe angefertigt hatte, schlug die Hände über dem Kopf zusammen: »O Gott, nee! De Jochen iss trüch komen!« So ging es den ganzen Weg entlang.

Zu Hause bereitete Mutter ihrem Mann erst einmal ein kräftiges Essen zu. Rühreier, zwei, drei, vier, erstmals ohne Beimischung von Milch und Mehl und Wasser, wie wir sie nie gegessen hatten. Wir Kinder standen um den Tisch herum und sahen nicht ohne Neid zu, wie dieser Mann schweigend und konzentriert genoss, was er in seinem ausgehungerten Zustand doch nur in kleinen Portionen zu sich nehmen konnte. Dann kamen die Großeltern Warremann hinzu, Tante Hilde und Onkel Walter, das ganze Wohnzimmer war voll. Einige Tage später wurde die Rückkehr gefeiert. Mein Cousin Gerhard reiste aus Güstrow an, im Gepäck einen großen Karton mit einem Huhn für das Festessen. Im Zug hatte es aufgeregt geflattert, was ihm höchst peinlich gewesen war.

Natürlich waren wir alle froh, ein Alptraum war vorbei. Aber nun musste das Ehe- und Familienleben neu geregelt werden. Wir alle hatten uns unter extrem unterschiedlichen Bedingungen verändert; der Kontakt wollte erst wiederhergestellt werden. Meine Mutter hatte sich an ihre Rolle als Familienvorstand gewöhnt. Sie war die Ernährerin und Beschützerin ihrer Kinder geworden und hatte zwangsläufig alle Entscheidungen allein getroffen. Dass sie nun Kompetenzen abgeben konnte, wird sie nicht nur als Erleichterung empfunden haben. Die Rolle der Mutter beherrschte sie perfekt, Ehefrau zu sein, musste sie erst wieder lernen.

Auch ich war verunsichert. Da der Partner fehlte, mit dem Mutter ernsthaft hatte sprechen können, war ich, obwohl erst vierzehn, fünfzehn Jahre alt, vor der Zeit gefordert worden, war partiell erwachsen, hin und wieder auch in einer unangenehmen Weise frühreif. Nun musste ich ins zweite Glied zurücktreten. Ich wurde nicht mehr zu Rate gezogen, wenn über die jüngeren Geschwister befunden wurde. Ich durfte nicht mehr aufbleiben, wenn die anderen ins Bett mussten. Ich verlor die privilegierte Stellung bei der Mutter und hatte mich plötzlich wieder einem Vater unterzuordnen, der unmissverständlich seine Rolle als Familienoberhaupt beanspruchte.

Ich hatte großen Respekt vor ihm. Er war abgemagert, gesundheitlich mit einigen Folgeschäden, doch in relativ guter Verfassung. Immer noch machte er etwas her, und vor allem: Er kam nicht als gebrochener oder verunsicherter Mann zurück. Im Gefängnis der sowjetischen Militärverwaltung in Schwerin, so erzählte er später, habe er noch mit seiner Schwäche kämpfen müssen. Wenn er zu Verhören gerufen wurde, habe er manchmal das Zittern nicht unterdrücken können. Später allerdings ist ihm eine Sicherheit und Festigkeit gewachsen, die er auch gegenüber seiner Umwelt ausstrahlte. Er war wahrscheinlich der Ansicht, dass ihm, der Stalin und den Gulag überlebt hatte, die DDR nichts mehr anhaben könne.

In seinen Erzählungen über die Haft war er nicht das hilflose Opfer, er sprach nicht mit Groll und Bitterkeit, eher ähnelte er mit seiner Ironie und dem bissigen Humor Nasredin Hodscha, dem islamischen Eulenspiegel, dessen Geschichte er unter den Häftlingen gehört hatte und die er nun zu Hause zum Besten gab:

Nasredin saß eines Tages auf dem Basar und weinte. Alles Volk kam zu ihm und fragte: »Nasredin, warum weinst du?«

»Der Kalif hat mich gefragt, wie klug mein Esel sei. Sehr klug, habe ich gesagt. Da hat er mir befohlen, meinem Esel Lesen und Schreiben beizubringen. Wenn mir dies nicht gelänge, würde ich meinen Kopf verlieren.«

Das Volk hatte Mitleid mit ihm. Doch am nächsten Tag saß Nasredin auf dem Basar und lachte. Alles Volk kam zu ihm und fragte: »Nasredin, warum lachst du?«

»Ich habe den Kalifen gestern um eine Audienz gebeten und ihm gesagt, dass es sehr schwer sei, meinem Esel Lesen und Schreiben beizubringen, ich bäte mir dazu 25 Jahre Zeit aus. Die hat er mir bewilligt.«

Da sagte das Volk: »Nasredin, du bis ein Narr! Auch in 25 Jahren wirst du deinem Esel kein Abc beibringen und wirst deinen Kopf verlieren!«

Doch Nasredin antwortete: »Die Narren seid ihr! In 25 Jahren sterbe entweder ich oder der Esel oder der Kalif!«

»Und der große grausame Kalif Stalin«, so schloss mein Vater, »ist tatsächlich gestorben, ich aber lebe noch, und die Esel sterben nicht aus.«

Als Vater eine Arbeit als Lotse aufnahm und wie alle Kapitäne gefragt wurde, ob er nicht Mitglied der SED werden wolle, antwortete er mit einer Gegenfrage: »Wollen wir etwa über den Kommunismus debattieren?« Wenn ihn jemand mit Genosse anredete, zog er die Augenbrauen hoch: »Habe ich mich verhört?« Mein Vater ging in der DDR einen eigenen Weg, nicht den eines Widerständlers, aber den eines Menschen mit Abstand zum System, der seine Distanz zum Kommunismus bei Bedarf unmissverständlich kundtat. Neu für uns war, dass er öfter in die Rostocker Klosterkirche ging, wo Pastor Strube predigte, dessen Worten er etwas abgewinnen konnte, weil der Geistliche die Dinge des Glaubens auf ernsthafte und zeitgemäße Weise darstellte.

Im Grunde hatte mein Vater zu sich selbst gefunden und vertraute den Werten, von denen er bis dahin nur vermutet hatte, dass sie wichtig seien, in ganz anderer Tiefe. Es gab Gott, Anstand, Gerechtigkeit und Wahrheit. Mein Vater mag autoritär gewesen sein, Tendenzen zu einer übertriebenen Selbstsicherheit gehabt haben, aber in diesen Grundsatzfragen war er ohne jede Koketterie. Dass eine solche Haltung unter Umständen den Blick trübt dafür, dass auch im Lager der Unterdrücker einige Menschen standen, die Achtung verdienten, dass es auch Kommunisten gegeben hat, die für ihre Überzeugung gelitten haben, das musste er sich erst mühsam erarbeiten.

Im Rückblick ist mir deutlich geworden, dass ein Opfer-Vater dem pubertierenden Sohn die Auseinandersetzung erschwert. Ich kenne das aus Zeugnissen der Kinder von NS-Opfern und Widerständlern, die hingerichtet worden sind. Ich weiß, wie die Heranwachsenden oft zur Anbetung angeleitet und wie Altäre in den Familien errichtet wurden. Ähnlich war es auch bei uns. Wenn mein Vater seine Gedichte vorlas, was meistens bei Geburtstagsfeiern oder an Festtagen geschah, wenn viele zusammensaßen, hörten meine Geschwister und ich mit großer Andacht zu:

Aus meinem Strohsack eine Roggenähre
war gut zu mir, als meine Seele krank …

Jemand, der so wunderbar über ein Kornfeld schreiben konnte, über das Unrecht in der Zelle, der eine ganze Geschichte über eine Roggenähre zu erzählen vermochte, den musste man einfach bewundern. Vor lauter Ergriffenheit konnte ich die Mängel seiner Verse nicht erkennen.

Da mein Vater sich innerlich frei fühlte, war ihm die politische Unfreiheit in der DDR nicht das Wichtigste. Anderes war wichtiger: seine Familie, seine Gärten, seine Ostsee, die Pastorsleute in Wustrow, die ihm ein Dach über dem Kopf boten, das ihm seine Mutter nicht mehr bieten konnte. Man konnte sich zurückziehen mit einem guten Buch – gern auch mit plattdeutschen Texten von Fritz Reuter oder Rudolf Tarnow. Hier sei unsere Heimat, hieß es dann. Sein Stück Heimat war dieser Teil Mecklenburgs und nicht das politische Biotop, in dem er lebte und an dessen Toren »DDR« stand. Das hätte er niemals als Heimat bezeichnet.

Kurze Zeit scheinen unsere Eltern eine Übersiedlung in die Bundesrepublik erwogen zu haben, doch es kam Vaters Seele entgegen, als eine Vorsprache in Hamburg ergab, dass er mit 49 Jahren für westdeutsche Verhältnisse als Lotse zu alt war. Und Lotse wollte er unbedingt sein, nicht schon wieder als Kapitän auf große Fahrt gehen und wochen- und monatelang von der Familie getrennt sein. Erst fand er eine Stelle in Wismar und dann im Stadthafen von Rostock. So blieben wir in der DDR. Vater hatte gute Gründe für diese Entscheidung: »Oma Antonie ist hier, die Großeltern Warremann sind hier, und unsere Freunde in Hamburg können wir jederzeit besuchen, wir können reisen, wohin wir wollen. In Berlin ist ein freier Übergang.«

Gehen oder bleiben

D as Jahr 1955 – was war das für ein Sommer! Ich, der fünf-
zehnjährige Jugendliche aus der mecklenburgischen Provinz, war mit meinem gleichaltrigen Cousin Gerhard aus Güstrow
in Paris. Zwar nur einen Tag lang, aber was machte das schon? Wir
eroberten uns die Stadt, von der andere nur träumten, und sahen:
die Champs-Élysées, den Arc de Triomphe, den Invalidendom,
Notre-Dame, den Eiffelturm, die Oper, den Jardin du Luxem-
bourg, wir fuhren mit der Metro, liefen wie betäubt durch das
Théâtre National Populaire im Palais de Chaillot, wo der sagen-
hafte Gerard Philippe spielte, standen in den Markthallen ungläu-
big vor der überbordenden Fülle von Blumen, Fischen, Obst- und
Gemüsesorten, die wir teilweise nicht einmal dem Namen nach
kannten. Und wir kicherten haltlos, als wir am Zeitungskiosk fast
barbusige Frauen auf den Titelseiten der Illustrierten sahen und
überall auf Paare stießen, die sich ungeniert auf offener Straße
küssten. Was für eine Welt! Wir tranken Coca-Cola (belegte Brote
hatten wir uns mitgebracht), kauften teure, überlange Postkarten
und schrieben an alle Verwandten und Bekannten in der DDR Ur-
laubsgrüße aus der Metropole Paris.

Abends um acht Uhr suchten wir an den Hallen jedoch ver-
gebens nach den Lkw-Fahrern, die uns in der Nacht zuvor aus
Saarbrücken mitgenommen hatten. Sie hatten uns versetzt. Offensichtlich wollten sie nicht noch einmal stundenlang mit Jugendlichen streiten, die ihre Begeisterung über die DDR nicht teilten.
Sie hätten selbst sehen können, hatten uns diese saarländischen
Fahrer mit strahlenden Augen erklärt, welch große Rolle die Arbeiter und Bauern in den sozialistischen Betrieben und landwirt-
schaftlichen Produktionsgenossenschaften unseres Landes spielten,
wie der Aufbau des Sozialismus in der DDR voranschreite. Als
mein Cousin und ich protestiert, vom 17. Juni und von meinem

Vater in Sibirien erzählt hatten, waren wir auf Schweigen gestoßen, und schließlich war die Bemerkung gefallen: »Ohne Grund
wird man deinen Alten schon nicht verhaftet haben.« Ich gestehe,
dass wir ein Gefühl der Genugtuung nicht unterdrücken konnten,
als wir, hilfsbereit von anderen Fahrern mitgenommen, im Mor-
gengrauen in der Nähe von Metz an »unserem« Fleischtransporter
vorüberfuhren: Mit einer Reifenpanne lagen die kommunistischen Fahrer am Straßenrand.

Saarbrücken war unser Stützpunkt in jenem Sommer. Gerhard machte Ferien bei seiner Großmutter väterlicherseits, ich bei
einem mir bis dahin völlig unbekannten Tierarzt. Eine ehemalige
Lehrerin meiner Mutter, die unserer Familie während der Abwesenheit des Vaters etwas Gutes tun wollte, hatte mich dorthin
vermittelt. Zwar konnte mich der Tierarzt, der den »Bub aus der
Ostzone« gern aufgenommen hatte, für seinen Beruf nicht begeis-
tern, doch seine Einführung in die saarländische Politik war fas-
zinierend. Im Saarland herrschte damals große Aufregung. Für
Oktober 1955 war eine Volksabstimmung geplant: Sollte das Saarland weiter eine autonome Region mit wirtschaftlichem Anschluss an Frankreich bleiben, oder sollte es sich der Bundesrepublik eingliedern? Zum ersten Mal konnten sich deutsche
Parteien präsentieren, die für Deutschland optierten, ohne dass die
Polizei einschritt. Mein Gastgeber schleppte mich in verschiedene
Parteiveranstaltungen: »Da gehst du hin, Bub, da siehst du, wie
Demokratie gemacht wird!«

Ich war begeistert von der Offenheit und der Verve, mit der
die Bürger ihre Standpunkte vertraten. Außerdem hatte dieser
Konflikt auch mit mir zu tun. Auch wir Ostdeutschen gehörten
schließlich zu dem Deutschland, dem sich das Saarland 1935 schon
einmal mit großer Mehrheit angeschlossen hatte.

Nach den Ferien kehrte ich verändert in die Schule zurück.
Alles hatte sich relativiert. Wochenlang stand ich den Fahnenappellen, den borniertem FDJ-Funktionären und Staatsbürgerkun-
delehrern und ihren Themen mit einer gelassenen Distanz gegenüber. Ich fühlte mich überlegen, ließ die kleinkarierte Welt an mir

abperlen. Ein Westbesuch hatte Tore geöffnet, geographisch und mental.

In jenen Jahren war es nicht schwierig, in den Westen zu reisen. Man ging zur Volkspolizei, tauschte den Personalausweis gegen einen Behelfsausweis und stieg in einen der Interzonenzüge, die nach Hamburg, Frankfurt am Main, Köln und München fuhren. Wer es einfacher haben wollte, fuhr nach Ost-Berlin, setzte sich in die S- oder U-Bahn und erreichte für zwanzig Pfennig Ost den Westteil der Stadt. Im Bahnhof Friedrichstraße und den anderen Übergangsbahnhöfen patrouillierten zwar Volkspolizisten und Zöllner, die sowohl nach Ostdeutschen fahndeten, die mit Waren aus dem Westen kamen, als auch Westdeutsche aufstöberten, die im Osten billig eingekauft hatten. Aber Kontrollen fanden nur stichprobenartig und keineswegs systematisch statt.

Viele DDR-Bürger haben in jenen Jahren die Westbesuche nicht nur zum Einkauf und zum Besuch von Verwandten und Freunden genutzt, sondern einfach so, um den anderen Alltag einzusaugen – im wahrsten Sinne des Wortes. Westluft roch anders als Ostluft. Es gab nicht die Zweitaktmotoren mit den charakteristischen Abgasen, die beim Verbrennen einer Benzin-Öl-Mischung entstehen, und im Winter roch es nicht nach den stark schwefelhaltigen Braunkohlenbriketts aus dem DDR-Tagebau. Statt der Billigzigaretten namens Turf, Salem oder später Cabinet rauchte man HB, Astor oder Peter Stuyvesant. Selbst beim Öffnen der Westpakete schlug uns der besondere Geruch entgegen. Noch heute weiß ich, wie Lux-Seife roch, wie Palmolive und Kaloderma. Es gab Kaffee, der nach Kaffee schmeckte, und es gab Jeans, Petticoats und Nickis. Im Osten hingegen ließ uns die Kleidung wie Jungrentner aussehen.

Im Westen sahen sich die Menschen in den Cafés auch nicht um, bevor sie offen sprachen; die Stimmung war entspannt, die Ungezwungenheit ansteckend. Selbst DDR-Bürger wurden dort gesprächig. Sobald der Interzonenzug die Grenze überquert hatte, löste sich das bange Schweigen im Abteil, man packte Butterstullen und Thermoskannen aus und teilte miteinander. Westen – das war Aufatmen, Freiheit und für uns Jugendliche vor allem eine Welt schier unbegrenzter Möglichkeiten.

Ich nutzte die Möglichkeiten mehrfach. 1956 habe ich mit meinem Klassenkameraden Frank eine Fahrradtour durch Hamburg und Schleswig-Holstein unternommen. Ostdeutsche Jugendliche erhielten in westdeutschen Jugendherbergen Gutscheine für Übernachtung und Verpflegung. Der Westen hat uns den Aufenthalt praktisch geschenkt. Wir sind auf das Marine-Ehrenmal in Kiel-Laboe gestiegen, das an die gefallenen Soldaten des Ersten und Zweiten Weltkriegs erinnert, wir haben den Nord-Ostsee-Kanal bewundert – wenn Schiffe die Wasserstraße entlangglitten, sah es von Weitem aus, als bewegten sie sich auf einer Wiese. In Hamburg stiegen wir selbstverständlich auf den Michel und machten eine Hafenrundfahrt. Am letzten Abend fragte der Herbergsvater der Jugendherberge »Am Stintfang«: »Jungs, wollt ihr euch nicht auch mal Sylt ansehen?« So haben wir noch zwei Wochen in einem Heim der Gewerkschaftsjugend in List auf Sylt verbracht.

Ich genoss diesen Urlaub, aber mir ist damals nie in den Sinn gekommen, im Westen zu bleiben. Wenn ich immer wieder hinfahren konnte, warum sollte ich dann meinen Wohnort wechseln? Meine Familie lebte in Rostock, in Rostock hatte ich meine Freunde, in Rostock wollte ich die Schule beenden. Ich war schon damals sehr mit Mecklenburg verbunden und wollte auf keinen Fall die Ostsee verlassen. Aber ich ließ mich von Zeit zu Zeit auch gern verführen von der bunten und lauten Welt des Westens. Sie bildete das leichte, leicht machende Gegengewicht zu meiner konfliktreichen Existenz im Osten. Meine Heimat liebte ich seriös, meinen Westen wie eine Geliebte.

Als mein Cousin Gerhard 1958 nach West-Berlin zog, hatte ich »drüben« eine feste Anlaufstelle. Erst wohnte Gerhard in einer völlig heruntergekommenen Wohnung in Schöneberg, in der es außer Matratzen kaum Möbel gab. Dann zog er mit anderen Musikstudenten in die Uhlandstraße. Dort lebten sie mit ihren Freundinnen zusammen. West-Berlin war also nicht nur laut und wild, sondern auch sündig. Aus der Nachkriegsszene von Frolleins und Amis und der rebellischen Jugend der fünfziger Jahre war eine in der DDR unbekannte, unkonventionelle Lebenswelt hervorgegangen, in der früher als anderswo Wohngemeinschaften entstanden, ohne dass sie damals so genannt worden wären.

Ich bin mehrfach in die Uhlandstraße gefahren. Eben: einfach so. Auf dem nur wenig entfernten Kudamm flanierten schicke Mädchen, am Lehniner Platz standen Halbstarke mit Motorrädern, aus dem Radio röhrte Bill Haleys »Rock around the Clock«. Eine Ost-Berliner Bekannte erhielt eine Eintrittskarte für den Berliner Sportpalast und berichtete später von dem berühmtberüchtigten Auftritt Bill Haleys: Das Publikum geriet in Ekstase, schrie, tanzte, trampelte und zerstörte schließlich die gesamte Bestuhlung. Wir gingen auch viel ins Kino. Der Typ des einsamen, rebellischen Außenseiters hatte Konjunktur, des *young angry man,* wie ihn James Dean oder Jean-Paul Belmondo verkörperten. Wer nachweisen konnte, dass er im Osten lebte, konnte Eintrittskarten mit Ostgeld zahlen – manche legten zur Legitimierung einfach ihren Pionier- oder FDJ-Ausweis vor. Wir besuchten Jazz-Kneipen wie die »Eierschale«, und selbstverständlich liebten wir alle Elvis Presley, den King of Rock 'n' Roll. Man konnte seine Platten kaufen und »Heartbreak Hotel« oder »Love me tender« hören, so oft man wollte.

Als ich dann als Student nach West-Berlin fuhr, war der Existentialismus en vogue. Wir lasen Bücher von großen, bewegenden und prägenden Geistern wie Jean-Paul Sartre und Albert Camus, von Karl Jaspers und Martin Heidegger. Außerdem zog mich das Milieu in der Wohngemeinschaft meines Cousins an. Gerhards Freundin Jutta war eine dunkelhaarige, eher zarte Frau, auf eine unaufgeregte und etwas dunkle Weise verführerisch – jedenfalls für den jungen Theologiestudenten aus der Provinz. Wäre ich damals nicht bereits in festen Händen gewesen, hätte diese Mischung aus weltläufigem Laissez-faire, geistiger Freiheit und einer gewissen Libertinage eine Versuchung darstellen können. Für mich verkörperte Jutta den existentialistischen Prototyp: schwarz gekleidet, oft mit Rollkragenpullover, zwar Studentin, aber selten an der Universität, dafür in Cafés, Bars und Jazzkellern, ständig mit einer Zigarette im Mund und einem Whiskyglas in der Hand, mit Ringen unter den Augen und dem Ausdruck von Weltschmerz im Gesicht.

Jutta war, wie sich später herausstellte, die Schwägerin des Schriftstellers Uwe Johnson. Er hatte ihre Schwester Elisabeth im mecklenburgischen Güstrow kennen gelernt, seinem Wohnort nach der Flucht bei Kriegsende aus dem pommerschen Anklam, und seit 1962 mit ihr in West-Berlin gelebt. Dank der Verbindung zu Jutta habe ich wohl als einer der ersten Ostdeutschen die »Mutmaßungen über Jakob« gelesen, Johnsons erstes Buch, das ihn auf einen Schlag berühmt machte, weil er einen ganz eigenen Zugang und eine ganz eigene Sprache über die DDR und den Ost-West-Konflikt entwickelt hatte.

Jutta erschien mir immer als besonders souverän und auf eine selbstbestimmte Weise mondän. Hinterher stellte sich heraus, dass sie wohl eher ein hilfloses Kind war, fremd in West-Berlin, ohne Freunde, zu denen sie hätte gehen können. Ihr tragisches Ende kenne ich nur aus den Schilderungen meines Cousins, der sich nach einiger Zeit von ihr trennte, aber den Kontakt hielt. Ich selbst habe sie nach dem Mauerbau nicht mehr gesehen.

Jutta wurde labil und zeigte sich den Realitäten immer weniger gewachsen. Sie magerte ab, nahm aber keinerlei Hilfe an, die ihr von verschiedener Seite angeboten wurde. Eines Nachts im Jahre 1968 ist sie mit einer Zigarette im Mund eingeschlafen, in der Berliner Wohnung von Uwe Johnson, die sie einhütete, während der inzwischen viel gefragte Schriftsteller mit seiner Frau in New York lebte. Es entstand ein Schwelbrand, in der Etage darunter zeichneten sich tags darauf die Umrisse des verglommenen Betts an der Decke ab. Jutta hatte wohl noch versucht, aus der Wohnung herauszukommen, und einige Kleider aus dem Schrank gerissen, um sich anzuziehen und auf die Straße zu fliehen. An der Tür war sie jedoch zusammengebrochen. Es hatte etwas Mystisches, Unheimliches, dass Ingeborg Bachmann, deren abgelegte, elegante Courrège-Kleider Jutta geschenkt bekam und zu tragen liebte, fünf Jahre später auf fast identische Weise starb.

Johnson und seine Frau kamen zur Beerdigung aus New York; Bischof Scharf, der Jutta schon früher gekannt hatte, hielt die Predigt. Anschließend, so erzählte mein Cousin Gerhard, hatten Juttas Freunde in den Uhland-Stuben ein Besäufnis veranstaltet, das Johnson bezahlt, selbst aber nach kurzer Zeit verlassen habe, weil ihn der Trubel und die verrückten Möchtegern-Bohemiens abstießen.

Mich hat Juttas tragisches Ende sehr bewegt. Sie hatte die Freiheit zu ihrer Sache gemacht und dabei die Orientierung verloren. Das war unendlich traurig und eine von gar nicht so wenigen Geschichten, in denen unstillbare Sehnsucht Menschen in den Westen trieb, in dessen Freiheit sie sich dann nicht erden konnten.

Im Sommer 1961, kurz vor dem Mauerbau, war ich noch zwei Mal in Berlin. Das erste Mal Mitte Juli anlässlich des zehnten Evangelischen Kirchentages. Wenige Tage vor der Eröffnung hatte das SED-Politbüro die Veranstaltungen im Ostteil der Stadt verboten und private Busunternehmen in der DDR angewiesen, keine Fahrten zum Kirchentag durchzuführen. Es gelte, hieß es, DDR-Bürger vor »Provokationen des kalten Krieges« und vor Belästigungen durch »Spionageagenturen« zu schützen. Zur Eröffnung strömten dann mehr Besucher in die für Bittgottesdienste zugelassenen drei Kirchen in der östlichen Stadthälfte, als die Kirchen fassen konnten, und auf der feierlichen Abschlusskundgebung im Olympiastadion konstatierte Kirchentagspfarrer Heinrich Giesen vor mehr als 60 000 Teilnehmern: »Ein Schatten lag über uns. Wir vermissten sehr viele Brüder!«

Der Ton zwischen den beiden Staaten war rau geworden. West-Berlin spiele die Rolle eines »Kanals«, über den »Menschenhandel« betrieben werde und Lebensmittel aus der DDR abflössen, hatte Walter Ulbricht im März 1961 auf einer Tagung der Warschauer-Pakt-Staaten erklärt. Zwei Monate später berichtete der sowjetische Botschafter in Ost-Berlin, Michail Perwuchin, von Plänen der ostdeutschen Kommunisten, die »Tür zum Westen« zu schließen, um der massenhaften Abwanderung Herr zu werden. Lange war Ulbricht durch Moskau von derart repressiven Maßnahmen abgehalten worden. Dies änderte sich jedoch im Juni 1961, nach dem Gipfeltreffen von Chruschtschow und Kennedy in Wien. Wie schon mehrfach seit Ende 1958 hatte der sowjetische Parteichef gedroht, einen einseitigen Friedensvertrag mit der DDR zu schließen, falls die Westalliierten einer Umwandlung des Status von Berlin in eine »Freie Stadt« nicht zustimmen würden – was die Aufkündigung des Viermächtestatus und die Verdrängung der Westmächte aus West-Berlin bedeutet hätte. Als Kennedy dem Ultimatum erneut eine Absage erteilte, musste Ulbricht von Seiten Chruschtschows nicht länger Widerspruch fürchten. Er konnte in Ost-Berlin zur Vorbereitung des Mauerbaus ein »Sicherungskommando« von 1500 Volkspolizisten aufstellen und die Bereitschaftspolizei auf 4000 Mann verstärken.

Tante Lisa hat die Gefahr gespürt. Sie war die Tante meiner Frau, ein Flüchtling aus Königsberg. Während es meine Frau an die Ostsee verschlagen hatte, war ihre Tante Lisa in der Paulsborner Straße in West-Berlin gestrandet. Wir sind nicht häufig bei ihr gewesen, wollten uns als Verliebte nicht unter verwandtschaftliche Kontrolle begeben, aber manchmal übernachteten wir auch bei ihr, wenn wir am Wochenende Berlin besuchten.

Tante Lisa arbeitete im Büro einer öffentlichen Verwaltung und hatte ein Verhältnis mit einem einflussreichen SPD-Mitglied, der einen wichtigen Posten im Ostbüro seiner Partei bekleidete und immer nur mit Decknamen erwähnt wurde. Menschen wie er lebten gefährlich, sie standen im Visier des Ministeriums für Staatssicherheit, denn sie widmeten sich nicht nur der Betreuung der Flüchtlinge im Auffanglager Marienfelde, sie erkundeten auch die politische und wirtschaftliche Lage in der DDR, schleusten Informationsmaterial nach Ost-Berlin und knüpften ein konspiratives Verbindungsnetz mit ostdeutschen Vertrauensleuten. Die Ostbüros der verschiedenen West-Berliner Parteien wurden von Stasi-Leuten unterwandert, manchmal auch ausgeraubt, ihre

Mitglieder öffentlich diffamiert, einige entführt und in spektakulären Schauprozessen in Ost-Berlin zu hohen Haftstrafen verurteilt.

Tante Lisa war jedenfalls durch ihren Geliebten immer über die Entwicklungen in Ost-Berlin informiert. Sie wusste, dass sich die wirtschaftliche Lage in der DDR dramatisch verschlechterte, dass Ost-Berliner »Grenzgänger«, die im Westteil arbeiteten, aus ihren Ost-Berliner Wohnungen ausgewiesen wurden und hochwertige Konsumgüter wie Autos, Motorräder, Fernsehgeräte, Kühlschränke oder Waschmaschinen in Ost-Berlin nur noch an Personen verkauft werden durften, die für sich und ihre Angehörigen ein Arbeitsverhältnis im Osten nachweisen konnten. Sie hörte, dass die Zahl der Flüchtlinge beständig stieg und im Juli den höchsten Stand seit 1953 erreichte. Etwa 17 500 Lehrer – davon 850 Hochschullehrer – hatten das Land seit 1954 verlassen, 3500 Ärzte, 1400 Zahnärzte, 300 Tierärzte, dazu unzählige Facharbeiter, Handwerker, Einzelhändler und Arbeiter aus der Landwirtschaft. Das waren zum großen Teil Menschen, die in der DDR ihre Ausbildung erhalten hatten, ihr aber nun ihre Dienste verweigerten. Die DDR blutete aus.

Lange, davon war Tante Lisa überzeugt, würde Ulbricht einer solchen Entwicklung nicht mehr tatenlos zusehen. Wahrscheinlich würden die Russen einmarschieren, das wolle sie nicht noch einmal erleben, sie käme aus Ostpreußen. So eröffnete sie uns, als wir sie Anfang August 1961 wieder einmal besuchten, sie würde nach Bayern umziehen. Bei Franz Josef Strauß könne man sicher sein. Und: Wir hätten doch keine Wohnung, ob wir nicht ihre Wohnung übernehmen wollten?

Uns durchfuhr ein beglückender Schreck. Zwei Zimmer, Küche, Bad, fließendes Wasser, ein eingebauter Kleiderschrank, es roch nach Westen, es *war* Westen. Wir hingegen lebten als Ehepaar mit Kind im Souterrain des Hauses von Oma Warremann in einem Zimmer. Noch dazu illegal. Damals konnte man in der DDR nicht einfach eine Wohnung beziehen. Nach den schweren Zerstörungen im Krieg gab es viele Ruinen und sehr viele

Flüchtlinge, später permanent zu wenig Wohnraum. In den Wohnungsämtern lagen lange Listen von Wohnungssuchenden, junge Familien warteten in der Regel zehn Jahre auf eine Zuteilung, Alleinstehende konnten höchstens irgendwo zur Untermiete wohnen, und selbst dann mussten sie nachweisen, dass ein Betrieb sie anforderte. Meine Frau und ich hatten überhaupt keine Chance auf eine eigene Wohnung, als wir nach der Hochzeit auf dem Wohnungsamt vorsprachen.

»So jung und schon verheiratet?«

Wir hatten mit neunzehn geheiratet.

»Wo wohnen Sie denn jetzt?«

Jeder lebte bei seinen Eltern.

»Da wohnen Sie ja gut, wo liegt denn das Problem?«

Wir hatten aber ein Problem, denn wir konnten uns nicht vorstellen, bei meinen Eltern zu leben, die diese Heirat missbilligt hatten. Auch meine Eltern konnten sich das nicht vorstellen. Da setzte sich im Sommer 1960 der Untermieter von Oma Warremann, Ingenieur eines Rostocker Großbetriebs, von einem Tag auf den anderen in den Westen ab. Ohne das Wohnungsamt zu konsultieren, zogen wir in das frei gewordene Zimmer. Es war nicht groß, lag im Keller und hatte ein Fenster, das nur zur Hälfte über der Erde lag, kein Bad, nur ein Waschbecken. Angesichts der Verhältnisse in der DDR erschien es uns viel, angesichts der Verlockung in West-Berlin war es erbärmlich.

Unsere Ehe hatte sich aus einer Schülerliebe heraus entwickelt. Es gab ein Klassenfest mit ersten schüchternen Freundlichkeiten, unendlich vorsichtig und fragend. Ich war extrovertiert, frech, oppositionell, häufig lernunwillig und faul. Ich mochte das Leben, war voller Erwartungen – an die Mädchen, die Dichter, die Politik. Sie war introvertiert, schüchtern, ängstlich, mochte nicht auffallen, war diszipliniert und fleißig. Sie misstraute dem Leben.

Es war die Liebe zur Literatur, die uns verband und dann zu einem Paar machte. Ich mochte Hermann Hesse, Heinrich Böll, Ernest Hemingway und las ihr Rainer Maria Rilke »Die Weise

Meine Frau Hansi, ein Flüchtlingsmädchen aus Ostpreußen. Wir gingen in dieselbe Klasse; sie fiel mir erstmals auf, als die langen Zöpfe, ein Tribut an den Geschmack der Vorkriegszeit, gefallen waren.

von Liebe und Tod des Cornets Christoph Rilke« in meiner Dachkammer vor. Meine Freundin kannte viele Gedichte, liebte das Theater, ihr verdankte ich einen neuen Zugang zu Thomas Mann wie zu Bert Brecht, dem ich tief misstraut hatte, weil ihm meine Unterdrücker ein Theater geschenkt hatten und uns sein mediokres Poem »Die Erziehung der Hirse« als Pflichtlektüre aufgezwungen worden war. Sie lehrte mich, nicht nur das Politische seiner Werke zu sehen, sondern seine Gedichte, zart und zynisch, sanft und provokativ. Ich verlor mich in die Worte.

Wir würden glücklich sein, denn – so schrieb ich ihr mit einem Dichterwort:

> Du bist für mich, ich bin für dich erwählt
> Wie Reim und Reim im atmenden Gedicht.
> Und eins ist nichts, wenn ihm das Andere fehlt ...

Wir waren arm und reich, denn wir beschenkten uns beständig mit Zutrauen, Zärtlichkeit und schließlich einer großen romantischen Liebe. Abweisende Eltern, widrige Verhältnisse, all das bedrohliche Außen war nichts gegen das, was wir füreinander waren. Und doch: Tante Lisas Wohnung war so verführerisch. In unseren Köpfen überschlugen sich die Fantasien. Wir lächelten geschmeichelt, hin und her gerissen von der Versuchung, und wir sahen uns an, und wir sagten: »Nein.«

Ein Jahr zuvor hatte ich mich in einem Restaurant am West-Berliner Steinplatz mit zwei geflüchteten Kommilitonen von der Rostocker Fakultät getroffen. Ich sagte ihnen, ihre Flucht sei bei den Kommilitonen nicht gut aufgenommen worden, denn nun werde es zwei Pastoren weniger in der DDR geben. Einige hätten sogar gemutmaßt, es sei ihnen gar nicht um die Freiheit, sondern um ein besseres Leben gegangen. Und durfte man irgendwo hingehen, nur weil es »besser« war? Ich war nicht neidisch auf die beiden gewesen, fühlte mich ihnen eher überlegen, weil sie es nötig hatten, den leichteren Weg zu gehen. Die Guten, dachte ich, seien nicht auf der Flucht, die Guten stünden an der Front. Und wir, die Theologen, dürften die Menschen nicht verlassen. Wir hätten mit der Verkündigung die Aufgabe, andere Maßstäbe zu setzen als die Partei.

Aber es war auch noch etwas anderes, das mich bleiben ließ: Ich kannte mich im Osten aus. So paradox es auch klingt, diese Landschaft politischer Unsicherheit war für mich berechenbar. Ich kannte ihre Fallgruben und ihre Netze, ich wusste, wie man sich durchschlängeln konnte. Ich kannte die Realität besser als mancher meiner Gegner. Also, warum sollte ich gehen?

Wer weiß, wie ich mich entschieden hätte, wenn ich beim Besuch von Tante Lisa Anfang August 1961 gewusst hätte, dass nur wenige Tage später die Mauer gebaut werden würde. Wenn ich geahnt hätte, dass so schnell eine Zeit kommen würde, in der es kein Hier-Sein und kein Dort-Sein, kein Sowohl-als-auch mehr gab. Noch empfand ich so wie Uwe Johnson, der – über sich selbst in der dritten Person sprechend – gesagt hat: »Er war kein

Flüchtling … Unter Flucht verstand er eine Bewegung in großer Eile, unter gefährlicher Bedrohung; er [aber] war mit der Stadtbahn gekommen.« Erst als ich die Bilder von bewaffneten Grenzsoldaten sah, die die Maurer bewachten und die Zufahrten nach West-Berlin verschlossen, wurde mir schmerzlich bewusst, dass wir nicht mehr wählen konnten. Es gab keine Besuchsreisen mehr. Wer nicht geflüchtet war, wurde eingeschlossen. Wir saßen fest.

Tante Lisas Angst, dass Chruschtschow einen dritten Weltkrieg riskieren und West-Berlin überrennen lassen würde, stellte sich Gott sei Dank als unbegründet heraus. Es würde keinen Krieg geben. Chruschtschow hatte mit dem Mauerbau seinen Verzicht auf West-Berlin signalisiert, und die westlichen Alliierten wollten wegen der Mauer keinen Krieg riskieren. Der Preis für diese Art des Friedens war das scheinbar endgültige Auseinanderbrechen Deutschlands.

Bis zum Mauerbau hatte ich die ständigen Abschiede rund um mich herum gelassen hingenommen, ohne Trauer, als etwas ganz Normales. Es hauten zwar viele ab, aber sie blieben auch im anderen Teil Deutschlands erreichbar, manchmal erwiesen sich ihre neuen Wohnorte sogar als begehrte Anlaufstellen für unsere Reisen in den Westen. Allein in unserer unmittelbaren Nachbarschaft verloren wir in verschiedenen Fluchtwellen den Richter aus der Doppelhaushälfte neben unseren Großeltern und den Juristen aus dem Haus meiner Eltern. Wir verloren in unserer Straße ferner die Familie von Ellen Dedow, dem Mädchen, das ich mit sieben Jahren als erste geküsst hatte, die Apothekerfamilie Piper, die Architektenfamilie Fach und die Lehrerfamilie Scheefuß. Aus dem Freundeskreis meines Vaters in Wustrow blieben wir als einzige Kapitänsfamilie zurück. Es gingen Tante Marianne und ihre beiden Kinder, es gingen die Familie Schelper, die Familie Held, die Familie Schilling, die Familie Schommartz, und von der Familie Reiche blieb nur der jüngste von vier Söhnen zurück.

Die Flüchtlinge ließen fast immer ihre Wohnungen zurück, wie sie waren, da jede Aktion, Gegenstände zu verkaufen oder zu verschenken, Verdacht hätte erregen können. So wurde ihr Nachlass zum Objekt der Begierde. Manche Szenen von damals erscheinen mir im Rückblick makaber. Sobald Verwandte oder Nachbarn sicher waren, dass jemand geflüchtet war, etwa weil in der Wohnung wochenlang niemand lebte oder ein entsprechender Brief aus der Bundesrepublik eintraf, drangen sie nicht selten in die verlassenen Zimmer ein und nahmen mit, was sie gebrauchen konnten. Einige verfügten über einen Wohnungsschlüssel, andere wohl auch nicht. Der Diebstahl verursachte nicht einmal ein schlechtes Gewissen. Wenn der Staat die Menschen schon aus dem Land trieb, sollte er sich nicht auch noch an ihrem zurückgelassenen Eigentum bereichern. Es galt, sich Beutegut zu sichern, bevor die staatliche Handelsorganisation das gesamte Inventar auflisten und verkaufen konnte. Manche Nachbarn erwarben die Sachen auch regulär: entweder direkt vor Ort, wenn sie mehr oder weniger zufällig auf den offiziellen Schätzer trafen, der den Nachlass taxierte, oder in den Läden für An- und Verkauf, in denen die zurückgelassene Habe anschließend verkauft wurde.

Selbst wenn Klassenkameraden in den Westen gingen, empfand ich das als normal. Von der Goethe-Oberschule, die ich besuchte, bis zum Rostocker Hauptbahnhof war es nicht weit; durch die Fenster sahen wir die Züge an den Bahnsteigen stehen. Eines Tages erklärte mein Freund Helge Richter, der ein noch größeres Mundwerk hatte als ich und der aus einer Arztfamilie stammte, der es blendend ging, ihm reiche es, er wolle die bevorstehende Lateinarbeit nicht mehr mitschreiben. Sagte es und ging. Ich simulierte im Unterricht eine spontane Übelkeit und bat darum, von meinem Freund Christian Gätjen an die frische Luft begleitet zu werden.

Wir erwischten Helge noch auf dem Bahnsteig. Ohne Koffer, ohne Gepäck, ohne die Eltern zu benachrichtigen, stieg er in den Zug, während wir zurückkehrten, um die Klassenarbeit zu schreiben. Eine Woche später kam eine Postkarte: »Hallo Jungs, bin gut angekommen, war im Kino: Elvis Presley ›Rhythmus hinter Gittern‹.« Was sollte an einem solchen Wohnortwechsel tragisch sein?

»Republikflucht« war vor 1961 ein Massenphänomen. Aus manchen Abiturklassen ging Ende der fünfziger Jahre die Mehrheit der Schüler, bei vielen war die Entscheidung vorhersehbar. Zum Jurastudium beispielsweise wurden nur überzeugte Kommunisten zugelassen. Wenn jemand Apotheker oder Arzt werden wollte, selbst aber aus einer Apotheker- oder Arztfamilie stammte, hatte er kaum Chancen, zur Universität delegiert zu werden. Bevorzugt wurden Arbeiterkinder – darunter fielen allerdings auch die Kinder von Funktionären. Wer beispielsweise einen General der Volksarmee zum Vater hatte, galt ebenso als Arbeiterkind wie das Kind eines SED-Funktionärs. Hatte der Vater sich aber vom Schlosser zum Diplomingenieur hochgearbeitet, dann galt er als Intelligenzler-Kind.

Mein Klassenkamerad Frank Segelitz war der Sohn eines Privatunternehmers, denn sein Vater besaß eine Apotheke. Die Schule hat Frank noch problemlos absolviert, nicht zuletzt weil er in die FDJ eingetreten war, obwohl er eher westlich eingestellt war. Für die weitere Zukunft rechnete er sich aber kaum berufliche Chancen aus. Also ging er und wurde im Westen Jurist. Man konnte es ihm nicht verübeln.

Aufsehen erregte allerdings der Weggang unseres Klassenlehrers, weil er Mitglied der SED war. Doch die Parteizugehörigkeit hatte offensichtlich der Tarnung gedient. Nach der Flucht wurde er als »Zentrum einer konterrevolutionären Gruppierung« unter den Lehrern ausgemacht und in der Zeitung denunziert. Unsere Goethe-Oberschule wurde mit der Großen Stadtschule zusammengelegt, und ein linientreuer SED-Pädagoge übernahm die Leitung der vergrößerten Lehranstalt. Die Verschärfung der pädagogisch-ideologischen Zucht, die daraufhin begann, traf uns glücklicherweise nicht mehr.

Die einen feierten den Bau der Mauer als Triumph: Die Massenflucht war gestoppt. Die DDR würde nicht weiter ausbluten, sondern eine Chance erhalten, ohne permanente »Abwerbung« ihr eigenes Gesellschaftssystem zu errichten. Andere, die meisten, waren bestürzt, erschrocken und wütend über die Anmaßung der

71

herrschenden Clique, die ein ganzes Staatsvolk kurzerhand zu Leibeigenen erklärte.

Die Parteiführung riss die Familien auseinander, unterband die Reisefreiheit und jeglichen Austausch und war auch noch so töricht, die Mauer zum »antifaschistischen Schutzwall« zu erklären. Dabei war selbst den Genossen klar, dass die DDR sich nicht, wie von der Propaganda behauptet, vor einer imperialistischen Aggression geschützt hatte, sondern dass sie den Staat von ihren Gnaden vor dem Ausbluten zu bewahren trachtete.

Der Westen verschwand hinter dem Eisernen Vorhang. Es traf Verliebte, Verlobte, Eheleute, Kinder und Eltern, Brüder und Schwestern. Viele Menschen verloren ihre Existenzgrundlage. Die Berliner »Grenzgänger«, die im Westen gearbeitet und im Osten gewohnt hatten, durften als unsichere Elemente fortan im Osten nicht in Schlüsselfunktionen gelangen oder in wichtigen Betriebsanlagen arbeiten. Lehrer, die auf Westschulen unterrichtet hatten, erhielten im Osten lebenslanges Berufsverbot. Studenten, die in West-Berlin studiert hatten, wurden in die Produktion geschickt. Schüler, die im Westen zur Schule gegangen waren, durften die Ausbildung nicht beenden und mussten eine Lehre beginnen.

Unser Staat war seit 1961 wie eine Burg, deren Burgherr sich das Recht genommen hatte, über Zugang, Abgang und über den Gang des Lebens im Innern zu entscheiden. Hatte man sich mit dem ideologischen Druck und den Repressionen in der DDR noch leichter abgefunden, solange man von Zeit zu Zeit »nach drüben« fahren oder Besucher aus dem Westen empfangen konnte, so war einem nach dem Mauerbau diese Kompensation verwehrt. Wir konnten uns nicht einmal mehr tage-, geschweige denn wochenlang entziehen. Die Reisefreiheit hatte für ein völlig anderes Klima an den Schulen, Universitäten, in den Freundeskreisen und in den Betrieben gesorgt, war ein wichiges Thema in privaten Gesprächen, ja durch sie hatte sich sogar eine merkwürdige Parallelwelt neben unserem Alltag herausgebildet. All das haben sich die nach 1961 in der DDR Geborenen nicht mehr vorstellen können.

Nach dem 13. August 1961 konnte man der DDR nicht mehr durch das Schlupfloch Berlin entkommen, konnte nicht mehr hier und gleichzeitig dort sein. Wir durften nicht einmal zur Beerdigung fahren, wenn jemand starb. Es gab keinerlei Begegnung mehr. Gespräche über die wenigen Privattelefone mussten beim Fernamt angemeldet werden, halbe Tage warteten wir auf die Verbindung, oft kam sie gar nicht zustande.

Der Mauerbau ist oft als die eigentliche Geburtsstunde der DDR bezeichnet worden. Vom 13. August 1961 an gehörte man dazu – auf immer und ewig. Nicht die Gründung der DDR am 7. Oktober 1949, sondern der Mauerbau am 13. August 1961 sollte Haltung und Mentalität der Menschen im Land besonders nachhaltig prägen: Aus objektiver Machtlosigkeit, die der übermächtige Staatsapparat über die Bevölkerung verhängt hatte, wurde nun auch subjektive Ohnmacht. Und da man den Menschen die institutionellen Möglichkeiten einer Partizipation an der Macht nahm, verloren sie allmählich die Fähigkeit zu eigenverantwortlichem Handeln.

Wer nach dem August '61 über die Grenze kam, war ein Flüchtling, wie Uwe Johnson ihn verstanden hat. Man konnte das Land nur noch »unter gefährlicher Bedrohung« verlassen. In Berlin sprangen Menschen aus hochgelegenen Stockwerken, brachen mit Lastwagen durch die Sperranlagen, durchschwammen den Teltowkanal, die Havel, die Spree oder den Humboldthafen, bei uns setzten sie sich über die Ostsee ab oder versuchten es zumindest. Ein Lokomotivführer raste mit einem Personenzug durch die Sperranlage, andere überquerten die Grenzstellen mit gefälschten ausländischen Dokumenten. Bis zum Ende des Jahres 1961 bezahlten dreizehn Menschen ihren Fluchtversuch mit dem Leben, über dreitausend wurden bei gescheiterten Fluchtversuchen festgenommen. Die Zahl der politisch Verfolgten stieg in der zweiten Jahreshälfte 1961 um das Fünffache auf 7200.

Der Westen hatte sich verlagert. Die eine Hälfte des Westens war dort, wo wir nicht mehr sein konnten, die andere Hälfte war in denen, die ihn noch kennen und schätzen gelernt hatten. Wir

73

hatten uns dort zu Hause gefühlt, auch wenn wir nur zu Besuch waren. Von nun an gab es zwei Arten von Westdeutschland: das reale, das sich fortan Tag für Tag in eine uns unbekannte Richtung verwandelte, und das ersehnte, das im Innern jener Ostdeutschen lebte, die niemals von ihm lassen wollten.

So nistete sich die Sehnsucht in unseren Herzen ein. Der Westen war wie eine Frau, die man als Siebzehnjähriger auf den Sockel hebt und anbetet. Da können Jahrzehnte oder Jahrhunderte vergehen, ihre Schönheit bleibt erhalten. Die Runzeln und Abgründe, die Mängel und Beschneidungen von Freiheit haben viele von uns nicht oder nur wie durch einen Schleier gesehen. Wir haben idealisiert, was wir nicht besaßen.

Etwa zehn Jahre nach dem Mauerbau begann ich, gelegentlich vom Westen zu träumen. Und was ich anderen erzählte, erzählten diese mir: »Weißt du, heute Nacht war ich im Westen.« Ein immer wiederkehrendes Motiv dieser Träume war das Gefühl der totalen Erleichterung und Entlastung. Als hätten die DDR-Grenzer ihre Kontrollen gerade beendet, der Zug sei wieder angefahren und wir hätten an den Häusern und Autos erkannt, dass wir in der Freiheit waren. Dann begannen wir uns im Traum anzulächeln und zu erzählen und machten die beglückende Erfahrung: Du fühlst dich wohl hier im Westen. Du kannst die Musik hören, die du magst, die Bücher und Zeitungen kaufen, die du schätzt, du kannst nach Rom und nach London und nach Kopenhagen fahren, in Hamburg zum Jungfernstieg und auf die Reeperbahn gehen, den Kölner Dom besuchen und in den Alpen wandern.

Unser Bild vom Westen wich sehr stark ab von dem Westen, den die Menschen dort tatsächlich erlebten. Wenn sie uns besuchten, haben wir oft protestiert, wenn sie – falls sie Achtundsechziger und Linke geworden waren – hauptsächlich von den Mängeln ihrer Gesellschaft erzählten. Es kam zu heftigen Kontroversen, in denen wir DDR-Bürger den Westlern den Westen erklärten und sie uns den Sozialismus. Jede Seite hatte ihre innere Wirklichkeit und manchmal auch Wahrhaftigkeit.

Wir haben uns über jeden Besuch, jeden Brief und jedes Geschenk aus dem Westen in einer Weise gefreut, die der gesättigten Gesellschaft unserer Brüder und Schwestern unbegreiflich war. Abgeschottet, hinter der Mauer lebend, brauchten wir diese Zuwendung als Zeichen, dass wir nicht vergessen waren, dass wir irgendwie dennoch dazugehörten. Manchmal nahm diese Überhöhung des Westens groteske Formen an. Beispielsweise hielten zahlreiche Urlauber am Ostseestrand Ausschau nach Strandgut. Vielleicht wurde eine Flasche angeschwemmt mit dem Etikett von Bols oder einer anderen bekannten Westmarke. Ich fand diese Flaschen später, fein gesäubert, in Dutzenden von Haushalten auf Wohnzimmerschränken oder Flurregalen – Trophäen mit Signalcharakter, die demonstrierten: Der Staat hat mich, aber er hat mich nicht ganz. So wurden leere Flaschen, Blechdosen, Plastiktüten aus dem Westen (die in den Schulen verboten waren!), Jeans oder T-Shirts zum trotzigen Zeichen von Eigenständigkeit.

Trauer als Kehrseite der Sehnsucht war mir damals so wenig bewusst wie wohl den meisten DDR-Bürgern. Sie hätte mich gelähmt, so schickte ich sie weg. »Stör mich nicht«, sagte ich, »ich will leben, ich will stark sein.« Viele hielten sich an das bekannte Volkslied: Sie glaubten, dass sie, selbst wenn sie eingesperrt seien »in finstere Kerker«, wenigstens in ihren Gedanken frei bleiben und die Mauern und Schranken einreißen könnten.

Dass sogar *meine* Gedanken vom Kerkeralltag infiziert waren und ich mich wohl mit einer halb resignativen Weltsicht arrangiert hatte, habe ich in vollem Ausmaß erst verstanden und gefühlt, als ich den Kerker verlassen hatte. Während der DDR-Zeit war ich zwar oft wütend über Unrecht, Diskriminierung und ideologische Borniertheit, andererseits aber unempfindlich gegen die allgegenwärtigen Demütigungen im Alltag. Etwa an jenem Nachmittag Anfang der achtziger Jahre, als drei schwedische Frauen, sehr solidarische, liebenswürdige und aufgeweckte Lehrerinnen, die wir durch kirchliche Kontakte kennen gelernt hatten, mit uns den Rostocker Intershop aufsuchten, um unserer vierjährigen Tochter ein besonderes Geschenk zu machen, eines, das nur gegen Westgeld zu haben war. Der Intershop war das Ausland im Inland, der

Westen im Osten, ein quasi exterritorialer Ort voller begehrter Produkte aus der freien Welt. Zeitweilig durften Ostdeutsche gar nicht hinein, zeitweilig mussten sie ihr Westgeld gegen so genannte Forumschecks eintauschen, die vom Staat ungünstig 1 : 1 eingetauscht wurden. Jedenfalls besuchten wir mit den schwedischen Damen den Intershop, während jene, die kein Westgeld hatten, sich die Nase platt drückten an den Scheiben, hinter denen die unerreichbare bunte Warenwelt lag. Während unsere Kleine den Laden glückstrahlend mit ihren Geschenken verließ, traten zwei der Schwedinnen Tränen in die Augen.

»Warum weint ihr?«

Sie weinten, weil sie ein Spiel mitspielen mussten, in dem die einen besser waren als die anderen, in dem ihr Geld alles und unseres nichts bedeutete, in dem ein Kind größte Freude empfand über Spielsachen, die den Schwedinnen mittelmäßig und armselig erschienen. Sie weinten, weil ihnen fernab von Mauer, Wachturm und Gefängnis die Klassen- und Unterdrückungsstruktur der DDR noch in einer ganz banalen Situation begegnet waren. Ein Einkauf unter solchen Bedingungen erschien ihnen unwürdig und erniedrigend – und wir taten ihnen leid.

Und ich? Ich fühlte mich in kämpferischer Mission und begann, sie meinerseits zu trösten, denn wir, das versicherte ich ihnen, bräuchten keinen Trost. Wir seien an derartige Situationen längst gewöhnt, seien nicht mehr zu kränken oder zu demütigen. Ich war stolz auf meine Haltung, die mich vor Depressionen, Alkoholsucht und Selbstmordgelüsten schützte. Statt mich durch Selbstmitleid oder Trauer schwächen zu lassen, setzte ich auf Provokation, blies zum Gegenangriff, um in die Vorhand zu kommen.

Ich kritisierte andere, wenn sie in beschwörender Weise ihr Leben in ihren kleinen, privaten Nischen als großes Glück beschworen und die Beschränkung als Erfüllung ausgaben. Dabei hatte ich mich selbst längst mit dem kleinen Glück abgefunden, als ich den Schwedinnen die Steilküste am Ostseeufer zwischen Wustrow und Ahrenshoop zeigte und behauptete, dies sei einer der schönsten Spazierwege Europas. Wahrscheinlich tat ich ihnen da

Da stehen wir nun – angekommen, wo es nicht weitergeht. Hinter uns das bewachte Land, vor uns die bewachte See. In diesem Augenblick aber sehen wir weder Wachturm noch das Schiff der Wächter – nur die Ostsee, eine Ahnung von Weite, Ferne, Freiheit. Für einen schönen Moment sind wir nur bei dem, was uns träumen lässt. Wenn wir uns umdrehen, werden wir ein anderes Gesicht haben.

noch einmal leid, als ich so strahlend und stolz vor ihnen stand und den unverwechselbaren Geruch und den Geschmack der See rühmte. Wäre ich ein Sachse gewesen, hätte ich wohl ähnlich stolz das Elbsandsteingebirge gepriesen und als Brandenburger Schloss und Park Sanssouci in Potsdam. All das erschien uns über die Maßen schön, denn uns fehlte jeder Vergleich. Weder hatten wir die Fjorde Norwegens gesehen noch die griechische Mittelmeerküste, wir waren nicht die Rhône hinabgefahren, hatten nicht auf den Klippen von Dover gestanden und nie den Petersdom in Rom besucht. Wir waren provinziell geworden, obwohl wir Westbücher lasen, Westmusik hörten und Westkleidung trugen. Wir überhöhten das Erreichbare, um die Trauer über das Unerreichbare nicht zu verspüren. Und wir unterdrückten die Trauer über das Unerreichbare, um uns mit dem Erreichbaren zu arrangieren.

Es war ein ganz normaler sonntäglicher Familienausflug in

den sechziger Jahren. Wir standen auf der Mole in Warnemünde, zwei Jungen an der Hand ihrer Eltern. Ein großes, weißes Schiff fuhr hinaus auf die Ostsee. Ein imponierendes Bild. Die Jungen waren begeistert.

»Wie schön! Da wollen wir auch mitfahren!«

»Das ist eine Fähre nach Dänemark, da können wir nicht drauf.«

»Wieso, da sind doch Menschen zu sehen!«

»Ja, aber da dürfen nur Menschen aus dem Westen mitfahren.«

Meine beiden Jungen waren empört, sie fanden das »total blöd«. Ich hätte nun sagen können, auch ich fände es widerlich, eingesperrt zu sein. Stattdessen versuchte ich, die Kinder vor Traurigkeit zu bewahren. Sie sollten nicht denken und fühlen, dass sie Gefangene seien, nicht so früh schon, als Kinder! Deshalb erklärte ich ihnen, dass sie noch zu klein seien, um das zu verstehen, und dass das Eis am Strand von Warnemünde viel besser schmecke als das Eis in Dänemark. So haben wir das Unnormale oft zur Normalität erklärt, um nicht von Schmerz, Wut und Zorn erdrückt zu werden. Wir machten uns lebensfähig, auch hart, und haben uns unbewusst Gefühle verboten und diese zum Teil abgetötet, wenn sie das Funktionieren im Alltag zu gefährden drohten.

Nach dem Mauerbau gab es über zweieinhalb Jahre lang überhaupt keinen Weg nach Hüben und keinen nach Drüben. Erst Ende 1963 wurde ein Passierscheinabkommen unterzeichnet, das es West-Berlinern ermöglichte, über Weihnachten und Neujahr Verwandte im Ostteil der Stadt zu besuchen; ein Jahr später wurde ein zweites Passierscheinabkommen beschlossen. Einen kleinen Spalt öffnete sich die Grenze auch durch den Häftlingsfreikauf, der seit 1963 zwischen dem westdeutschen Ministerium für gesamtdeutsche Fragen und dem Ost-Berliner Rechtsanwalt Wolfgang Vogel ausgehandelt wurde. Die DDR-Regierung erklärte sich bereit, politische Häftlinge ausreisen zu lassen – anfänglich gegen 8000 DM, später gegen 97000 DM pro Häftling. Fast zeitgleich begann auch die Evangelische Kirche mit dem Freikauf.

Er zielte auf Fluchthelfer und zu langen Freiheitsstrafen verurteilte politisch Verfolgte, zudem wurde ein Gefangenenaustausch vereinbart. In einzelnen Fällen hat auch eine Familienzusammenführung stattgefunden wie bei meiner jüngeren Schwester Sabine.

Sabine hatte im Frühjahr 1965 gerade Abitur gemacht, als uns Jochen Zeeck besuchte, der Patensohn meines Vaters aus Hamburg. Bis Kriegsende hatte Familie Zeeck zur Rostocker Oberschicht gehört. Unter Großvater Gustav Zeeck war ihr Handelsunternehmen außergewöhnlich expandiert: Zwischen 1906 und 1922 waren ein Bekleidungs- und ein Teppichhaus sowie eine Villa in Rostock gebaut, zwei Textilkaufhäuser im pommerschen Kolberg und Köslin und ein Kaufhaus im Ostseebad Warnemünde eröffnet worden. Nach Kriegsende gehörte der Familie von einem Tag auf den anderen nichts mehr. Die beiden pommerschen Kaufhäuser lagen nunmehr in Polen, die Kaufhäuser in Rostock und Warnemünde wurden enteignet, in die Rostocker Villa zogen erst die Sowjets ein, dann wurde sie der Universität überlassen. Zeitweilig wohnte Familie Zeeck im Keller ihres eigenen Hauses. Da setzte sich Vater Zeeck nach Hamburg ab und ließ sich zum Steuerberater umschulen. Der Großteil der Zeeckschen Möbel und Bilder wurde unter Bekannten und Verwandten verteilt, meine kleine Schwester Sabine führte überall stolz den Puppenwagen vor, den sie – was sie nicht ahnen konnte – von ihren künftigen Schwiegereltern erhalten hatte.

In jenem Sommer 1965 verliebte sich Sabine in Jochen Zeeck, im Frühherbst bemerkte sie ihre Schwangerschaft. Für meine Eltern war es ein Schock. Sie wünschten sich für die Tochter einen Hochschulabschluss. Am schlimmsten aber war für sie die Vorstellung von einem unehelichen Enkel.

Sabine war überrascht und ratlos, wusste nur, dass sie ihr Kind nicht, wie es üblich war in der DDR, morgens um sechs Uhr würde in die Krippe bringen wollen. Da ließ sie geschehen, was unsere tatkräftige Mutter, nachdem sie sich von dem Schock erholt hatte, für sie in die Wege leitete. Über ihren Schwager Gerhard, den Mann von Tante Gerda, der inzwischen Generalsuperintendent von Ost-Berlin geworden war, schaffte sie es, die Tochter auf die Ausreiseliste der Evangelischen Kirche setzen zu lassen. Auch wenn gar nicht klar war, ob Sabine und Jochen Zeeck zueinander passen würden: Das Kind sollte nicht unehelich zur Welt kommen! Der erste Ausreise-Antrag vom Oktober 1965 wurde abgelehnt: Einen aufstrebenden jungen Menschen wie Sabine werde man nicht ins Feindesland ziehen lassen. Im Rahmen der kirchlichen Verhandlungen setzte sich Onkel Gerhard jedoch weiter für seine Nichte ein. Mitte April 1966 erhielt Sabine einen positiven Bescheid, Anfang Mai reiste sie aus.

Sabine hatte Glück dank außergewöhnlicher Unterstützung. Andere warteten vergeblich auf eine Ausreisegenehmigung. So brach eine Hebamme in der Mütterberatungsstelle der Charité in Ost-Berlin in Tränen aus, als Sabine kam, um sich ihre Unterlagen vor der Ausreise zu holen. Seit fünf Jahren schon bemühte sich diese Frau vergeblich um die Übersiedlung in den Westen. Ihr Mann und ihre Kinder waren vorgefahren, um Wohnung und Arbeit in Nordrhein-Westfalen zu suchen, sie selber wollte folgen. Der Mauerbau durchkreuzte die Pläne. Seitdem war ihre Familie genauso auseinandergerissen wie die der Hebamme im Krankenhaus Hamburg-Rissen, wo sich Sabine nach der Ausreise zur Aufnahmeuntersuchung meldete. Auch diese Frau brach in Tränen aus. Hier war sie es, die aus Rügen vorgefahren war, um die Übersiedlung von Mann und Kindern vorzubereiten. Inzwischen hatte sich ihr Mann scheiden lassen, und das Sorgerecht für die Kinder war ihr entzogen worden.

Es gab Tausende solcher Fälle. Tausende drängten auf Ausreise, Menschen, die das Land ursprünglich gar nicht hatten verlassen wollen, dann aber in der Enge des Systems zu ersticken glaubten. Zu ihnen gehörte Sibylle Hammer, eine alte Freundin unserer Familie, die Patentante meiner 1967 geborenen Tochter Gesine. Sibylle hatte mit meiner Schwester Sabine an der Rostocker Sportschule Abitur gemacht, danach Germanistik und Anglistik studiert und war Lehrerin an einer Schule in Berlin-Friedrichshain geworden, wo ihr in der Arbeit mit Schülern aus schwierigen

Elternhäusern relativ viel Freiheit gelassen wurde. Aus privaten Gründen wechselte sie 1975 an die 50. Polytechnische Oberschule (POS) in Rostock-Evershagen, in meine Gemeinde.

SIBYLLE HAMMER ERZÄHLT

Ich hatte mich in den sechs Jahren an der Schule in Ost-Berlin an meinen kleinen Freiraum gewöhnt, so dass mich die Verhältnisse in der Maxim-Gorki-Schule, der 50. POS in Rostock-Evershagen, unvorbereitet und hart trafen. Die Repressionen mochten, jede für sich genommen, banal erscheinen, aber in ihrer Gesamtheit empfand ich sie als unerträglich. Es begann mit den Stiefeln. Noch Jahre, nachdem das Neubauviertel bezogen worden war, konnte man nur über Bretter von der S-Bahn zur Schule gelangen. Während alle anderen ihre verdreckten Schuhe in der Schule wechselten, trug ich drinnen wie draußen Lederstiefel aus einem Rostocker Jägergeschäft, die aussahen wie die Stiefel der Wachsoldaten vom Roten Platz. Ich dachte: Wenn der Dreck so auffällig an den Stiefeln klebt, wird vielleicht schneller ein Bürgersteig gebaut. Außerdem fand ich die Lederstiefel chic zu dem Seidenrock, den ich mir hatte nähen lassen – irgendetwas Auffälliges musste sein. Aber der Schuldirektor beanstandete die Stiefel, ich sollte normale Schuhe mitbringen, was ich nicht tat.

Dann kam heraus, dass ich Joachim Gaucks Kinder kenne, die alle drei auf die 50. Oberschule in Evershagen gingen. Christian war in meiner Englischklasse, Martin und Gesine traf ich bei Vertretungsstunden. Es kam ferner heraus, dass ich mit der Familie befreundet bin und sie des Öfteren besuche. Ich wurde zum Direktor und zum stellvertretenden Direktor zitiert: »Wir empfehlen Ihnen, bei der Aufsicht auf dem Schulhof nicht so vertraulich mit den Konfirmanden und den Kindern von Pastor Gauck umzugehen.«

»Aber es wird doch ein gutes Lehrer-Schüler-Verhältnis gefordert! Außerdem ist mir völlig unbekannt, wer in den Konfirmandenunterricht geht. Und Gesine ist mein Patenkind …«

Dann kam der Subbotnik. Ich sagte: »Ich kann nicht, ich habe am Nachmittag Englischunterricht. Ich muss den Lehrauftrag der Schule erfüllen.« Der Direktor fand den Subbotnik wichtiger als den Englischunterricht, ich umgekehrt. Während ich Englisch unterrichtete, haben die anderen die Erde umgegraben, Rasen gesät und Büsche gepflanzt. Das kam nicht gut an. Der Englischunterricht wurde auf die nullte Stunde verlegt: 6.45 Uhr. Wider Erwarten kamen die Schüler dennoch. Doch ich war nach einiger Zeit so erschöpft, dass ich den Schulalltag nur noch mit beruhigenden Faustan-Tabletten bewältigte.

Im Juni 1976 wurde mir mitgeteilt, dass ich nach den Sommerferien an eine andere Schule versetzt würde: »In der Karl-Marx-Schule wird Ihnen ein Kollektiv von bewährten Kollegen und Genossen bei der ideologischen Festigung helfen.«

Ich wechselte nicht die Schule, ich kündigte. Ich wollte keine Lehrerin mehr sein und zog zurück in meine Ost-Berliner Wohnung. Ich jobbte, sortierte nachts Briefe bei der Post und hielt mich mit Kurzverträgen bei der Deutschen Film AG über Wasser.

Ich wollte raus. Ich sollte zu Kreuze kriechen. Mir sollte das Rückgrat gebrochen werden, es ging um Zerstörung. Dieses System war ein Angriff auf meine Autonomie. Ein Ausreiseantrag kam nicht in Frage, da wäre ich wieder von ihrer Gnade abhängig gewesen. An der Mauer erschießen lassen wollte ich mich auch nicht. Also musste ich den Transitweg wählen. Es war bekannt, dass es noch immer Fluchthelfer gab und dass die Chancen nicht schlecht standen.

Und wie das Leben so spielt: Ich stieß auf eine alte Schulfreundin, die mit ihrem dreijährigen Sohn ebenfalls raus wollte. Wir begannen, jedes Wochenende zu trampen – nach Leipzig, nach Dresden, nach Rostock –, damit es nicht auffiele, wenn wir uns irgendwann auf die Transitstrecke begeben würden. Viele sind damals getrampt; es gab eine richtige Trampkultur. Wir haben uns außerdem zur Tarnung an der Filmhochschule Babelsberg für eine Ausbildung beworben, haben einen Ferienplatz in Ungarn gebucht und angezahlt; ich hatte mich sogar noch in der Fahrschule angemeldet. So gaukelten wir eine Zukunft in Ost-Berlin vor.

Eines Tages kam die Nachricht von Sabine Gauck, die inzwischen in West-Berlin wohnte: Am 17. Juni 1977 geht es los! Meine Freundin sollte um 19.30 Uhr an der Tank- und Raststätte Michendorf Richtung Helmstedt sein, ich einen Tag später um dieselbe Uhrzeit an derselben Stelle, aber auf der anderen Seite der Autobahn, Richtung Berlin. Der Fluchthelfer würde die Freundin mit ihrem Sohn nach Hannover bringen und mich auf der Rückfahrt nach West-Berlin mitnehmen.

Es lastete sehr schwer auf mir, dass ich mich nicht von meinen Freunden verabschieden konnte. Ich wollte sie nicht gefährden, denn das Regime war schnell dabei, Menschen wegen »Mitwisserschaft« und »Beihilfe zur Republikflucht« zu verurteilen. Ich musste einfach aus den Beziehungen heraustreten, ohne die anderen informieren zu können. Nur ich wusste, dass, wenn wir uns »Auf Wiedersehen« sagten, es vielleicht ein Abschied für immer sein würde, zumindest für dreißig Jahre, bis sie Rentner sein würden.

Meine Freundin war als Erste dran. Ihr Outfit stimmte: Sie trug nur Sachen aus dem Westen, im Portemonnaie befand sich nur West- und kein Pfennig Ostgeld. Eine befreundete Kinderärztin mischte ihrem dreijährigen Sohn ein Schlafmittel in den Orangensaft, damit er im Kofferraum des Renault 4 ruhig blieb. Ich brachte beide bis zur Stadtgrenze nach Berlin-Schönefeld, von dort mussten sie bis nach Michendorf trampen.

Am Abend ging ich ein letztes Mal ins Deutsche Theater, anschließend saß ich aufgeregt in meiner Wohnung und wartete. Schließlich rief Sabine Gauck wieder an: »Meine Schwester will ihren Geburtstag doch in Berlin feiern.« Das war der verabredete Code. Da wusste ich, dass meine Freundin und ihr Sohn gut in Hannover angekommen waren.

Am nächsten Tag war ich dran. Ich hatte genaue Instruktionen: Ich sollte in die Raststätte bei der Tankstelle gehen und auf den Fluchthelfer warten, den ich noch nie gesehen hatte, der mich aber erkennen würde, da er ein Foto von mir besaß. Er würde einen Ring meiner Freundin auf den Tisch werfen, eine unverwechselbare Anfertigung von einem Goldschmied, so dass ich Vertrauen zu ihm haben könne, und er würde laut zu schimpfen beginnen: Warum ich sein Verlobungsgeschenk schon wieder im Auto verloren hätte ...

Meinen Wohnungsschlüssel warf ich in die Spree; niemand sollte als Fluchthelfer angeklagt werden können, und der Stasi wollte ich das Eindringen in die Wohnung nicht erleichtern. Dann trampte ich los, ebenfalls in Westklamotten, ebenfalls von Schönefeld aus – und geriet an einen Wartburgfahrer, der zudringlich wurde, die Hand auf mein Knie legte und an Michendorf vorbeifuhr. Ich wurde laut, und so ließ er mich schließlich raus, mitten auf der Autobahn, was natürlich auffällig war. Zu meinem Glück befand sich auf der gegenüberliegenden Seite eine Ausfahrtstraße, an der ein Engländer angehalten hatte, um Wasser in seinem Kühler nachzufüllen. In dem Auto war kein Platz mehr, als ich seiner Frau aber von dem aufdringlichen Wartburgfahrer und einem Freund erzählte, der in Michendorf auf mich warten würde, nahm sie mich die kurze Strecke auf den Schoß.

In Michendorf musste ich mich erst einmal auf der Toilette beruhigen. Dann arbeitete ich cool den Plan ab, setzte mich an einen Tisch, bestellte Essen für zwei Personen, dazu Wasser und einen Kaffee und wartete auf meinen unbekannten Verlobten. Damals trugen die Stasi-Mitarbeiter gern gelbe Hemden und die verräterischen Henkeltäschchen. Unverkennbar hatten sie zwei Tische der Raststätte besetzt, leere Kaffeetassen vor sich, den Blick vordergründig auf Artikel im *Neuen Deutschland* gerichtet. Ich bemühte mich, möglichst ruhig zu erscheinen. Endlich kam jemand auf mich zu, warf den goldenen Ring auf den Tisch und beschuldigte mich mit erhobener Stimme: »Jetzt passiert das schon zum zweiten Mal! Du achtest meine Geschenke nicht! Schon wieder hast du den Ring im Auto verloren!« Und ich: »Hab dich nicht so! So was kann doch mal passieren!« Es folgte ein heftiger Wortwechsel, bis ich schließlich rief: »Kellnerin, bitte zahlen.« Er zahlte natürlich mit Westgeld.

Ich setzte mich im Renault 4 zunächst auf den Beifahrersitz. Irgendwo auf der Strecke zwischen Michendorf und Berlin-Dreilinden hatte ich an einem Seil zu ziehen, damit sich hinten im Auto die Hutablage öffnete, dann kroch ich über den Rücksitz in den Gepäckraum. In der Enge geriet ich an den Rand der Panik: Wenn einer auf uns aufführe, so meine Angst, würde ich verbluten, denn keiner würde mich finden. Dann fürchtete ich, bei der Grenzkontrolle zu husten. Ich lutschte die Anti-Husten-Pillen, die ich mir extra von Sabine aus West-Berlin hatte schicken lassen. Später erfuhr ich, dass ich dem Placeboeffekt erlegen war: Die Pillen waren gegen Husten wirkungslose Tic-Tac-Pastillen.

Die erste, die Ostkontrolle: »Ausweis und Papiere!« Ich hörte alles. Dann die Westkontrolle. Dann Stille. Mein Fluchthelfer bog rechts ab, blieb stehen und holte mich aus dem Gepäckraum. Ich sah mich um und bekam einen hysterischen Anfall. »Warum hast du mich angelogen? Dies hier ist nicht West-Berlin! West-Berlin ist eine Großstadt, da gibt es keine Bäume!«

Er schüttelte mich, schrie mich an: »Guck auf die Straße! Guck dir die Autonummern an!« Wir standen auf der Potsdamer Chaussee, Bäume auf beiden Seiten, alle Autos hatten Westnummern. Ich konnte mich nur schwer beruhigen. Er fuhr mich nach Kreuzberg in ein Café, wo ich unerwartet auf meine Freundin stieß. Sie war von Hannover nach Berlin geflogen. Es war wie im Hollywood-Film. Wir lagen uns schluchzend in den Armen.

Ich habe Sibylle im Januar 1978, ein Dreivierteljahr nach ihrer Flucht, in Berlin getroffen. Wider Erwarten hatte ich die Genehmigung für eine zehntägige Besuchsreise erhalten, als meine Schwester Sabine zum zweiten Mal heiratete – meine erste Ausreise nach siebzehn Jahren. Einerseits war ich stolz auf Menschen wie Sibylle, die dem Regime zeigten, dass seine Bindungskräfte gering waren und sich nicht jeder Bürger brechen ließ. Aber in mir saß auch ein Stachel: Was würde denn sein, wenn immer mehr Menschen wie sie uns im Stich ließen? Was würde denn sein, wenn die Aufrechten immer weiter geschwächt wurden?

»Es müssen doch welche bleiben, die dafür eintreten, dass am Ende die Wahrheit siegt«, sagte ich, »ist es dir nicht mehr wichtig, die Verhältnisse zu ändern?«

»Sollte ich am Fließband mein Leben verbringen«, fragte Sibylle, »oder wie andere entlassene Ausreiseantragsteller als kirchliche Hilfskraft arbeiten? Alles völlig unter meinen Möglichkeiten? Du kannst leicht reden. Du hast die Kirche im Hintergrund.«

Pastoren durften nicht gehen. Die Verletzung der theologisch gebotenen Treuepflicht hatte Konsequenzen: Den etwa hundert Pastoren, die zwischen 1975 und 1989 ausreisten, wurden die Ordinationsrechte im Westen frühestens nach zwei Jahren und nur nach Rücksprache mit den Landeskirchen wieder zuerkannt. Nicht wenige kritisierten diese Regelung, musste das Bleiben angesichts der drohenden Bestrafung doch wie eine Zwangsrekrutierung erscheinen. Aber ich blieb nicht, weil ich musste, ich blieb, weil ich wollte. Ich blieb, weil ich in der Kirche einen Frei- und Schutzraum fand; Sibylle ging, weil ihr die DDR diesen Freiraum außerhalb der Kirche nicht einräumte. Im Kopf war mir klar: Wenn ich das Recht auf Freizügigkeit und Freiheit einfordere, kann ich dem Einzelnen die Wahrnehmung dieser Rechte nicht streitig machen. In der Praxis aber blieb es ein Widerspruch für mich und für meine Kirche. Wir unterstützten die Ausreisewilligen nicht oder nur begrenzt, auch unser Landesbischof Stier plädierte für Bleiben: »Gott braucht uns gerade hier, und gerade uns braucht er als Boten und Werkzeuge seiner Liebe.«

Manchmal gingen kirchliche Mitarbeiter dennoch. Zum Beispiel Christine, eine junge Frau, die ihren ersten Mann, einen Organisten, durch eine heimtückische Krankheit verloren hatte. Nach seinem Tod wollte sie nicht mehr als Krankenschwester arbeiten und suchte nach einer Aufgabe in der Kirche. 1980 nahm sie in Warnemünde eine Stelle als Küsterin an, später kam sie als eine Art Gemeindehelferin zu uns nach Evershagen. Christine war, nachdem sie aus der Trauer aufgewacht war, eine sehr moderne, lebenslustige Frau, deren christlicher Glaube völlig natürlich und niemals weltfremd war. Ein Mensch mit der Fähigkeit zum aufrechten Gang, mit Mut und Toleranz. Sie half mir bei der Arbeit mit den Jugendlichen, wirkte bei Gottesdiensten mit, sie war am Verfassen der Gemeindebriefe beteiligt und bereitete Veranstaltungen vor. Sie suchte und fand Oppositionelle in anderen Gemeinden und hatte auch viele Kontakte in den Westen. Eines Tages kam ein Amerikaner, der – wie bei Reisen in die DDR nicht unüblich – von irgendjemandem ihre Adresse erhalten hatte, weil er Kontakte suchte. Sie verliebten sich ineinander, und Christine entschied sich, seinetwegen das Land zu verlassen. Diese Entscheidung ist ihr sehr schwergefallen, sie hat die Jugendlichen erst ganz zum Schluss darüber informiert. Ja, wir waren tieftraurig, einige auch enttäuscht. Sie hätte doch auch in der DDR einen Mann finden können, dachten wir.

Ursprünglich wollte Christine ihre Hochzeit in der DDR feiern, damit die Stasi die Heirat nicht für einen Ausreisevorwand hielt. Außerdem hätte ihr Freund gern seine künftigen Schwiegereltern kennen gelernt. Doch die bereits erteilte Heiratserlaubnis wurde zurückgezogen. Aus Christines Stasi-Unterlagen geht hervor, dass ein jugendlicher Informant aus meiner Nachbargemeinde seinem Führungsoffizier gemeldet hatte, dass ein großes Fest geplant sei. Dazu sollte es aber auf keinen Fall kommen, denn dann hätten alle sehen können, dass es möglich war, in der DDR einen Ausländer zu heiraten und danach auszureisen. Christine musste innerhalb von zwei Wochen das Land verlassen. Ihre Geschwister sollten sich verpflichten, keine Anträge auf Familienzusammenzuführung zu stellen. Einige haben sich tatsächlich schriftlich verpflichtet, andere nicht – es war letztlich völlig egal.

Am Abend vor der Ausreise haben wir in der Sankt-Andreas-Kirche Abschied voneinander genommen. Wir saßen im Kreis, sehr viele Kerzen brannten, wir haben das Abendmahl mit ihr gefeiert, ich habe eine Meditation gehalten und mit großen Dichterworten und heiligen Bibelzitaten versucht, die Traurigkeit über den Verlust eines Menschen zu überdecken, mit dem ich so intensiv zusammengearbeitet hatte und den die Jugendlichen so liebten. Wenn man Menschen lassen muss, mit denen man gekämpft, gebangt, die Feste des Glaubens gefeiert hat, dann ist, als ginge ein Stück von einem selber weg. Am nächsten Morgen brachte ich sie um halb sieben zum Zoll. Christine hatte nur einen Rucksack – mehr nahm sie nicht mit aus ihrem Leben in der DDR. Ich gab ihr zwanzig Westmark, damit sie bis Köln, wo ihr Verlobter auf sie wartete, einen Notgroschen hatte. Dann war sie weg. Menschen wie sie waren in der Gemeindearbeit nicht leicht zu ersetzen.

Ich fragte mich damals, an wie vielen Orten, in wie vielen Gemeinden wohl gerade ähnliche Abschiede stattfanden. Ein Abschiedsland war aus unserem Land geworden – oder war es schon immer eines gewesen?

Seit 1983 war es möglich, eine Ausreise zur Familienzusammenführung und zur Eheschließung zu beantragen. Unter der Hand wurde diese Verordnung auch auf andere Personen ausgedehnt. Rechtsanwalt Vogel erhielt aus Bonn Listen mit Übersiedlungswilligen, die er in Zusammenarbeit mit der Staatssicherheit »abarbeitete«: Bis 1989 wurden etwa 250 000 Menschen aus der Staatsbürgerschaft der DDR entlassen. Unter ihnen drei meiner vier Kinder.

Fast zeitgleich, aber unabhängig voneinander haben meine Söhne Christian und Martin im Frühjahr 1984 den Entschluss gefasst, das Land zu verlassen und im Westen neu anzufangen. Meine Frau und ich hatten zwar damit rechnen müssen, dass sie der Freiheit und der Demokratie zustreben würden, die wir ihnen als Gegenentwurf zur DDR geschildert hatten. Sie seien eigentlich im Westen aufgewachsen, haben beide Söhne später immer wieder gesagt. In unserer Familie wurde nur Westradio gehört und nur Westfernsehen geschaut. Das Ostfernsehen schalteten wir höchstens ein wegen einer Fußballübertragung oder wegen eines alten Films. Aber als sie dann tatsächlich die Ausreise beantragten, war es ein Schock. Es fiel mir schwer, ihre Wünsche zu akzeptieren und zu unterstützen.

Beide Söhne bezogen sich in ihrem Ausreiseantrag auf die 1976 in der DDR in Kraft getretene Internationale Konvention über zivile und politische Rechte der UNO, wonach es jedem freisteht, »jedes Land, auch sein eigenes, zu verlassen«, ferner auf die Schlussakte von Helsinki 1975 und die Dokumente des Folgetreffens 1983 in Madrid. Beide erhielten in regelmäßigen Abständen Einladungen in den Rat der Stadt, Abteilung Inneres, wo ihre Anträge auf mündlichem Weg negativ beschieden wurden: Bei der Unterzeichnung der Schlussakte von Helsinki und anderen internationalen Dokumenten, so hieß es, handele es sich um Absichtserklärungen ohne verpflichtenden Charakter. Gesetzlich vorgesehen seien in der DDR allein Familienzusammenführungen und Ausreisen wegen Eheschließungen, beides träfe nicht zu. Und außerdem: »Was wollen Sie im Westen? Tennisbälle aufsammeln?« Oder: »Wenn Sie weiter uneinsichtig bleiben und weitere Anträge stellen, fassen wir das als Nötigung der Behörden auf und werden strafrechtlich gegen Sie vorgehen.«

Als Martin trotz des Ausreiseantrags gemustert wurde, stellte er sich quer: Er würde keinen Fahneneid auf einen Staat leisten, den er verlassen möchte, und er würde auf keinen Fall Dienst mit der Waffe tun. Die Gründe lägen auf der Hand. Als Orthopädiemechaniker habe er fast täglich mit Prothesenträgern zu tun, mit Invaliden aus dem Zweiten und sogar noch aus dem Ersten Weltkrieg, auch mit Mitgliedern der Sandinistischen Befreiungsfront aus Nicaragua, die von der DDR aufgenommen worden seien. Er werde nie auf Menschen schießen. Nach dieser schriftlichen Erklärung hat sich die Musterungsbehörde nicht mehr bei ihm gemeldet.

Fast vier Jahre mussten beide warten. Fast vier Jahre, in denen sie täglich die Nachrichten verfolgten, um sich über den aktuellen Stand der deutsch-deutschen Verhandlungen und die Ausreisechancen zu informieren. Martin trug es, zumindest äußerlich, gelassener. Er ging weiter seiner Arbeit nach und fühlte sich aufgehoben unter seinen Kollegen, die ihn unterstützten und sich der Aufforderung der Betriebsleitung verweigerten, seine Ausreise zu verurteilen. Er hat sein Verfahren ganz allein durchgeboxt und mich niemals um Unterstützung gebeten. Er war überzeugt, er müsse nur abwarten. Von überall kamen bereits die Nachrichten, dass man Ausreisewillige ziehen ließe – die Frage war nur, wann.

Christian ertrug die Wartezeit schlechter, denn er wurde ausgegrenzt und gedemütigt. Die bereits laufende Ausbildung zum Orthopädiemeister wurde ihm gestrichen. Er trete politisch negativ auf, stand in den Beurteilungen der Firma, die er später in seinen Stasi-Unterlagen fand, allerdings sei er ein guter Fachmann und verhalte sich freundlich gegenüber den Patienten. Da Christian fürchtete, wegen eben dieser Fachkenntnisse könne er als unentbehrlich für die DDR eingestuft werden, kündigte er im Medizinischen Zentrum Mitte und schlug sich mit Gelegenheitsarbeiten durch. Mal fuhr er durch das Land, um die Haushaltswaren eines der wenigen privaten Großhandelsgeschäfte auszuliefern; mal arbeitete er als Sekretär für den Kirchentag. Er wollte demonstrieren, dass er auch in seinem sozialen Verhalten nicht systemkonform sei und dass man ihn nicht mehr zum Nutzen der DDR einsetzen könne. Er wurde depressiv, antriebslos, er fühlte sich gelähmt in diesem Land, das ihm keine Perspektive bot und ihm nicht einmal gestattete, alte Menschen im Rahmen der ostdeutschen Wohlfahrtsorganisation »Volkssolidarität« mit Mahlzeiten zu versorgen – er hätte sie ja negativ beeinflussen können.

In Abständen von wenigen Wochen verfasste Christian Eingaben an den Rat der Stadt Rostock, an die Abteilung für Innere Angelegenheiten, an den Oberbürgermeister, an den Innenminister und – ähnlich wie seine Großmutter – an den ersten Mann im Staat, der nun nicht mehr Wilhelm Pieck, sondern Erich Honecker hieß. Immer wieder klagte er »Entwicklungsmöglichkeiten« ein, »die uns in der DDR nicht gegeben sind«. Mit seiner vierköpfigen Familie wohnte er in einer Anderthalb-Zimmer-Wohnung; die ältere Tochter stand kurz vor der Einschulung. »Si-

cherlich wird es früher oder später in der Schule Konfrontations-
probleme geben, die für alle Beteiligten störend und unerfreulich
sein dürften«, schrieb Christian an Honecker. Würde ihm, so erkundigte er sich in einem anderen Schreiben, der Grenzübertritt
in die ČSSR gestattet, in die DDR-Bürger noch ohne Visum fahren konnten, auch wenn ihm der Aufenthalt in Ungarn und im
Bereich der deutsch-deutschen Staatsgrenze untersagt sei? Sein
Ton in den Eingaben wurde schärfer. Er bat nicht mehr, er
schimpfte. »Wir haben es satt, uns ständig mit Plattitüden abspei-
sen zu lassen«; er könne sich des Eindrucks nicht erwehren, »dass
wir systematisch für dumm verkauft werden«. Er sah, dass andere,
die ihre Anträge später als er eingereicht hatten, bereits hatten
ausreisen dürfen, obwohl auch sie keine Verwandten in der Bundesrepublik hatten. Er wollte sich nicht mehr, wie ihm in den
Gesprächen immer wieder angeraten wurde, ruhig und abwartend
verhalten.

Damals ist es zum Konflikt zwischen uns gekommen. Durch
meine Jugendarbeit in der Kirche und als Leiter der Kirchentagsarbeit in Mecklenburg hatte ich Verbindungen in den Westen,
gelegentlich durfte ich auch auf Dienstreise gehen und lernte so
beispielsweise Richard von Weizsäcker und Hildegard Hamm-
Brücher kennen. Als zwei Mitglieder meiner Jungen Gemeinde zu
einer Gefängnisstrafe verurteilt wurden, habe ich Weizsäcker gebeten, sich für diese jungen Leute einzusetzen.

Christian war erbost: »Für andere setzt du dich ein! Für deine
eigenen Söhne nicht!«

Es stimmte. Ich war der Meinung, sie würden ihren Weg gehen, so wie ich meinen gegangen war: »Solltet ihr allerdings in
den Knast kommen, würde ich mich auch für euch einsetzen und
nichts unversucht lassen, um euch herauszuholen.«

Auch das stimmte. Aber tief in mir regte sich Widerstand. Ich
wünschte mir, sie würden bleiben und die Reihen der Anders-
denkenden verstärken – hier, bei uns, in der DDR. Sie gehören
doch zu uns, sagte mir mein Herz, zu denen, die alles verändern
wollen, zu denen, die nicht fliehen, sondern stehen, zu denen, die

noch hoffen, wenn unsere Hoffnungen schwinden, die die Lieder singen, die wir singen, die die Zwischentöne in den Gedichten kennen, die wir lieben. Die noch kämpfen werden, wenn wir ermatten, die uns tragen werden, wenn wir fallen, die uns beerdigen werden, wenn das Ende gekommen sein wird. Wir brauchen unsere Söhne und Töchter doch, die sehen und nicht vergessen wollen, die Zeugnis ablegen werden und immer wieder treu sind, wo andere sich verkaufen ... Nein, und tausendmal nein!

Aber ich sagte ja. Mein Kopf sagte ja. Sie hatten doch das Recht auf ein Leben, das ihnen entsprach. Mit welchem Recht hätte ich sie daran hindern können?

Jetzt musste es nur noch durchgestanden werden. Als ich bei einem Gespräch vom Referenten der Stadt Rostock für Kirchenfragen auf die Ausreiseanträge meine Söhne angesprochen wurde, gab ich bitter zurück: »Auch von Staatsfunktionären haben Kinder Ausreiseanträge gestellt. Warum soll es bei Pastoren anders sein? Wir müssen damit leben. Ich selber werde die DDR nie verlassen.«

Die Zeit des Wartens zehrte auch an den Nerven derer, die blieben. »Es ist alles so unbegreiflich«, schrieb meine Tochter Gesine in ihr Tagebuch. »Schrecklich das Gefühl, das mich jedes Mal überkommt, wenn ich daran denke, dass es jede Woche so weit sein kann. Ich schiebe es weit weg – dabei ist es so nah. Ich habe große Angst vor dem Getrenntsein von ihnen, aber für den neuen Anfang ist es für sie alle eigentlich besser, wenn sie bald drüben sein können. Es tut sehr weh ...«

Dann ging alles sehr schnell. Im November 1987 wurden beide Söhne aufgefordert, einen neuen Antrag auf Entlassung aus der Staatsbürgerschaft zu stellen, nach vierzehn Tagen kam der positive Bescheid, innerhalb von wenigen Tagen mussten sie ihr Leben in der DDR auflösen: Man durfte keine Schulden haben, musste sich überall abmelden und Listen des Umzugsguts erstellen.

»Vor zwei Stunden rief Mutti an«, notierte Gesine am 2. Dezember 1987 in ihr Tagebuch, »und sagte: ›Unsere Kinder dürfen jetzt ausreisen.‹ Erst als der Hörer lag, kamen mir die Tränen mit

URKUNDE

Martin Gauck

geboren am **14. 09. 1962** in **Rostock**

wohnhaft in **Rostock, Zorenappelweg 94**

wird gemäß § 10 des Gesetzes vom 20. Februar 1967 über die Staatsbürgerschaft der Deutschen Demokratischen Republik (GBl. I S. 3) aus der Staatsbürgerschaft der Deutschen Demokratischen Republik entlassen. Die Entlassung erstreckt sich auf folgende kraft elterlichen Erziehungsrechts vertretene Kinder:

Louise Gauck

geboren am **02. 02. 1987** in **Rostock**

-

geboren am in

-

geboren am in

Die Entlassung aus der Staatsbürgerschaft der Deutschen Demokratischen Republik wird gemäß § 15 Abs. 3 des Staatsbürgerschaftsgesetzes mit der Aushändigung dieser Urkunde wirksam.

Rostock

den **08. 12. 1987**

Ausgehändigt am **1 0 12 87**

Selten war der Besitz eines Dokuments mehr ersehnt als in diesem Fall. Fast vier Jahre haben meine beiden Söhne Christian und Martin für ihre Ausreise und die Entlassung aus der Staatsbürgerschaft der DDR gekämpft. Für sie, die gingen, hatte sich ein Traum erfüllt. Für uns, die wir blieben, war die Welt ärmer geworden.

Macht, und ich habe wohl noch nie so in Gegenwart von Leuten geweint. Das tut so weh, jetzt vor Weihnachten – alle weg. Diese Ohnmacht, diese Hilflosigkeit, wenn man doch die Grenze einreißen oder wenigstens dafür sorgen könnte, dass man sich regelmäßig besuchen könnte. Es ist wie ein Tod. Nie wieder wird unsere Beziehung so sein, wie sie bis jetzt war. Nie! Jeder wird mir fehlen. Wenn wir uns doch bloß bald wiedersehen könnten, aber das wird wohl ein Wunsch bleiben.«

Unsere Gefühle damals habe ich wiederentdeckt in dem Lied, das die Sängerin Bettina Wegner ihren »weggegangenen Freunden« widmete:

> Es sind zuviele von uns weggegangen,
> ach hätte niemals niemand damit angefangen.
> Trauer und Wut, das hat euch weggetrieben
> Mensch wär das schön, ihr wäret alle hiergeblieben.
> Bei euch, bei uns,
> und auch bei mir.
>
> …
>
> Ich werde dieses Lied vielleicht nur summen,
> und eines Tages vielleicht ganz verstummen.
> Schweigend und klein verbucht man die Verluste,
> ich weiß nur sicher, dass ich bleiben musste.
>
> Dass unsre Ohnmacht nicht noch größer wird,
> dass unsre Ohnmacht nicht noch größer wird!

Während wir uns ebenso ohnmächtig wie traurig fühlten, wurden Christian und Martin aktiv. Tagelang waren sie damit beschäftigt, auf der »Erika«-Schreibmaschine ihrer Großmutter mit sieben Durchschlägen alles aufzulisten, was sie mitnehmen wollten, von der Schreibtischlampe bis zu jedem einzelnen Buch, das mit Autor, Titel, Verlag und Erscheinungsjahr zu erfassen war. Selbst ihre Kinder wurden von der Unruhe erfasst.

Dann standen meine Frau und ich im Dezember 1987 zwei

Mal auf Bahnsteig 9 des Rostocker Hauptbahnhofs, im Abstand von einem Tag.

»Wein doch nicht«, sagte ich zu meiner Frau.

Ich hatte mich gegen das Zukunftsfieber der Aufbrechenden immun gemacht und wollte die Trauer der Bleibenden nicht teilen. Stattdessen erklärte ich meiner Frau die Welt: »Von Anbeginn der Zeit gehen erwachsene Kinder in die Welt hinaus, verlassen Eltern und Heimat. Was trauerst du also, wenn doch alles normal ist?«

Ich wehrte mich gegen die Tränen der Frau, weltschlau und gefühlsgelähmt; die Tränen der Söhne habe ich nicht gesehen. Christian brach zusammen, sobald sich der Zug in Bewegung gesetzt hatte: Die Anspannung der ganzen letzten Jahre floss aus ihm heraus, die Angst, die Wut, der Trotz, die Sehnsucht. Es war vorbei. Er würde sich nicht mehr schützen und abschotten müssen gegen jene, die seinen Aufstieg von seiner Unterordnung abhängig machten. Er würde seinen eigenen Weg gehen, so wie er ihn sich in seinen Träumen immer und immer wieder ausgemalt hatte, und Medizin studieren. Er würde noch im Wintersemester in Hamburg mit dem Studium beginnen. Heute arbeitet er als Oberarzt für Orthopädie in einer Hamburger Klinik.

Auch Martin, der stets Beherrschte, konnte die Tränen nicht unterdrücken, als der Zug bei Herrnburg über die Grenze nach Lübeck fuhr. Er sah durch das Zugfenster Autos auf den Straßen fahren, die er nur von seinem Quartettspiel und von den Postern in seinem Kinderzimmer kannte, er sah farbige Häuser, bunte Reklameschilder, gut gekleidete Menschen, die ihm bisher nur vom Fernsehschirm vertraut waren. Gleich würden sie ankommen. Er würde die Zugtür öffnen und mit seiner Frau und der kleinen Louise auf dem Arm westlichen Boden betreten. Das erste Mal in seinem Leben.

Jetzt waren sie wirklich weg. Am Heiligen Abend 1987 fehlten zwei Kinder, zwei Schwiegertöchter, drei Enkelkinder – sieben der uns liebsten Menschen waren fort, nur vier blieben unter dem Tannenbaum: eine Mutter, ein Vater und zwei Töchter.

Als ihre Brüder die DDR verließen, war Gesine zur Ausbil-

dung als Kinderdiakonin in einem kirchlichen Seminar in Greifswald. In der Freizeit zog sie mit einer kleinen Band aus der Kirchenszene durch mecklenburgische Dörfer. Sie hatte sich anders
als die Brüder entschieden. »Ich will hier leben und hier etwas tun
für die Menschen«, schrieb sie in ihr Tagebuch. »Kinder und Musik gibt es überall, nur manchmal steigen Sehnsucht und Fernweh
auf. Es ist nicht leicht.« Langsam fühlten wir uns wie der harte
Kern, denn immer öfter erfuhren wir: Schon wieder ist jemand
gegangen, schon wieder fehlt ein Gemeindemitglied. Doch Gesine war standhaft: »Ich bleibe hier.«

Dann lernte sie ein halbes Jahr nach der Ausreise ihrer Brüder
einen jungen Mann kennen, der Rostock mit einer kirchlichen
Jugendgruppe aus Bremen besuchte. Heiko kam bald wieder, eine
große Liebe begann, sie wollten zusammenbleiben. Aus Liebe
wollte Heiko sogar nach Rostock ziehen. Erst als alle abrieten, da
schwer vorstellbar war, dass ein junger Mann aus dem Westen sich
in der DDR wohl fühlen könnte, erklärte sich Gesine schweren
Herzens einverstanden mit der Ausreise. Sie befand sich in einem
großen Zwiespalt. »Ich hatte mir so hohe Ideale gesetzt – hier zu
leben und gerade, wenn so viele gehen, hier etwas zu tun: Wo Gott
einen aussät, da soll man blühen. Gegen mich selbst anzukommen,
ist nicht leicht. Ich muss, bevor ich gehe, damit klarkommen, denn
wenn der Schritt erst getan ist, darf es keine Vorwürfe mehr geben.
Morgen will ich mit Omi und Opa reden. Das fällt mir so schwer!
Ich sehe noch Opas Gesicht, als die Jungs weg waren: ›Ein Glück,
dass wenigstens du noch hier bist.‹ Und nun muss ich ihnen so
weh tun.« Sie rechtfertigte sich schließlich, indem sie erklärte, sie
ginge nicht, weil ihr das Land nicht gefalle, sie ginge auch nicht,
um ein bequemeres Leben zu führen, sie ginge zu ihrem Mann. So
glaubte sie gehen zu können, ohne ihre Ideale verraten zu müssen,
denn Frau und Mann gehören zusammen.

Im Juni 1989 holte Heiko sie mit einem Auto ab, wir beluden
es randvoll, unter anderem mit einem alten Sekretär, den wir Gesine zum Abschied schenkten, dann stieg sie ein, schlug die Tür
zu, winkte, wir winkten zurück, meine jüngste Tochter Katharina

und ich, meine Frau sah sich dem dritten Abschied nicht gewachsen und war verreist. »Es war alles so eigenartig«, schrieb Gesine später in ihr Tagebuch, »einerseits unendliche Freude, andererseits der Schmerz des Abschieds, Tränen, Worte, Segen von Vati für uns ..., es war nicht leicht, und alles war unfassbar.«

Die standesamtliche Trauung hatte als Voraussetzung von Gesines Ausreise in Rostock stattfinden müssen, zwei Monate später habe ich das Paar in Bremen kirchlich getraut. Unsere kleine dreiköpfige Restfamilie hatte zu der Hochzeit eine Reisegenehmigung erhalten. Wahrscheinlich haben sie gehofft, ich bliebe im Westen. Aber diese Freude wollte ich ihnen nicht machen.

Wir kehrten Ende August 1989 zurück. Nur zwei Monate später schrieb ich einen Brief, den ich völlig vergessen hatte. Aber Gesine hat ihn aufbewahrt:

Am Abend des 27. Oktober 1989.
Ihr Lieben im Westen!
Vor vielen Jahren hat Wolf Biermann in seinem wundervollen Lied »Ermutigung« die Zeile geschrieben: ... das Grün bricht aus den Zweigen / wir woll'n es allen zeigen ...

Ja, so ist das jetzt bei uns. Das Grün bricht aus den Zweigen. Wir wissen noch nicht, ob ein Frost kommt und es vernichtet oder die Blüten dem Grün folgen werden oder gar die Frucht reifen und wachsen kann. Noch mischen sich massiv Ängste, Befürchtungen, neue Hoffnungen und neuer Mut. Was wird sein? Dass auf diese Frage die Antworten immer offener werden, ist eine große Überraschung. Noch vor zwei Monaten war es allgemeine Überzeugung: »Die« ändern sich nie. Und damit sah niemand irgendeine positive Zukunft. Nun, ob »die« sich geändert haben, wissen wir nicht. Worte allein machen es ja nicht. Aber das Tolle und Neue ist: Wir, das Volk, haben uns verändert und verändern uns jeden Tag mehr. Selbst, wenn morgen alles zu Ende wäre, es würde nie wieder so sein wie zu der Zeit, als ihr weggingt. Die stumpfe Lethargie und die dumpfe Wut verwandeln sich in Anderes. Zivilcourage zeigt sich an Universitäten, in Betrieben, auf der Straße. Die Zeitungen werden lesenswert, das Fernsehen sehenswert. Die Politiker und die Geschäfte sehen noch genauso aus wie früher, aber das Volk steht auf und erlernt (mühsam) den aufrechten Gang.

Am vergangenen Donnerstag habe ich zusammen mit jungen Berufstätigen und Studenten einen Gottesdienst gestaltet, der in St. Marien und St. Petri zugleich ablief. In Marien waren 6000 Menschen und noch 2000 vor der Kirche; in der Petri-Kirche waren an die 2000 Menschen. Danach kam es zum ersten Mal in Rostock zu einer spontanen Demonstration; es bildete sich ein Zug von etwa 6000 Menschen. Am nächsten Morgen weinte ich bittere Tränen der Trauer und Wut und mehrfach am Tag wieder. Ich musste immer an Dich denken, Christian, wie gerade Du all dies mit Deinen Sinnen und Kräften begrüßt, gesucht und unterstützt hättest. Ihr, Martin und Gesine, hättet euch genauso hineinbegeben, aber Christian hat eben am frühesten angefangen, sich zu empören, und so war er immerzu um mich. Ich war voller Wut und Schmerz, dass er dies alles nicht mehr erlebt, was sein Herz so bewegt hätte. Und so stieg meine Wut gegenüber denen, die uns die Kinder aus dem Land getrieben haben und noch Hohn und Spott, Schimpf und Schande äußerten für sie, die doch als Kinder uns das Liebste sind. Da ist das Fass für uns übergelaufen! …

Übrigens: Ob ich wirklich im November nach West-Berlin fahre, weiß ich nicht. Hier ist es zur Zeit interessanter.

Zwischen 1949 und 1989 setzten sich drei Millionen Menschen aus der DDR ab – etwa jeder Fünfte.

Wege – Suche – Wege

M eine erste Pfarrstelle erhielt ich in einer der größten mecklenburgischen Landgemeinden, einem Verbund von vierzehn kleinen Dörfern rund um den Ort Lüssow, in der Nähe der Kreisstadt Güstrow. Das Pfarrhaus hatte uralte Fenster, allerdings hielten sie dicht. Es hatte uralte Holzfußböden, glücklicherweise ohne größere Schäden. Als Toilette diente ein Plumpsklo in einem Anbau am Hinterausgang – im Pfarrerübergabeprotokoll als doppelsitziger Eimerabort bezeichnet. Einst hatten dienstbare Geister die Eimer irgendwo draußen entsorgt, in den sechziger Jahren des 20. Jahrhunderts musste der Pfarrer diese Aufgabe selbst übernehmen. In jedem Zimmer stand ein Kachelofen, auch im so genannten Gemeindesaal, einem fünf mal zehn Meter großen Raum, in dem Konfirmandenunterricht und Christenlehre stattfanden und im Winter, wenn die Temperatur in der Kirche unter Null fiel, auch Gottesdienste abgehalten wurden. Ein Anhänger voller Briketts wurde jedes Jahr vor unserem Hause abgeladen, mit Schubkarren und Kiepen haben wir die Kohle dann in ein halb verfallenes Stallgebäude neben dem Haus geschafft.

Es gab kein fließendes Wasser, weder warm noch kalt, das kostbare Nass beförderten wir aus dem Grundwasser mittels einer Pumpe hoch. Sie befand sich glücklicherweise in der riesengroßen ehemaligen Küche, so dass wir bei Regen und Schnee nicht auf den Hof hinausmussten. Wir kochten auf einem Herd, der mit Propangas betrieben wurde, die Gasflaschen waren regelmäßig aufzufüllen. Bevor wir ein einfaches Bad einrichteten, haben wir uns in der Küche auch gewaschen.

Wir bewohnten einen Flügel im Erdgeschoss – Kinderzimmer, Wohnzimmer und Schlafzimmer lagen zusammen, die Küche auf der anderen Hausseite war nur über den kalten Flur und den Gemeindesaal zu erreichen. Die ehemalige Speisekammer hatte mein

Vorgänger zum Amtszimmer umbauen lassen. Später erhielten wir noch ein kleines Gästezimmer unter dem Dach.

Außer uns lebte im Pfarrhaus oben noch eine Flüchtlingswitwe aus Danzig-Langfuhr mit ihrem Sohn, im linken Flügel des Erdgeschosses wohnte eine Pastorenwitwe, deren Mann im Krieg gefallen war, ferner »Tante Lieschen«, eine leicht behinderte ältere Frau, und schließlich zwei Katechetinnen: zunächst Erna Schlussnuss aus Ostpreußen und nach ihr Karin Marquardt aus Mecklenburg. Jeden Tag waren diese beiden mit dem Fahrrad unterwegs in den verschiedenen Dörfern, wo sie die Kinder mit Hingabe in der Christenlehre unterrichteten, dem von der Kirche erteilten Religionsunterricht für die Grundschüler.

Freunde und Verwandte, die uns besuchten, waren – je nach Jahreszeit – begeistert oder entsetzt. Im Winter erschien ihnen unser Landleben vorsintflutlich und unzumutbar, im Sommer die reinste Idylle. Im Garten zogen wir neben Blumen auch Kartoffeln, Tomaten, Erdbeeren, Erbsen, Möhren, grüne Bohnen, Gurken, Salat und Spinat, so dass wir uns weitgehend selbst versorgten. Manchmal kamen Rehe bis an unser Grundstück, auf der alten Pfarrscheune gegenüber hatten sich Störche ein Nest gebaut. Noch nie hatten die Kinder in der Stadt Störche klappern hören. Für sie war das Landleben am schönsten. Die beiden Jungen spielten bei Wind und Wetter draußen, sommers liefen sie barfuß. Sie tobten in Wiesen, Wäldern und an dem kleinen Wasserlauf auf unserem Grundstück, in dem kleine Fische schwammen, auf die sich manchmal kopfüber ein Eisvogel stürzte.

Den jungen Pastor haben die äußeren Bedingungen genau so wenig angefochten wie das äußerst bescheidene Gehalt, das die Kirche zu zahlen vermochte. Er fragte auch nicht nach den Gefühlen seiner jungen Frau, die unter diesen Bedingungen drei Kinder aufzuziehen hatte. Am Anfang unserer Liebe hatte ich mich als Beschützer dieses scheuen Wesens gefühlt, dessen Gesichtszüge verrieten, was ich erst viel später in seiner ganzen Dimension begreifen konnte. Hansis Familie stammte aus Königsberg, der ostpreußischen Hauptstadt. Im Krieg waren die Großeltern mit ihrer

Die drei »Großen« als Kleine: Christian (7), Martin (5) und
Gesine (noch kein Jahr) im Pfarrhaus auf dem Land in Lüssow.
Strahlende Augen. Zu Hause sein, alle sind da, die man braucht.
Und morgen gibt es wieder sehr viel Neues zu entdecken. Große
Augen.

Schwiegertochter und der Enkelin in den Böhmerwald evakuiert
worden. Hier wurde im Februar 1945 Hansis Schwester Bruni
geboren. Bereits wenige Wochen später, während der Vertreibung
aus der Tschechoslowakei, ist das Baby verhungert. Ob es einfach
am Straßenrand abgelegt oder auf einem Friedhof begraben wurde,
hat die fünfjährige Hansi nicht in Erinnerung behalten. Dafür ist
ihr Prag in Erinnerung geblieben, wo der Zug der Flüchtlinge
beschimpft, geschlagen, mit Steinen beworfen und das Gepäck der
Deutschen von einer Moldaubrücke ins Wasser geworfen wurde.
Sie flohen mit dem, was sie am Körper trugen, so weit sie irgend
konnten, bis an die See, die Ostsee bei Warnemünde.

Zunächst wurden sie bei einer hartherzigen Witwe untergebracht, irgendwann konnten sie in eine größere Wohnung umziehen, dann kam der Ernährer aus der Gefangenschaft zurück. Aber der Mann war gebrochen; aus dem ehemaligen Besitzer eines Kolonialwarenladens wurde ein Angestellter auf der Werft. Die Mutter fand sich nicht zurecht in der Fremde, nicht mit ihrem Mann, nicht mit dem Leben. Eines Tages, als die zehnjährige Hansi von der Schule nach Hause zurückkehrte und die Wohnungstür aufschloss, fand sie den Menschen, der noch am Morgen ihre Mutter gewesen war und schon seit Jahr und Tag davon gesprochen hatte, aus dem Leben zu scheiden, tatsächlich tot. Da grub sich in die Kinderseele eine böse, nie zu löschende Erfahrung: Wo ich lebe, lebt das Glück nicht. Sie war nicht wie andere Kinder, spielte nicht unbeschwert wie jene, wurde trotzig und verschlossen. Und ich, der ich ihre Abgründe spürte, glaubte mich berufen, sie vor kommendem Unheil zu schützen. Das heimatlose Kind von einst sollte endlich ein Zuhause haben, das die Liebe gebaut hatte.

Kurz nach Studienbeginn heirateten wir. Mein Vater war so entsetzt, als ich ihn davon in Kenntnis setzte, dass er drohte, der Hochzeit fernzubleiben. Wie konnte der Junge nur mit neunzehn Jahren heiraten? Und dazu noch eine junge Frau, die nicht selbstbewusst, nicht wortgewandt und frech war wie seine eigenen Kinder? Am Ende machte er seine Drohung doch nicht wahr und erschien auf Druck meiner Mutter zu unserer Trauung in der Rostocker Klosterkirche. Ein gutes Jahr später kam unser erster Sohn Christian zur Welt, der zweite Sohn Martin 1962.

Inzwischen war es zwar Hansi, die die Verantwortung für eine fünfköpfige Familie übernommen hatte, denn während ich noch studierte, verdiente hauptsächlich sie das Geld. Aber die Scheue, Ängstliche, mir liebevoll Zugewandte und zu mir Haltende war nicht darauf vorbereitet, als »Frau Pastor« in ein Leben zu treten, das ganz allein durch meine Berufswahl geprägt war. Mochte sie auch hinter meinen Grundentscheidungen stehen, sie konnte und wollte nicht die Rolle einer traditionellen Pfarrfrau übernehmen, die als freiwillige, unermüdliche Helferin des Pastors rund um die

Uhr und unentgeltlich Dienst tut. Später würde sie ihr Maß an Engagement durchaus finden.

Die Landgemeinde verfügte über drei Gotteshäuser. In der Lüssower Kirche predigte ich jeden Sonntag um zehn Uhr, in den beiden anderen Kirchen lediglich einmal im Monat am Nachmittag. Später erhielt ich mit Parum eine weitere kleine Gemeinde hinzu, dort fanden alle 14 Tage ebenfalls nachmittags Gottesdienste statt.

Ursprünglich hatte ich ein Germanistik-Studium angestrebt, was in Rostock allerdings nur als Lehrerausbildung angeboten wurde. Meine Bewerbung um einen Studienplatz für Germanistik und Geschichte war im Grunde ein törichtes Unterfangen, da ich keine Empfehlung der Schule vorweisen konnte. Mit dem keineswegs herausragenden Leistungsdurchschnitt von 2,0 hätte ich nur Chancen gehabt, wenn ich Mitglied der FDJ gewesen und nicht verschiedentlich durch eigenwillige Äußerungen und einen Mangel an Disziplin aufgefallen wäre. Ich wurde, was vorauszusehen war, abgelehnt. »Im Allgemeinen lebhaft und interessiert«, hatte mir der Direktor der Goethe-Oberschule zwar bescheinigt, »mit guten Leistungen«, einer »guten Urteilskraft« und einem »ausgeprägten Gerechtigkeitsempfinden«. Aber die Internierung des Vaters, so der Direktor, hätte dazu beigetragen, dass sich der Schüler Gauck »im Stadium kritischer Auseinandersetzung mit der Umwelt« befinde. Die tröstlich klingende Prognose »bei richtiger erzieherischer Entwicklung ist er durchaus entwicklungsfähig« war in Wahrheit ein vernichtendes Urteil: »Auf Beschluss der Vorauswahlkommission wird er für das Studium (der Germanistik) nicht empfohlen.«

Ich wäre auch gern Journalist geworden, aber diese Berufswahl kam unter den herrschenden Verhältnissen erst recht nicht in Frage. Da ich zur Anpassung nicht bereit war, blieben nur drei Möglichkeiten: Ich konnte, erstens, eine Lehre anfangen und einen Beruf erlernen; ich konnte, zweitens, in den Westen abhauen, und ich konnte, drittens, Theologie studieren.

Als ich mit dem Theologiestudium begann, dachte ich nicht

daran, Pfarrer zu werden. Dafür kam ich mir viel zu weltlich vor. Theologie betrachtete ich eher als einen Zweig der Philosophie. Ich wollte prüfen, was ich bisher nur vermutet und andeutungsweise von Gott gewusst hatte, wollte mehr über mich und meinen Platz in der Welt erfahren und nicht zuletzt Argumente gegen die herrschende marxistische Ideologie gewinnen. Ich wählte das Studium also nicht, weil ich mich berufen fühlte, auf der Kanzel zu stehen und vom Reich Gottes zu künden, sondern eher aus persönlichen und politischen Gründen. Die theologischen Fakultäten waren der einzige Raum, der nicht dem unmittelbaren Zugriff des Staates und der Partei ausgesetzt war, ein Raum, in dem unabhängiges Denken möglich und die Existenz nicht an Unterordnung gebunden war.

Mein Weg zur Theologie war in der DDR nicht ungewöhnlich. Vor und nach mir haben sich viele aus ähnlichen Motiven für diesen Beruf entschieden – was das starke Engagement vieler Pastoren beim politischen Aufbruch 1989 erklärt. Aus meiner Klasse sind außer mir noch sechs weitere von 28 Abiturienten diesen Weg gegangen. Sabine Pauli, die Klassenbeste mit einem Notendurchschnitt von 1,0, war nicht zum Medizinstudium zugelassen worden, da auch sie kein FDJ-Mitglied war. Zwar wurde ihr nach vielen Protesten ein Studienplatz zugestanden, aber Sabine entschied sich angesichts der Umstände gegen eine Karriere im Staatsdienst, wählte Theologie und hat später als Privatdozentin an der Theologischen Fakultät der Rostocker Universität geforscht und gelehrt. Martin Kuske, Hanns-Peter Schwardt und ich wurden evangelische Pastoren. Eine Mitschülerin ist katholische Katechetin, ein Mitschüler katholischer Diakon geworden. Der siebte Abiturient, der Theologie wählte, wechselte nach dem Studium in den Beruf des Försters.

Anders als die elterliche oder die staatliche Autorität bot der Glaube die Möglichkeit, sich einer Wahrheit anzuvertrauen, die von niemandem befohlen und von niemandem genommen werden konnte. Er vermittelte eine geheimnisvolle Kraft, die uns befähigte, den Minderheitenstatus durchzuhalten, mutig zu bleiben, wo andere sich schon angepasst hatten, und Anständigkeit, Treue und Glauben für wichtiger zu halten als Wohlstand, Karriere oder öffentlichen Erfolg.

Mein Vater hat meine Berufswahl zunächst nicht gutgeheißen. Wenn seine Kinder Offizier, Schauspieler oder Pastor werden sollten, hat er mehrfach in der ihm eigenen bissigen Weise erklärt, würde er Widerspruch anmelden. Warum? »In diesen Berufen fällt das Mittelmaß besonders auf.« Dabei hätte man aufgrund seiner politischen Haltung und des neuen Zugangs, den er in der Haft zum Glauben gefunden hatte, eigentlich Verständnis erwarten können.

Mein Elternhaus war nicht besonders religiös. Aber die Zeit und verschiedene Menschen führten uns Kinder näher an Glaube und Kirche heran. Selbstverständlich ging ich als Junge zu Herrn Jarmatz in die leer stehende Garage in unserer Straße. Auf den kargen Holzbänken saßen Woche für Woche zwanzig bis dreißig Kinder. Der stoppelbärtige, vielleicht vierzigjährige Mann mit dem traurigen Blick und dem knurrenden Magen erzählte dann von wunderbaren Dingen und rätselhaften Fernen. Ich hörte fremde Namen wie Esau und Moses, hörte von der Schlange im Paradies, von Jerusalem, der Stadt auf dem Berg. Zum ersten Mal sprach mir ein Erwachsener von Gott so, als könnte ich ihm begegnen wie einem Menschen.

Wenn er erzählte, wichen Traurigkeit, Hunger und Kälte aus Herrn Jarmatz, und für kostbare Minuten wurde er ein Bote. Gott beschrieb er als einen liebenden, fürsorglichen Vater. Für uns war das eine Offenbarung. Viele Väter waren gefallen oder noch in Kriegsgefangenschaft, und die bereits heimgekehrten verhielten sich oft herrschsüchtig, prügelten und betranken sich oder wussten alles besser. Wenn Herr Jarmatz sagte, dass Jesus nicht nur Mensch, sondern auch göttlich sei, wandelte sich die Garage zur »Hütte Gottes bei den Menschen«, und Gott war in den Augen und Worten seines Zeugen. In diesen Augenblicken fühlten sich die Flüchtlingskinder heimisch und die Hungrigen satt.

Eines Tages verschwand Herr Jarmatz. Wir aber blieben getröstet von dem Licht, das er in unseren Seelen entzündet hatte mit den Geschichten vom Überleben, vom Auferstehen, von dem Kind im Weidenkörbchen, das ausgesetzt ist zum Ertrinken, aber von einer Prinzessin gefunden wird und zum großen Führer seines Volkes heranwächst. Wie kann man solche Geschichten je vergessen, wenn man ein vielleicht hungriges, vielleicht heimatloses, vielleicht bedürftiges Kind war in der Garage?

Als Oberschüler ging ich Mitte der fünfziger Jahre in die Junge Gemeinde von Sankt Jacobi, unserer Nachbargemeinde. Die Gruppe war relativ klein. Viele Jugendliche hatten sich eingeschüchtert zurückgezogen oder waren ausgereist, nachdem die SED 1952/53 versucht hatte, den Einfluss der Kirche zu unterbinden und dabei vor allem gegen die Jungen Gemeinden vorgegangen war mit der Begründung, es handle sich dabei um eine illegale »Tarnorganisation für Kriegshetze, Sabotage und Spionage«, gesteuert und finanziert vom Westen. Das Bekenntniszeichen der Jungen Gemeinde, ein Kreuz auf der Weltkugel, auch »Kugelkreuz« genannt, wurde verboten, etwa 3000 Schüler und Studenten wurden von den Schulen und Universitäten verwiesen.

Genaueres von den damaligen Ereignissen erfuhr ich später in Güstrow, wo mein Onkel Gerhard Domprediger war. In der dunklen, holzgetäfelten Aula der John-Brinckman-Oberschule, die Uwe Johnson in seinem Roman »Ingrid Barbendererde« beschrieben hat, war öffentlich vor allen Lehrern und Schülern von FDJ-Funktionären Anklage erhoben worden gegen »Rädelsführer« der Jungen Gemeinde, die »unter religiöser Maske« Spionage für den »amerikanischen Imperialismus« betrieben hätten. Helmut Zeddies aus der zwölften Klasse, Ingrid Reincke aus der elften und Gisela Kugelberg aus der zehnten Klasse waren mit sofortiger Wirkung der Schule verwiesen worden; kein Lehrer hatte sie vor den willkürlichen und absurden Anschuldigen in Schutz genommen, und die Schülerschaft hatte den Rauswurf mit übergroßer Mehrheit gebilligt.

Dass Zeddies doch noch zum Abitur zugelassen wurde, verdankte er dem großen Bruder in Moskau und den mutigen Eltern in Güstrow. Den Mitgliedern der Jungen Gemeinde sei Unrecht geschehen, hatte die SED-Zeitung *Neues Deutschland* am 10. Juni 1953 im Rahmen der Politik des »Neuen Kurses« einräumen müssen. Die aggressive Taktik des »Kirchenkampfes« war von Moskau missbilligt worden. Zeddies konnte wie alle Relegierten an die Schule zurückkehren. Und da empörte Eltern in Güstrow die Schulleitung zudem gezwungen hatten, jenen gut zwanzig Schülern eine zweite Chance einzuräumen, die wegen mangelhafter Noten in Geschichte oder Gegenwartskunde das Abitur nicht bestanden hatten, legte Zeddies noch im selben Jahr gemeinsam mit diesen das Abitur ab.

Im Übrigen hatte sich Uwe Johnson damals, obwohl selber noch Mitglied der FDJ und kritisch gegenüber der Kirche eingestellt, auf einer »Protestversammlung« der Philosophischen Fakultät in Rostock geweigert, die Junge Gemeinde in Güstrow als staatsfeindlich zu verurteilen und gegen einzelne Mitglieder Anschuldigungen zu erheben, die zu einem Prozess hätten führen können. Die Kampagne gegen die Junge Gemeinde, so Johnson, widerspreche dem in der DDR-Verfassung garantierten Recht auf Meinungs- und Religionsfreiheit. Daraufhin war er exmatrikuliert worden. Die Rostocker Universität hatte die Exmatrikulation im Rahmen des »Neuen Kurses« zwar zurückgenommen, doch Johnson war demonstrativ aus der FDJ ausgetreten und zur Universität nach Leipzig gewechselt.

Der »Neue Kurs« der Partei verschaffte nur eine kurze Atempause. Bald wurde verschärft für die Jugendweihe geworben. Die Amtsträger der Kirche vertraten zunächst noch mehrheitlich die Überzeugung, dass es kein Nebeneinander von christlicher und sozialistischer Erziehung, von Mitgliedschaft in der Jungen Gemeinde und in sozialistischen Organisationen geben könne. Was später üblich wurde, nämlich erst die Jugendweihe zu feiern, die der Staat gezielt in jene Zeit gelegt hatte, in der traditionell die Konfirmation stattfand, und einige Monate später die verschobene Konfirmation, war für sie damals noch völlig inakzeptabel. Auch mein Onkel Gerhard führte den ebenso mutigen wie aussichtslosen Kampf gegen die Doppelgleisigkeit: »Ich halte ein solches Ansinnen einfach für sinnwidrig und unwahrhaftig«, sagte er auf einem Gemeindeabend, zu dem er Eltern eingeladen hatte, um für die Konfirmation als bewusster Entscheidung für das ganze Leben zu werben. »Zur Jugendweihe geht, wer Gott leugnet. Zur Konfirmation geht, wer an Gott glaubt, zu ihm betet und ihm gehören will. Und wenn mich einer fragt: Aber die Folgen? So möchte ich antworten: Wenn der Christ seinen Glauben bekennt, muss er auch bereit sein, die Folgen auf sich zu nehmen. Er ist dann auch bereit, um seines Glaubens willen zu leiden.«

Der Theologiestudent, der unsere Gruppe an der Sankt-Jacobi-Gemeinde leitete, verlangte einen ähnlichen Bekennermut. Als er einen siebzehnjährigen Lehrling einmal bei einer Demonstration im Block der Gesellschaft für Sport und Technik (GST) mitmarschieren sah, über dem Arm ein Kleinkalibergewehr, stellte er ihn vor die Entscheidung: »Wenn du in der GST bleibst, sehe ich dich nicht mehr als Mitglied unserer Jungen Gemeinde.« Der Junge aber wollte beides: In der Jungen Gemeinde bleiben und in der vormilitärischen Organisation mitmachen, die er attraktiv fand, da man nicht nur schießen und exerzieren lernte, sondern auch segeln, Kutter oder Motorrad fahren. Mir wäre lieb gewesen, unser Leiter hätte dem Jugendlichen eine Brücke gebaut. Doch der Lehrling musste gehen. Blieb er an diesem Abend noch bis zum Schluss? War er dabei, als wir alle wie immer aufstanden, einen Kreis bildeten, uns an den Händen fassten und sprachen:

Schließet die Reih'n
Treu lasst uns sein!
Trifft uns auch Spott,
Treu unserm Gott.

Treu unserm Gott. Einen Augenblick lang war es nach diesen Worten immer still, waren wir »anders«, bevor wir wieder waren wie immer, normale Jugendliche, fragend, manchmal ängstlich, manchmal übermütig und laut.

Hanns-Peter, mein Schulkamerad von der ersten bis zur zwölften Klasse, stand auf jeden Fall mit im Kreis. Er wusste schon damals, dass er Pastor werden wollte, und manchmal beneidete ich ihn. Ihm würde es sicher leichter fallen als mir, dem weltlichen Jungen, dem Gelöbnis zu folgen und treu zu sein. Aber ich spürte auch, dass nicht nur jene gerufen waren, die sich ihres Glaubens schon sicher waren.

In einem lange verschlossenen Raum meiner Seele haben sich in jener Zeit ganz bestimmte Worte eingelagert, die unser Leiter immer wieder sprach, weil sie damals die Jahreslosung waren: »Die Ernte ist groß, aber wenige sind der Arbeiter. Darum bittet den Herrn der Ernte, dass er Arbeiter in seine Ernte sende.« War damit etwa auch ich gemeint?

Eingelagert haben sich auch die Worte aus dem Evangelium: »Von dem an gingen seiner Jünger viele hinter sich und wandelten hinfort nicht mehr mit ihm. Da sprach Jesus zu den Zwölfen: Wollt ihr auch weggehen? Da antwortete ihm Simon Petrus: Herr wohin sollen wir gehen? Du hast Worte des ewigen Lebens.«

In diesen Momenten dachten wir nicht mehr daran, wann wir den ersten Kuss oder wann wir die erste Eins in Mathematik bekämen, wir spürten vielmehr: Ja, es kann geschehen, auch du könntest Worte hören, die dich leben lassen, die Leben geben.

In Situationen wie diesen hat mich angerührt, was ich später wunderbar beschrieben fand bei dem Propheten Elia im Alten Testament: Es kam ein gewaltiger Sturm – »aber der Herr war nicht im Sturm. Nach dem Sturm ein Erdbeben; aber der Herr war nicht im Erdbeben. Nach dem Erdbeben ein Feuer; aber der Herr war nicht im Feuer. Nach dem Erdbeben das Flüstern eines leisen Wehens« – und Elia trat hinaus vor seine Höhle und verhüllte sein Haupt, denn Gott sprach zu ihm. Nicht im Überwältigenden spürte Elia die Nähe Gottes, der Ewige begegnete ihm vielmehr im vorbeiziehenden Hauch – sanft und unmittelbar. Hatten nicht auch wir in unserem kargen Gemeinderaum diesen Hauch gespürt? Wiederholte sich nicht, was mir bereits in der Garage von Herrn Jarmatz widerfahren war und was seine Fortsetzung finden würde in den Begegnungen mit Themen und Menschen, Zeugen des Ewigen, der verborgen und gleichermaßen offensichtlich auch mich gemeint hatte?

Für mich wurde die Junge Gemeinde auch wichtig, weil ich hier erstmals auf Literatur stieß, die sich kritisch mit dem Nationalsozialismus auseinandersetzte. Ich las das Antikriegsstück von Wolfgang Borchert »Draußen vor der Tür«, die Geschichte eines kriegsversehrten Heimkehrers, der vom Vaterland betrogen, von seiner Frau verlassen und von der Nachkriegsgesellschaft ausgeschlossen wird. Ich las »Das Brandopfer« von Albrecht Goes, die Erzählung über eine einfache Metzgersfrau, die zur Zeugin der Judenvernichtung wird und sich schuldig fühlt durch Unterlassen. Und ich sah im Volkstheater Rostock eine Dramatisierung des Tagebuchs von Anne Frank, jenes jüdischen Mädchens, das so lebensbejahende, hoffnungsvolle Sätze formuliert hatte und dann doch verraten und umgebracht worden war – von Deutschen.

Jüdische Opfer waren mir bis dahin kaum begegnet, da der offizielle Antifaschismus vor allem kommunistische und nur einige wenige sozialdemokratische Opfer kannte, vielleicht noch die Geschwister Scholl. Es begann eine Krise in meinem Denken und Glauben – in der Haltung gegenüber dem eigenen Volk, gegenüber der Aufklärung, der veredelnden Kraft der Kultur. Alles, was dem jungen Mann wichtig gewesen war, geriet ins Wanken.

Meine Eltern haben wie wohl fast alle Eltern beteuert: »Wir haben von alledem nichts gewusst.« Beide waren Mitglieder der NSDAP gewesen, keineswegs Fanatiker, aber Mitläufer. Eingenommen von den sozialpolitischen Erfolgen des Regimes hofften sie später auf den Endsieg. Mein Vater war nicht an der Front gewesen, doch er muss im besetzten Polen einiges mitbekommen haben. Im Nachhinein glaube ich, dass sich meine Eltern wie so viele andere zu schützen suchten, indem sie von den Einzelbeispielen nicht aufs Ganze schlossen und auf keinen Fall mehr wissen wollten, als sie in ihrer unmittelbaren Umgebung zwangsläufig mitbekamen. Ende der sechziger Jahre habe ich ihnen das

Buch »Der gelbe Stern« auf den Tisch gelegt, einen eindringlichen Dokumentarbildband über die Judenverfolgung mit zweihundert Fotos und kurzen, erläuternden Texten. Sie sagten, sie hätten nichts gewusst.

Erst ein Jahrzehnt später, 1978/79, als im Westfernsehen die amerikanische Holocaust-Serie über die Geschichte der Familie Weiss lief, sah ich Tränen in ihren Augen. »Wie konnte denn so etwas passieren?« Erst jetzt erzählten sie mir von den Rostocker Juden, von Kaufhausbesitzern, Fabrikanten, Juristen, Ärzten, Rechtsanwälten, einem Stadtverordneten und auch von Klassenkameraden. Das Kaufhaus Wertheim in der großen Kröpeliner Einkaufsstraße war während des Pogroms in der »Reichskristallnacht« 1938 zerstört und geplündert worden, ähnlich der Schuhladen Fischelin in der Schmiedestraße, das Kaufhaus Kapeda in der Lohgerberstraße und das Uhrengeschäft Paula Block in der Doberaner Straße. Die Synagoge in der Augustenstraße war ein Raub der Flammen geworden. Von den 320 Mitgliedern, die die Jüdische Gemeinde 1932 umfasst hatte, haben 120 die Vernichtung nicht überlebt, die Übrigen sind emigriert. Die Rostocker hatten mit ihnen gelebt, es war nicht möglich, ihr Verschwinden nicht zu bemerken, aber sie hatten es sich nicht zu Herzen genommen. So gelangte es wohl nicht in ihre Köpfe, was sie damals hätte irremachen können, und so war es aus der Erinnerung entfallen.

Über die Junge Gemeinde stieß ich auf Menschen, die über den Glauben, über persönliche Beziehungen zu Überlebenden oder über die Literatur ihren Weg zum Antifaschismus gefunden hatten. Ich hörte vom Märtyrertod des Paters Maximilian Kolbe in Auschwitz; ich stieß auf Mitglieder der Bekennenden Kirche und auf Literatur von Dietrich Bonhoeffer, der sehr früh Kritik am Führerkult geübt und von der Kirche Widerstand gefordert hatte: »Wenn die Kirche den Staat ein Zuviel oder ein Zuwenig an Ordnung und Recht ausüben sieht, kommt sie in die Lage, nicht nur die Opfer unter dem Rad zu verbinden, sondern dem Rad selbst in die Speichen zu fallen.« Anders als viele in der Bekennenden Kirche verteidigte Bonhoeffer nicht nur die getauften Juden, sondern das gesamte Judentum: »Den Christen rufen nicht erst die Erfahrungen am eigenen Leibe, sondern die Erfahrungen am Leibe der Brüder, um derentwillen Christus gelitten hat, zur Tat und zum Mitleiden.«

Bei Bonhoeffer fühlte ich mich bestärkt in der Vorstellung von einem Gott, »der aus allem, auch aus dem Bösesten, Gutes entstehen lassen kann und will«, fühlte mich auch bestärkt in der Hoffnung, dass der Mensch bei Gott beheimatet ist und in ihm als Vater immer eine letzte Zuflucht hat. Ich fühlte mich wie der verlorene Sohn, der hinauszieht in die Welt, sein Geld verprasst, bei den Säuen landet und schließlich, als er als Gescheiterter zurückkehrt, nicht verstoßen, sondern mit offenen Armen empfangen wird. Der Vater duldet ihn nicht nur, er veranstaltet ein Fest. Und der Nichtswürdige, der sich seiner Macht entzogen hat, wird wieder aufgenommen in die Geborgenheit des Hauses, weil über allem nicht nur ein richtendes Schicksal, sondern die Liebe waltet.

Doch selbst eine solche Geborgenheit löst nicht alle Schwierigkeiten des Alltags, und schon gar nicht behebt sie automatisch individuelle Mängel. Ich war kein ordentlicher Student, sondern habe mein Studium nur mit Mühe absolviert. Das lag weniger an mangelnder Begabung als an meiner Undiszipliniertheit. Alles war mir wichtiger als das Studium. Ich spielte Handball und gründete mit Kommilitonen eine Handballsektion; das absorbierte einen großen Teil der Zeit. Hinzu kam, dass mich meine Familie voll in Anspruch nahm, so dass es mir nie an Begründungen mangelte, warum ich die Vorlesungen nicht besuchen und nur schlecht vorbereitet zu den Seminaren erscheinen konnte. Nach mehreren Semestern partieller Lernverweigerung türmte sich das Abschlussexamen wie eine unüberwindbare Barriere vor mir auf. Tatsächlich schaffte ich den Abschluss erst mit Mühe und nach zweimaliger Studienverlängerung.

Die Theologische Fakultät war damals eine eigentümliche Welt. Gemeinsam mit den fünf weiteren theologischen Fakultäten in Berlin, Greifswald, Halle, Jena und Leipzig konnte sie nach dem

Krieg weiter bestehen, obwohl sie zunächst nur über zwei Lehrkräfte verfügte. Allmählich wurde den Landeskirchen der Einfluss aber entzogen. Wir Theologiestudenten mussten regelmäßig mit den Lehrerstudenten an den Vorlesungen und Seminaren des Lehrstuhls für Marxismus-Leninismus teilnehmen. Glücklicherweise ist es nie gelungen, die Theologische Fakultät Rostock von »fortschrittlichen«, parteifreundlichen Professoren bestimmen zu lassen. 1961 verweigerte Heinrich Benckert, Professor für systematische Theologie und Dekan der Theologischen Fakultät, die Unterzeichnung einer Senatserklärung, die den Mauerbau und die Wiederaufnahme der Atomversuche durch die UdSSR guthieß; einige Jahre später ließ sich der Neutestamentler Professor Konrad Weiss nicht dazu bewegen, die Gemeinschaft mit den Christen und der »NATO-Kirche« in der Bundesrepublik aufzukündigen, und 1968 lehnten es der Dekan Professor Ernst-Rüdiger Kiesow und der Oberassistent am neutestamentlichen Institut Dr. Peter Heidrich ab, dem Einmarsch der Truppen des Warschauer Pakts in die ČSSR zuzustimmen.

Der Protest der Theologischen Fakultät gegen die geplante Umbenennung der Rostocker Universität in Wilhelm-Pieck-Universität ist mir noch lebhaft in Erinnerung. Es gab schon Ansichtskarten mit dem neuen Namen – ich habe bis heute eine aufbewahrt. Anfang Januar 1961 begann Professor Benckert eine Vorlesung mit der eindringlichen Bitte an uns, von Kundgebungen jeder Art abzusehen. Doch als er mitteilte, dass der Antrag zur Umbenennung der Universität nicht zuletzt aufgrund des Widerspruchs der Theologischen Fakultät zurückgenommen worden sei, brach ein tumultartiges Gejohle aus. Es hat noch fünfzehn Jahre gedauert, bis die SED die Umbenennung tatsächlich durchsetzen konnte.

Als ich die Universität verließ, hatte ich die Entscheidung für den Beruf des Pfarrers noch immer nicht getroffen. Dieser Entschluss ist in mir erst im Vikariat, in den Begegnungen mit den Menschen der Gemeinde gereift. Ich war damals in der Kleinstadt Laage bei Rostock eingesetzt. In der Anfangszeit hatte ich große

1966 als Vikar in Laage: Ein Pastorenlehrling hat schon viel studiert, aber noch wenig erlebt. Hier kommt er gerade aus dem Hinterausgang des alten Pfarrhauses von Pastor Frahm. Hoffentlich will Frau Pastor ihn nicht zu Gartenarbeiten anstellen.

Ängste: Ob ich tief genug glaubte, ob ich den Menschen ein Vorbild sein könnte, ob mich die Zweifel am Glauben nicht verunsichern würden? Doch dann haben die Menschen mich auf sehr unterschiedliche Weise in den Beruf und auch tiefer in den Glauben hineingezogen.

Meine Predigten sind anfangs zu akademisch gewesen. Einmal hatte ich meinen Text nicht vollständig ausformuliert, so dass ich nach der ersten Hälfte frei weiterreden und hinzufügen musste, was ich als eisernes Glaubenswissen in mir hatte. Ich fühlte mich tief beschämt, weil ich eine so heilige Sache wie die Predigt wie eine lästige Schulaufgabe behandelt hatte. Doch hinterher lobte mich einer der Kirchenältesten: »Sehen Sie, Herr Vikar, heute ging es doch schon ganz gut!«

Schritt für Schritt lernte ich, dass es wichtiger ist, von Menschen verstanden zu werden, als einen geschliffenen Text vorzutragen, den man unter Umständen unter großer Anstrengung bis spät in die Nacht erstellt hat und auf den man wegen der literari-

Sonntag, gleich geht es in die Kirche. Auch ein Pastorenlehrling muss schon Gottesdienste halten. Sohn Martin ist mit seiner Mutter zu Besuch gekommen. Das erste Mal sieht er seinen Vater im Talar: Ist das wirklich mein Papa?

schen Zitate und Anspielungen so stolz ist, dass man ihn am liebsten in einer Zeitschrift veröffentlicht sähe. Ein Blick auf die Gemeinde genügt, um zu sehen, ob ein Text wirklich an diesen Ort passt oder nicht: Vielleicht sitzen nur acht Leute im Kirchenschiff, zwei einfache alte Damen, eine Analphabetin, ein Quartalssäufer, ein Schmied, die Ehefrau des Pastors, die Katechetin und ein Kirchenältester.

Im Vikariat begann ich zu begreifen, dass es konkrete irdische Herausforderungen zu bewältigen galt, bevor man an die Lösung der Welträtsel ging. Beispielsweise in Laage, wo die Konfirmanden von einem sehr anständigen und sehr treuen, aber ein wenig altmodischen Pastor betreut wurden, der sich den Jugendlichen gegenüber hilflos verhielt und froh war, wenn ich ihm half, die Disziplin aufrechtzuerhalten. Damals dachte ich: Diese Jugendlichen könnte man auch anders ansprechen. Ich begann von einer eigenen Gemeinde zu träumen und bekam Lust, mich dort auszuprobieren.

Manches ging dann leichter als erwartet. Schon ein Jahr, nachdem ich meine erste Pfarrstelle in Lüssow angetreten hatte, meldete eine Lehrerin der Kreisdienststelle der Stasi in Güstrow: »Seit Einführung der Jugendweihe hatte die Schule, zu der auch der Einzugsbereich Lüssow gehört, 100 % Teilnahme an der Jugendweihe. Seitdem der Gauck im Jahre 1967 nach Lüssow zugezogen ist und seine Tätigkeit aufgenommen hat, ist ein spürbarer Rückgang an Jugendweiheteilnehmern zu verzeichnen. Gauck versteht es durch gute Umgangsformen, Organisierung von Zusammenkünften am Wochenende, Fahrten in die Umgebung usw. Einfluss besonders auf die Mädchen der 7. und 8. Klasse auszuüben.«

Für Orientierungs- und Heimatlose mag schon das Bisschen, das ich an Glauben und Wissen gelernt hatte, viel gewesen sein. Ihnen konnte ich Überlebenshilfe und Halt bieten, hier war ich der Gebende. In anderen Fällen aber wurde ich der Nehmende. Da begegneten mir Menschen, oft Flüchtlinge aus Bessarabien oder Hinterpommern, einfache Menschen mit einer schlichten Sprache und schlichten Umgangsformen, die mit ihrem Gott lebten, die täglich beteten, die regelmäßig die Bibel lasen und aus einer Kraft heraus handelten, die ich erst noch erlangen wollte. Angesichts ihrer Glaubensfestigkeit verstummte der akademisch gebildete junge Mann, der ihnen rhetorisch und an theologischem Wissen weit überlegen war. Ich stand vor ihnen wie ein armer Bettler, weil ich die Kraft, die Güte, die Treue nicht kannte, die diese Menschen ausstrahlten. Ich trat in Beziehung zu einer Lebenswelt, in der nicht ständig kritisch gefragt wurde, ob der Glaube tragbar sei, ob er dem Zweifel standhielte. Vielmehr lebten mir diese Menschen vor: »Ja, das Leben mit Gott ist ein gangbarer Weg, du kannst dich darauf verlassen.« Die Flüchtlinge aus Bessarabien gaben mir ein Beispiel, dass die Anfechtungen durch den Zweifel und das Unheil in der Welt zu ertragen waren, und so verloren sie ihre teuflische, gegengöttliche Kraft.

Die Wahrheit, die ich in der Begegnung mit solchen Menschen kennen lernte, war eine Beziehungswahrheit, die die Faktenwahrheit überbot. Ich lernte, dass das kritische Denken nicht das Wichtigste, nicht die *letzte* Wahrheit ist in meinem Leben. Das kritische Denken mag damit nicht zufrieden sein, aber es zieht oft gegenüber der Kraft, die aus Glaube und Liebe erwächst, den Kürzeren, denn das kritische Denken rechnet, während der Glaube Vertrauen ins Dasein schafft. Das *Credo quia absurdum*, dieses scheinbar widersinnige Bekenntnis: »Ich glaube, weil es unvernünftig ist«, ist dann kein Argument gegen den Glauben, sondern beschreibt eine Wirklichkeit, die komplexer ist als ein von der Logik bestimmtes Weltbild. Der Glaube streitet dann nicht mit der Ratio, er existiert neben ihr.

Ich kam von der Universität als ein Mensch, der sich ständig selbst in Frage stellte und seine Unsicherheit durch ein forsches Auftreten kompensierte. In der Begegnung mit den Gemeindemitgliedern aber habe ich die Angst verloren, vom Zweifel verschlungen zu werden. Ich konnte geistlich wachsen und selbst etwas ausstrahlen. Ich lernte, dass Glaube eigentlich ein Dennoch-Glaube ist, ein Glaube auch gegen den Augenschein; und dass es erlaubt ist, mit dem Zweifel in den Kreis der Glaubenden einzutreten, auch mit dem Zweifel zu leben und zu predigen. Ohne diese Erfahrung hätte ich das Leben als Pastor wohl nicht ausgehalten, denn oft gelangte ich an die Grenzen meiner theologischen und menschlichen Möglichkeiten.

Einmal, es war Sommer, sollte ich in einem Außendorf von Lüssow eine Trauung vollziehen. Ich wollte gerade auf mein Dienst-Motorrad steigen, da erreichte die Kirchengemeinde der Anruf einer Polizeidienststelle: Man müsse mir mitteilen, dass Herr S. auf dem Weg zu seiner Hochzeit tödlich verunglückt sei. Ob ich es nicht übernehmen könne, im Haus der Braut Bescheid zu sagen? Es öffnete die Mutter der Braut, die junge Frau in Weiß stand hinter ihr, erwartungsvoll, aufgeregt, strahlend. Sie nahm an, dass ich gekommen sei, um mit ihr die letzten Absprachen vor der Trauung zu treffen. Ich aber sagte: »Ihr Verlobter wird nicht kommen.«

In Augenblicken wie diesen wird ein Denken mächtig, das alle kennen und alle gleich verstört: Es gibt keinen Gott, »der alles so herrlich regieret«, wie es in dem bekannten Loblied heißt. Das kann nicht sein: ein Gott, der allmächtig ist und gleichzeitig solche Dinge geschehen lässt! Gott lässt sich mit dem Bösen in der Welt nicht vereinbaren. Entweder will Gott das Böse beseitigen und kann es nicht – dann ist Gott schwach. Oder er kann es, doch er will es nicht – dann ist Gott missgünstig. Ein schwacher wie ein missgünstiger Gott aber widersprechen der Vorstellung von seiner Güte und Allmächtigkeit. Im 20. Jahrhundert ist diese alte Frage mit einer neuen Schärfe gestellt worden: Kann man nach Auschwitz noch an Gott glauben? Nicht die schlechtesten Theologiestudenten sind gescheitert, weil sie verzweifelt keinen Glauben fanden, der neben ihrem zweifelnden Wissen leben konnte.

Vielleicht ist es einfach ein Wunder, wenn sich ein Weg des Dennoch eröffnet. Wie an dem Tag, an dem ich erfuhr, dass ein siebzehnjähriges Mädchen aus meiner Jugendgruppe Suizid begangen hatte. Oder wie an dem Tag, als mir berichtet wurde, dass ein junger Mann aus meiner Gemeinde während seines Dienstes in der Nationalen Volksarmee unter mysteriösen Umständen gestorben sei. Seine Mutter durfte den Sarg nicht öffnen, um ihren Sohn ein letztes Mal zu sehen, und konnte gar nicht sicher sein, dass er sich auch wirklich darin befand.

Solche Situationen ließen sich nur aushalten, weil ich mir eingestand: »Ich bleibe stehen vor dir, Gott, und vor euch, ihr Trauernden, obwohl ich überfordert bin. Mir, uns bleibt der Sinn des Geschehenen verborgen. Doch obwohl der Glaube eigentlich unvernünftig – richtiger: neben-vernünftig – ist, erkläre ich mir die Welt leichter *mit* Gott als *ohne* Gott.« Beides ist schwer: zu glauben und nicht zu glauben. Doch auch wenn mein Glaube mir keine fraglose Sicherheit bringt, teile ich mit anderen Glaubenden die Erfahrung, dass die geistliche, die Beziehungswahrheit, von der wir irgendwann an irgendeiner Stelle unseres Lebens getroffen wurden, die disparaten Wahrheiten des Lebens und den Glanz der Logik überbietet.

Als ich die Angst verlor, vom Zweifel verschlungen zu werden, wuchs die Ermächtigung. Ich floh nicht mehr vor solchen Situationen, musste auch nicht mehr bangen, ob jemand meine Flucht vor einer möglichen Verzweiflung bemerkt. Ich hatte mich über den Zweifel hinweg geglaubt, war vom idealistisch überhöhten Glauben zu einem Glauben trotz alledem gelangt.

Aufbruch in ein Missionsland

Meine Frau Hansi hatte als Lehrling im volkseigenen Buchhandel in Rostock die Gelegenheit genutzt, einer Arbeiterwohnungsbaugenossenschaft beizutreten. Wir zahlten mehrere Jahre lang Genossenschaftsanteile ein, ich erbrachte – was ebenfalls obligatorisch war – »manuelle Arbeitsleistungen« auf Baustellen, und so wurde uns schließlich eine Dreieinhalb-Zimmer-Wohnung im Neubaugebiet von Rostock-Evershagen zugeteilt. Ich bat daraufhin um meine Versetzung. Obwohl die mecklenburgische Kirchenleitung noch nicht so recht wusste, wie sie mich einzuschätzen hatte, erlaubte sie mir zu wechseln, denn sonst erhielt die Kirche nie die Chance, im Neubaugebiet präsent zu sein. Die SED-Führung hatte keinerlei Interesse daran, hier Genehmigungen für den Bau von Kirchen, Pfarr- und Gemeindehäusern zu erteilen. Nicht einmal Wohnungen waren in den Neubaugebieten frei zu kaufen.

Der Umzug war ein Schock, vor allem für die Familie. Auf dem Dorf konnten die Kinder draußen herumtollen, jetzt hockten wir zu fünft auf 85 Quadratmetern, dem DDR-Durchschnitt für diese Familiengröße. Mein »Amtszimmer« bestand aus einem schmalen Bücherbord mit Schreibplatte im Wohnzimmer. Der wuchtige Schreibtisch und der Bücherschrank der Großmutter mussten durch die üblichen Standardmöbel ersetzt werden – die Erbstücke wären nicht durch die Tür gegangen.

Es gab schon Kaufhallen, auch Kinderkrippen und Schulen, aber für 22 000 Menschen in mehr als 8000 Wohnungen kein einziges Kino und nur ein oder zwei Gaststätten. Die Bebauung bestand aus eintönigen, meist fünfgeschossigen Häusern ohne Fahrstuhl. Konnten wir auf dem Land einfach aus dem Haus ins Freie treten, hieß es jetzt, jeden Tag mehrfach sechs Treppen hinauf und hinunter zu laufen; wir wohnten im obersten Stock.

Von den Mietern wurde die Einhaltung fester Regeln erwartet. Wie alle anderen hatten wir einmal im Monat den gemeinsamen Hausflur nebst den Eingangstreppen zu putzen; der Aufgang zur eigenen Etage war sowieso die Sache jeden Mieters. Ferner waren wir verpflichtet, unsere Besucher im obligatorischen Hausbuch einzutragen, in dem wir uns beim Einzug hatten registrieren müssen und das in regelmäßigen Abständen an die Volkspolizeimeldestelle weitergeleitet wurde. Bei den Ostbesuchern haben wir die Aufforderung wie die meisten anderen schließlich ganz ignoriert, wenn wir Besuch aus dem Westen hatten, haben wir ihr hin und wieder Folge geleistet.

Damit war unsere Anpassungsbereitschaft erschöpft. Die Beflaggung des Hausaufgangs am 1. Mai, dem Kampftag der Arbeiterklasse, am 7. Oktober, dem Gründungstag der DDR, und selbst am 8. Mai, dem Tag der Befreiung vom Nationalsozialismus, wollten wir nicht mitmachen. Statt für die übliche rote Flagge oder die Republikfahne, schwarzrotold mit Emblem, hatte sich unsere Hausgemeinschaft für eine besonders auffällige Variante entschieden: eine riesige, über zwanzig Meter lange Fahne vom fünften Stock bis zum Erdgeschoss an der Außenseite des Treppenflurs. Doch wir, die Pastorenfamilie, sagten nein. »Haben Sie denn wenigstens eine eigene Fahne?«, fragten die Volkspolizisten und andere staatsnahe Bewohner unseres Hausaufgangs sichtlich befremdet. Nein, wir hatten noch nie eine Fahne besessen und wollten auch keine anschaffen. Da waren die Verhältnisse klar. Die meisten gingen auf Distanz, die Familie des Seemanns im Stockwerk unter uns hingegen freute sich. Er selbst hätte sich nicht getraut, nein zu sagen, gestand uns der Mann, zumal seine Frau Lehrerin war. Aber es war ihm recht, wenn andere es wagten zu widersprechen; seine Kinder hatten zu meinen ein herzliches Verhältnis.

Das Gefühl, eine »Hausgemeinschaft« zu sein, wollte sich weder in unserem noch in den meisten anderen Neubaublöcken richtig einstellen. Es hieß zwar: Es wäre doch schön, wenn die zehn, elf Familien unseres Aufgangs gemeinsam etwas unternehmen würden, doch kaum einer wollte die Nachbarn zu sich in die

Alle sozialistischen Neubaugebiete glichen zunächst einer Mond-landschaft. Es gab weder Gehwege noch Sträucher oder Bäume um die Häuser herum, bei Regenwetter balancierten wir auf Brettern und Balken über die Pfützen.

Wohnung lassen. Erstens waren die Zimmer zu klein, und zweitens achtete man sehr genau darauf, mit wem man Umgang pflegte. Um dem Anspruch dennoch Genüge zu tun, wurden die Wände des Wäschekellers im Souterrain tapeziert, Hocker sollten dem Raum einen Hauch von Wohnlichkeit verleihen. Dass dort jemals gefeiert wurde oder Teile der Hausgemeinschaft gesellig zusammensaßen, bezweifele ich. Wir trafen uns mit den anderen Hausbewohnern nur, um abzusprechen, wie der Putzdienst aufzuteilen sei, wer Hausvertrauensmann werden und wer das Hausbuch führen solle.

Durch die kahlen Fluchten der standardisierten Plattenbauten bliesen Wind und Regen heftiger als anderswo, wenige sind hier wirklich heimisch geworden. Viele träumten davon, möglichst schnell wieder auszuziehen oder zumindest ein Auto zu kaufen, um am Wochenende aufs Land zu Oma und Opa zu fliehen. Wer konnte, pachtete sich einen Garten in den Schreberkolonien, die später am Rande der Neubaugebiete entstanden – für die Bewohner wohl die beste Idee der Rostocker Stadtplaner. Im Frühjahr und Sommer konnte man dann der Enge der Wohnung entfliehen und Kreativität beim Bau des Gartenhauses und der Anlage der Beete entwickeln, jedenfalls im Rahmen der Regeln, die sich der Kleingartenverein für den Anbau von Blumen und Gemüse auferlegt hatte.

Wir hatten keinen Schrebergarten. Wir flohen an den Wochenenden zu meinen Eltern in den grünen Vorort Brinckmansdorf oder zu unserer Freundin Beate, die wir in der Lüssower Zeit gewonnen hatten. In den Sommerferien fuhren wir zu Freunden nach Wustrow an die See. Die Kinder haben dort glückliche Zeiten verlebt; bis heute machen sie mir allerdings den Vorwurf, dass ich zu wenig Zeit für sie gehabt, mich mehr für die Gemeinde als für die eigene Familie interessiert hätte.

Mit relativ gutem Gewissen habe ich die Familie dem Beruf nachgeordnet. Es gab so viel zu tun in Evershagen. In meiner Landgemeinde hatten noch fast alle der Kirche angehört, jetzt musste ich nach den Christen suchen. Es war wie die Entsendung in ein Missionsland.

Seit 1955 ersetzte die alternative Jugendweihe die Konfirmation fast flächendeckend, den Religionsunterricht hatte der Staat schon etwas früher aus den Schulen verdrängt. Außerdem hatte er der Kirche die Möglichkeit genommen, die Kirchensteuer über die Finanzämter einzuziehen. Wir waren also darauf angewiesen, dass Gemeindemitglieder ihre Beiträge selbst beim Kirchensteueramt einzahlten und korrekt die Höhe ihres Lohns als Bemessungsgrundlage angaben. Viele haben es nicht so genau genommen, und die Kirche hat nicht auf Genauigkeit gedrängt. Wer sich aus dem Umkreis der Kirche entfernen und sich die geringe Mühe ersparen wollte, im Standesamt seinen Kirchenaustritt zu erklären, hatte es in den anonymen Neubaugebieten besonders leicht – er zahlte einfach keine Beiträge mehr. Im Rostocker Bezirk schrumpfte die Gemeinde auf diese Weise fast um zwei Drittel von 1,2 Millionen Mitgliedern 1959 auf 450 000 im Jahre 1989. In der DDR ging die Zahl insgesamt auf 5,1 Millionen 1989 zurück – das waren dreißig Prozent der Gesamtbevölkerung. Von

einer Volkskirche war die evangelische Kirche in der DDR zu
einer Kirche der Minderheit, zu einer Bekenntnisgemeinschaft
geworden. Am stärksten spürte ich diese Veränderung bei den
Eheschließungen. Ich habe wohl wenig mehr als zehn Trauungen
durchgeführt in zwanzig Jahren. Selten waren noch beide Partner
in der Kirche. Dem suchten wir Rechnung zu tragen, indem wir
den Gottesdienst zur Eheschließung ähnlich wie die Trauungs-
zeremonie gestalteten.

Als ich nach Evershagen zog, konnten sich die wenigen
Christen nicht einmal im eigenen Stadtteil treffen. Es gab kein
Gotteshaus noch irgendwelche Gemeinderäume, auch keinen
Kirchgemeinderat und keine Mitarbeiter. In einer solchen Terra
incognita die Arbeit aufzunehmen, erforderte Entschlossenheit,
Offenheit und Durchhaltekraft. Ich habe diese Reise angetreten
mit großer Begeisterung, mit Freude und Neugier und vor allem
mit dem festen Willen, die Herausforderung zu meistern.

Wie andere junge Pastoren in Mecklenburg orientierte ich
mich an Heinrich Rathke, der später unser Landesbischof werden
sollte. Heinrich Rathke hatte bereits Anfang der sechziger Jahre
als Pfarrer in einem Mecklenburger Neubaugebiet Erfahrungen
gesammelt – in der Südstadt, der ersten Rostocker Großwohn-
siedlung im Plattenbaustil mit über 20 000 Bewohnern. An alles
war damals gedacht worden – Krankenhaus, Kino, Post, Theater
und so fort –, nur nicht an eine Kirche. Als erstes galt es also, die
evangelischen Christen ausfindig zu machen. Rathke ging von
Haus zu Haus, von Stockwerk zu Stockwerk, klingelte wahllos,
meist abends. Zu Gottesdiensten konnte er aber nur in eine der
weit entfernten Stadtkirchen einladen. Als alle Anträge bei der
Stadt Rostock zum Bau einer eigenen Kirche fehlschlugen, stellte
Rathke kurz entschlossen einen Zirkuswagen auf ein Privatge-
lände am Rande des Neubauviertels. Ein schlichtes Holzkreuz an
der Wand und ein schlichter Tisch als Altar verwandelten ihn in
einen Andachtsraum. Am 12. Mai 1963 fand dort der erste Gottesdienst mit 53 Gläubigen statt.

Einen Zirkuswagen hätte ich nicht aufstellen können. Ich

konnte aber einladen in die Sankt-Andreas-Kirche, einen kleinen schmucklosen Zweckbau in dem fünf Kilometer entfernten Ortsteil Reutershagen. Eine Christvesper haben wir anfangs auch einmal auf einem umgebauten Fischkutter gefeiert. Im Übrigen ging ich wie Rathke von Haus zu Haus, klingelte, stellte mich als evangelischer Pastor vor, informierte darüber, dass wir eine Gemeinde aufbauen wollten, und sagte entsprechend seinen Instruktionen: »Ich möchte Sie besuchen, wenn Sie evangelisch sind.« Dieser Zusatz war erforderlich, denn wir durften nicht einfach Genossen oder Nicht-Kirchenmitglieder besuchen, sie hätten uns wegen Belästigung anzeigen können und haben es manchmal auch getan. Andererseits kam es aber auch vor, dass ich mit Nichtchristen und Nicht-Gemeindemitgliedern sehr interessante Gespräche führte.

Es war ein großer Erfolg, als sich nach etwa zwei Jahren zum ersten Mal ein Kirchgemeinderat konstituierte. Das wurde dadurch erleichtert, dass teilweise aktive Gemeindeglieder aus anderen Stadtteilen zugezogen waren. Andere galt es zu ermutigen, sich dieser Verantwortung zu stellen. Die pensionierte Lehrerin riskierte wenig, aber der Diplomingenieur, der Arzt und der Diplomphysiker haben es sich wahrscheinlich mehr als einmal überlegt, ob sie sich in der Gemeinde so exponieren sollten. Doch es gelang schließlich, die wichtigsten Institutionen aufzubauen. »Die Kirchenvisitation bei Pastor Gauck«, so meldete ein Amtskollege als IM Römer der Stasi im Dezember 1975, »soll ein großer Erfolg gewesen sein. Der Bischof war voll des Lobes.« Die Kirchenleitung sei überrascht gewesen, dass sich in einer Neubaugemeinde in relativ kurzer Zeit eine solche Gemeindearbeit entwickeln lasse.

Im Unterschied zu den demokratischen Gesellschaften, in denen die Kirche selbstverständlicher Teil des öffentlichen Lebens ist und die unterschiedlichen sozialen Klassen in sich vereint, war die Kirche in der DDR eine Vertreterin der politisch Unterprivilegierten: Derer, die nichts zu sagen hatten, weil sie den Wunsch nach Aufstieg und Karriere für ein Leben ohne Verstellung aufgegeben hatten. Wer in der DDR wegen besonderer Begabung oder aus Ehrgeiz den Weg nach oben suchte, dünnte seine Beziehungen zur Kirche in der Regel aus. Eine Ärztin, deren Sohn als Jugendlicher den Anschluss an die Gemeinde suchte und sich taufen lassen wollte, erklärte mir, das sei nicht gut für die Entwicklung des Jungen, und hat es ihm verboten.

Zu meiner Gemeinde gehörten nur wenige Ärzte und Apotheker, ein oder zwei Professoren, und nur einmal in meiner ganzen Zeit als Pastor haben Kinder aus einer Offiziersfamilie die Christenlehre besucht. Für Genossen war der Kirchenaustritt praktisch obligatorisch, auch Juristen, Anwälte und Richter mussten staatskonform sein. Das galt in ähnlicher Weise für höhere Angestellte in der staatlichen Verwaltung, im Militär, in der Volkspolizei, für die Führungskräfte in »Volkseigenen Betrieben« und für Lehrer – kaum ein Lehrer konnte sich erlauben, als Christ zu leben, am ehesten noch, wenn er Mitglied der CDU war. Bei denen, die dennoch die Gottesdienste besuchten oder ihre Kinder in die Christenlehre schickten, konnte man eine gewisse Bekenntnis- oder auch Leidensbereitschaft voraussetzen. Sie hatten den Rubikon überschritten und hielten in bewundernswerter Treue zum Glauben. Natürlich haben viele auch aus Tradition zur Kirche gehalten, besonders wenn sie vom Lande kamen, oder man ließ das Kind taufen, weil man die Oma nicht enttäuschen wollte. Aber die Mehrheit der Gemeindemitglieder war sich einig, dass sie in dem System nicht unter Verleugnung ihrer Überzeugungen aufsteigen wollte, daher nie arriviert sein würde und fortwährend etwas riskierte.

In den Kirchengemeinden konnte man daher auf besonders unerschrockene Menschen treffen. Etwa auf Frau Beyer, eine alleinstehende Mutter, die in der Behindertenarbeit der Gemeinde half und Mitglied in unserem Kirchgemeinderat wurde. Die resolute, kommunikative Frau verdiente als Versicherungsinspektorin gutes Geld und wollte sich von niemandem etwas verbieten lassen – auch nicht von der Staatssicherheit, die die Stadt Güstrow am 13. Dezember 1981 anlässlich des Besuches von Helmut Schmidt für alle Besucher gesperrt hatte. Frau Beyer aber verlangte an jenem Tag auf dem Rostocker Hauptbahnhof eine Fahrkarte nach Güstrow. Sie wollte den Bundeskanzler unbedingt aus der Nähe sehen.

Der Schalterbeamte schüttelte den Kopf: »Heute fährt kein Zug nach Güstrow.«

»Ich habe Sie nicht gefragt, ob ein Zug fährt, sondern ich habe um eine Fahrkarte gebeten.«

»Wozu brauchen Sie eine Fahrkarte, wenn kein Zug fährt?«

»Das ist meine Sache. Ich möchte eine Fahrkarte nach Güstrow kaufen.«

Die Angehörigen der Transportpolizei konnten sie nicht davon abhalten, in den Zug zu steigen, der erstaunlicherweise am Gleis nach Güstrow stand und tatsächlich fahrplanmäßig abfuhr.

In Güstrow angekommen, marschierte Frau Beyer geradewegs in Richtung Marktplatz, notgedrungen mitten auf der von leichtem Schneematsch bedeckten Fahrbahn, denn auf den schmalen Bürgersteigen standen Schulter an Schulter Volkspolizisten.

»Wohin wollen Sie? Der Aufenthalt auf der Straße ist verboten!«, versuchte ein Mann in Zivil sie aufzuhalten, der sich aus den Reihen der Polizisten gelöst hatte und auf sie zugeeilt war.

Frau Beyer konterte: »Frage ich Sie etwa, was Sie hier machen?«

Der Mann in Zivil erkundigte sich nicht einmal mehr nach ihrer Legitimation, obwohl sich nur Anwohner, Inhaber eines Ausweises vom Ministerium für Staatssicherheit (MfS) und Journalisten in dem weiträumig abgesperrten Areal bewegen durften. Wer mit einer solchen Chuzpe auftrat, konnte nur selbst von der »Firma« sein.

Güstrow glich einer Geisterstadt. Über 35 000 Angehörige des MfS und der Volkspolizei waren in die Stadt abkommandiert, potentielle »Störer« vorübergehend ausgewiesen, festgenommen oder unter Hausarrest gestellt worden. Anwohner durften nicht aus den Fenstern schauen, die zur Straße führten, einzelne Haustüren waren blockiert, da man »provozierende Handlungen« befürchtete. Auf keinen Fall sollte sich wiederholen, was 1970 in

Erfurt geschehen war, wo Tausende DDR-Bürger Bundeskanzler Willy Brandt begeistert zugejubelt und die Sicherheitskräfte die Menge nur mit Mühe im Zaum gehalten hatten.

Auf dem Weihnachtsmarkt spielten Wachregimentskader und eigens instruierte »gesellschaftliche Kräfte« auf Anweisung der Stasi »Bevölkerung«. Frau Beyer erreichte ihr Ziel dennoch: Zwar konnte sie dem Bundeskanzler nicht die Hand schütteln, aber sie hat ihn durch einen Ring von Sicherheitsbeamten wenigstens leibhaftig gesehen. Das war für sie ein großer Triumph.

Wir hatten nicht viele, die mit solcher Fantasie, Unerschrockenheit und manchmal auch Schwejkscher List die Normierung durchbrachen. Nicht selten haben gerade diese Menschen uns verlassen. Irgendwann nutzte auch Frau Beyer einen Besuch bei Verwandten und blieb im Westen.

Mangels eigener Gemeinderäume stützte sich unsere Arbeit in den Neubaugebieten häufig auf so genannte Hauskreise, auf Treffen, bei denen nicht die Anwesenheit des Pastors entscheidend war, sondern die Aktivität der einzelnen Christen. Bibel- und Frauenabende, die Christenlehre und der Konfirmandenunterricht fanden in Privatwohnungen statt, und zwar nicht nur in der Wohnung des Pastors, sondern auch bei Gemeindemitgliedern. Da hockten zehn bis fünfzehn Kinder in einer kleinen Küche, manchmal mussten die einen die anderen sogar auf den Schoß nehmen, wenn sie den Geschichten lauschten, die ihnen Frau Bubber, unsere fleißige Katechetin, von Jesus vorlas. Derlei Treffen blieben in der Hausgemeinschaft nicht unbemerkt, schon weil es in den unwegsamen Neubaugebieten üblich war, die Schuhe auszuziehen, bevor man eine Wohnung betrat. Während der Christenlehre standen manchmal zwanzig bis dreißig Schuhe vor der Tür, doch es gab niemals Probleme, private Räumlichkeiten für diese Zusammenkünfte zu finden.

Der Vorteil der Hauskreise bestand darin, dass sie sehr enge Beziehungen zwischen den Mitgliedern schufen. Unter ihnen bildete sich das besondere Wir-Gefühl heraus, das heute so viele in den postkommunistischen Ländern schmerzlich vermissen.

Der Nachteil der Hauskreise war ihre Abgeschlossenheit, die Begrenzung des Handlungsspielraums der Teilnehmer untereinander und ihrer Wirksamkeit nach außen. Wir haben daher als weitere Arbeitsform die Freizeiten entwickelt, die nicht so heißen durften, da die Gestaltung der Freizeit allein Aufgabe von staatlichen Institutionen sein durfte Die Kirche als religiöse Gemeinschaft sollte sich auf religiöse Tätigkeiten, das heißt möglichst auf den Kult beschränken. Wir durften beispielsweise nicht mit Jugendlichen zelten. Wollten wir es dennoch, mussten wir in die Nachbarländer ausweichen, erst nach Polen, dann, als Polen uns wegen Solidarność verschlossen war, in die Tschechoslowakei. Freizeiten hießen deshalb »Rüstzeiten«, auch »Bibelrüstzeiten«. Erfolgreich haben wir uns geweigert, sie anzumelden oder gar genehmigen zu lassen, wie es die SED Anfang der siebziger Jahre durchzusetzen versuchte.

Gegen Treffen unter der Bezeichnung »Rüstzeit« war weniger einzuwenden, da der religiöse Charakter schon aus der Bezeichnung hervorging. Aber wir ließen uns Themen nicht vorschreiben und nicht auf religiöse Fragen begrenzen. Wir sprachen über Literatur, Angst, Mut, Feigheit, Anpassung, Freiheit, Gehorsam, Ungehorsam, über Liebe, Formen der Sexualität, voreheliche Geschlechtsbeziehungen und natürlich auch über Politik, etwa die unterschiedlichen Systeme, über Krieg und Frieden, Toleranz.

Immer mehr nahm sich die Kirche der Themen an, die von staatlicher Seite ausgeklammert oder sogar tabuisiert wurden. Wir setzten uns kritisch auseinander mit der Militarisierung im Schulbereich, der Atomenergie, insbesondere nach dem Desaster von Tschernobyl, mit den zahlreichen Ökologieproblemen, mit den Menschen- und Bürgerrechten und mit der Friedensfrage. Wir forschten nach jüdischen Gräbern und hielten am 9. November, dem Jahrestag der »Reichskristallnacht«, auf einem Rostocker Friedhof ein Gedenken ab, das von der Stasi observiert wurde, da keine staatliche Instanz Derartiges angeordnet hatte. Wir pflanzten Bäume, um ein ökologisches Bewusstsein zu fördern, wir propagierten »Mobil ohne Auto«, wobei etwa hundert Jugendliche, unterstützt von einigen Eltern, aufs Fahrrad stiegen und einen Fahrradkorso bildeten.

Wer die kirchliche Arbeit in der DDR vor allem danach beurteilt, wie weit sie sich als Opposition verstand, hat den eigentlichen Auftrag von Kirche jedoch nicht erfasst. Die Kirche war keine Partei mit einem politischen Gegenprogramm, auch keine Untergrundorganisation, die das Regime zu unterminieren trachtete. Im Zentrum ihres Denkens und Tuns stand auch in der DDR Gott, stand Jesus Christus. Es ging darum, den Menschen das Wort Gottes nahezubringen und sie für den christlichen Glauben zu gewinnen. Kirche war allerdings insofern oppositionell, als sie die einzige eigenständige und unabhängige, dem Zugriff von Staat und Partei entzogene Institution war, der einzige Ort, wo ein offenes Gespräch möglich war, wo Themen und Meinungen weder tabuisiert noch zensiert wurden und eine Erziehung zum unabhängigen Denken und Handeln erfolgte.

Die Kirche machte die Menschen freier und für das System nicht oder weniger verführbar. Sie war auch insofern oppositionell, als sie auf Werten bestand, die andere waren als die des Staates, und sie rückte Themen in den Fokus, die vom Staat anders besetzt wurden. Insofern gab es Gemeinsamkeiten von Christen und Nicht-Christen, Menschen außerhalb der Kirche, was besonders deutlich wurde, wenn in Rostocker Kirchen Schriftsteller und Liedermacher wie Stefan Heym, Bettina Wegner, Freya Klier, Stefan Krawczyk oder Barbara Thalheim auftraten. Konzerte und Lesungen im kirchlichen Rahmen erreichten auch politisch Andersdenkende, Künstler, Homosexuelle und sogar Menschen, die sich sonst nirgends engagierten, aber unter den Verhältnissen und der geistigen Enge litten. Mochten sie auch noch so verschieden sein, sie alle einte der Wunsch, das aussprechen und hören zu können, was andernorts verboten war. Sie alle suchten den Zauber des Besonderen, der entstand, wenn wir uns zu dem bekennen, wonach unsere Seele hungert.

Eigentlich hatte ich in Evershagen auf ein eigenes Gotteshaus gehofft. Doch wie sollte sich diese Hoffnung erfüllen, wenn die

Kirche nicht einmal eine Wohnung, ein Pfarrhaus, eine Garage bauen durfte? Es war der ungeheure Devisenmangel der DDR, der schließlich unerwartet Möglichkeiten eröffnete. Die Kirchen der Bundesrepublik, die ihre Partnerkirchen im Osten ohnehin unterstützten, waren bereit, Kirchen, Gemeindehäuser und diakonische Einrichtungen im Osten zu finanzieren. Als Westgeld winkte, willigten die DDR-Oberen ein – zunächst in die Restaurierung von Altkirchen wie den Berliner Dom, der kriegsbeschädigt und nur notdürftig repariert inmitten der Hauptstadt gegenüber dem modern-prunkenden »Palast der Republik« stand. Nach zähen Verhandlungen wurden auch einige wenige neue Gotteshäuser in den Plattenbausiedlungen genehmigt, wo inzwischen Hunderttausende wohnten.

Da die Evangelische Kirche jedoch nicht als mittelloser, armer Bruder dastehen wollte und bei den Verhandlungen mit dem Staat darauf bestand, die Hälfte der Baukosten in Mark der DDR selbst aufzubringen, erhielt in Rostock-Evershagen die katholische Kirche den Zuschlag – sie zahlte alles in Westmark.

Das evangelische Gemeindezentrum wurde in einem anderen Stadtteil errichtet, aber wir konnten 1985 von der fünf Kilometer entfernten Sankt-Andreas-Kirche in unseren Stadtteil umziehen, da wir Gastrecht in der neuen katholischen Thomas-Morus-Gemeinde erhielten. Aus Rücksicht auf unsere katholischen Gastgeber musste der sonntägliche Gottesdienst schon um 8.30 Uhr beginnen, aber selbst zu so früher Stunde war der Gottesdienstbesuch ansehnlich.

Die Gemeinde, die bei meiner Ankunft gar nicht existiert hatte, zählte da bereits rund 4500 Gemeindemitglieder. Teilweise hatte ich sie durch Hausbesuche gefunden, teilweise meldeten sie sich selbst bei ihrem Einzug in das Neubaugebiet, oder sie wurden uns vom Kirchensteueramt mitgeteilt. Neben Neugeborenen hatte ich eine ganze Reihe von Jugendlichen und jungen Erwachsenen getauft. Besonders eindringlich ist mir und der ganzen Gemeinde ein junger Mann in Erinnerung, der in der Uniform der Volksmarine an das Taufbecken trat, sich anschließend die Kir-

Unser Pastor hat Geburtstag! Die Junge Gemeinde gratuliert auf dem Trabant des Pastors mit einem »Happy Birthday«, vermutlich aus Mehlpampe. In den zwei Taschen vor dem Auto Talar, Kreuz und Leuchter – sie überraschten mich, als ich von einem Gottesdienst im Pflegeheim zurückkehrte.

chenzeitung in die Kaserne nach Stralsund bestellte und allwöchentlich Ausgang zum sonntäglichen Gottesdienst beantragte.

Im Lauf der Jahre hatten sich aus den Jugendgruppen auch einige gemeldet, die Theologie studieren wollten. Beim Erntedankfest waren wir Gott daher nicht nur allgemein dankbar für Gaben, die Natur und eigene Arbeit in unsere Hände gelegt hatten – auch in unserer Gemeinde war »die Ernte groß« gewesen. Die Kirchenleitung genehmigte schließlich eine zweite Pfarrstelle.

Unsere letzte Evershagener Wohnung übernahm Pastor Lohmann mit seiner Familie. Wir zogen in die Altstadt um, in ein altes Haus bei der Nikolaikirche, dessen Garten an die Stadtmauer grenzte – für meine Frau eine reine Freude. Sie hatte sich nie mit dem Leben in der Neubausiedlung angefreundet, und ich konnte nun dank der Unterstützung durch einen zweiten Kollegen meine Aufgaben als Mitglied des Präsidiums des Evangelischen Kirchentags besser erfüllen.

Die Kirchentage waren die größten Veranstaltungen unserer Landeskirchen. Die Staatsführung versuchte alles, ihnen Schranken zu setzen, etwa indem sie die Nutzung bestimmter Räumlichkeiten nicht genehmigte oder gegenüber Themen, Gästen und Organisatoren Bedenken anmeldete. Ein zentraler Kirchentag für die gesamte DDR durfte gar nicht stattfinden.

Im Rahmen des Lutherjahres 1983 eröffneten sich den DDR-Kirchen erstmals Möglichkeiten, an die bis dahin kaum zu denken gewesen war. Die Kirche war Nutznießer der Umwertung Martin Luthers im offiziellen Geschichtsbild. Der in den fünfziger und sechziger Jahren noch als »Bauernverräter« und »Fürstenknecht« beschimpfte Reformator galt inzwischen als einer »der größten Söhne des deutschen Volkes«. Preußen-Renaissance und Luther-Ehrung sollten das außenpolitische Prestige der DDR erhöhen. In Rostock flatterten große Kirchentagsfahnen am Hafen und vor der Kongresshalle, ein ungewöhnlicher Anblick, der uns mit Freude und Genugtuung erfüllte.

3500 Dauergäste hatten sich zum Rostocker Kirchentag 1983 für Arbeitsgruppen und Großveranstaltungen unter der Losung »Vertrauen wagen« angemeldet; teilgenommen haben schließlich gut 30000 Menschen. Vor allem die Besucher aus dem Ausland wurden gefeiert: ein südamerikanischer Geistlicher vom Ökumenischen Rat in Genf, ein Bischof aus Paris, ökumenische Gäste aus Schweden, der Schweiz, Österreich, der UdSSR, der Tschechoslowakei, aus Polen und der Bundesrepublik. Den stärksten Begeisterungssturm löste ein Amerikaner aus, der am »Abend der Begegnung« in der Kongresshalle »We shall overcome« anstimmte. Den Abschlussgottesdienst unter freiem Himmel auf einem Parkplatz am Hafen erlebten wir als großes Fest: Fast 25000 Christen bekannten sich zu ihrem Herrn, sie sangen und beteten das Vaterunser auf einem öffentlichen Platz in einem atheistischen Staat,

»unter freiem Himmel, ohne Mauern, die abgrenzen und einengen«, wie unser Landesbischof Rathke sagte.

Es war etwas in Bewegung geraten in der Gesellschaft der DDR, und beim nächsten Rostocker Kirchentag fünf Jahre später gärte es bereits heftig. Er stand unter der Losung »Brücken bauen«. Es war die Zeit der Perestroika, Michail Gorbatschow hatte nicht nur die zentrale Verwaltung der Wirtschaft gelockert, er hatte auch Glasnost verkündet, eine größere Offenheit in der Gesellschaft. Mit unserer Losung suchten wir den Dialog, in erster Linie den Dialog von Christen und Marxisten, ähnlich jenem, den die SED und SPD miteinander geführt und dessen Resultate sie im Sommer 1987 in dem so genannten Dialogpapier veröffentlicht hatten. Helmut Schmidt hat dieses Papier in seinen Erinnerungen als »moralisch und politisch« abwegig bezeichnet, Sozialdemokraten alter antikommunistischer Prägung und Christdemokraten kritisierten zu Recht seine Phrasen, seine politischen Illusionen und den peinlichen Schulterschluss, doch uns versetzten Dokumente wie dieses in die Lage, Druck auf die Partei auszuüben, indem wir sie an ihren eigenen Worten maßen.

Wir forderten einen Dialog ohne Beschränkung. Wir wollten die SED zwingen, sich zu unseren friedenspolitischen und zu unseren Umwelt-, Friedens- und Menschenrechtsthemen zu äußern. Natürlich erwarteten wir nicht, dass sie sich überzeugen lassen würden, aber dann sollten sie sich doch wenigstens demaskieren. Doch es kam zu keinem Dialog. Die SED-Oberen wähnten sich wie eh und je im Besitz der Wahrheit. Sie wollten Gefolgschaft, keine Partnerschaft. Statt eines Regierungsvertreters schickten sie uns drei Professoren von den Lehrstühlen für Marxismus-Leninismus, die sich mit religiösen Fragen beschäftigten. Zum Dialog war die SED-Führung erst bereit, als sie ihrem Untergang entgegenging. Aber da war es zu spät.

Ein eindringliches Erlebnis war für mich im Rahmen des Dialogs zwischen Christen und Juden die erste Begegnung mit einem überlebenden Juden aus Rostock. Dem Kaufmannssohn Albrecht Jacques Zuckermann war es noch kurz vor Ausbruch des

Zweiten Weltkriegs im Alter von fünfzehn Jahren gelungen, mit der Jugendalija nach Palästina zu emigrieren. 1984 kehrte er als Yaakov Zur zum ersten Mal nach Rostock zurück, nach der Wende sollte er der erste Rostocker Ehrenbürger werden und maßgeblichen Anteil an der Errichtung der Begegnungsstätte für jüdische Geschichte und Kultur in Rostock haben. Ich bin mit ihm später noch einmal in Israel zusammengetroffen.

Beim Ost-Berliner Kirchentag im Juni 1987 hatten oppositionelle Gruppen einen »Kirchentag von unten« veranstaltet und bei der Abschlussfeier mit Transparenten und Aktionen auf sich aufmerksam gemacht. In Mecklenburg wollten wir eine ähnliche innerkirchliche Spaltung auf jeden Fall verhindern und entschieden uns, weder Themen noch Teilnehmer auszuschließen. Wir hätten es als taktische Niederlage empfunden, wenn wir, die Minderheit, uns noch einmal gespalten hätten. Und so wurden selbst Ausreiser und Oppositionelle, die radikaler auftraten, in den Kirchentag integriert. »Kirche von unten«, haben wir gesagt, »das sind wir alle.« Die Bischöfe und Kirchenleute der mecklenburgischen Landeskirche hatten unser Vertrauen. Im Unterschied zu Berlin-Brandenburg und auch zur Landeskirche Greifswald hat unsere Mecklenburgische Kirche den Basisgruppen am Rande der Kirche ihren Schutz nicht entzogen, und sie brauchten sich nicht als innerkirchliche Opposition zu formieren.

Die Hauptattraktion unseres Kirchentages 1988 sollte der ehemalige Bundeskanzler Helmut Schmidt sein. Wir wollten ihm ein anderes Mecklenburg zeigen als das, was er bei seinem Besuch 1981 in Güstrow erlebt hatte, als die Stasi Volk spielte. Helmut Schmidt war in der DDR immer ein außerordentlich beliebter Politiker, auch noch als er in Westdeutschland in seiner eigenen Partei keinen Rückhalt mehr hatte. Wir mussten seinen Auftritt aber nicht nur dem Staat gegenüber durchsetzen, sondern auch gegen Widerstand in den eigenen Reihen. So kam es zu einer unerfreulichen Situation bei einer Verhandlung mit dem Rat des Bezirks, an der von kirchlicher Seite je zwei Vertreter der Mecklenburgischen und der Greifswalder Kirche teilnahmen. Als von staatlicher Seite zum wiederholten Mal Bedenken gegen den Besuch von Helmut Schmidt geäußert wurden, sprang ihr der Greifswalder Bischof Gienke plötzlich bei: »Wenn die Herren vom Staat sich so schwertun mit der Einreise des Altbundeskanzlers, dann sollten wir sie doch verstehen und uns vielleicht zurückziehen.«

Bischof Stier und ich trauten unseren Ohren nicht: »Bruder Gienke, das werden wir doch wohl nicht hier erörtern? Darüber werden wir uns doch erst einmal untereinander verständigen?« Hinterher kam es zu einer scharfen Auseinandersetzung, in der Bischof Stier und ich nicht einlenkten, denn der Kirchentag fand in unserer Landeskirche statt. Wir vertraten die Haltung, dass wir dem Staat nicht die Drecksarbeit abnehmen und Helmut Schmidt ausladen würden. Viel später, nach der Öffnung der Stasi-Akten, stellte sich heraus, dass es für Bischof Gienke wie für seinen Superintendenten eine Akte als IM bei der Stasi gab. Als staatliche Stellen die Einreise Schmidts zum Kirchentag in Rostock tatsächlich ablehnten, schrieb unser Landesbischof Stier dem ehemaligen Bundeskanzler einen Brief, dass er die Einladung aufrechterhalte.

Und Helmut Schmidt kam.

Am 18. Juni 1988 sprach er vor rund 2500 Zuhörern in der Marienkirche und nahm anschließend an einer Podiumsrunde in der Heiligen-Geist-Kirche vor rund tausend Besuchern teil. Bei seiner Begrüßung notierte der MfS-Offizier: »Jubelrufe, lang anhaltender stürmischer Beifall.« In der Zeit des Kalten Krieges, sagte Schmidt damals, habe es Feindbilder gegeben und die Führungspersonen der Großmächte hätten sich nicht persönlich gekannt. »Dies scheint jetzt überwunden. Aber eines müssen wir daraus lernen: Man kann den anderen nur verstehen, wenn man ihm zuhört, wenn man ihn befragt und seinen Antworten zuhört. Und er kann mich nur verstehen, wenn ich seine Fragen beantworte.« Schmidt scheute auch das heikle Thema der deutschen Teilung nicht: »Jeder von uns weiß, dass wir eine Aufhebung der Teilung nicht erzwingen können ... Und trotzdem darf jeder von

*Kirchentag 1988 in Rostock – auf der Kanzel der Marienkirche
Helmut Schmidt. Wir hatten seine Einladung gegen den Widerstand der SED durchgesetzt. Tausende Menschen bereiteten ihm
einen begeisterten Empfang.*

uns an seiner Hoffnung auf ein gemeinsames Dach über der deutschen Nation festhalten.«

Der Kirchentag war ein großes Ereignis, und natürlich war das Westfernsehen da. Das war wichtig, denn zur Abschlusskundgebung mussten wir hinaus in einen Park am Rande der Stadt und durften nicht mehr wie beim Kirchentag im Lutherjahr im Zentrum der Stadt feiern. Rund 40 000 Menschen versammelten sich unter freiem Himmel, aber ohne das Fernsehen hätte selbst diese Riesenmenge nur eine sehr begrenzte öffentliche Aufmerksamkeit erreicht.

Schon in der Vorbereitungsphase hatte das Leitungsgremium beschlossen, dass die Abschlusspredigt kein Bischof halten sollte, der zu einer gewissen Zurückhaltung gezwungen gewesen wäre und manche Themen nicht in aller Offenheit hätte ansprechen können. Ein Pastor sollte sprechen, jemand aus der Mitte der Gemeinde. Die Wahl fiel auf mich.

Ich war unglaublich aufgeregt. Noch nie hatte ich vor so vielen Menschen gesprochen. Wie sollte ich die allgegenwärtige Kritik formulieren, die ich weder verschweigen wollte noch so anklagend vortragen durfte, dass der Staat künftige Kirchentage hätte verbieten oder zumindest stark behindern können? Ich habe alles sorgfältig geistlich eingekleidet, aber Signalwörter ausgesprochen und Themenbereiche erwähnt, an die sich nur wenige Kirchenoberen herantrauten. Damals bin ich über die Jugendarbeit hinaus bekannt geworden, jedenfalls im Norden. Mit einem zugespitzten Satz landete ich sogar in den Hauptnachrichten von ARD und ZDF. Ich hatte den DDR-Oberen zugerufen: »Wir werden bleiben wollen, wenn wir gehen dürfen!«

Es war das Jahr vor dem unerwarteten Ende der DDR. Wohl gab es Unruhe in den Milieus der Jugendlichen, wohl hatten die Christen durch den ökumenischen Prozess »Frieden, Gerechtigkeit und Bewahrung der Schöpfung« seit Anfang 1988 mehr und deutlicher Kritik am eigenen System zu äußern gewagt. Aber noch verhinderte ein Angst-Anpassungssyndrom, das sich über Jahrzehnte herausgebildet hatte, massenhafte Aktionen. Kirchentage, manchmal auch Rockkonzerte, waren in dieser Zeit geradezu überfrachtet mit Sehnsucht, Hoffnung auf Offenheit, Hoffnung auf »etwas Neues«.

Viele wollten nicht viel wagen, aber sie wollten doch zeigen, dass sie einen Traum von einem anderen Leben hatten. Untergründig wandelte sich die Sehnsucht nach Freiheit schon in ein Bedürfnis nach Freiheit. In dieser Situation sollten Gottes Wort und die Erwartungen der Menschen zusammenkommen. In meiner Predigt habe ich versucht, diese Gefühle, Ängste und Wünsche in Worte zu fassen:

Polarnacht liegt oft Jahrzehnte über ganzen Völkern und Bevölkerungsgruppen – Seele und Herz unzähliger Menschen in Eiszeit! Ungleichmäßig sind die Licht- und Klimazonen über die Erdkugel verteilt, Fülle und Mangel im Leben der Menschheit desgleichen. Vor dem Licht ist die Nacht. Aber in der Tiefe der Nacht wird für den, der wachen muss, die Sehnsucht nach Licht am heftigsten. Man kann diese Sehnsucht am Morgen schnell vergessen. Ob das gut ist?

Licht lässt uns sehen – auch die Dinge, die in uns geschehen. Vielleicht so: Ich nehme das Dunkel ernst, ich halte diese Sehnsucht am Leben, schlucke sie nicht herunter. Denn ich muss aushalten, was quält, sonst entdecke ich die Sehnsucht nicht. Und ich will mich sehnen, sonst finde ich die Hoffnung nicht.

Hoffnung wächst nicht aus HABEN, sie wächst aus Sehnsucht nach SEIN.

Wenn sie echt ist, riskiert sie etwas. Nicht Idylle, sondern Veränderung umgibt sie. Eine Schwester von ihr heißt Unruhe. Bitte erschrecken wir nicht, sondern bedenken wir, wohin uns die Ruhe gegenüber allem Unrecht geführt hat! Die etablierte Christen- und Bürgergemeinschaft muss wohl lernen, ihren Unruhestiftern zu danken. Sie lehren uns: Finde dich nicht ab mit dem, was du vorfindest …

Was für den einzelnen Menschen gilt, gilt auch für die Gesellschaft: erkennen und benennen, was ungut ist, und dann anfangen, auf eine neue Art zu leben. Das wünschen wir uns so sehr: ein neues Miteinander in unserer Gesellschaft – Abrüstung und Entspannung als tragende Säulen eines neuen innergesellschaftlichen Dialogs! Was außenpolitisch mehr und mehr gilt – Abrüstung –, will und muss mehr und mehr in das Innere dieses Landes! …

So viele Abgründe warten auf Brücken, die engagierte Menschen bauen:

- Die Natur will bewahrt, nicht ausgebeutet sein.
- Aus unseren Wäldern soll das Teufelszeug der Raketen verschwinden.
- Aus unseren Schulen sollen die Schwarz-Weiß-Klischees verabschiedet werden.
- Unsere Republik will einladender werden – wir werden bleiben wollen, wenn wir gehen dürfen.
- Ausbeutung, Apartheid und Unterdrückung warten auf den Hass der Liebenden, die Opfer jeder Gesellschaft auf die Nähe von Genossen und Geschwistern, die diesen Namen verdienen.

Nehmen wir Abschied, Freunde, vom Schattendasein, das wir leben in den Tarnanzügen der Anpassung. Also: Die Brücke betreten in das Leben, das wir bei Jesus Christus lernen können!

Kirche im Sozialismus?

Wer sich im zweiten Jahrzehnt der DDR auf einen Dienst in der Kirche vorbereitete, fand in seiner Nähe immer einen hoch motivierten, starken Pastor oder Diakon. In unserer Landeskirche gehörte Heinrich Rathke für uns Jüngere in theologischer und theologisch-politischer Hinsicht zu unseren Vorbildern. 1928 in eine mecklenburgische Pfarrersfamilie geboren, war er noch 1944 Marinehelfer geworden und in englische Kriegsgefangenschaft geraten. Nach dem Krieg hatte er sein Abitur in Lübeck abgelegt und an westdeutschen Universitäten Theologie studiert. Danach war er nach Bayern gegangen und hatte dort geheiratet. Er war im Westen angekommen. Doch nach dem 17. Juni 1953 folgte er in einer Gruppe von etwa hundert Theologen dem Ruf der Ostkirche und kehrte in seine alte Heimat zurück. 1956 promovierte er an der Universität Rostock, arbeitete als Gemeindepastor erst im Dorf Warnkenhagen bei Güstrow, von 1962 an in Neubaugebieten in Rostock, dann wurde er zum Landesbischof von Mecklenburg gewählt. 1984 wechselte er als erster Bischof in den einfachen Pfarrdienst.

Ganz leicht dürfte Rathke der Wechsel von West nach Ost 1953 nicht gefallen sein. In seinem Heimatort Malchow war beim Einmarsch der Sowjets ein Drittel der Jugendlichen erschossen worden. Das lastete auf ihm. Der Sozialismus, wie auch die SED ihn praktizierte, war für ihn nicht akzeptabel. Er versuchte sich irgendwo zwischen den Polen einzuordnen, die in der Evangelischen Kirche der fünfziger Jahre von dem prinzipiellen Antikommunismus eines Otto Dibelius bis zu der pro-sozialistischen Haltung eines Karl Barth reichten.

Der konservative Otto Dibelius, Ratsvorsitzender der Evangelischen Kirche in Deutschland (EKD), verurteilte das DDR-System in seiner Schrift über die Obrigkeit in Bausch und Bogen als totalitären Unrechtsstaat, in dem es – so in einem Brief an den Hannoverschen Landesbischof Hanns Lilje – nicht einmal Gehorsam gegenüber Verkehrsschildern zu leisten gelte. Karl Barth hingegen, der große »Kirchenvater des 20. Jahrhunderts«, zeigte in seinem »Brief an einen Pfarrer in der Deutschen Demokratischen Republik« Verständnis für die Hoffnung auf eine Besserung der sozialistischen Verhältnisse in der DDR, wenngleich er hinzufügte, dass sich diese Hoffnung – im Gegensatz zur Hoffnung auf Gott – auch als Irrtum herausstellen könne.

Rathke ging weder den einen noch den anderen Weg. Er mied die Systemnähe, ohne in die Verweigerung zu verfallen. Er distanzierte sich einerseits von dem durch weitgehende Loyalität gegenüber dem Staat gekennzeichneten »thüringischen« Weg, wie ihn der dortige Landesbischof Moritz Mitzenheim geprägt hatte. Andererseits verweigerte er dem Staat nicht seine Anerkennung, sondern sah die DDR-staatliche Obrigkeit als Ausgangspunkt staatsbürgerlichen Handelns, das selbstverständlich Kritik und Protest einschloss. Rathke war ganz sicher kein Fundamentalist, und er war ganz sicher kein Opportunist. Ihn kennzeichnete die Lauterkeit – eine Form des Realismus, der sich auf Kompromisse einlassen konnte, ohne sich zu verkaufen. Es gab für ihn eine Möglichkeit, in der DDR zu existieren, ohne sich vollständig mit diesem Staat zu identifizieren. Zwischen Verweigerung und Anpassung den Weg für eine unabhängige und selbstständige Kirchenarbeit zu finden, blieb allerdings ein schwieriges Unterfangen in all den Jahren der DDR.

Als 1969 die gesamtdeutsche Einheit der EKD aufgegeben und auf dem Gebiet der DDR der Bund der Evangelischen Kirchen gegründet wurde, war dies nicht nur ein Zurückweichen vor der SED, die in der neuen Verfassung alle grenzüberschreitenden Organisationen für illegal erklärt hatte und die EKD-West als »NATO-Kirche« verunglimpfte. Im berühmten Artikel 4, Absatz 4, ihrer Ordnung hielten die Landeskirchen Ost ausdrücklich an der geistlichen Gemeinschaft aller Christen in Deutschland fest. Die organisatorische Trennung gab uns aber die Möglichkeit, den spezifischen Bedingungen einer Minderheitenkirche im Sozialismus besser Rechnung zu tragen als zuvor. Wir hofften, der Staat würde uns nicht länger als fünfte Kolonne des Westens ansehen, und begannen beispielsweise für Rundfunkandachten oder Seelsorge im Strafvollzug zu kämpfen, was für die Kirche im Westen selbstverständlich war. Andererseits mussten wir uns nicht für den Militärseelsorgevertrag verantworten, der nur im Westen Deutschlands Geltung besaß.

Heinrich Rathke brachte mit seinem Amtsantritt als Landesbischof einen frischen Wind und eine optimistische Stimmung in die Landeskirche. Er strahlte die Gewissheit aus, dass wir uns auch als Minderheitenkirche nach außen nicht abschotten müssten, wenn wir uns innen stark machten, und dass wir nicht nur darauf bedacht sein sollten, die alten Gemeindemitglieder zu halten, sondern neue zu gewinnen. Die Jugendarbeit hat für ihn daher immer eine große Rolle gespielt. Kirche sollte sich nach seinem Verständnis auch an die Nicht-Christen wenden und eine werbende Kraft entfalten.

Mit diesem Denken stand Rathke in der Tradition des evangelischen, sehr eigenständigen Theologen Dietrich Bonhoeffer, einem Mitglied der Bekennenden Kirche, der 1943 verhaftet und wenige Tage vor Kriegsende hingerichtet worden war. So wie Christus ein »Mensch für andere« war, ist Kirche nach Auffassung Bonhoeffers nur dann Kirche, wenn sie sich nicht darauf beschränkt, für ihre Selbsterhaltung zu kämpfen, sondern sich für Ausgestoßene, Geächtete, Verfolgte öffnet, auch für Nicht-Christen einsetzt und sich über die Seelsorge hinaus in gesellschaftlichen und politischen Problembereichen engagiert.

Heinrich Rathke präzisierte in seinem Referat auf der Synode von Eisenach 1971 dieses Leitbild. Kirche dürfe sich nicht als »Kirche *gegen* andere« verstehen – damit verstoße sie gegen christliche Normen. Sie dürfe sich nicht als »Kirche *ohne* andere« verstehen – das wäre eine Kirche als Selbstzweck, die sich auf die Verteidigung ihrer Eigeninteressen beschränke. Schließlich dürfe sie sich auch nicht als »Kirche *wie* andere« verstehen – das wäre eine opportunistische Anpassung an die herrschenden Umstände. Die letzte Formulierung war allerdings umstritten und fand keinen Eingang in die griffige Formulierung der Bundessynode von 1973 in Schwerin, die lautete: »Wir wollen Kirche nicht neben, nicht gegen, sondern Kirche im Sozialismus sein.«

Aber was sollte »Kirche im Sozialismus« bedeuten? Eine sozialistische Kirche, was ein Widerspruch in sich gewesen wäre? Oder eine Kirche, die notgedrungen die sozialistischen Verhältnisse akzeptierte? Oder eine Kirche, die sich loyal zum sozialistischen Staat, sprich dem Programm der SED, verhielt? Oder aber eine Kirche, deren ethische Vision auf ein freies, gleichberechtigtes Zusammenleben der Menschen unter besonderer Berücksichtigung der Benachteiligten zielte? Eine Diskussion darüber wurde weder bei der Entstehung der Formel geführt noch in der ganzen Zeit, in der sie unterschiedlich von den Landeskirchen ausgelegt wurde.

Heinrich Rathke hat in seiner Zeit als Landesbischof von 1971 bis 1984 die Formel von der Kirche im Sozialismus nicht verwandt und die Mehrheit unserer Geistlichen in der Mecklenburgischen Landeskirche wohl auch nicht. Sie war uns zu unpräzise; zu viel Unterschiedliches konnte sich dahinter verbergen. Viele in meinem Umfeld hielten es wie ich. Wenn, dann wollten wir die Formel allein als Ortsbestimmung verstehen: Wir sind Kirche in der DDR, einem unreformierbaren sozialistischen Staat. Der Erfurter Propst Heino Falcke hingegen, selbst unverdächtig, ein Parteigänger des Systems zu sein, interpretierte auf der Synode 1972 Sozialismus nicht als die Realität in der DDR, sondern als Vision, als »verbesserlichen Sozialismus« – was den Zorn der SED hervorrief, denn der real existierende Sozialismus wollte, wenn überhaupt, nicht von einem politischen Gegner für verbesserungswürdig erklärt werden. Falcke selbst verlor in den achtziger Jahren seine Überzeugung, dass es sich um ein »verbesserliches« System handele, aber immer noch fanden sich Menschen in der Kirche, die den ideellen Sozialismus gegen den realen Sozialismus zu retten versuchten.

Für mich war an Rathkes Ansatz die nicht nur geduldete, sondern gewünschte und propagierte Öffnung der Kirche am bedeutendsten: Es sind nicht alle wie wir, aber wir haben das Recht, so zu sprechen, dass die, die nicht so sind wie wir, uns verstehen. Wir müssen nicht im rituellen Gefängnis unserer Liturgie und der dogmatischen Traditionen verharren, sondern sollten unsere Botschaft der Nächstenliebe in Worte kleiden, die jeden erreichen können. Dazu gehört auch im Sinne Bonhoeffers eine nicht-religiöse Rede von Gott, um in einer zunehmend säkularisierten Welt die großen Themen des Glaubens zur Sprache zu bringen oder der glaubenslosen Welt den Glauben plausibel zu machen. Mit Staatsnähe hatte dieser Ansatz nichts zu tun, er war nah an den Gefühlen der Gemeindemitglieder, insbesondere der jungen Leute, die fast durchgängig oppositionell waren.

Die allermeisten Gemeindemitglieder, Pastoren und kirchenleitenden Personen verstanden sich in Mecklenburg als »Kirche von unten«, als Lobby für jene, die keine Lobby hatten. Glücklicherweise ist uns dadurch jene Auseinandersetzung erspart geblieben, die in der zweiten Hälfte der achtziger Jahre in Berlin und anderen Städten geführt wurde und starke Spannungen zwischen Basisgruppen und Kirchenleitungen nach sich zog. Wenn Kirchenleitungen stark auf gute Beziehungen zum Staat achteten – häufig durch kirchenleitende IM in diese Richtung getrieben –, sahen sie ihre Räumlichkeiten missbraucht von Personen oder Gruppen, die mit den Ortsgemeinden nichts oder nur noch wenig zu tun hatten und radikaler auftraten als jene. Statt auch Bürgerrechtler, Friedensbewegte und Oppositionelle zu unterstützen, deren Meinungen sie nicht unbedingt teilten, grenzten sich die Kirchenleitungen ab gemäß der Linie: »Die Kirche ist für alle, aber nicht für alles da.« Die Basisgruppen fühlten sich dann oft im Stich gelassen von der Kirchenleitung, der sie zu große Staatsnähe vorwarfen.

Dank Heinrich Rathke und seiner Geradlinigkeit und Offenheit ist es in Mecklenburger Kirche in den siebziger und achtziger Jahren nicht zu einer Kluft zwischen oben und unten gekommen.

Er ist als *primus inter pares* aufgetreten, hat Tuchfühlung zu den Amtsbrüdern gehalten und immer das Gespräch mit ihnen gesucht. Auch in der Mecklenburgischen Landeskirche gab es Spannungen, wenn die mittleren Ebenen der Amtskirche oder Kirchgemeinden mutigere Pfarrer zu zügeln versuchten oder ihre Solidarität verweigerten, wenn sie meinten, dass Einzelne sich zu weit vorwagten. Es ist das große Verdienst von Heinrich Rathke, Reizthemen wie Ausreise oder Umwelt immer geduldet, den Kontakt zu unbequemen Einzelnen und Gruppen in der Kirche immer gehalten und sich vor diese gestellt zu haben, wenn sie vom Staat angegriffen wurden, so dass es letztlich nie gelang, die »Basis« gegen die Kirchenleitung auszuspielen.

Heinrich Rathke und sein Nachfolger Christoph Stier wussten, dass sich Kontakte mit staatlichen Stellen nicht umgehen lassen. Aber beide ließen sich auf keine Kungelei ein, auf keine »vertraulichen« Gespräche, keine privaten Treffen.

Schwer vorstellbar für mich ist, dass Rathke sich mit dem Staatsratsvorsitzenden Erich Honecker auf eine Weise getroffen hätte, wie es unter Leitung des Vorsitzende des Bundes der Evangelischen Kirchen, Albrecht Schönherr, im März 1978 unter äußerster Geheimhaltung geschah, so dass selbst die kirchliche Öffentlichkeit völlig überrascht war. Allerdings stellten wir fest, dass dieses Spitzengespräch auch einige positive Nachwirkungen hatte, etwa indem der Kirche gestattet wurde, kirchliche Rundfunkandachten durchzuführen oder Seelsorge in Gefängnissen und Altersheimen anzubieten. Ich begann umgehend, Gottesdienste im großen staatlichen Altersheim abzuhalten.

Das Spitzengespräch erbrachte aber keinen grundsätzlichen Wandel der Kirchenpolitik von Partei und Staat. Der Spielraum im öffentlichen Leben war für Christen weiterhin eng. Beispielsweise war es nicht möglich, in der *Ostseezeitung*, die meine Großmutter Warremann ihr Leben lang gelesen hat, auch wenn es die von der SED herausgegebene Regionalzeitung war, für sie eine Todesanzeige aufzugeben mit dem Bibelzitat »Meine Zeit steht in Deinen Händen. Psalm 31«. Meine Beschwerde wurde vom Verlagsleiter mit der Begründung abgewiesen, dass auch von Kunden bezahlte Anzeigen keine christlichen Texte und Symbole enthalten dürften.

Auf der anderen Seite darf man nicht vergessen: Obwohl die Kirche in der DDR im Unterschied etwa zu Polen eine Minderheitenkirche war, hatte sie mehr Rechte als jede andere Kirche im sozialistischen Lager.

Neben den Diskussionen innerhalb der DDR spielten für mein theologisches Selbstverständnis auch die Begegnungen mit Pastoren und kirchlichen Mitarbeitern aus dem Westen eine wichtige Rolle. Diese Menschen standen in ihrem Denken Theologen wie Jürgen Moltmann oder Helmut Gollwitzer nahe und konfrontierten uns mit Themen, die für uns lange Zeit keine Rolle gespielt hatten: mit dem Wettrüsten der Großmächte, dem Raubbau an den Schätzen der Erde, dem Apartheidregime in Südafrika, der Befreiungstheologie in Südamerika – die befreiungstheologischen Schriften etwa eines Ernesto Cardenal oder eines Leonardo Boff drangen auch zu uns vor, und über die weltweiten ökumenischen Beziehungen wurden auch wir Teil der überwiegend katholischen »Theologie der Armen«.

Wer mit Partnern aus der Jugendarbeit im Westen oder mit Studentenpfarrern sprach, bemerkte einen seit 1968 beständig stärker werdenden Bezug zum linken Denken, manchmal sogar einen ausgesprochenen Linksdrall. In seiner zivilen Form war der linke Zeitgeist des Westens für uns durchaus fruchtbar: Auch in Ostdeutschland kamen allmählich feministische Ideen auf, ein herrschaftskritischer Diskurs und antiautoritäre sowie Friedenserziehung. Auch wurde Kritik an der überkommenen Sexualmoral oder am autoritären Führungsstil geäußert.

Manchmal nahmen die Begegnungen mit linken Kollegen aus dem Westen allerdings auch groteske Züge an. Ich erinnere mich an eine große Pastorenkonferenz, bei der bayerische und mecklenburgische Pastoren in einer kirchlichen Einrichtung in Berlin-Weißensee zusammmentrafen. Als wir wieder einmal offen ausbreiteten, was uns bedrückte und dabei teilweise offen systemkritisch auftraten, platzte einigen kirchlichen Mitarbeitern aus dem Westen der Kragen: »Wie könnt ihr den Sozialismus in Bausch und Bogen verurteilen, wo ganz Afrika darin seine Hoffnung sieht?!« Und als wir über Honecker und unsere Gerontokratie klagten, empörte sich ein bayerischer Pastor: »Warum regt ihr euch über Honecker so auf? Wir haben Franz Josef Strauß, einen korrupten Politiker!« Gemessen an diesem konservativen, präpotenten Politiker erschien ihm der biedere, hagere Honecker harmlos.

In solchen Momenten spürten wir die tiefe Entfremdung zwischen uns. Wie konnte man einen demokratisch gewählten Regierungschef stärker ablehnen als einen Diktator, der sich nie von den Seinen hätte wählen lassen? Da konnten wir nur den Augenkontakt mit den Unsrigen suchen und verächtlich die Mundwinkel nach unten ziehen. Doch obwohl wir sahen, dass manche Besucher aus dem Westen das Wesen der kommunistischen Diktatur nicht erkannten, blieben wir anfällig für die linken Ideen, die sie transportierten. Wie wir strebten sie nach mehr Gerechtigkeit. Sie empörten sich vor allem über das inhumane kapitalistische System, und wir sahen: Nicht nur bei uns gibt es Grund zur Kritik. So wurden wir nebenbei auch ein wenig antikapitalistisch. Dadurch entstand das Paradox, dass breite Kreise in der evangelischen Kirche-Ost nicht durch den real existierenden Sozialismus links wurden, sondern durch die westdeutschen Einflüsse. Mit *unserem* Sozialismus wurden wir nicht versöhnt, mit der Idee schon eher.

Ich habe die sozialistische Herrschaft, wie ich sie erlebte, immer abgelehnt. Trotzdem sagte ich mir auch: Wenn jene, die im Kapitalismus leben und wissen, wovon sie reden, antikapitalistisch sind, dann hat der Kapitalismus vielleicht wirklich keine Zukunft. Und wenn ein neuer, zukünftiger, besserer Sozialismus die Menschen- und Bürgerrechte gewähren würde – warum sollte ich dann gegen den Sozialismus sein? Ich erlag wie viele der intellektuellen Verführung einer radikalen Kritik an dem durchgehend als inhuman dargestellten kapitalistischen Gesellschaftssystem einerseits und dem Glauben an eine positive Zukunftsvision andererseits. Der reale Sozialismus war dann eben noch nicht das gelobte Land, sondern nur ein erster Schritt auf dem Weg zur vollendeten Gesellschaft. Da trafen sich Christen mit Intellektuellen in oder im Umkreis der Partei, die wie Christa Wolf oder Stefan Heym unzufrieden waren mit dem System, es aber doch für die bessere Alternative hielten. Später würde ich diese Haltung eine »Flucht in den Überbau« nennen und im idealistischen, mehr noch im romantischen Denken Vorläufer sehen.

Aber damals ließ für mich und zahlreiche Intellektuelle die Sogkraft des Westens nach. Wir quälten uns nicht mehr ständig mit den Fragen: Wann kommen wir endlich in den Westen? Oder: Wann haben wir endlich westliche Verhältnisse? In den siebziger, achtziger Jahren haben gerade die Aktiven gedacht: Wir wollen bei *uns* mindestens solche sozialen Verhältnisse wie im Westen. Wir wollen in *unserem* Land mindestens so frei sein und so viele Rechte haben wie die Menschen im Westen. Insofern verstand ich mich als links, obwohl ich stärker antikommunistisch und weniger antikapitalistisch war.

Dass manche Christen der marxistisch-sozialistischen Vision etwas abgewinnen konnten, lag sicher auch an dem schönen Zukunftsideal, das Züge eines Glaubens trug. Der Glaube an den Gott der Väter war für viele schon vor dem Zweiten Weltkrieg verloren gegangen; da erlagen selbst Intellektuelle wie Manès Sperber oder Arthur Koestler dem neuen Gott, der »Offenbarung aus dem Osten«. Ein edler Sozialismus erschien ihnen allemal die bessere Gesellschaftsordnung gegenüber dem »verfaulenden Kapitalismus«. Die Bibel fordert das Solidarische und das Miteinander, der Kapitalismus hingegen den Egoismus und die Gier. Deshalb hat das Evangelium eine größere Nähe zum ethisch verstandenen Sozialismus. So weit gingen selbst die Formulierungen in den Synoden unserer Kirchen.

Es kann nicht verwundern, wenn die Grenze zwischen DDR-kritischen und »fortschrittlichen«, DDR-loyalen Theologen gelegentlich verwischt zu werden drohte. Meist vertraten Kritiker wie Heino Falcke aus Erfurt und angepasste Theologen wie Hanfried Müller aus Berlin (IM Hans Meier) aber sehr unterschiedliche Positionen, und die kritischen Theologen setzten sich deutlich von jener Minderheit »fortschrittlicher« Pastoren und Universitätstheologen ab, die in Arbeitskreisen oder der Ost-CDU auf eine Zusammenarbeit mit der DDR-Führung ausgerichtet waren.

Wir wollten nicht angepasst, sondern »modern« sein und angemessene Antworten auf die Probleme der Zeit finden. Unser aller Fantasie war aber offensichtlich begrenzt. Prinzipiell glaubten wir zwar an einen Wandel des Systems, aber konkret? Mehr als ein Sechstel der Menschheit lebte in einem sozialistischen System und befand sich auf dem »Weg zum Kommunismus«. Wir konnten uns nicht mehr vorstellen, dass das alles kippen würde. Wir überlegten nur noch, wie die Zukunft in diesem Sechstel der Erde aussehen würde, wenn sie nicht kapitalistisch wäre. Könnte es nicht doch sein, dass der Sozialismus zu humanisieren sei, so wie es in der Tschechoslowakei 1968 versucht worden war? Könnte es nicht doch Genossen geben, die an einen wirklich befreienden Sozialismus glaubten und nicht nur an einen repressiven demokratischen Zentralismus? Könnte es nicht mehr Gorbatschows geben und weniger Mielkes?

In welche Richtung wir auch immer dachten, eines verband Edellinke, Konservative und Traditionalisten in der Kirche: Mit der SED verbünden wir uns nicht. Es gehörte zum normalen Geschäft, anstehende Probleme mit den Organen des Staates von der kommunalen Ebene bis zur Regierung hinauf zu besprechen. Der Staatssozialismus hatte mit den Referenten für Kirchenfragen bei den Räten der Kreise und der Bezirke eine eigene Instanz dafür geschaffen. Da die eigentliche Macht jedoch nicht bei den Staatsorganen lag, sondern bei der Partei, war es gelegentlich bei schwierigen Problemen erforderlich, dass ein leitender kirchlicher Amtsträger auch mit einem Parteikader oder sogar mit einem Ersten Sekretär der Kreis- beziehungsweise Bezirksleitung sprach. Derartige Kontakte zur Partei waren in Kirchenkreisen umstritten; meine Landeskirche versuchte sie zu vermeiden. Ich selber habe allerdings bei der Vorbereitung von Kirchentagen erlebt, wie manche Entscheidung erst fiel, nachdem es zu Gesprächen mit einem Verantwortlichen der Partei gekommen war.

Völlig unstrittig hingegen war, dass die Stasi kein Verhandlungspartner war. Es konnte zwar vorkommen, dass einzelne Amtsträger offiziell Kontakte aufnahmen, um sich in konkreten Fällen zu beschweren. So hat mich mein Pastorenkollege Christoph Kleemann einmal zur Stasi-Behörde in der August-Bebel-Straße mitgenommen, als er sich für Studenten verwenden wollte, die im Stasi-Gefängnis saßen. Aber eine dauerhafte, konspirative Verhandlungsebene war kirchenoffiziell nicht akzeptiert. Wie wir heute wissen, haben sich viele kirchliche Mitarbeiter nicht an diese Regel gehalten – aus ganz unterschiedlichen Gründen.

Wir haben mit der Staatssicherheit nicht zu kooperieren, diese Einstellung hat Heinrich Rathke in Mecklenburg konsequent vertreten. Von Anfang an hat er jeden Stasi-Kontakt verweigert. Wenige Monate vor seiner Amtseinführung als Bischof hatte der MfS-Offizier Klaus Roßberg ihn aufgesucht. Roßberg war ein für die Kirche zuständiger Mitarbeiter der Hauptabteilung XX/4 und Führungsoffizier von Manfred Stolpe. Er war eigens aus Berlin angereist, zeigte an der Wohnungstür freundlich seinen Ausweis, bat um ein Gespräch und offerierte ein Entgegenkommen des Staates, wenn Rathke seinerseits zum Entgegenkommen bereit wäre.

»Herr Bischof, wir wissen um die Probleme, die Sie mit einem Pastor hatten, der sich unter dubiosen Umständen in den Westen abgesetzt hat. Wir könnten der Kirche Unbill bereiten und das Ganze in den Medien an die große Glocke hängen; wir können aber auch den Mantel des Schweigens darüber ausbreiten, wenn ...«

Rathke entgegnete darauf mit eiserner Miene: »Vielen Dank, wir brauchen keine Hilfe von Seiten der Stasi. Wir können unsere Probleme mit Bordmitteln regeln.«

Von einer Sekunde zur anderen wechselte Roßberg von der

Taktik der Verführung zur Taktik der Erpressung: »Sind wir richtig informiert, dass Sie in der faschistischen Wehrmacht gedient haben? Stimmt es, dass Sie in Westdeutschland Mitglied einer Studentenverbindung waren?«

Rathke, der mit 16 Jahren gerade noch zum Kriegsdienst eingezogen worden war, ließ sich nicht einschüchtern: »Herr Dr. Roßberg, ich sehe, dass unsere Begegnung nun zu Ende ist. Darf ich Sie zur Haustür begleiten?«

Wir Pastoren haben immer unsere Hilfe angeboten, wenn Gemeindemitglieder von der Stasi kontaktiert wurden. Während seiner Zeit als Pastor in der Rostocker Südstadt ging Heinrich Rathke beispielsweise einmal anstelle des anzuwerbenden kirchlichen Mitarbeiters zum konspirativen Treffpunkt und ließ den Anwerbungsversuch damit auffliegen. Später, in seiner Zeit als Bischof, hielt er für jeden Pastor, der angeworben werden sollte, einen Standardbrief für das nächste Treffen mit dem Stasi-Mitarbeiter bereit. Darin hieß es lakonisch und unmissverständlich:

1. Es wurde mir mitgeteilt, dass (XY angeworben werden soll).
2. Ich finde es unverschämt, dass Sie das Vertrauen in unsere Gesellschaft missbrauchen.
3. Wenn der Kontakt nicht beendet wird, werde ich alle Mittel – einschließlich der Westpresse – nutzen, um die Sache öffentlich ...

Diese Briefe hat Rathke dutzendfach verschickt und seine Drohung mit der Presse in einem Fall auch wahr gemacht. Er selber wurde, wie er nach 1989 beim Studium seiner zum Teil vernichteten Akten feststellte, von mindestens siebzig IM observiert.

Auch ich habe mehrfach bei Gemeindemitgliedern interveniert. Frau Beyer beispielsweise, jene couragierte Frau, die 1981 nach Güstrow fuhr, um Helmut Schmidt zu sehen, war zu »vertraulichen Gesprächen« aufgesucht worden, nachdem die Stasi erfahren hatte, dass sie als eine von wenigen ostdeutschen Laien an dem Kirchentag 1985 in Düsseldorf teilnehmen sollte. Unter dem Druck hatte sie sich zunächst bereit erklärt, über ihre Erlebnisse auf dem Kirchentag zu berichten, dann waren ihr Skrupel

Schwerin 1984: Bischof Heinrich Rathke übergibt sein Amt an den jungen Bischof Christoph Stier. Mut und Lauterkeit hatten Rathke zu einem Vorbild für eine ganze mecklenburgische Pastorengeneration werden lassen. Stier setzte den Weg der Kritik und Distanz gegenüber dem SED-Staat fort, den sein Vorgänger beschritten hatte.

gekommen. Als ein Stasi-Mitarbeiter kurz nach ihrer Rückkehr aus Düsseldorf ein weiteres »inoffizielles Kontaktgespräch« suchte, schlug sie ihm ein Frühstück am übernächsten Morgen vor, wandte sich danach aber unverzüglich an mich: »Es wäre mir lieb, wenn Sie zum Frühstück dazukommen. Ein Mitarbeiter der Stasi wird mich besuchen.«

Ich kam eine Viertelstunde vor dem verabredeten Termin, der Frühstückstisch war gedeckt. Als es klingelte, eilte Frau Beyer zur Tür: »Schön, dass Sie kommen«, begrüßte sie den Stasi-Offizier, führte ihn ins Zimmer und wies auf mich: »Ich habe noch jemanden dazu geholt. Darf ich vorstellen: mein Pastor, Herr Gauck.«

Der Stasi-Offizier nannte sich Hartwich, als Hauptmann Portwich lieferte er einen Tag später einen Bericht über mein »freches und provokatives Auftreten« und meine »Unterstellungen« während des folgenden Gesprächs. Der »unbeabsichtigte Kontakt« mit mir führte jedenfalls dazu, dass die Stasi die Verbindung zu Frau Beyer sofort abbrach, da sie sich »dekonspiriert« hatte. Ich begegnete Herrn Hartwich, alias Hauptmann Portwich, nach vier Monaten noch einmal, dieses Mal auf eigenen Wunsch.

Ich hatte in Erfahrung gebracht, dass in der Erweiterten Oberschule mehrfach der Versuch unternommen worden war, Schüler und Schülerinnen für die Stasi anzuwerben. Darüber informierte ich nicht nur den Superintendenten (der, wie sich später herausstellte, selber IM war), sondern bei nächster Gelegenheit auch Manfred Manteuffel, den staatlichen Vertreter für Kirchenfragen beim Rat der Stadt (der ebenfalls IM war): »Weiß das eigentlich Ihre Partei, dass die Stasi Unmündige in ihren Dienst zu pressen sucht?« Er könne, fügte ich hinzu, meinen Protest ruhig der Stasi weiterleiten, ich würde ihnen diese Ungeheuerlichkeit auch gern selbst vorhalten. Manteuffel gab sich jovial: Er kenne Leute von der Stasi, das seien vernünftige Leute, mit denen man durchaus reden könne. Tatsächlich meldete sich kurz darauf Herr Hartwich alias Hauptmann Portwich per Telefon: »Ich habe gehört, Sie suchen eine Aussprache mit einem ›kompetenten Vertreter‹ des MfS?«

Herr Hartwich brachte Herrn Herzog (alias Genosse Stegemann) mit; ich hatte meinen Vikar Uwe Bobsin dazu gebeten. Zwei Stunden lang haben wir zu viert in meinem Amtszimmer gesessen und uns gegenseitig beschimpft. Es war wunderbar. Ich habe ihnen gesagt, dass der Staat stalinistische Züge aufweise, keine Kritik vertrage und die Freiheit des Einzelnen unterdrücke. Dass die Stasi ein neurotisches Sicherheitsbedürfnis habe, Wühlarbeit auch in den evangelischen Gemeinden betreibe, schon minderjährige Jugendliche anwerbe und durch Spitzeldienste in seelische Bedrängnis bringe und schließlich: »Wer betreibt denn in der DDR eigentlich Kirchenpolitik, etwa das MfS?«

Das Ganze war nichts als Selbstbefriedigung, absolut sinnlos, aber der ganze Groll und die tiefe Empörung mussten einmal aus mir heraus. Meine Wut darüber, dass sie zunehmend Jugendliche als Spitzel anwarben, hatte mich das Gespräch geradezu herbeisehnen lassen. Ich suchte einen Adressaten unter denen, die im Verborgenen agierten und sich uns niemals stellten, um ihnen endlich einmal deutlich die Meinung zu sagen.

Das abschließende Wort sprach Hauptmann Portwich in seinem handschriftlichen Bericht vier Tage später selbstverständlich sich selber zu: Dem Gauck wurde »klar und deutlich gesagt, dass es an ihm liegt, ob das MfS mit weiteren Jugendlichen aus seinem kirchlichen Bereich sprechen muss (!) oder nicht. Das MfS respektiert die Verfassung der DDR und trennt sehr deutlich Kirche von der politischen Untergrundtätigkeit, und da politische Untergrundtätigkeit verfassungswidrig ist, ergibt sich daraus ein staatliches Sicherheitsbedürfnis und eine Ziel- und Aufgabenstellung für das MfS. Wenn er als Pastor in der Kirche macht und Jugendliche nicht mehr feindlich-negativ inspiriert, wird er keine Probleme und Sorgen mehr mit dem MfS und den Staatsorganen haben. Er (soll …) in der Kirche nicht das Kommunistische Manifest, sondern das Evangelium verbreiten und die DDR-Bürger zu friedliebenden, humanistischen und loyalen Bürgern unseres Staates prägen.«

Damals wusste ich nicht, wie gut mich die Stasi über ihren

Hauptmann Portwich alias Hartwich bereits kannte. Schon über zwei Jahre ließ sie mich beobachten.

Meine zweite Begegnung mit einem Offizier der Stasi fand nach dem Kirchentag Ende Juli 1988 statt. Dieses Mal meldete sich ein Hauptmann Terpe per Telefon zu einer Aussprache an. Wir trafen uns in meinem Dienstzimmer, er kam allein, wusste sich zu benehmen und sah nicht so aus, dass man ihn gleich auf den ersten Blick der Stasi zugeordnet hätte. Er gab vor, sich für den erfolgreichen Verlauf des Kirchentages bedanken zu wollen. Offensichtlich hatte die Stasi Aktionen einer »Kirche von unten« wie in Berlin im Jahr zuvor befürchtet. Terpe gab sich dialogfähig und in Maßen witzig. Er hörte zu und dokumentierte meine Kritik sogar in seinem Gesprächsprotokoll: Danach beschwerte ich mich über die verweigerte Einreise für den Grünen-Abgeordneten Dr. Knabe und das Verbot der Kirchenzeitung vor dem Kirchentag, fand andererseits lobende Worte für den begonnenen, aber noch unzureichenden Dialog zwischen Marxisten und Christen und sprach meine Hoffnung aus, dass sich in der DDR eine ähnliche politische Öffnung vollziehen werde wie in der Sowjetunion. Hauptmann Terpe räumte selbstkritisch ein, auch die Stasi habe Fehler gemacht – er sei doch nicht blind und dumm, sagte er, sein Vater sei Professor in Greifswald. Darauf ich: »Was – Ihr Vater ist Professor, und Sie sind bei der Stasi?« Wenn der Apparat jetzt so selbstkritisch sei wie er, fügte ich hinzu, sei das völlig neu. Das müsse ich unbedingt meinem Bischof mitteilen. Jedenfalls ließ Stasi-Hauptmann Terpe bei der Verabschiedung seine Telefonnummer da, man könne ja weiterreden. Ich sagte: »Klingt ja alles sehr interessant, kann sein, dass ich mal darauf zurückkomme.«

Ob Hauptmann Terpe ein etwas hellerer Kopf war oder ob er sich der Politik der Perestroika anpassen wollte, habe ich nie erfahren. In seiner Familie war er jedenfalls das schwarze Schaf. Sein Bruder Harald wurde im Herbst 1989 einer der Sprecher des Rostocker Neuen Forums, sein Vater Frank kandidierte nach 1989 in Greifswald für die SPD und wurde als Forschungs- und Technologieminister Mitglied im Kabinett von Lothar de Maizière.

Unmittelbar nach dem Gespräch rief ich unseren Landesbischof Stier an: Bei mir habe sich jemand mit selbstkritischen Äußerungen von der Stasi gemeldet. Und auf dem nächsten Pastorenkonvent, der Dienstversammlung der Pastoren mit dem Landessuperintendenten, sagte ich zu meinen Kollegen: »Wenn die Stasi mit mir spricht, wird sie vorher wohl schon bei anderen gewesen sein. Ich bin sicher nicht der Einzige, der aufgesucht wurde.«

Betretenes Schweigen, dann meldeten sich zwei oder drei Kollegen. Später stellte sich heraus, dass auch der Leiter der größten diakonischen Einrichtung in Rostock Kontakte zum MfS hatte, ferner ein Pastor aus einer großen Rostocker Gemeinde und selbst unser Landessuperintendent, ein fleißiger Herr, der zuvor treu und zuverlässig eine Gemeinde aufgebaut hatte und unverdächtig war, die SED zu unterstützen. Alle wurden sie als IM geführt, was wir damals natürlich nicht wussten. Ein weiterer Pastor hatte sich mir gegenüber schon vorher offenbart. Er hatte sich allzu naiv regelmäßig mit einem Stasi-Offizier getroffen, der sich als ehemaliger Klassenkamerad sein Vertrauen erschlichen hatte.

Für mich stand eindeutig fest, dass sich ein Kontakt zur Stasi nur legitimieren ließ, wenn es um die Klärung konkreter Fragen etwa nach Verhaftungen ging. Schon das Gespräch mit Terpe wäre eine Grenzüberschreitung gewesen, wenn ich es geheim gehalten hätte. Dann hätte daraus ein Dauerkontakt mit einer IM-Akte entstehen können. Hauptmann Terpe scheint kurzfristig diese Hoffnung gehegt zu haben. Wenn man vernünftig mit mir spräche, hielt er in seinem anschließenden Bericht fest, sei ich vielleicht als Inoffizieller Mitarbeiter zu gewinnen. Die Stasi hatte schon erfolglos versucht, meinen Bruder Eckart zu gewinnen, sie hatte versucht, meine Schwester Marianne zu gewinnen, und jetzt sollte ich gewonnen werden, der aus demselben antikommunistischen Elternhaus kam und sie seit Jahren offen angegriffen hatte? Nicht einmal Terpes Vorgesetzte konnten dieser Idee folgen.

Im Unterschied zur benachbarten Greifswalder Landeskirche, wo außer dem Bischof drei von vier Oberkirchenräten intensive

Kontakte zu Stasi-Offizieren unterhielten, ist es dem MfS in der Mecklenburgischen Landeskirche seit Mitte der siebziger Jahre nicht mehr gelungen, einen IM im Oberkirchenrat zu installieren. Nach 1989 ist die IM-Belastung von Pastoren auch nicht stillschweigend übergangen worden. Bischof Stier hat alle belasteten Kollegen aufgefordert, sich im Laufe weniger Monate zu offenbaren, und suchte damit zu verhindern, dass sich die Betreffenden erst bekannten, wenn sie der Aufdeckung nicht mehr ausweichen konnten. Ein erheblicher Teil der Pastoren hat von dieser Möglichkeit Gebrauch gemacht.

Schwarze Pädagogik in rot

M ein Sohn Martin, er mochte vielleicht fünfzehn sein, hatte einen Parka geschenkt bekommen. Aus dem Westen. Alle Jugendlichen wollten Parka und Jeans aus dem Westen. Martin zog morgens stolz zur Schule, mittags kehrte er bedrückt heim. Auf dem Bahnsteig 1 des Rostocker Hauptbahnhofs war er auf dem Nachhauseweg von der Transportpolizei aufgegriffen und in den dunklen Flur eines Seitengebäudes gezogen worden: Er müsse das Emblem auf dem linken Ärmel seines Parka abtrennen. Das Emblem war zwei mal vier Zentimeter groß, eine serienmäßig aufgenähte Deutschlandfahne. Dieselbe Aufforderung hatte Martin zwei Stunden zuvor schon einmal gehört, von seinem Mathematiklehrer:»Das Ding muss ab!« Martin war trotzig. Er weigerte sich beim Mathematiklehrer, und er weigerte sich bei der Transportpolizei. Doch im Unterschied zum Lehrer wurde der Polizist übergriffig. Er holte ein Taschenmesser der westdeutschen Marke »Solingen« aus der Hosentasche und trennte den Aufnäher ab. Martin war hilflos und wütend.

Der Vorfall empörte mich. Ich fuhr sofort zum Bahnhof und verlangte ein Gespräch. Erst ließ man mich warten und verweigerte jede Auskunft, schließlich wurde mir erklärt, die Transportpolizei sei verpflichtet, gegen Schmutz- und Schundliteratur vorzugehen. Gegen Schmutz- und Schundliteratur? Ich erinnerte den Offizier, der etwa in meinem Alter war, daran, dass er als Schüler unter genau dieser Fahne zum Appell angetreten sei und die Fahne wahrscheinlich auch auf der Demonstration zum 1. Mai getragen habe. Ob er vergessen habe, dass diese Fahne bis 1959, als Walter Ulbricht Hammer, Zirkel und Ährenkranz einfügte, auch unsere Fahne gewesen sei? Das interessiere ihn nicht, entgegnete er und fügte hinzu:»Sie mögen ja Recht haben, aber wir haben die Macht.«

Auf dem linken Ärmel von Martins Parka war seitdem eine dunkle Stelle zu sehen. Er mochte den Parka trotzdem. Er war aus dem Westen.

Die Jugendlichen in der DDR standen unter einem Konformitätsdruck wie kaum eine andere Bevölkerungsgruppe. Die Erziehung zur »sozialistischen Persönlichkeit« hatte Schüler und Jugendliche im weißen oder blauen Hemd als Zielvorgabe. Sie sollten die Sowjetunion lieben, die imperialistischen Kriegstreiber hassen und mit Fackeln, Fahnen und Transparenten an den Ehrentribünen vorbeiziehen, in Reih und Glied, uniform, »immer bereit«. Fast alle Kinder und Jugendlichen waren bei den Jungpionieren und in der FDJ organisiert – bei den Pionieren näherte sich die Mitgliedsquote fast hundert Prozent, der FDJ traten Mitte der achtziger Jahre noch achtzig Prozent der Jugendlichen bei. Die Mitgliedschaft sagte jedoch nur etwas über den Grad der Anpassung aus, über die ideologische Überzeugung verriet sie nichts.

Ein Großteil der Jugendlichen in meiner Gemeinde ging noch zur Erweiterten Oberschule, einige waren bereits in der Lehre. Wohl alle sind zweigleisig gefahren: Sie waren Mitglieder der Pioniere beziehungsweise der FDJ und kamen gleichzeitig zur Jungen Gemeinde. Sie feierten Jugendweihe und einige Monate später Konfirmation. Sie lebten zwei Leben, das eine mehr oder weniger angepasst in Schule und FDJ, das andere frei und unzensiert in der Familie, in der Clique oder in der Kirche. Die Verstellung und Verleugnung in der Schule verursachte zwar eine gewisse Spannung, doch diese Spannung zu ertragen erschien den meisten leichter als die ständigen Angriffe, die eine offene Positionierung nach sich gezogen hätte.

Die Jungen Gemeinden bildeten das Gegengewicht zu der Einheitsfront der Spießer und staatlichen Ideologen gegen jene, die aus der Reihe tanzten. Bei uns wurde niemand als Gammler beschimpft oder diskriminiert wegen seiner langen Haare, seiner Überzeugungen, weil er Jeans trug, Plastiktüten aus dem Westen benutzte oder weil er – so Ulbricht seinerzeit – »jeden Dreck (kopiert), der vom Westen kommt wie das ›Je-Je-Je‹ und wie das alles heißt« von den Beatles. Ich bot den Jugendlichen jederzeit meinen Rat, suchte ihnen aber nichts aufzuzwingen, denn letztlich musste jeder die Folgen seines Handelns selbst tragen. Manchmal duckten sie sich weg, manchmal standen sie aufrecht. Einige waren gegenüber der Schule zu Zugeständnissen bereit, um die schulische Laufbahn nicht zu gefährden oder nicht ständig attackiert zu werden, andere wollten sich mit dem Mut der Jugend gerade zu ihrer Andersartigkeit bekennen.

Die Zwillingsbrüder Martin und Andreas Firzlaff beispielsweise, die zu uns in die Christenlehre kamen, haben es am Ende der zweiten Klasse noch widerspruchslos geschehen lassen, dass die Klassenlehrerin ihnen bei der Zeugnisverteilung einfach die blauen Pioniertücher umband. So stand ihrer Delegierung auf die Herder-Schule mit einem erweiterten Russischunterricht nichts mehr im Wege. Etwas später allerdings nahmen die Zwillinge mit anderen Kindern an der Christenlehre in einer Privatwohnung teil, obwohl ein ZDF-Team erschien und filmte, wie im Evershagener Neubaugebiet kirchliche Arbeit ohne ein Kirchengebäude stattfand. Am Tag nach der Sendung hatte die Klasse ihre Sensation: Die Firzlaffs waren im Westfernsehen! Das war spektakulär. Wer kam schon ins Westfernsehen? Die Zwillinge wollten nichts bestreiten und nicht leugnen. Sie waren stolz auf diesen Husa-renstreich – und litten dann doch unter den Folgen: Nach ihrem Auftritt im »Feindsender« wurden sie nicht mehr wegen guter Leistungen in das Goldene Buch der Schule aufgenommen; schon Monate vor Abschluss der zehnten Klasse erhielten sie die Mitteilung, dass sie trotz eines Leistungsdurchschnitts von 1,3 beziehungsweise 1,6 nicht zur Erweiterten Oberschule delegiert und somit nicht zum Abitur zugelassen würden. Immerhin wurde ihnen eine Berufsausbildung mit Abitur angeboten, so dass sie nach drei Jahren einen Abschluss machen konnten, der sie zu einem technischen Studium berechtigte.

Für die allermeisten Pfarrerskinder war die Zweigleisigkeit von angepasstem Verhalten in der Schule und einem zweiten Leben in der Jungen Gemeinde von vornherein ausgeschlossen.

Sie erschienen am Montagmorgen nicht im blauen FDJ- oder im weißen Hemd mit einem blauen oder roten Halstuch zum Fahnenappell, sondern hoben sich in ihrer Alltagskleidung auffällig von allen anderen ab. Sie schwenkten nicht wie alle anderen am 1. Mai das »Winkelement«, riefen beim Vorbeimarsch nicht zur Tribüne empor: »Alles für das Wohl des Menschen! Hoch lebe die Partei!«, sondern blieben solchen Veranstaltungen meistens fern und riskierten damit einen Eintrag im Zeugnis, dass sie unentschuldigt gefehlt hatten. Oder sie handelten sich eine Fünf im Klassenbuch ein, wenn sie sich weigerten, aus Heinrich Heines Gedicht über die schlesischen Weber den Vers vor der Klasse zu rezitieren, in dem es heißt:

> Ein Fluch dem Götzen, zu dem wir gebeten
> In Winterskälte und Hungersnöten;
> Wir haben vergebens gehofft und geharrt,
> Er hat uns geäfft und gefoppt und genarrt.

Einerseits hatte das Vorteile: Sie mussten sich nicht verstellen, nicht mit einer Schere im Kopf leben, sie wuchsen in ihren Familien ohne Denk- und Redeverbote auf. Auf der anderen Seite wurden sie aber leicht zu Außenseitern und waren schon in der Grundschule Angriffen und abwertenden, zynischen Bemerkungen seitens der Lehrer ausgesetzt und zu Rechtfertigungen herausgefordert, lange bevor sie einem Disput intellektuell gewachsen waren.

Unser Sohn Christian berichtete bereits kurz nach der Einschulung in Lüssow von einer ersten Auseinandersetzung. Wo denn sein Gott sei, hatte der Lehrer den arglosen Erstklässler gefragt, und der hatte ganz aufrichtig geantwortet: »Gott ist überall.«

»Etwa auch im Tank von meinem Motorrad?«, hatte der Lehrer höhnisch nachgehakt.

Ich stellte den Lehrer noch am selben Tag zur Rede: Wenn er so starke theologische und philosophische Interessen habe, stünde ich ihm als Gesprächspartner gern zur Verfügung. Eines aber würde ich mir verbitten: einem Kind auf diese billige Weise seinen Glauben lächerlich zu machen.

Dass ich mich auch auf den Elternabenden nicht zurückgehalten habe, fand ich in den Stasi-Akten wieder. »Im September 1968 nahm Gauck an einer Elternversammlung der Klasse teil, in die sein Kind geht (2. Klasse)«, meldete eine Lehrerin der Stasi in Güstrow. »Hier brachte er in der Diskussion zum Ausdruck: ›Ich verstehe nicht, warum die Kinder bereits in der 2. Klasse mit Politik belästigt werden. Das kommt denen genauso aus dem Hals wie uns.‹ Von einem großen Teil der anwesenden Eltern erhielt er dazu Zustimmung. Die Klassenleiterin konnte sich mit ihrer politischen Meinung dazu nicht durchsetzen, so dass das Ziel der Versammlung nicht voll erreicht werden konnte.«

Christian lernte schnell, seine Andersartigkeit selbstbewusst zu vertreten. Eines Tages, er mochte vielleicht sieben Jahre alt sein, gab er keine Spende bei der Geldsammlung für die Sowjetarmee ab. Stattdessen erklärte er: »Wir sind Pastors, mein Vater mag keine Rote Armee.« So hatte er meine ausschweifenden Erläuterungen, warum wir nicht jede geforderte »Solidaritätsaktion« unterstützen würden, bündig auf »seinen« Nenner gebracht. Gesine war weniger schlagfertig. Sie schwieg und senkte den Kopf, als die Lehrerin von Jurij Gagarins Weltraumflug erzählt und sich dann demonstrativ an unsere Tochter gewandt hatte: »Nun sind unsere Kosmonauten im Weltall gewesen, aber deinen lieben Gott hat keiner gesehen!« Was hätte die Sechsjährige antworten sollen?

Die Schule blieb für unsere Kinder ein Problem, besonders nach dem Umzug nach Evershagen. Sie waren die Einzigen, die weder den Pionieren noch der FDJ angehörten und standen unter besonderer Beobachtung. Fast täglich sah sich Christian vor der ganzen Klasse mit spitzen Bemerkungen seines Deutschlehrers Dr. Möller konfrontiert. Möller war der Direktor der Schule und wurde in der achten und neunten Klasse auch noch sein Klassenlehrer. Christian sauge, so behauptete er immer wieder, mit dem Westfernsehen imperialistische Ideologie ein und repräsentiere mit seinen Jeans (die uns Bekannte aus dem Westen schenkten) westliches Konsumdenken, ein Denken des Nehmens und nicht des Gebens. Als Christian im Deutschunterricht eine schlechte Zensur für seinen Lebenslauf erhielt, weil er nicht Auskunft darüber erteilt hatte, dass er »negativ« dem Staat gegenüber eingestellt sei und die Mitgliedschaft in der FDJ verweigert habe, meldete ich mich bei dem Direktor zu einer Unterredung an. Sie dauerte vier Stunden, der Parteisekretär der Schule nahm ebenfalls daran teil; nach erfolgloser Intervention schrieb ich eine Eingabe an den Stadtschulrat und erreichte zumindest, dass dem Direktor derartige Angriffe untersagt wurden.

Beide Söhne wurden nicht auf die Erweiterte Oberschule delegiert, was auf direktem Weg zum Abitur geführt hätte. Beide wurden auch abgelehnt, als sie über eine Berufsausbildung den Abiturabschluss anstrebten. Martin, obwohl sehr begabt und mit einem Notendurchschnitt von 1,4 in der zehnten Klasse entlassen, war irgendwie auch froh darüber. Er hatte die disziplinierende sozialistische Schule satt; sich als frecher Komiker rebellisch zu zeigen, hat ihm nicht mehr behagt. Befragt, was sein Berufswunsch sei, gab er in der Schule beim ersten Mal »Detektiv« an, beim zweiten Mal »selbständiger Bauer«. Sein Abstand zum System war nicht zu übersehen. Es hat ihn aber auch gequält, dass ihm trotz des guten Abschlusses selbst eine Lehrstelle als Autoelektriker in einem staatlichen Betrieb verweigert wurde. Schließlich kam er in derselben Firma wie Christian als Orthopädiemechaniker unter.

Christian verwand die Ablehnung zum Abitur schwerer. Er wollte Medizin studieren, wurde aber selbst dann nicht zum Studium zugelassen, als er einen Beruf erlernt und – auch das musste erlaubt werden – auf der Abendschule das Abitur nachgeholt hatte, also als Werktätiger antrat und nicht mehr als Sohn eines Pastors. Er könne im besten Fall Theologie studieren, wurde ihm mündlich mitgeteilt, alles andere könne er in der DDR vergessen.

Vor einer besonderen Herausforderung stand Gesine, als sie am Wehrkundeunterricht teilnehmen sollte. Dieses 1978 eingeführte Fach verpflichtete Jungen und Mädchen der neunten und

zehnten Klasse zu einem theoretischen Unterricht über Landes-
verteidigung sowie einen Wehr- beziehungsweise Zivilvertei-
digungskurs und die abschließenden »Tage der Wehrbereitschaft«
unter kasernierten Bedingungen außerhalb der Schulen. Die
Schüler hatten dabei Attrappen von Handgranaten zu werfen, mit
einem Luftgewehr und einer Kleinkaliber-Maschinenpistole zu
schießen und Übungen mit Gasmasken durchzuführen, die Mädchen wurden vor allem in Erster Hilfe und Evakuierungsmaßnah-
men unterwiesen.

Gesine wollte nicht schießen. Ich bot ihr an, einen Brief zu
schreiben, um sie vom Wehrkundeunterricht befreien zu lassen
und den Streit mit den Lehrern auf meine Kappe zu nehmen.
Doch mit fünfzehn Jahren wollte sie sich nicht mehr hinter dem
Vater verstecken. Der ersten theoretischen Doppelstunde entkam
sie durch hohes Fieber. Dann erschienen bei uns zu Hause zwei
Mitschülerinnen, FDJ-Sekretärin die eine, FDJ-Kassiererin die andere, um zu locken und Druck zu machen: »Der Junge in unserer
Klasse, der auch zur Jungen Gemeinde geht, hat keine Probleme
mit dem vormilitärischen Unterricht. Warum findest du das so
schlimm?«

Wenn jemand nicht schoss, trat die Gruppenstrafe in Kraft,
und die ganze Gruppe wurde disqualifiziert. Ihre Mitschüler redeten daher auf Gesine ein: »Schieß doch wenigstens, du musst ja
nicht treffen, Hauptsache, wir fallen nicht durch!«

Gesine ließ sich überreden, ging mit – und schoss in die Luft.
Das ergab keine Punkte, aber die Gruppe wurde nicht disqualifiziert.

Noch weit stärker als ich hat meine Frau auf die militaristische
Entwicklung der DDR-Volksbildung reagiert. In ihr saß die Erfahrung vom Herbst 1958, als sie am Pädagogischen Institut in Güstrow ein Lehrerstudium begonnen hatte. Lehrerin in ihrem Lieb-
lingsfach Deutsch mit Russisch als Nebenfach, das konnte sie sich
für die Zukunft vorstellen. Schon beim ersten Betreten der Lehranstalt wurden die Neuankömmlinge allerdings mit einem ganz
speziellen »Gruß« konfrontiert: Am Schwarzen Brett im Foyer hin-

gen Listen mit Name und Foto einiger Studenten, die im Semester zuvor exmatrikuliert worden waren, weil sie sich zur Evangelischen Studentengemeinde bekannt hatten. Hansi entdeckte Wiltraut unter ihnen, eine Bekannte aus Warnemünde, die auch an unserer Schule Abitur gemacht hatte. Seitdem fühlte Hansi sich bedroht. Bedrohlich ging es weiter, denn vor Beginn des eigentlichen Studiums mussten die Neuankömmlinge ein Militärlager absolvieren mit Exerzier- und Schießübungen einschließlich nächtlicher Übungen, der Feind konnte ja auch nachts angreifen.

Hansi war geschockt, brachte den militärischen Auftakt zwar noch hinter sich, nach wenigen Wochen aber spürte sie: »Hier halten mich keine zehn Pferde! Wenn ich hierbleibe, gehe ich kaputt.« Bei meinem Onkel Gerhard, dem Landessuperintendenten in Güstrow, holte sie sich Rat, welche Strategie die Hochschulleitung am ehesten dazu bringen könnte, sie zu entlassen. Er riet ihr, auf ideologische Debatten ganz zu verzichten und nur darauf zu verweisen, dass sie mit einem Theologiestudenten verlobt sei. Das Leben an der Seite eines künftigen Pastors und die sozialistische Ideologie würden nicht zueinander passen, sie sehe für sich keine Zukunft im Lehrerberuf. Nach einer kurzen Auseinandersetzung hat der Rektor sie tatsächlich gehen lassen.

Von dieser Last hatte Hansi sich befreit. Doch seitdem reagierte sie äußerst sensibel auf die Mischung von Drill und ideologischer Ausrichtung in der Erziehung. Alle Rechenaufgaben, die zu Beispielen mit Panzern und Soldaten griffen, jeder Appell und jeder Aufmarsch erzeugten ohnmächtige Wut bei einer Mutter, die wie alle anderen keine Wahl hatte, auf welche Schule sie ihre Kinder schickte. Meine Frau hat Volksbildungsministerin Margot Honecker noch mehr gehasst als deren Mann, den Staatschef Erich Honecker. Als Katharina, unser 1979 geborener Nachkömmling, eingeschult werden sollte, hätte am liebsten auch sie einen Ausreiseantrag gestellt wie unsere Söhne Christian und Martin.

Katharina lebte in einem Land, in dem schon Kinder im Rahmen des alljährlichen Manövers »Schneeflocke« militärische Übungen durchführen mussten, in dem sie in den Kindergärten mit Panzer spielten und ganz selbstverständlich vor Soldaten der Nationalen Volksarmee auftraten, etwa mit dem bekannten Lied, dessen dritte Strophe lautet:

> Soldaten sind vorbeimarschiert
> Die ganze Kompanie.
> Und wenn wir groß sind, wollen wir
> Soldat sein, so wie sie.
> Gute Freunde, gute Freunde,
> gute Freunde in der Volksarmee.
> Sie schützen unsre Heimat
> zu Land, zu Luft und auf der See,
> juchhe!

Eines Tages wurden wir bei einem Besuch auf dem Lande Zeuge, wie unsere Tochter und die beiden Kinder des befreundeten Pastorenpaares an der Friedhofsmauer einen Wechselgesang aufführten, den sie in ihren Elternhäusern nie gehört hatten:

> Zunächst die eine:
> »Hans-Jürgen steht am Schilderhaus
> und sagt zu dem Soldaten:
> ›Was tut ihr hier tagein, tagaus?
> Kannst du es mir verraten?‹«

> Darauf antwortete die andere:
> »Ich bin Soldat der Volksarmee.
> Ja, spiele nur und lache!
> Ich stehe hier bei Wind und Schnee
> und halte für dich Wache.«

Woher hatten sie das? Vielleicht schon aus der Vorschulerziehung, oder aus dem Bummi-Heft, das den Kleinsten ihre sozialistische Umwelt nahebrachte? Oder war der Text in der ersten Klasse behandelt worden? Die Kinder kannten ihn jedenfalls, wie sie auch alle Pionierlieder singen konnten, obwohl sie nicht Mitglieder der Pionierorganisation waren. Sie waren wie alle anderen DDR-Kinder früh vertraut mit den Soldaten, doch anders als im Lied vermittelten deren Existenz und Kampfbereitschaft nicht immer das Gefühl von Sicherheit.

Katharina lebte in einem Land, in dem am Mittwochmittag die Sirenen heulten, jede Woche in jedem Ort. Diese Sirenen, so wurde den Kindern beigebracht, würden uns warnen, wenn der Krieg ausbräche. Die Klassenlehrerin hatte die Schrecken des Krieges ausgemalt, von Bombern und Bomben erzählt und auf die alte Kirche gleich gegenüber der Schule gezeigt, die noch immer ohne Turm war – Jahrzehnte nach der Bombardierung im Krieg. Alle müssten wachsam sein, hatte die Klassenlehrerin gesagt, denn noch immer seien wir bedroht vom bösen imperialistischen Westen, der uns den Sozialismus nicht gönne.

Meine Frau versuchte, der Kleinen die Angst auszureden. Doch wenn Katharina nach dem Abendgebet und dem Gute-Nacht-Kuss allein in ihrem Kinderbett lag, malte sie sich den Ernstfall aus. Die Bomber würden kommen, wenn sie schlief, die Bomben würden das Dach durchschlagen und ins Kinderzimmer fallen. Nur wenn es ihr gelänge, ganz dicht an die Wand gepresst einzuschlafen, könnte sie den Angriff vielleicht überleben, denn an der Wand bliebe das Bett vielleicht stehen und würde nicht in die Tiefe gerissen.

Als mir Katharina diese Geschichte als junge, schon erwachsene Frau erzählte – wahrscheinlich wieder erzählte, ich musste sie verdrängt haben –, schossen Wut und Erbitterung in mir hoch, als sei sie der schwarzen Pädagogik in rot noch immer ausgesetzt. Dabei lebten wir seit Jahren in neuen, demokratischen Zeiten ohne Militarismus und Einschüchterungspädagogik.

Damals hatte mich die militaristische Ausrichtung angewidert. »Die Kirche darf es nicht zulassen, dass in der Schule der Militarismus eingeführt wird«, soll ich nach Mitschrift der Stasi im Juli 1978 in der Sankt-Andreas-Kirche gesagt haben. Ich kündigte einen Brief an die Eltern meiner Konfirmanden an, in dem die

Nach einer Gemeindeveranstaltung. Während die Erwachsenen aufräumen, schreibt meine jüngere Tochter Katharina (vielleicht sieben oder acht): Heute war es schön. Alle haben Kuchen gegessen … Alle freuen sich jetzt noch … Ich habe mit Ulrike gespielt. Viele Kinder waren da. Viele Eltern und Omis und Opis. Es waren aber auch welche ausm Westen da. Lieber Gott, es war schön! Kaum ein Gebet erschien Katharinas Eltern schöner.

Eltern aufgefordert wurden, dem sozialistischen Wehrunterricht entgegenzutreten und ihre Kinder nicht in ein Wehrlager zu schicken.

Die Einführung des Wehrkundeunterrichts hat der bis dahin relativ bescheidenen Friedensbewegung einen starken Impuls gegeben. »Schwerter zu Pflugscharen« entwickelte sich 1981/82 zur größten oppositionellen Bewegung in der DDR seit 1953. Sie bezog sich auf ein Symbol, auf das der sächsische Landesjugendpfarrer Harald Bretschneider bei der Vorbereitung zur ersten Friedensdekade im Herbst 1980 hingewiesen hatte: eine Skulptur im Stil des sozialistischen Realismus, ein Geschenk der Sowjetunion an die UNO. Dargestellt ist ein muskulöser Mann, der mit kräftigen Schlägen ein Schwert zu einer Pflugschar umschmiedet. Ein

Bild der Skulptur hatte sogar Eingang gefunden in das Geschenk-buch zur Jugendweihe in der DDR. Als biblische Quelle lag dem Emblem eine prophetische Vision aus dem alttestamentlichen Buch Micha, Kapitel 4, zugrunde: »Kein Volk wird gegen das an-dere das Schwert erheben, und sie werden fortan nicht mehr ler-nen, Krieg zu führen. Ein jeder wird unter seinem Weinstock und Feigenbaum wohnen, und niemand wird sie schrecken. Denn der Mund des Herrn Zebaoth hat es geredet.«

Zunächst war das Symbol »Schwerter zu Pflugscharen« für ein oder zwei Aktionen vorgesehen. Doch die Friedensdekaden, in denen jährlich vom Bußtag bis zum Totensonntag in der ganzen DDR friedensethische Themen diskutiert wurden, entwickelten sich schnell zu einer festen Einrichtung der christlichen Friedens-arbeit. Zunächst wurde das Emblem nur als Lesezeichen gedruckt, im Herbst 1981 kam es zusätzlich als Aufnäher in Umlauf, ich habe es zeitweilig auch getragen. Das Vlies war in einer Firma der Herrnhuter Brüdergemeinde produziert worden und unterlag als Textildruck nicht der Genehmigung. Weit über 100 000 Stück wurden verteilt. Das Bewusstsein für Friedensfragen wuchs, ob-wohl nur relativ wenige Schüler die Teilnahme am Wehrunter-richt tatsächlich verweigerten. Zu ihnen gehörte Thomas Abra-ham aus meiner Jungen Gemeinde.

Thomas stammte aus einer pommerschen Flüchtlingsfamilie. Die Mutter war Physiotherapeutin und Mitglied der Ost-CDU. Sie führte die Familientradition fort und schickte ihren Sohn zur Christenlehre. Thomas, Jahrgang 1965, war zunächst Mitglied der Pioniere, später der FDJ. Im Hort hörte er vom bösen General Pinochet, der den Kindern die kostenlose Schulmilch weggenom-men habe. In den Nachrichten hörte er die Meldungen von Ar-beitslosen und Drogentoten im Westen, von hungernden Kindern und Unruhen auf der ganzen Welt – von Ereignissen, die in der DDR propagandistisch ausgeschlachtet wurden, aber zweifellos statt-gefunden hatten. Bis zur Ausbürgerung von Wolf Biermann glaubte Thomas, in der DDR auf der Seite der Guten zu stehen. Danach begann sein Ablösungsprozess.

Der Durchbruch erfolgte, als ich fünfzehn war. In der Erweiterten Oberschule, wohin ich 1980 aufgrund guter Leistungen nach der achten Klasse delegiert worden war, wurde ich nicht warm. Die Mitschüler starrten mich verständnislos an, als ich im Dezember heulend in die Schule kam. Dabei war John Lennon tot, erschossen! John Lennon, versteht ihr: »Give peace a chance«! Aber sie verstanden nicht. Mit den Langweilern, Angepassten, Linientreuen, Stasi-Kandidaten aus meiner Klasse wollte ich seitdem nichts mehr zu tun haben. Stattdessen intensivierten sich die Kontakte zu einem Mitschüler aus der Parallelklasse, Albrecht Stier, dem Sohn des Pastors aus der Nachbargemeinde.

Als das obligatorische Wehrlager näher rückte, brachte mich Albrecht auf eine Idee: Wir verweigern. Anderthalb Jahre zuvor waren die Sowjets in Afghanistan einmarschiert, wir hörten Gerüchte über eine Intervention in Polen zur Zerschlagung der Solidarność. Frieden? »Verehrte Frau Stengl«, schrieb ich zu Hause an meine Klassenlehrerin, »hiermit teile ich Ihnen mit, dass Thomas an der Wehrausbildung ab 17. Juli 1981 nicht teilnehmen wird, da Glaubens- und Gewissensbedenken vorliegen. Ich bitte darum, ihm einen Ersatzdienst zuzuweisen.« Meine Mutter wurde kurz blass, als ich ihr den Text zum Unterschreiben vorlegte, doch sie unterschrieb. Das rechne ich ihr bis heute hoch an. In meinem Jahrgang waren es drei, die verweigerten: neben Albrecht Stier noch eine Mitschülerin aus meiner Klasse, die in die Junge Gemeinde im Nachbarort ging.

Ich wusste, dass der Brief einen Einschnitt in meinem Leben bilden würde. Meine Mutter wurde zum Direktor gerufen: Ihr Sohn habe erklärt, dass der demokratische Zentralismus keine Demokratie sei, stattdessen befürworte er bürgerliche Demokratieformen. Insofern sei Thomas ein Gegner der DDR. Er würde auf keinen Fall zum Abitur zugelassen.

Seitdem hatte ich in der Schule nicht mehr viel zu verlieren. Es ging nur noch darum, wie weit ich gehen könnte, ohne im Knast zu landen. Bei der zweiten Friedensdekade der Kirche im November 1981 besorgte ich mir eine große Anzahl der auf Vlies gedruckten Aufnäher »Schwerter zu Pflugscharen« und verteilte sie innerhalb der Jungen Gemeinde. Mindestens zwanzig, dreißig Schüler hatten den Mut, eines Tages mit deutlich sichtbaren Emblemen auf ihren Parkas in der Schule zu erscheinen – doch nach dem Unterricht waren sie abgetrennt.

Als Täter hatten wir sofort St. und Sch. im Verdacht, zwei Schüler aus Jahrgängen über uns, die für alle die Stasi repräsentierten. Das waren die Ober-»Bobis«, Berufsoffizierbewerber, die Druck auf die angehenden Abiturienten ausübten, damit sie sich für mindestens drei Jahre bei der NVA verpflichteten. Wir hatten sie während der Unterrichtsstunden auf den Fluren herumlaufen sehen. Später haben sie ihre Aktion selbst zugegeben.

Danach haben nur wir drei einen neuen Aufnäher an unserer Kleidung angebracht. Eine Zeit der Zermürbung begann.

Gespräch beim Direktor am 16. März 1982: Die Wehrpolitik, so protokollierte ich seine Belehrung in meinem Tagebuch, sei Teil der Staatspolitik. Laut Verfassung hätte ich mich an die Staatspolitik zu halten. Entweder würde ich den Aufnäher abnehmen oder ich käme an eine andere Schule.

Gespräch mit dem Direkter und der Verantwortlichen aus der Abteilung Volksbildung beim Rat der Stadt am 24. März 1982: Jedes Emblem bedürfe der staatlichen Genehmigung. Diese läge im Fall des Aufnähers »Schwerter zu Pflugscharen« nicht vor.

Ich: »Um welche Bestimmung handelt es sich denn?«

Frau P.: »Die kann ich Ihnen nicht nennen.«

Direktor: »Man muss sich an die Schulordnung halten. Sollten Sie morgen immer noch mit Aufnäher erscheinen, werden weitere Maßnahmen eingeleitet.«

Am 25. März erschien der Direktor in meiner Klasse: In der letzten Zeit habe der Imperialismus versucht, die westliche Friedensbewegung auf das Territorium der DDR zu übertragen.

Es sei das Anliegen der Schule, die Schüler zu Humanismus und Frieden zu erziehen. Pazifistische Tendenzen würden nicht einfach hingenommen. Zudem seien Embleme genehmigungspflichtig. Es liege ein Verstoß gegen die Schulordnung vor. »Wir werden dem oppositionellen Treiben nicht länger zusehen. Solche Leute müssen bestraft werden.« Erneut drohte er die Umschulung an.

Ich geriet an meine innere Grenze. Ich fürchtete nicht nur den Schulverweis, ich fürchtete Gefängnis. Ich gab auf.

Albrecht Stier, gedeckt von seinem Vater, dem späteren mecklenburgischen Landesbischof, weigerte sich weiterhin, den Aufnäher abzunehmen. Er musste am 31. März 1982 von einem Tag auf den anderen die Schule wechseln. Ich durfte die zehnte Klasse noch an unserer Schule beenden, musste danach aber eine Lehre antreten. Vielen Lehrern war offensichtlich peinlich, was da passierte, aber es nützte uns nichts, denn außerhalb der Kirche hat sich niemand mit uns solidarisiert. Das war das Schlimme in der DDR: Wenn man den Mund aufmachte und gegen den Strom schwamm, bekam man wenig oder keine Unterstützung.

Im Frühjahr 1982 wurde das Tragen des Emblems »Schwerter zu Pflugscharen« in allen Bildungseinrichtungen verboten, es kam zu Schulverweisen, Ordnungsstrafverfahren und anderen Zwangsmaßnahmen. Zunächst versuchten die Kirchenleitungen noch, die Träger der Aufnäher vor Repressalien zu schützen; schließlich setzte sich eine Gruppe durch, die wegen dieses Konflikts nicht die Beziehungen zum Staat gefährden wollte. Es kam zu einer Entfremdung zwischen Friedensbewegung und Kirchenleitung. An der Basis waren bittere, enttäuschte Kommentare zu hören. Zu den wenigen, die sich aus der Kirchenleitung mit den Verfolgten solidarisierten, gehörten Bischof Forck aus Berlin sowie Bischof Rathke und sein Nachfolger Stier aus meiner Mecklenburger Landeskirche.

In unseren Friedensgottesdiensten schlossen wir die Betroffenen regelmäßig in unsere Fürbitten ein. Ende September berichtete eine Schülerin (IM Susie Berger) der Stasi von zehn bis fünfzehn Fürbitten in meinem Gottesdienst vor über achthundert Jugendlichen in der Heilig-Geist-Kirche. »Ein Jugendlicher zündete eine Kerze an für A.K., der inhaftiert wurde, weil er den Wehrdienst ablehnte (und zu 8 Monaten Haft verurteilt worden war). Ein Mann von ca. 25 Jahren sagte: Ich zünde eine Kerze an für die, die den Mut haben, den Dienst mit der Waffe zu verweigern.«

Ich weiß nicht, wer Susie Berger war, ich habe sie erst in meiner Akte gefunden. Sie war sechzehn, als sie angeworben wurde, sie war neunzehn, als sie jede weitere Zusammenarbeit ablehnte. Als ich ihre Berichte las, konnte ich mich des Gefühls nicht erwehren, als habe sie bei der Stasi um Verständnis und Sympathie für mich geworben, den sie doch observieren sollte. Gauck »war traurig darüber, dass nach dem Abtrennen ›Schwerter zu Pflugscharen‹ so viele Jugendliche klein beigegeben haben und die Idee nicht mehr im Herzen tragen«, schrieb IM Susie Berger über den Jugendgottesdienst am 22. Januar 1983 mit etwa zweihundert Jugendlichen in der Johanniskirche. Gauck »forderte auf, die Idee ›Schwerter zu Pflugscharen‹ nicht als Emblem, sondern innerlich von Mensch zu Mensch weiterzutragen. Die Politik des Friedensschaffens sollten wir nicht anderen überlassen, sondern uns selbst mit daran beteiligen.« Wahrscheinlich sprach sie auch über sich selbst. So schizophren konnten IM handeln.

Die SED folgte der Maxime: Der Sozialismus ist per se das Friedenslager; alles, was dieses Lager stärkt, sichert den Frieden. Ihre Losung lautete: Frieden schaffen – gegen NATO-Waffen. Wenn der Warschauer Pakt seine Raketen modernisierte, geschah das für den »bewaffneten Frieden«, der mit einer Strategie der Vorwärtsverteidigung errungen werden sollte: den »Aggressor« galt es auf seinem eigenen Territorium zu schlagen. Für die Helden dieses Gefechts war schon ein Orden gestiftet; für die Bevölkerung des eroberten Westens existierte bereits das Militärgeld; zudem waren bereits jene West-Berliner Politiker und Bürger namentlich erfasst, die in Isolierungslager eingewiesen werden sollten. Wenn sich die NATO hingegen mit der Aufstellung von Pershing-Raketen in Westeuropa zu wehren versuchte, wurde dies als »imperialistische« und »militaristische« Aggressionspolitik verurteilt. Die Friedensbewegung in der Bundesrepublik war gut und wurde massiv von der DDR-Führung unterstützt; die nicht autorisierte Friedensbewegung im eigenen Land war böse und wurde von ihr bekämpft. Die Doppelmoral war offensichtlich.

Die DDR hatte die Wehrpflicht Anfang 1962 eingeführt. Vor dem Mauerbau hatte sie dies nicht wagen können, da sich ein großer Teil der Wehrpflichtigen durch Flucht in den Westen entzogen hätte. Als einziges sozialistisches Land ließ sie auf Druck der Evangelischen Kirche zwei Jahre später allerdings einen Ersatzdienst für jene zu, die den Dienst mit der Waffe ablehnten. Sie mussten als sogenannte Bausoldaten ebenfalls in Uniform dienen und wurden ebenfalls kaserniert. Sie brauchten zwar keinen Eid abzulegen, der sie zum Einsatz ihres Lebens verpflichtete, doch mit dem Gelöbnis, ihren militärischen Vorgesetzten gegenüber unbedingten Gehorsam zu üben, blieben sie an das militärische Regime der Nationalen Volksarmee gebunden und wurden zunächst auch beim Bau von militärischen Anlagen eingesetzt. Erst nach Protesten wurde ihr Einsatzbereich auf »zivilere« Bereiche ausgedehnt; sie arbeiteten danach im Straßenbau, als Gärtner, als Krankenpfleger in Militärkrankenhäusern oder als Küchenhelfer, in den letzten Jahren der DDR auch als Hilfskräfte in Großbetrieben. Thomas Abraham beispielsweise bildete mit vier weiteren Bausoldaten eine Reinigungskolonne in dem VEB Chemische Werke Buna, einem der größten Industriekombinate der DDR, das die berühmte »Plaste und Elaste aus Schkopau« herstellte. Niemand kontrollierte sie, niemand überwachte sie; für manche Bausoldaten war der Dienst die Hölle, für Thomas war die Zeit einfach skurril. Er hatte Glück.

Auf keinerlei Nachsicht oder Glück konnten hingegen die Totalverweigerer hoffen. Wer, wie die Zeugen Jehovas, jede Form des Wehrdienstes ablehnte, wurde bis 1985 zu einer Gefängnisstrafe zwischen 18 und 22 Monaten verurteilt, er blieb am Rande der Gesellschaft.

Ich habe in Gesprächen mit den Jugendlichen über den Wehrdienst daher immer zurückhaltend reagiert und zu bedenken gegeben: »Wenn du als Bausoldat gehst, legst du ein politisches Bekenntnis ab, aber du wirst wohl nicht studieren können.« So empfahl ich ihnen in der Regel, den normalen Wehrdienst abzuleisten, allerdings nur den achtzehn Monate dauernden Grundwehrdienst und nicht – wofür in den Oberschulen massiv geworben wurde – den dreijährigen Dienst als Unteroffizier auf Zeit, der gemeinhin als Vorbedingung zur Erlangung eines Studienplatzes galt.

Ich selber war und bin nicht pazifistisch. Ich habe damals gesagt: *Ich will unter diesen Umständen und in dieser Zeit* keine Waffe in die Hand nehmen, jedenfalls nicht in der Nationalen Volksarmee, der Armee einer Diktatur. Im Westen stand ich einerseits denen nahe, die dachten: In Europa ist der Dienst an der Waffe unsinnig, angesichts der atomaren Bedrohung nicht zeitgemäß, und er löst keine Probleme – eine militärische Konfrontation hätte in einem Inferno enden können. Ich selber hatte daher zeitweilig die Parole: *Stell Dir vor, es ist Krieg, und keiner geht hin,* an meinem Pkw angebracht – die Stasi hat es notiert. Aber anders als diese Freunde im Westen dachte ich, es kann Zeiten geben, in denen man den Frieden, die Freiheit, das eigene Leben oder das Leben anderer Menschen mit der Waffe in der Hand verteidigen muss. So waren mir in den 1990er Jahren jene nahe, die dem Morden auf dem Balkan nicht tatenlos zuschauen wollten und militärisch dagegenhielten.

Durch meine Arbeit mit den Jugendlichen, vor allem durch meine Tätigkeit als Stadtjugendpfarrer, geriet ich verstärkt in das Blickfeld der Staatssicherheit. Seit Frühjahr 1983 beobachtete sie mich unter dem operativen Vorgang »Larve« aufgrund einer »antisozialistisch-feindlichen Einstellung zu den sozialistischen Verhältnissen in der DDR«. Nach einem Jahr hieß es, ich versuche, »unter dem Deckmantel der kirchlichen Friedensarbeit oppositionell eingestellte Jugendliche politisch-oppositionell zu gewinnen«, nach zwei Jahren wurde bestätigt,»Larve« sei ein »unbelehrbarer Antikommunist«.

Zu meinen Stadtjugendabenden und zu den großen Friedensgottesdiensten, an denen zwischen 1981 und 1985 bis zu siebenhundert Jugendliche teilnahmen, kamen immer mehrere, zum Teil jugendliche IM. So fand ich protokolliert, was ich damals sagte: dass die gesellschaftlichen Verhältnisse in der DDR denen im faschistischen Deutschland ähnelten; dass staatliche Organe in der DDR den Bürgern gegenüber ebenso wenig Rechenschaft geben würden wie im NS-Regime; dass das gesamte Leben in der DDR einer Militarisierung unterliege; dass das DDR-Regime aus Angst vor den eigenen Bürgern eine totale Überwachung organisiere; dass der Staat die Menschen zu einer Doppelzüngigkeit treibe und der Einzelne zu Hause anders rede als in der Öffentlichkeit etc. etc.

»Die besondere Gefährlichkeit liegt in der zielgerichteten Breitenwirkung des ›Larve‹, die er als Stadtjugendpastor auf die kirchliche Jugend des Kirchenkreises Rostock-Stadt hat, sowie in seinem anmaßenden und frechen Auftreten.« Diese Auftritte und das Ausleihen von Büchern, die in der DDR verboten seien, wie die Romane von Walter Kempowski oder Alexander Solschenizyn, seien von strafrechtlicher Relevanz, aber »aus politischen Erwägungen ist die Inhaftierung eines Pastors in der gegenwärtigen Klassenkampfsituation bei der weiteren Entwicklung des Sozialismus nicht dienlich.« Dienstreisen in das »NSW«, das »Nichtsozialistische Westliche Ausland«, die mir nach langen Jahren des Wartens endlich gewährt worden waren, wurden wieder untersagt, Freunden und Mitgliedern aus westdeutschen Partnergemeinden die Einreise verweigert.

Natürlich wurden solche Sanktionen niemals begründet. In mir wechselte ohnmächtige Wut mit stoischer Ergebenheit. Vielleicht hätte ich mich weniger zurückgehalten, hätte ich gewusst, dass ein Dutzend IM über mich berichteten, dass mein Telefon abgehört, meine Post geöffnet, dass zeitweilig Wanzen in den

Wänden der Wohnung eingebaut wurden und heimlich Wohnungsdurchsuchungen stattfanden.

Als ich Ende 1985 das Amt als Stadtjugendpfarrer abgab, weil mir die Arbeit neben Gemeinde und Kirchentagsvorbereitungen zu viel wurde, feierte die Stasi dies als einen Erfolg des Drucks, den sie über den Referenten für Kirchenfragen beim Rat der Stadt (IM Scheler) auf mich und meine Vorgesetzten ausgeübt habe. Später lernte ich, dass die Stasi Entwicklungen, die sich ohne ihr eigenes Zutun ergaben, gern voller Stolz der eigenen Einflussnahme zuschrieb. Allerdings scheint sie damals selbst Zweifel an der positiven Einschätzung meines Wechsels von der Jugend- zur Kirchentagsarbeit gehabt zu haben, denn sie musste einräumen: »Das kirchliche Amt als Vorsitzender des Kirchentagsausschusses der Landeskirche (das ich seit 1983 bekleidete) hat zumindest eine gleichrangige Bedeutung.«

Zum Beispiel

Spät nachts entdeckte die Streife der Schutzpolizei eine Parole in der Rostocker Innenstadt. »Wir sind mündig, doch wir haben nichts zu sagen«, prangte in signalroten Lettern 1,60 Meter hoch am Kröpeliner Tor, an der Westseite der Altstadt, am Ende der Einkaufsstraße. Wenige Minuten später stieß sie gegenüber dem Zooladen auf die nächste Parole: »Das Leben hat doch keinen Sinn, wenn ich Kanonenfutter bin.« Auf dem Schaufenster des Kaufhauses »Flax und Krümel« hieß es: »Frieden schaffen ohne Waffen, Biermann lebt«, auf der Presspappe eines geschlossenen Schaufensters: »DDR eingesperrt«; darunter deuteten mehrere senkrechte und zwei waagerechte Striche ein Gitter an.

Ich wusste sehr schnell, wer die Parolen gemalt hatte. Gunnar und Ute Christopher sowie Dörte Neubauer berichteten davon nicht ohne Stolz. Alle drei gehörten zu meiner Jungen Gemeinde. Dörte kannte ich bereits aus der Christenlehre und dem Konfirmandenunterricht, Ute und Gunnar waren erst als Jugendliche und aus eigenem Interesse zur Jungen Gemeinde gestoßen, sie stammten nicht aus christlichen Elternhäusern.

»Die öffentliche Herabwürdigung gemäß § 220 StGB«, schrieb die Kreisdienststelle der Rostocker Staatssicherheit wenige Stunden nach Entdeckung der Tat, habe in der Nacht des 3. September 1985 wahrscheinlich zwischen 0.30 und 1.30 Uhr stattgefunden. Angehörige der SED-Kreisleitung hatten drei Jugendliche gegen 1.45 Uhr am Leibnizplatz gesehen, aber keinen Argwohn gehegt. Dass jemand antisozialistische Parolen mitten in der Stadt malen könnte, lag außerhalb ihrer Vorstellungskraft.

Der Apparat begann auf Hochtouren zu laufen. Die Kriminalpolizei fotografierte alle Losungen, sicherte Farbpartikel zur Bestimmung ihrer stofflichen Zusammensetzung, suchte und fand Pinsel und Farbreste in einer Mülltonne in der Wallensteinstraße und nahm eine »Geruchsprobe« des Pinsels. Mithilfe eines Fährtenhundes ermittelte sie zudem die Tour, die die »Täter« vom Kröpeliner Tor zu elf weiteren Stellen geführt hatte.

Der Verdacht fiel sofort auf Jugendliche, die den Wehrdienst verweigert oder einen Ausreiseantrag gestellt hatten, auf politisch Aktive, die gerade zwei Tage zuvor, am 1. September 1985, eine Schweigestunde am Mahnmal der Opfer des Faschismus im Rosengarten veranstaltet hatten. Insgesamt führte die Kriminalpolizei neunzig Befragungen durch und verlangte von allen neunzig Verhörten Schriftproben. Sechzehn Jugendliche aus dem engeren Kreis der Verdächtigen wurden zudem einer demütigenden Prozedur unterzogen: Sie mussten sich weiche, gelbe Tücher für einige Minuten in die Unterhosen stecken, anschließend wurden diese Tücher in Gläsern »eingeweckt«. Doch der Abgleich dieser Geruchskonserven mit der des Pinsels führte ebenso wenig zur Ermittlung der Täter wie der Vergleich der Schriftproben.

Als mir die Drei von ihrer Malaktion erzählten, musste ich an mich selbst denken, an den Sechzehnjährigen, der mit seinem Cousin in Güstrow 1956 nach einer Möglichkeit gesucht hatte, seiner Empörung über die Niederschlagung des Ungarn-Aufstands Ausdruck zu verleihen. Wir hatten die Hilferufe der Aufständischen im Westradio gehört und konnten nicht fassen, dass der freie Westen die Niederschlagung der Revolution zuließ. Wir wollten ein Flugblatt verfassen, vom Pfarrhaus meines Onkels Gerhard über die Mauer auf den Hof der John-Brinckmann-Oberschule steigen und den Zettel am Schwarzen Brett anbringen. Ich empfand tiefe Sympathie für die Drei, ihre Beweggründe waren mir vertraut, aber ich sagte im Bewusstsein meiner Verantwortung: »Wenn ihr mich vorher gefragt hättet, hätte ich euch abgeraten.« Denn würden sie entdeckt, das war mir klar, würden sie in den Knast kommen.

Im Nachhinein stellt sich natürlich die Frage, ob Gunnar und Ute das Risiko einer Inhaftierung – und sei es unbewusst – nicht sogar einkalkuliert hatten, um einen Freikauf durch den Westen zu erreichen. Ute wollte die DDR seit ihrem vierzehnten Lebens-

Ein Foto aus Gunnar Christophers Stasi-Akte. Die Parole drückte das Lebensgefühl einer ganzen DDR-Generation aus. Keiner sollte dergleichen laut äußern, schon gar nicht auf Wände malen. Wer es dennoch tat, kam ins Zuchthaus.

jahr verlassen. Sie hatte die Mutter vor Augen, die weinte und litt, weil ihr jede Besuchsreise zu Eltern und Geschwistern in den Westen verweigert wurde. Nicht einmal zur Beerdigung ihres Vaters hatte sie fahren dürfen. Ute selbst war mit elf Jahren in eine Kinderpsychiatrische Klinik gekommen, wo sie zeitweilig an das Bett gefesselt worden war, danach für ein Jahr in ein Kinderheim, wo man sie gedemütigt und geschlagen und eine Woche lang in eine Dunkelzelle gesteckt hatte. Sie wollte irgendwie in den Westen, und zwar schnell, und hatte schon ihren Onkel gebeten, sie im Kofferraum zu schmuggeln.

Gunnar hatte nach seiner Ausbildung als Maschinen- und Anlagemonteur eine Stelle an einer VEB Minol-Tankstelle angenommen. Er wollte, wie er sagte, nicht mehr »produktiv« für den Staat tätig sein. Er hatte auch jeden Dienst im Rahmen der Nationalen

Volksarmee abgelehnt, war also ein »Totalverweigerer« und musste mit einer Haftstrafe von achtzehn bis vierundzwanzig Monaten rechnen, falls ihm nicht vorher die Ausreise gestattet würde.

Als »Übersiedlungssuchende« lebte das Paar in einem permanenten Provisorium. Alles, was die Ausreise beschleunigen würde, konnte ihnen nur recht sein.

Die Malaktion entstand spontan. Dörte und Ute hatten eines Nachmittags ganz einfach ihre Fantasie schweifen lassen, welche antisozialistische Aktion möglichst großes Aufsehen erregen und, so die Hoffnung, Menschen wach rütteln würde. Flugblätter von den Dächern in der Innenstadt heruntersegeln zu lassen, erschien ihnen zwar spektakulär, aber Flugblätter herzustellen, bei denen der Text aus Linoleum herausgeschnitten und die anschließend Blatt für Blatt mit schwarzer Farbe »gedruckt« werden mussten, erwies sich als sehr mühselig. So wurde das Projekt Linoleum-Schnitt für das unkompliziertere und mindestens ebenso spektakuläre Projekt Malaktion aufgegeben. Spät abends machten sich Dörte, Ute und Gunnar mit Farbe und Pinsel auf den Weg – mit Bus und Straßenbahn, den Eimer in einem Beutel in der Hand.

Die Straßen in der DDR waren schlecht beleuchtet. Im Dämmerlicht der Laternen fühlten sich die Drei geschützt. Gunnar ging ein Stück vor, Dörte blieb ein Stück zurück, so sondierten sie die Lage. Ute malte währenddessen Parolen in signalroter Farbe an Stellen, für die sie sich spontan entschieden. Nach etwa anderthalb Stunden in der menschenleeren Innenstadt war das Werk ohne jeden Zwischenfall vollbracht. Sie entsorgten Eimer und Pinsel, setzten sich wieder in die Straßenbahn und kehrten heim. Als die Großfahndung anlief, lagen sie schon in ihren Betten.

Alles schien gut gegangen zu sein. Die Drei deckten sich gegenseitig, außer mir war niemand eingeweiht. Monate gingen ins Land. Dann verliebte sich Dörte in einen jungen Mann und erzählte ihm als Ausdruck ihres besonderen Vertrauens von ihrer Heldentat. Und als Ausdruck seiner unbedingten Vertrauenswürdigkeit lieferte der neue Freund die Information an die Stasi weiter.

Als Gunnar am 11. Februar 1986 morgens um 7 Uhr in der VEB-Minol-Tankstelle zur Arbeit erschien, warteten bereits zwei unbekannte Herren auf ihn. Sie drängten ihn in ein Auto und transportierten ihn in das Stasi-Untersuchungsgefängnis in der Rostocker August-Bebel-Straße. Alle drei wurden getrennt vernommen, vom Morgen bis zum Abend. Gunnar leugnete, bis ihm ein Zettel mit der Handschrift seiner Frau gereicht wurde: Sie hatte gestanden. Ute leugnete, bis ihr ein handschriftlicher Zettel von ihrem Mann gezeigt wurde: Er hatte gestanden. Die beiden kamen in Untersuchungshaft, während sich Dörte, die noch nicht volljährig war, unter bestimmten Auflagen bis zum Prozess frei bewegen durfte.

Da alle drei zu meiner Jungen Gemeinde gehörten, vermutete die Stasi, ich sei »unmittelbar oder mittelbar als Inspirator der feindlich-negativen Aktivitäten und Handlungen« zu betrachten, konnte dies aber nicht beweisen. Über den Referenten für Kirchenfragen bei dem Rat der Stadt (IMS Scheler) versuchte sie, auf quasi offiziellem Weg entsprechende Informationen aus mir herauszulocken. Auch Gespräche mit den Inhaftierten sollten genutzt werden, gerichtsverwertbares Belastungsmaterial gegen mich zu sammeln. Ich ahnte nicht, dass ausgerechnet jemand, dem ich vertraute und den ich daher gebeten hatte, die Verteidigung von Ute zu übernehmen, gegen mich arbeiten würde.

Rechtsanwalt Wolfgang Schnur war damals schon bekannt als Verteidiger von politisch Verfolgten. In der ganzen Republik trat er auf Veranstaltungen in den Kirchen auf und erteilte Rechtsberatung vor allem für Bausoldaten und Totalverweigerer. Jugendliche Wehrdienstverweigerer reichten sich seinen Namen weiter für den Fall, dass sie einmal juristischen Beistand gebrauchen würden.

Seit seinem Umzug von Binz auf Rügen nach Rostock im Jahre 1978 wohnte Rechtsanwalt Schnur in einem Einfamilienhaus in Brinckmansdorf, dem Stadtteil, in dem ich groß geworden war und in dem meine Eltern immer noch wohnten. Er hatte eine der sehr seltenen Einzelzulassungen für eine Rechtsanwaltskanzlei erhalten, und so mancher fragte sich, wie er zu diesem Privileg gekommen sei. Er könne, sagten einige Frauen aus der Kirche, dem Anderen nicht in die Augen sehen, und sie wunderten sich, warum jemand wie er in die Synode gewählt werden sollte. Wir aber, die wir glaubten, ihm vertrauen zu können, wehrten ab: »Entweder ihr führt Beweise an oder ihr schweigt.« Schnur trat auf wie einer von uns, sprach uns mit »Schwester« und »Bruder« an, tauchte häufig bei kirchlichen Veranstaltungen auf, und ich befürwortete seine Wahl in die Landessynode, weil ich dachte, dass wir bekannte Menschen wie ihn gut gebrauchen könnten.

Gleich eine der ersten Fragen, die Schnur seiner Mandantin Ute stellte, betraf meine eventuelle Mitwisserschaft. Ute erklärte wahrheitsgemäß, dass ich »erst im Nachgang von den Ausführungshandlungen« erfahren hätte. Ferner: »Gauck soll ihr gegenüber deutlich zu erkennen gegeben haben, dass er diese Handlung missbillige. Sie trug jedoch mit vor, dass Pastor Gauck einen wesentlichen Persönlichkeitseinfluss auf sie ausgeübt habe und sie vor allen Dingen auch dadurch eine sehr starke kritische Haltung zu den gesellschaftlichen Fragen in der DDR erhalten habe. Sie habe in Pastor Gauck auch den Ersatz der Vaterstelle gesehen, weil sie sich hier offen aussprechen konnte.« Abgesehen davon, dass Ute gegen das DDR-System bereits äußerst kritisch eingestellt war, als sie zu uns stieß, stimmte ganz sicher, dass die Junge Gemeinde für sie zum Zufluchtsort geworden war.

Mir ist nicht bekannt, ob Wolfgang Schnur, alias IM Torsten, versucht hat, seine Mandantin zur Rücknahme ihres Ausreiseantrags zu bewegen. Der Stasi-Spitzel, mit dem Gunnar gezielt zusammengelegt worden war, nachdem er einige Tage bei Dauerlicht in Einzelhaft gesessen hatte, war jedenfalls erfolgreich. Er überzeugte Gunnar davon, dass es einen Weg aus der DDR geben werde, ohne dass er ein oder zwei Jahre im Knast zubringen müsse – und Gunnar zog seinen Antrag zurück. Es war schmerzlich für Ute, diese Kehrtwendung mitzuerleben, obwohl auch sie nicht geglaubt habe – so ihr Verteidiger Schnur in seiner Rolle als IM Torsten an die Stasi –, »dass die Auswirkungen ihrer Handlungen so hart bestraft werden« und »sie noch in eine Strafvollzugseinrichtung« müsse. Es empörte sie, dass Gunnar auch sie, wenn sie im Gefängnis zusammengeführt wurden, zu überreden versuchte. Nach einem Gespräch mit seiner als »psychisch sehr labil« beschriebenen Mandantin am 13. März 1986 meldete Wolfgang Schnur wiederum als IM Torsten: »Sie selbst will, dass die Scheidung eingereicht wird.«

Mir war klar, dass Ute schrecklich unter den Gefängnisbedingungen leiden musste. Als ich im April 1986 völlig unerwartet eine Ausreisegenehmigung zur Präsidiumssitzung des Evangelischen Kirchentages in Fulda erhielt, bat ich den damaligen Bundespräsidenten Richard von Weizsäcker, sich für sie zu verwenden. Weizsäcker scheint tatsächlich umgehend gehandelt zu haben, denn schon nach wenigen Tagen war das Büro des Ost-Berliner Rechtsanwalts Wolfgang Vogel, der für die DDR-Regierung den Häftlingsfreikauf verhandelte, mit dem Fall von Ute Christopher betraut.

Gunnar hingegen wurde kurz vor Beginn des Prozesses zu einem ihm unbekannten Stasi-Offizier in ein Vernehmungszimmer gerufen. Es sei sehr lobenswert, sagte ein freundlicher Stasi-Offizier, dass er, Gunnar Christopher, seinen Ausreiseantrag zurückgezogen habe. Und: Er könne seine positive Haltung gegenüber der DDR nun dadurch beweisen, dass er sich bereit erkläre – selbstverständlich gegen künftige Vergünstigungen –, mit der Stasi zusammenzuarbeiten. Gunnar war darauf vorbereitet. Eine derartige Zusammenarbeit, sagte er in ebenso freundlichem Ton, könne er sich durchaus vorstellen – und unterschrieb eine Verpflichtungserklärung.

Dass er einen Fehler begangen hatte, als er den Ausreiseantrag zurückgezogen hatte, war ihm inzwischen klar geworden. Seine Situation hatte sich taktisch sogar verschlechtert. Wie sollte ihn die Bundesrepublik freikaufen, wenn doch gar kein Antrag lief? Doch zurück konnte er nicht mehr, nur noch vorwärts. So hatte er eine neue Taktik entworfen: Er musste so schnell wie möglich aus dem Knast heraus, um draußen wieder einen Ausreiseantrag zu stellen.

Also würde er sich zur inoffiziellen Mitarbeit mit der Stasi bereit erklären, damit seine Entlassung beschleunigt würde. Erst einmal draußen, würde er ihr mitteilen, dass er keineswegs vorhabe, sich als Zuträger missbrauchen zu lassen.

Gunnars Rechnung ging tatsächlich auf. Bei der Urteilsverkündung Anfang Juni 1986 erhielt Ute als die eigentliche »Parolenschmiererin« achtzehn Monate Haft ohne Bewährung. Sie wurde in das Frauengefängnis Hoheneck in Sachsen verlegt. Gunnar hingegen kam mit dreizehn Monaten davon, seine Strafe wurde zudem auf Bewährung ausgesetzt. Am 1. Juli 1986 konnte er das Gefängnis verlassen. Die noch minderjährige Dörte blieb mit zehn Monaten auf Bewährung auf freiem Fuß.

Noch am Tag seiner Entlassung suchte Gunnar die Aussprache mit seinem Freund Jan und zwei weiteren Mitgliedern der Jungen Gemeinde: »Ihr braucht euch nicht zu fürchten.« Als sie zufällig auf den VW-Bus stießen, den unsere Gemeinde aus dem Westen geschenkt bekommen hatte, warteten sie dort auf mich. Noch am Tag seiner Haftentlassung »dekonspirierte« sich Gunnar auch vor mir. Seine Offenheit milderte unsere Enttäuschung, keiner von uns hat ihm jemals Vorwürfe gemacht. Mir war aber klar, dass die Stasi sich rächen würde. Er würde nicht ungeschoren davonkommen. Die Stasi würde sich nicht an der Nase herumführen lassen.

Noch im Knast waren Gunnar Ort und Zeitpunkt des ersten konspirativen Treffens mitgeteilt worden. Also fuhr er zu einem Hochhaus im Ortsteil Lichtenhagen und wartete auf einer Bank, bis ein Mann aus einer Haustür trat, sich vorsichtig nach allen Seiten umschaute und ihn dann zu sich winkte. Sie nahmen die Treppe. Der Führungsoffizier ging voran, Gunnar folgte im Abstand weniger Stufen. Sie schwiegen. Erst in der dritten Etage drehte sich der Stasi-Mitarbeiter plötzlich um und streckte Gunnar zur Begrüßung die Hand entgegen. Doch Gunnar hatte inzwischen seine Selbstsicherheit wiedergewonnen: »Nehmen Sie es mir nicht übel, aber Leuten wie Ihnen gebe ich nicht die Hand. Im Übrigen habe ich nicht vor, für die Stasi zu arbeiten. Falls erforderlich, kann ich Ihnen das auch erklären.« Der Stasi-Mitarbeiter machte auf dem Absatz kehrt, die konspirative Wohnung durfte dem Abtrünnigen auf keinen Fall bekannt werden; an Gunnars Erläuterungen war er nicht interessiert: »Bilden Sie sich nicht ein, dass Sie lange auf freiem Fuß bleiben. Wir werden uns Ihrer bald annehmen.«

Gunnar war wieder in die Hochhauswohnung in Evershagen gezogen, die er mit Ute geteilt hatte. Er hatte sofort wieder einen Ausreiseantrag gestellt, und er arbeitete gerade so viel, dass er sich über Wasser halten konnte. Als das Tankstellen-Kollektiv vom VEB Minol ihn ins Öllager abschieben wollte, sagte Gunnar: »Im Öllager arbeite ich nicht.« Er wechselte zur Großwäscherei VEB Fortschritt, fuhr saubere Wäsche zu den Hotels und nahm die Dreckwäsche mit zurück. Als ihm unterstellt wurde, bei einem Lkw einen Getriebeschaden verursacht zu haben, sagte Gunnar: »Für eine Zusammenarbeit gibt es kein Vertrauen mehr.« Als seine anschließende Bewerbung als Eilzusteller bei der Post abgelehnt wurde und auch die als Verkäufer in einer Kunstgalerie, beschloss er, in der DDR überhaupt nicht mehr zu arbeiten, schon gar nicht im produktiven Sektor, denn – so führte er später in der Vernehmung durch die Stasi aus – »ich möchte nicht, dass von meinen Steuergeldern solche Organe wie die Staatssicherheit oder die Kriminalpolizei und die NVA finanziert werden, weil diese Organe die Menschen in der DDR unterdrücken. Außerdem möchte ich vermeiden, dass durch meine Arbeit Mittel erwirtschaftet werden, die für den Kauf von Waffen zur Anwendung kommen, zumal diese Waffen wiederum gegen die Menschen in diesem Land gerichtet werden.« Er lebte von der Unterstützung, die er von Utes Mutter und einigen Freunden erhielt. Er war bescheiden, vom Leben in der DDR erwartete er nichts mehr.

Als erneut Parolen in Evershagen entdeckt wurden, nahm die Stasi dies zum willkommenen Anlass, um Gunnar wieder verhaften zu lassen. Es war ihm recht. Er hatte damit nicht nur rechnen müssen, er hatte es sogar ein wenig herbeigesehnt.

Am 11. Dezember 1986 drangen sie morgens um 6 Uhr in seine Wohnung ein.»Ch. ignorierte das Ausweisen und die Aufforderung, zur Dienststelle mitzukommen«, hielt das Protokoll der Kriminalpolizei fest.»Er schrie um Hilfe und rief nach der Polizei. Ch. wurde nochmals aufgefordert, sich ruhig zu verhalten und den Forderungen der Kriminalpolizei Folge zu leisten. Diesem kam er nicht nach, worauf ein FSTW [Funkstreifenwagen] angefordert wurde … Ch. verhielt sich provozierend, indem er auf Fragen der Genossen der Kriminalpolizei provozierend antwortete. Er zog sich sehr langsam an, rauchte in Ruhe eine Zigarette und trank auch Kaffee.«

Die »Schmierereien« in Evershagen konnten Gunnar nicht nachgewiesen werden. Aber die Stasi wusste sich zu helfen: »Bei der Durchsuchung der Wohnräume wurden für Besucher sichtbar angebrachte Losungen herabwürdigenden Inhalts wie

– DDR? Nein danke. Hab' schon viel zuviel davon.

– Vorsicht! Hinter der Tür fängt die DDR wieder an.

– Willkommen in Gunnars deutscher Republik (GDR) sichergestellt.«

Die Anklage lautete auf Beihilfe zur öffentlichen Herabwürdigung.

Als Verteidiger wählte Gunnar Rechtsanwalt Wolfgang Schnur. Dieser sei ihm gegenüber immer sehr korrekt gewesen, berichtete Gunnar später, und nicht nur das. Am Morgen des Heiligabend 1986 habe sein Verteidiger ihn sogar im Untersuchungsgefängnis besucht und ihm eine Tafel Schokolade geschenkt. Außerdem habe er später in seiner Stasi-Akte keinen einzigen IM-Bericht von Schnur gefunden.

Schnur war eine schillernde Figur, ein Mensch mit zwei Gesichtern. 1965 als IM geworben und als »außerordentlich wertvolle Quelle« gelobt, geriet er Anfang der achtziger Jahre selbst ins Visier der Stasi, da er eigenständige, der Stasi verheimlichte Kontakte zu einem Mitarbeiter der Ständigen Vertretung der Bundesrepublik in Ost-Berlin unterhielt. Eine Zeitlang führte ihn die Staatssicherheit daraufhin auf doppelte Weise: als Spitzel und als

Bespitzelter, einmal als IM Torsten, das andere Mal als Operativer (Opfer-)Vorgang »Heuchler«.

»Torsten« übte Selbstkritik, verwies auf private Probleme und gelobte Besserung: »Ich will der Treue unserer Sache dienen«, und er suchte Schutz: »Bitte helfen Sie mir aus meiner inneren Not.« 1986 führte die Stasi noch einmal eine Aussprache mit ihm herbei, da es wieder Anzeichen von Unehrlichkeit gab. In etlichen Fällen, so der Vorwurf, hätte IM Torsten zu wenig oder gar nicht über Kontakte zu Bundesbürgern und über Mandanten unter den Ausreisern berichtet. Vielleicht hatte Gunnar das Glück, zu denen zu gehören, die nicht von Schnur verraten wurden.

Gunnars zweiter Prozess fand aufgrund der angeblichen Schwere des Delikts vor dem Ersten Strafsenat des Bezirksgerichts Rostock statt. Wir wussten, dass die politischen Verfahren dort unter Ausschluss der Öffentlichkeit geführt wurden, hatten uns aber nicht von den Pförtnern zurückweisen lassen und uns am Morgen des 6. April 1987 im Saal des Bezirksgerichts demonstrativ in die erste Reihe gesetzt: Gunnars Mutter, seine Schwiegermutter und ich.

Das Gericht zog ein, die Richterin schloss als Erstes die Öffentlichkeit aus, aber unser Ziel war erreicht: Gunnar hatte uns gesehen. Er wusste nun, dass wir ihn nicht vergessen hatten. »Beim Verlassen (des Saales)«, so meldete Verteidiger Wolfgang Schnur in seiner Doppelexistenz als IM Torsten kurz darauf der Stasi, »wurde durch Pastor Gauck die Tür heftig geschlagen.«

Gunnar erhielt 4½ Jahre und wurde sofort in die Strafvollzugsanstalt in Cottbus überführt.

Im Stasi-Gefängnis in Rostock war ihm der Aufenthalt noch relativ erträglich erschienen. Er hatte die letzte Zeit in einer Sechs-Mann-Zelle verbracht, in der er auf Mitglieder einer Gruppe gestoßen war, die bei einem Fluchtversuch erwischt worden waren. Nach Instruktion durch ein Gruppenmitglied, das seinen Wehrdienst an der innerdeutschen Grenze verrichtet hatte und mit den Gegebenheiten dort bis ins kleinste Detail vertraut war, hatten sie eine Leiter gebaut. Als sie ihre Fluchtvorbereitungen endlich abgeschlossen hatten, war die Mauer nachgerüstet worden: Sie war gewachsen. So hatten sie auf dem Grenzstreifen gestanden und waren nicht hinübergekommen. Nun saßen sie. Nicht verzweifelt, nicht depressiv, sondern eher in der festen Gewissheit, dass der Tag des Freikaufs nicht fernliegen würde. Gunnar hatte von ihrem Optimismus profitiert. Sie hatten Schach gespielt, viel gelesen und viel gelacht, da ein gutmütiger Heizer wunderbare Geschichten erzählte.

In Cottbus herrschten völlig andere Zustände. Der Knast war berüchtigt. 1933 bis 1945 waren hier unter der NS-Herrschaft ebenfalls überwiegend politische Häftlinge untergebracht wie zwischen 1945 bis 1989 unter dem DDR-Regime. Im zweiten Stock lagen die so genannten Tigerkäfige, Einzelzellen, in denen eine Toilette dicht an der Tür durch Gitterstäbe vom restlichen Raum abgetrennt war. Im hinteren Teil befanden sich ein Holzbett, das tagsüber hochgeklappt wurde, ein Hocker und ein kleiner Tisch. Die Tür blieb für den Insassen unerreichbar.

Gunnar landete hier, weil er sich mit Hubert Schulze angelegt hatte, einem berüchtigten Aufseher, den die Häftlinge nur den »Roten Terror« nannten. 1997 wurde dieser Aufseher zu zwei Jahren und acht Monaten verurteilt, weil er Häftlinge mit dem Gummiknüppel verprügelt, ihnen die Schneidezähne eingeschlagen, sie eine Treppe hinuntergestoßen und stundenlang in eiskaltem Wasser hatte stehen lassen. Schulze war ein fanatischer DDR-Anhänger. Sein Traum sei, so hatte er Gunnar einmal erklärt, das erste sozialistische Gefängnis in Bonn zu leiten. Gunnar hatte höhnisch bemerkt, er habe wohl Scheuklappen vor den Augen. Daraufhin hatte Schulze ihn zusammengeschlagen und für fast eine Woche in Einzelhaft stecken lassen.

Eines Tages erschien in jener Zeit bei Gunnar ein älterer Mitgefangener, ein treuer DDR-Bürger, der in Konflikt mit der Staatsmacht geraten war, weil er sich couragiert für seinen Sohn eingesetzt hatte, der einen Fluchtversuch unternommen hatte. Er habe durch Zufall eine wichtige Information mitbekommen, sagte der Mann, der als eine Art Sprecher der Häftlinge fungierte.

Während seines ersten Gefängnisaufenthaltes hatte Gunnar gelernt, dass im Knast Informationen gegen Ware getauscht werden; entsprechend hatte er sich vor seinem erneuten Haftantritt mit Rasierwasser, Duschgel und anderen Artikeln aus dem Westen eingedeckt. Gegen eine Dose Nivea-Creme erhielt er nun die Information, dass ein Transport in die Bundesrepublik bevorstehe und sein Name sich auf der Liste befinde.

Anfang Juli 1987, als er wieder in den normalen Vollzug verlegt wurde, ging Gunnar bereits davon aus, dass der Tag der Freiheit nicht mehr fern sei. Diese Hoffnung machte die letzten Wochen erträglicher.

In der Nacht vor dem angekündigten Transport war Gunnar sehr aufgeregt, schlief schlecht, am Morgen glaubte er sich schon getäuscht. Normalerweise wurden die Häftlinge früh um 6 Uhr aus den Zellen geholt, doch um 8 Uhr war immer noch nichts passiert. Aber dann ging die Zellentür doch auf. Gemeinsam mit anderen Häftlingen wurde er in den Abschiebeknast von Karl-Marx-Stadt gebracht, wo die Ausreiser in der Regel zehn, vierzehn Tage aufgepäppelt wurden.

Dann kam endlich der lang ersehnte Tag der Ausreise. Gunnar trug seine Ausbürgerungsurkunde aus der Staatsbürgerschaft der DDR in der Tasche, ebenso die Bescheinigung über seine Haftentlassung, und er trug wieder dieselbe Kleidung, mit der er die Haft angetreten hatte. Er bestieg einen von zwei ganz normalen Reisebussen aus dem Westen, die mit DDR-Kennzeichen auf das Gefängnisgelände gefahren waren, im Ohr die Ermahnung, dass sie Stillschweigen bewahren sollten über die Knastzeit, verbunden mit der Drohung: »Die DDR reicht bis in die Bundesrepublik.«

Während der Fahrt zum Grenzübergang Herleshausen war es still im Bus, totenstill, als hielten alle den Atem an. Keiner wollte riskieren, unter irgendeinem fadenscheinigen Vorwand wieder herausgeholt zu werden. Noch einmal stoppte der Bus auf DDR-Gebiet. Rechtsanwalt Wolfgang Vogel verabschiedete sie und bat um Verständnis für die kleine Verzögerung, die sich am Morgen ergeben habe, weil ein Ost- gegen einen Westspion ausgetauscht worden sei. Schließlich setzte sich der Bus wieder in Bewegung und überquerte ohne Kontrolle die Grenze. Auf Knopfdruck wurden die DDR-Kennzeichen durch westdeutsche Nummernschilder ersetzt. Am Rastplatz Herleshausen verließ der Bus die Autobahn. Sie waren im Westen. Sie waren in Freiheit.

Jubel brach aus. Sie fielen sich um den Hals, sie weinten, lachten, waren überglücklich. Die Türen des Fahrzeugs öffneten sich, »Westfrüchte« wurden gereicht, Kaffee, Tee, Saft. Sie waren erwartet worden, sie wurden willkommen geheißen. Am 12. August 1987 begann Gunnars neues Leben.

Ute war bereits fünf Monate zuvor freigekauft worden. Bis heute leidet sie unter den Spätfolgen der Haft.

Dörte Neubauer, obwohl auf Bewährung verurteilt, wurde im September 1986 fristlos von der Medizinischen Fachschule entlassen.

Wolfgang Schnur hingegen machte drei Jahre später, 1989, noch einen übermütigen Karrieresprung: Er wurde Vorsitzender der Oppositionsgruppe Demokratischer Aufbruch und saß mit am Runden Tisch. Im Wahlkampf für die Volkskammerwahlen 1990 reiste er als Spitzenkandidat der Allianz für Deutschland mit Bundeskanzler Helmut Kohl durch die Lande und präsentierte sich als künftiger Ministerpräsident der DDR. Als wenige Tage vor der Wahl Beweise für seine sechzehnjährige IM-Tätigkeit auftauchten – in Rostock fanden sich 38 Aktenordner über ihn –, erklärte er dies als »Höhepunkt einer Hetz- und Schmutzkampagne« und ließ auf seinen Wahlplakaten die Banderole anbringen »Trotz Verleumdung«. Doch am 15. März 1990, drei Tage vor der Wahl, musste er nach einer Aufforderung durch die Bundes-CDU seinen Rücktritt von allen Ämtern erklären, wenig später wurde er aus der Partei ausgeschlossen. 1994 verlor er seine Zulassung als Rechtsanwalt, 1996 verurteilte ihn das Landgericht Berlin wegen Verrats seiner ehemaligen Mandanten Freya Klier und Stephan Krawczyk zu einem Jahr Gefängnis auf Bewährung.

Für viele blieb sein Verhalten bis heute ein Rätsel. Schnur hat in der Regel unbeliebte Fälle von Wehrdienstverweigerung, »Republikflucht« und »staatsfeindlicher Hetze« übernommen, auch schwierige Fälle bearbeitet und Bibeln in die Gefängnisse gebracht. Er hat im Januar 1988 die Verteidigung von Inhaftierten nach der Berliner Rosa-Luxemburg-Demonstration übernommen. 1988 hat man ihn sogar in die Synode der Evangelischen Kirche in Mecklenburg berufen, und er wurde Mitglied der Synode des Bundes der Evangelischen Kirchen. Manche seiner Mandanten werden bis heute nicht mit seinem Verrat fertig.

Frühling im Herbst

Wie lange hatte ich auf eine Veränderung gewartet – und als sie sich schließlich anbahnte, war ich innerlich ganz woanders. Ende 1988 nahm ich an einem Seelsorgekurs der Evangelischen Kirche teil, einer pastoralpsychologischen Weiterbildung, bei der sich die Teilnehmer mehrfach über einige Tage trafen, um ihre seelsorgerische Kompetenz zu vertiefen. Die Kurse waren intensiv, manchmal aufwühlend, ich lernte Dinge in meiner eigenen Verhaltensstruktur kennen, die mir bis dahin verborgen geblieben waren. Wir setzten uns mit dem eigenen Auftreten auseinander, der Motivation in der seelsorgerischen Rolle, den unbewussten Beziehungsanteilen in Begegnungen. Ich war wenig nach außen, aber stark nach innen gerichtet.

Doch gerade in jenen Monaten setzte »draußen« eine ungeheure Dynamik ein. Bei den Kommunalwahlen am 7. Mai 1989 lernten viele Bürger erstmals, wie man dagegen oder wie man ungültig stimmt. In der Regel warfen die Wahlberechtigten nach der Ausweiskontrolle den Wahlzettel unter den Augen der Wahlkommission einfach ungelesen in eine Urne. Kabinen gab es zwar, aber zumeist in hinteren Teil des Wahllokals, so dass man schon auf dem Weg dorthin die Aufmerksamkeit aller Anwesenden auf sich zog. Es war immer nur eine kleine Minderheit, die den Mut hatte, vom Recht der geheimen Wahl Gebrauch zu machen. Aber jetzt entschieden sich plötzlich viele, geheim und »dagegen« zu votieren. Man musste nur wissen, wie. Der Zettel enthielt eine Reihe von Namen, die als geschlossener Block zur Wahl standen. Gegen diesen Wahlvorschlag stimme nur, so hatte in Rostock eine kirchliche Arbeitsgruppe eigens auf einem Flugblatt erläutert, wer alle Kandidaten einzeln, sauber und waagerecht durchstreiche. Ungültig werde ein Wahlzettel, wenn die Namen falsch durchgestrichen seien oder das Blatt mit Losungen versehen sei.

Erstmals nahmen oppositionelle Kräfte in ausgesuchten Wahllokalen auch an der öffentlichen Stimmenauszählung teil und konnten beweisen, dass »sie« gefälscht hatten. Zwar gab es in Rostock wesentlich weniger ungültige und Gegenstimmen als im Landesdurchschnitt, doch auch bei uns wurde das Wahlergebnis in mehreren Fällen angefochten. Aus Halle und Berlin hörten wir sogar von Oppositionellen, die die Fälschungen offiziell bei der Staatsanwaltschaft zur Anzeige gebracht hatten.

Die Politik von Glasnost und Perestroika des Generalsekretärs der KPdSU Michail Gorbatschow hat die DDR-Bürger zweifellos ermutigt. Hatte die resignative Entschuldigung immer gelautet: Man kann ja doch nichts ändern!, so glaubten wir seit dem Kurswechsel in Moskau, Druck auf unsere eigene Führung ausüben zu können und zu müssen. Der über Jahrzehnte propagierte Slogan »Von der Sowjetunion lernen heißt siegen lernen« ließ sich jetzt gegen die eigene Führung wenden. Gefährlich wäre es hingegen gewesen, sich auf die Entwicklung in Polen zu berufen. Ein heroisches Aufbegehren, mit dem man ein bewaffnetes Eingreifen des Staates riskierte, war uns Deutschen fremd, zudem erschien es uns nach den Erfahrungen von 1953 sinnlos. Außerdem war die polnische Opposition antikommunistisch. Die Mehrheit der Bürgerbewegung aber strebte – ob aus taktischen oder aus aus ideellen Gründen – einen Umbau der bestehenden Macht und einen Dialog mit der SED an. Das war eher Ausdruck der Sehnsucht nach einem verbesserten Sozialismus als nach seiner Abschaffung. Diese Vorstellug gab es eher in den unpolitischen Teilen der Bevölkerung.

Im Gegensatz zu Moskau versteinerte Ost-Berlin jedoch. Gorbatschow und Honecker entfernten sich politisch voneinander. Bei der Niederschlagung der Studentenproteste Anfang Juni 1989 auf dem »Platz des Himmlischen Friedens« in Peking schlug sich die DDR auf die Seite der chinesischen Partei- und Staatsführung. Ausgerechnet der Rostocker Abgeordnete Ernst Timm brachte einen Antrag in die Volkskammer ein, der Verständnis bekundete für die Wiederherstellung von »Ordnung und Sicherheit unter Einsatz bewaffneter Kräfte«. Rostocker und Schweriner Basisgruppen und die Evangelische Studentengemeinde Rostock sandten dagegen Protestbriefe an den chinesischen Botschafter in Berlin.

Die stärkste Dynamik entstand durch die Ausreisebewegung. In der eigenen Familie tauchte das Problem nicht mehr auf, meine drei älteren Kinder waren bereits im Westen, nur Katharina, die jüngste, lebte noch bei uns. Aber um uns herum bröckelte es. Ich erinnere mich an einen Sommergottesdienst, bei dem sich während der Bekanntmachungen auf einmal eine Frau erhob und sagte:»Heute Morgen habe ich einen Zettel auf dem Küchentisch gefunden:›Ich bin jetzt auch weg.‹« Ihr Sohn Christoph war gegangen. Auf der anderen Seite vom Mittelgang stand daraufhin ein Mann auf: Ihm sei es ebenso ergangen, seine Tochter sei weg. Noch nie zuvor hatte ich erlebt, dass sich jemand mitten im Gottesdienst einfach zu Wort meldete. Ich spürte die Angst der Eltern, die Angst vor dem Sog, von dem sich viele junge Menschen einfach mitreißen lassen und über Nacht verschwinden würden. Jeder sprach darüber: Der ist gegangen und jene auch! Manche sahen Bekannte plötzlich im Westfernsehen.

Überhaupt das Westfernsehen: Wir sahen, wie der Grenzzaun zwischen Ungarn und Österreich im Mai 1989 durchtrennt wurde und Tausende von DDR-Bürgern nach Ungarn aufbrachen, weil sie nicht wussten, dass der Abbau der befestigten Anlage am Grenzregime selbst zunächst nichts änderte. Wir sahen, wie sie aufgegriffen wurden, wenn sie ihr Glück bei Nacht und Nebel versuchten und ein Stempel im Pass ihren weiteren Aufenthalt in Ungarn für illegal erklärte. Das war der Auftakt für die Botschaftsbesetzungen, erst in Budapest, dann in Warschau und Prag. In die Tschechoslowakei kam man am leichtesten, weil sie das einzige Land war, für das man kein Visum benötigte. Die Straßen der Prager Kleinseite waren überfüllt von herrenlosen Trabis, deren Besitzer über den hohen Zaun des Palais Lobkowicz auf das Botschaftsgelände der Bundesrepublik Deutschland geklettert waren. Hunderte, dann Tausende harrten unter primitiven hygienischen Bedingungen aus, bis endlich am 30. September 1989 Hans-Dietrich Genscher auf den Balkon des Botschaftsgebäudes trat und seine berühmt gewordenen Worte sprach: »Ich bin gekommen, um Ihnen mitzuteilen, dass Ihre Ausreise …« Der Rest ging unter im Aufschrei und Jubel derer, die nur noch glücklich waren, eine Heimat verlassen zu können, die ihnen zur Last geworden war.

Honecker und seine Clique wollten den Flüchtlingen »keine Träne nachweinen«, wie das *Neue Deutschland* höhnte. Diesen Satz werde ich nie vergessen. In Massen liefen die Menschen weg, weil sie es in der DDR nicht mehr aushielten, die ostdeutschen Gerontokraten aber erklärten sie zu Opfern einer »Heim-ins-Reich-Psychose« und zu Verrätern ihrer Heimat. Bedurfte es noch eines weiteren Beweises, wie wenig wir Bürger ihnen bedeuteten? Für die »abgehauenen« Jugendlichen, für die jungen Familien, die mit ihren kleinen Kindern aufgebrochen waren, begann das Leben neu. Aber für uns war es bitter, dass wir sie verloren hatten. Es waren doch unsere Kinder, unsere Jugend, unsere Freunde.

Es gärte allenthalben, und sowohl die Frustration als auch die Hoffnungen wuchsen. In Polen hatten Gespräche am Runden Tisch zu halbfreien Wahlen geführt; im August 1989 wurde mit Tadeusz Mazowiecki ein nicht-kommunistischer Ministerpräsident gewählt. Wir hingegen sahen im Staatsfernsehen noch am 6. Oktober, dem Vorabend des vierzigsten Jahrestags der DDR-Gründung, wie die Garde der Partei- und Staatschefs des Ostblocks huldvoll die Parade von 100 000 FDJ-Mitgliedern entgegen nahm. Am Abend zeigte das Fernsehen Honecker und die Seinen, wie sie ihre Greisenfäuste ballten und sangen: »Wir sind die junge Garde des Proletariats.«

Als ich Anfang Oktober von meinem letzten Seelsorgekurs nach Rostock zurückkehrte, hatte gerade die erste Fürbittandacht stattgefunden. Studenten der Evangelischen Studentengemeinde hatten zusammen mit Pastor Henry Lohse in der Petrikirche der Verhafteten von Leipzig gedacht, wo die Polizei im September und Anfang Oktober brutal gegen Demonstranten vorgegangen war und zahlreiche Menschen verhaftet hatte.

Die Leipziger hatten seit Anfang September nach den Friedensgebeten in der Nikolaikirche demonstriert; in Dresden waren am 4. Oktober Tausende am Bahnhof zusammengeströmt, teilweise in der Hoffnung, in einen der Züge zu gelangen, die mit den Flüchtlingen aus Prag über DDR-Territorium nach Westdeutschland geführt wurden. In Plauen im Vogtland waren am 7. Oktober mehr als 10 000 Menschen zu einer Demonstration zusammengekommen. Mitte September waren in Berlin und in anderen Städten verschiedene Oppositions- und Bürgerbewegungen gegründet worden.

Aus Rostock hatte allerdings niemand an diesen Gründungssitzungen teilgenommen, in Rostock war es auch noch zu keiner Demonstration gekommen. Alte Ressentiments zwischen dem Süden und Norden der Republik lebten wieder auf. Die »Fischköppe« hätten die Entwicklung verschlafen, hieß es, oder der Norden sei eine »rote« Region, in der gesellschaftlich notwendige Veränderungen keine Unterstützung fänden. Autos aus den Nordbezirken wurden mit Schimpfwörtern bemalt, Mecklenburger an sächsischen Tankstellen nicht mehr bedient.

Doch dann wachte auch der Norden auf. In Rostock gab es einen Kreis um Dietlind Glüer, die früher in der Südstadtgemeinde gearbeitet hatte und danach in Schwerin in der evangelischen Frauenarbeit tätig war. Dietlind besaß Menschenkenntnis, sie hatte Mutterwitz, war durch ihre Arbeit in der Kirche an Teamarbeit gewöhnt. Sie besaß die große Fähigkeit, andere zu inspirieren und zu motivieren, und wurde so zum Kristallisationspunkt, um den herum sich die Aktiven in Rostock sammelten. Auf ihr Drängen trafen sich am 5. Oktober sechs Gleichgesinnte, die ein erstes öffentliches Meeting für den 11. Oktober in der Michaeliskirche der Methodisten beschlossen. Diese Veranstaltung mit über 350 Teilnehmern kann als die Gründungsveranstaltung des Rostocker Neuen Forums angesehen werden.

In jenen Tagen suchte Dietlind Glüer auch mich auf. Um eine stärkere Fokussierung und Dynamik auch in Rostock zu erreichen, müssten die Fürbittgottesdienste fortgeführt werden, gab sie mir zu verstehen, und da ich aussprechen könne, was die Menschen fühlten und wollten, forderte sie mehr, als dass sie bat: »Jochen, du musst jetzt reden!«

Ja, ich wollte reden und auch aktiv im Neuen Forum mitwirken. Zwar hatte ich in der Vergangenheit nicht rebelliert, war nicht als Fundamentaloppositioneller aufgetreten und hatte keine Basisgruppe gegründet. Aber mein Beruf als Pastor hatte mich gleichzeitig »hier« und doch deutlich »anders« leben lassen. Sowohl in der Gemeinde als auch als Stadtjugendpastor oder Leiter der Kirchentagsarbeit habe ich immer Kritik am kommunistischen System geübt, habe sie bei anderen gefördert und Kritiker, die verfolgt waren, verteidigt. Sicher bin ich aus Rücksicht auf das kirchliche Amt manchmal nicht so weit gegangen wie beispielsweise unser Freund Heiko Lietz, der auf sein Pfarramt verzichtete, um sich in der Basisgruppenarbeit eindeutiger positionieren zu können. Aber so wie Hunderte anderer Pfarrerinnen, Pfarrer und kirchlicher Mitarbeiterinnen habe ich thematisch und organisatorisch daran mitgewirkt, ein Netzwerk engagierter, an Bürger- und Menschenrechten, ökologischen und Friedensfragen interessierter Menschen zu schaffen – und das über viele Jahre hinweg. Ohne diese »normale« Arbeit in der Evangelischen Kirche, besonders in der Jugendarbeit, hätten sich in Rostock und den allermeisten Orten der DDR nicht die Kreise von Aktiven gebildet, ohne die der Aufbruch ohne Gerüst und ohne Kontur geblieben wäre.

Aber kirchliche oder basisdemokratische Aktivitäten im Rahmen der Kirche, das war uns inzwischen klar, würden für die anstehenden politischen Veränderungen nicht mehr ausreichen. Wir suchten nach neuer Orientierung. Seit August 1989 riefen die beiden Pfarrer Markus Meckel und Martin Gutzeit sowie einige andere zur Gründung einer Sozialdemokratischen Partei auf. Sie forderten eine parlamentarische Demokratie, strikte Gewaltenteilung, einen Rechts- und Sozialstaat. Ein derartiger Forderungskatalog ging vielen zu weit, ebenso die Tatsache, dass es sich um eine Partei handeln sollte. Andere Programme blieben diffuser.

Der Demokratische Aufbruch etwa, der in Dresden entstand und mit Rainer Eppelmann, Friedrich Schorlemmer und Ehrhart Neubert ebenfalls evangelische Theologen als Gründungsväter hatte, beließ es bei einer Demokratisierung von Staat und Gesellschaft und der Forderung nach freien und geheimen Wahlen. Anfang September 1989 traten dann die Gruppen Demokratie Jetzt und das Neue Forum (Bärbel Bohley, Katja Havemann) an die Öffentlichkeit, beide gedacht als Reformbewegungen von unten, die einen demokratischen, »eigentlichen« Sozialismus anstrebten.

Wir in Rostock waren der Ansicht, dass wir uns zunächst nicht in Gruppen aufspalten sollten. Da über Heiko Lietz Kontakt zum Neuen Forum bestand und dies die größte unter den vielen kleinen Gruppen war, schlossen wir uns dem Neuen Forum an. Das war eine eher zufällige Entscheidung und nicht in erster Linie die Zustimmung zu einem bestimmten Programm, was dazu führte, dass sich später innerhalb des Neuen Forums verschiedene Flügel herausbildeten und in Rostock einzelne Mitglieder in andere Organisationen oder Parteien wechselten.

Zunächst gab es kein Büro, kein Telefon, keine Schreibmaschine. Wenn Treffen nicht in Kirchenräumen stattfanden, mussten sie in Privatwohnungen abgehalten werden. Eine Kontaktadresse musste her. Noch war die Sorge groß, dass die Kontaktperson eingesperrt würde. Da haben wir eine Person erfunden namens Nathan Frank – den Vornamen erhielt sie nach Nathan dem Weisen, den Nachnamen nach Anne Frank –, ihr Briefkasten hing neben meinem in der Rostocker Altstadt, Bei der Nikolaikirche 7, wo wir seit dem Umzug aus dem Neubaugebiet wohnten.

Das Besondere dieser Tage war, dass etwas völlig Unerwartetes geschah. Wir kannten die Niederlagen, jeder hatte sie verinnerlicht: den 17. Juni 1953, den Ungarn-Aufstand und den Streik der polnischen Arbeiter in Posen 1956, den Mauerbau 1961, den Prager Frühling 1968, die Streiks an der polnischen Ostseeküste 1970, das Verbot der unabhängigen Gewerkschaft Solidarność 1981 – alles Signale eines letztlich zum Scheitern verurteilten Protestes.

Die Freiheit hatte immer verloren, die Mutigen waren bestraft, erschossen, verhaftet worden, die totalitäre Macht hatte sich behauptet. In ihrer jahrzehntelangen Ohnmacht hatten die Menschen eingeübt, sich nicht mehr zu erkennen zu geben, so zu tun, als würde alles seinen sozialistischen Gang gehen. Offen redeten sie nur noch im Kreis von Familien und Freunden, manchmal auch unter Alkoholeinfluss.

Doch dann wagten sie sich auch bei uns im Norden – langsam, zögerlich – aus der Deckung. Den Anfang machte Pastor Hans-Henning Harder in Waren an der Müritz. Am 16. Oktober forderte er die 450 Teilnehmer seines Fürbittgottesdienstes in der Georgienkirche auf, mit brennenden Kerzen zur Marienkirche zu ziehen, wo der Gottesdienst mit einem Gebet ausklingen sollte. Etwa hundert Menschen verfolgten den Zug allerdings aus sicherem Abstand, offensichtlich schien ihnen die Aktion noch zu riskant. Zwei Tage später in Neubrandenburg war die Stimmung aber schon umgeschlagen: Der Zug aus 1500 Menschen, der von der Johanniskirche losgezogen war, wuchs bis zu seiner Ankunft bei der katholischen Kirche auf 3000 Teilnehmer an. Der Rücktritt Honeckers hatte mobilisierend gewirkt und die Angst gemindert. Am selben Tag demonstrierten auch die Greifswalder, wir Rostocker folgten einen Tag später. Und was den Leipzigern der Montag war, wurde uns Rostockern der Donnerstag: In Zukunft würden wir an diesem Tag jeweils einen Fürbittgottesdienst abhalten und anschließend auf die Straße gehen.

Auf einer Art Redaktionssitzung bereiteten wir die Gottesdienste vor: Welches Thema sollte im Mittelpunkt stehen, welcher biblische Text und welche Lieder eigneten sich am besten? Wir verlasen Aufrufe der neuen Bewegungen, meldeten Erfolge aus anderen Regionen. Besonders erfreut und ermutigt hat uns ein Dokument aus dem sächsischen Plauen. Dort hatte sich der Wehrleiter der Freiwilligen Feuerwehr am Tag nach der großen Demonstration in Plauen auf nahezu Schwejksche Weise an den Rat der Stadt gewandt:

Die Freiwillige Feuerwehr distanziert sich und verurteilt aufs Schärfste das Vorgehen mit Tanklöschfahrzeugen gegen Bürger anlässlich einer Kundgebung am 7. Oktober im Bereich Otto-Grotewohl-Platz und Umgebung!

Das zweckentfremdete Einsetzen von Tanklöschfahrzeugen als Wasserwerfer gegen fast ausschließlich fast friedliche, unbewaffnete Bürger und Kinder vereinbart sich auf keiner Weise mit den Aufgaben der Feuerwehr entsprechend dem Brandschutzgesetz vom 19.12.1974!

Durch diesen sinnlosen Einsatzbefehl des Einsatzleiters der VP [Volkspolizei] wurden Leben und Gesundheit der bis dahin überwiegend friedlichen Bürger gefährdet sowie Löschfahrzeuge und Leben und Gesundheit der Besatzungen unverantwortlich aufs Spiel gesetzt …

Wir erwarten zu diesen Maßnahmen eine Stellungnahme der staatlichen Organe!

Als wir merkten, wie viele Menschen unter das Dach der Kirche strömten, wurden zunächst drei, später vier Kirchen geöffnet, wo exakt dieselben Texte gelesen, dieselben Lieder gesungen und dieselben Informationen weitergegeben wurden. Die meisten kamen in die große Marienkirche; am 19. Oktober standen 5000 Besucher eng aneinandergepresst im Kirchenschiff und schwitzten, obwohl es bitterkalt war. »Selbstgerechtigkeit tötet, Gerechtigkeit rettet« hatten wir den Predigttext überschrieben. Ich spürte die Erwartung der Menschen, die alte Angst wie die junge Hoffnung.

»Was einmal voller Leben und Kampf für Freiheit und Recht war«, sagte ich dann, »kann entarten, sich in das krasse Gegenteil verkehren. Wie der Glaube an Gott degenerieren kann zu entleerten Ritualen, so kann es mit gesellschaftlichen Entwicklungen geschehen. Welch ein Unterschied: ›Die Internationale‹, das Lied der Kämpfer auf den Straßen, wenn es heute auf den Festen der herrschenden Kreise erklingt! Vor den Tribünen ziehen noch immer Menschen vorbei, rituelle Gesänge und Sprüche und die Macht zwar ergraut, aber stabil dem Volk gegenüber – fern, ganz

Im Herbst 1989 in der Rostocker Marienkirche – noch formulierte ich Träume: »Ich gehe zur Arbeit und kann sagen, was wahr ist. Ich sitze in der Kneipe, rede, schimpfe und lache und sehe mich nicht um nach der ›Firma‹. Ich betrete Chefetagen und Ämter der Volkspolizei und werde behandelt wie ein mündiger Bürger.«

fern. Und in derselben Stadt, demselben Land Menschen über Menschen, die einfach weglaufen, weil sie nichts mehr hoffen. Und solche, die plötzlich ihrer Angst ›Auf Wiedersehen‹ sagen und den aufrechten Gang trainieren.«

Ich konnte nicht weitersprechen an dieser Stelle, verstummte, führte mit mir einen inneren Monolog: »Hast du den Mund nicht zu voll genommen?«, während mich die Botschaft gleichzeitig überwältigte. Auf einem Tonbandmitschnitt hört man das lange Schweigen, dann klatschten die Menschen Beifall. Es brach aus ihnen heraus, Lachen und Weinen gleichzeitig.

Ich spürte förmlich die Energie, die von diesen Menschen

ausging. Was als Ermutigung begann, würde als Ermächtigung enden. Und wir würden nicht mehr schweigen: »Wir wollen nicht in Schizophrenie unser Leben verbringen. Wir wollen hier leben in Wahrheit und Gerechtigkeit. Wir wollen nicht mehr hätscheln und entschuldigen, was uns krank macht. Wir wollen Recht Recht und Unrecht Unrecht nennen ... Wir wollen dabei lernen, unsere eigenen Ängste zuzulassen. Wie Václav Havel sagte: ›Die Macht der Mächtigen lebt von der Ohnmacht der Ohnmächtigen.‹ Es gibt genug Stasi-Leute um uns herum, wir suchen die Stasi nicht in uns.«

Die Menschen standen unter Hochspannung, nach dem *dona nobis pacem* strömten sie hinaus auf die Straße. Dort warteten bereits junge Leute, um endlich auch in Rostock loszuziehen. Einer trug einen bunten Schmetterling mit der Aufschrift »Gewaltfrei für Demokratie«. Hinter diesem Zeichen setzte sich spontan der Zug der Rostocker in Bewegung. Es hatte nur eines letzten Schrittes bedurft, um die Aufbruchstimmung aus der Kirche auf die Straße zu übertragen. Wir erlebten etwas Ungewöhnliches. Es war groß, uns bisher nicht bekannt gewesen. Benennen würden wir es später: Wiedergeburt des mündigen Bürgers.

Aus zwei Kirchen strömten die Menschen zusammen, Anwohner und Passanten schlossen sich ihnen an, schließlich zogen 10 000 Menschen durch die Kröpeliner Straße und das Kröpeliner Tor in die August-Bebel-Straße zum Gebäude der Staatssicherheit. Dort stellten wir Kerzen auf, auf den Fenstersimsen, den Treppenabsätzen und direkt neben den Posten, die gestiefelt und in Uniform an der Eingangstür standen. Anfangs haben wir uns noch nicht getraut, laut zu rufen. Wir standen nicht wie andere Städte im Blickpunkt der Öffentlichkeit, hatten keine Westjournalisten dabei und wussten noch nicht, wie weit wir gehen konnten. Wir begannen zu klatschen, in dem Rhythmus, den wir aus dem Westen kannten: Ho Ho Ho Tschi Minh – natürlich ohne den Ruf. Einmal stimmten ein paar Menschen den Refrain der Internationale an:

Völker hört die Signale
Auf zum letzten Gefecht!
Die Internationale
erkämpft das Menschenrecht!

Mehr Text kannten sie nicht. Mit einem sozialistischen Ideal aus der alten Hymne der Arbeiterbewegung zogen sie gegen die sozialistische Wirklichkeit. Doch nicht viele stimmten ein. Noch gab es keine gemeinsame Erfahrung im Widerstand, kein gemeinsames Lied, man spürte unsere kulturelle und politische Armut. Aber wir waren auf der Straße! Endlich und tatsächlich. Hätte ich es nicht mit eigenen Augen gesehen, ich hätte es nicht geglaubt. Ich hatte vergessen, wozu wir fähig waren.

Am nächsten Tag stand in der *Ostseezeitung*, wir hätten die Werktätigen gestört, sie hätten doch morgens früh aufstehen und arbeiten müssen, auch die Kinder hätten nicht schlafen können. Doch die Sachsen dankten uns unsere Initiative. »Mecklenburg schläft nicht«, stand auf einem Transparent der Leipziger Montagsdemonstration am 23. Oktober 1989.

Ja, der Norden war aufgewacht. Es vollzog sich ein unglaublicher Wandel. Völlig unbekannte Menschen kamen zu uns, auch Menschen, die weder getauft noch konfirmiert waren. Einige mussten wir darauf hinweisen, dass man die Mütze abnimmt, wenn man ein Gotteshaus betritt. Sie lernten auch das Vaterunser. Gemeinsam übten wir Lieder. Allerdings sprang der Funke nicht immer über. Lieder von Wolf Biermann und »We shall overcome« waren unseren Jugendlichen eher peinlich, das waren die Songs ihrer Eltern. Viele Besucher der großen Fürbittandachten kannten auch keine Choräle. Da haben wir mit voller Orgelbegleitung immer und immer wieder den großen Choral gesungen:

Sonne der Gerechtigkeit,
Gehe auf zu unsrer Zeit;
Brich in deiner Kirche an,
dass die Welt es sehen kann.
Erbarm Dich, Herr!

Kraft kam über uns. Gemeinsam würden wir es schaffen! Es war die Zeit der Gemeinschaft.

Staat und Partei fürchteten die Demonstrationen, erklärten sie anfangs für illegal. Sie waren verunsichert, schwankten zwischen Angeboten zum Dialog und einem Konfrontationskurs. Am Morgen des nächsten Donnerstag, es war der 26. Oktober, erreichten uns sogar warnende Anrufe von Arbeitern aus verschiedenen Betrieben: Parteisekretäre würden Genossen und Mitglieder der Kampfgruppen zur Teilnahme an dem Fürbittgottesdienst aufrufen. Wir waren alarmiert. War eine Provokation geplant, ähnlich der in Schwerin, wo Parteikräfte drei Tage zuvor – glücklicherweise erfolglos – versucht hatten, die Demonstration des Neuen Forum zu vereinnahmen und sogar Waffen an Funktionäre hatte ausgeben lassen?

Am Mittag fand ein Treffen im Rathaus statt, das erste Treffen zwischen Staat und Opposition. Ich war einer der vier Unterhändler von Seiten der Kirche. Unter großem Zeitdruck sicherten beide Seiten Gewaltlosigkeit zu – das war das gemeinsame Interesse. Wir versprachen, für die Sicherheit bei der Demonstration zu sorgen, und der Staat verpflichtete sich, den Einsatz der Volkspolizei auf die Regelung des Verkehrs zu beschränken. Wenige Stunden später warb ich in der Marienkirche für diese Taktik vor Tausenden von Bürgern, unter die sich Hunderte Genossen und Stasi-Mitarbeiter gemischt hatten, meist schnell erkannt von ihren Banknachbarn aufgrund ihres auffällig zurückhaltenden Benehmens: »Wir möchten euch jetzt sagen: Verzichtet auf jede Art Gewalt gegen Personen oder Sachen! Auch die anwesenden Gäste aus den SED-Betriebsparteiorganisationen sowie den Kampfgruppeneinheiten bitten wir, dieser Aufforderung zu folgen. Ihnen speziell sagen und zeigen wir: Hier geschieht nichts Unrechtes. Hier suchen Menschen nach Wahrheit, Gerechtigkeit und Zukunft.«

Was wir damals nicht wussten: Seit Mitte Oktober scheinen SED und Staatssicherheit in Rostock die gewaltsame Unterdrückung der Demonstrationen nicht mehr ernsthaft erwogen zu haben. Am 26. Oktober wies Einsatzleiter Oberst Amthor die

Einsatzkräfte an: »Wir dürfen nicht schießen, wenn wir schießen, schießen wir uns die Entwicklung kaputt … Auch wenn bei den Beschimpfungen und Beleidigungen unser Herz blutet und der Finger juckt.« Demonstrationen seien, schwenkte auch Oberbürgermeister Henning Schleiff Ende Oktober um, ein legitimes Recht der Bürger. Nur: Wer garantiere, dass sie gewaltlos bleiben würden? Da mit der Volkspolizei tatsächlich die Regelung des Verkehrs während der Demonstrationen abzusprechen war, bildeten wir ein Bürgerkomitee, das dem Rat der Stadt und der Volkspolizei künftig als Ansprechpartner zur Verfügung stehen würde. Am 9. November wurde die »Sicherheitspartnerschaft« zwischen der Bürgerbewegung und der Volkspolizei offiziell aus der Taufe gehoben. So kam es, dass wir das Stasi-Gebäude erst vor gewaltbereiten Jugendlichen schützten, als sie Überwachungskameras herunterzureißen versuchten, bevor wir es fünf Wochen später besetzten – selbstverständlich friedlich, mit Hilfe der Volkspolizei. Für uns waren Partei und Stasi wichtigere Gegner, wir setzten auf die Polizei – absurd genug –, um in einer revolutionären Situation die Ruhe aufrecht zu erhalten.

Die gewaltfreie Taktik erschien uns allerdings realpolitisch die einzig vernünftige Lösung, denn wir dachten, wenn die Gewalt erst einmal anfängt, können wir sie nicht mehr stoppen. Gleichzeitig bekannten wir uns, die wir mehrheitlich aus kirchlich inspirierten Kreisen kamen, zur gewaltlosen Bürgerrechtsbewegung von Martin Luther King. Auch wir wollten politische Reformen durch Gewaltfreiheit. »Gewaltlosigkeit ist die Macht, die aus der Liebe und der Wahrheit kommt«, sagte ich im Gottesdienst am 26. Oktober. Aber: »Gewaltlos für das Neue zu kämpfen, hat nichts mit Verschlossenheit und Kraftlosigkeit zu tun. Männer, die gestern der Lüge dienten, treten heute zurück. Sie wissen nämlich, was wir wissen: Neue Männer braucht das Land – und neue Frauen braucht das Land! Und hier und überall stehen sie: Unser Land hat neue Menschen!!!«

Es stimmte: Die Verstummten und vom bangen Schweigen Genormten begannen zu reden und waren auch bereit, zu handeln. Die bisher so Ängstlichen und Angepassten reihten sich ein in den Protest. Überraschend umstandslos vollzog sich beim aktiven Teil der Bevölkerung der Wandel von der Haltung der Gefolgschaft zur Haltung der Ermächtigten. Ungeahnte Potenzen wurden freigesetzt. Freiheit, wenn sie jung ist und Befreiung heißt, ist wie ein Frühling – die Tage werden heller, und ein stürmischer Wind bringt Wärme, die das alte Eis schmelzen lässt.

Es war Glück.

Ich spüre es noch heute im Brief an meine Kinder Christian, Martin und Gesine im Westen, den ich einen Tag nach diesem Fürbittgottesdienst verfasste:

Immer wieder an diesen Tagen, fast die Woche über, lösten Tränen Freudenausbrüche ab. Eine Wahnsinnszeit! Die Marienkirche war noch voller als eine Woche zuvor: etwa 7000 Menschen pressten sich in ihren Mauern, draußen vor der Kirche waren Lautsprecher angebracht, Tausende standen um die Kirche. In St. Petri, Michaeliskirche und Hl.-Geist-Kirche waren gleichzeitig dieselben Gottesdienste. Am Schluss kam es dann zu der erwarteten Demonstration …

So zogen ca. ab 22 Uhr an die 30 000 (!) Menschen los. Als ich endlich auf die Kröpeliner Straße kam, war die Spitze des Zuges schon vor der Stasi. Viele Transparente wurden gezeigt: »Demokratie«, »Freie Wahlen«, »Neues Forum«, »Weg mit dem politischen Strafrecht«, »Reisefreiheit«, »Egon, wir sind nicht die Olsenbande«, usw. usw. In den Straßen mit Bewohnern sollten die Menschen etwas ruhiger sein, was sie auch taten. Bei der Stasi ging es dann aber hoch her: »Stasi raus«, Pfiffe, »Stasi in die Produktion!«. Dann vor dem Rathaus: »Freie Wahlen«, »Alle Räder stehen still, wenn dein starker Arm es will«. Schließlich die Auflösung am Kröpeliner Tor, so wie wir die Menschen gebeten hatten. Kein Ordner, aber total diszipliniert! Keinerlei Zwischenfall. Nur: in jedes erreichbare Fenster des Stasi-Gebäudes hatten Demonstranten brennende Kerzen gestellt, dicht an dicht. Vor den großen Toren ebenfalls. Es war ein Wahnsinnsanblick und ein ergreifendes Gefühl. Das Volk stand an der Zwingburg derer, vor denen es sich sonst immer gefürchtet hatte, und sagte laut und wütend seine Meinung!!

Und die Gesichter der Menschen. Alle schauten sich an: Ist es wirklich wahr? Gehe ich in meiner Heimatstadt als Demonstrant auf die Straße, ohne zu fragen? Tausende sagten: »Dass ich das noch erlebe!« Ich sagte es wie sie immer wieder. Mensch, Christian und Ihr alle – Ihr konntet nicht dabei sein! Aber ohne Eure Schritte hätten die DDR-Bürger wohl noch länger geschlafen. Ich könnte noch stundenlang weitererzählen, aber kommt lieber und seht: Es sind historische Tage.

Schön: Die Presse schwenkt auf unsere Seite über. Das Neue Forum taucht plötzlich in der Presse auf. Ich kann ein Interview geben, knallharte Berichte zeigen, dass die Journalisten was wollen. Überall brodelt es. Wie wird es weitergehen? Wird die SED lernen, die Macht zu teilen? Ich denke auch an meine Arbeit für den Kirchentag '88. Wie haben wir da für den Dialog gearbeitet! Kein einziger Politiker wollte sich stellen. Ein paar Professoren waren das Dialog-Feigenblatt. Nun reden sie jeden Tag von Dialog, als hätten sie ihn erfunden. Aber das Volk will eigentlich etwas anderes. Man erwartet, dass sie gehen und besseren Leuten Platz machen.

Vielleicht schicke ich auch noch eine Kopie von der einen oder anderen Predigt. Meine Kollegen haben mir sozusagen ein Mandat für diese Arbeit der politischen Predigt erteilt. Ich muss einfach mit allem, was ich bin und kann, das sagen, wofür ich mein ganzes Leben in diesem Land gearbeitet, gekämpft und auch gelitten habe. Und es ist gut und richtig so!

Bis zum Herbst 1989 war ich ein Pastor gewesen, der im kirchlichen Dienst aufging, dabei seinen Jugendlichen, seinen Gesprächskreisen und seiner Gemeinde im Gottesdienst die Wahrheit nicht schuldig blieb – das war in Rostock bekannt –, aber ich gehörte keiner außerkirchlichen Opposition an. Im Herbst 1989 wuchs ich Schritt für Schritt in eine politische Rolle hinein.

Der Sturm hatte mich mitgenommen; nie waren wir aktiver als in diesen Wochen. Binnen kurzem nannte mich eine Rostocker Zeitung »Revolutionspastor«. Mein Rollenwechsel blieb auch Rechtsanwalt Schnur nicht verborgen, der der Stasi bis zum Schluss die Treue hielt und – nun als IM Dr. R. Schirmer – nach dem Fürbittgottesdienst am 26. Oktober meldete: »Klar und eindeutig hat Gauck eine politische Rede gehalten und nicht geistlich einen Gottesdienst abgehalten … Speziell zu Pastor Gauck muss man feststellen, dass er mit seiner Rolle, politisch etwas vortragen zu können, sich bestätigt fühlt, jetzt einen Weg der unmittelbaren Einmischung in die Staatsangelegenheiten zu gehen.«

Rasend schnell breitete sich aus, was in Sachsen auf die Formel gebracht worden war »Wir sind das Volk«. Ich hörte in diesem Satz mit, was deren Erfinder 1989 wahrscheinlich noch gar nicht im Kopf hatten. Mit der Ermächtigung der Vielen ging die Ermächtigung des Einzelnen einher. Wer einst nur als Staatsinsasse mit staatlich geregelter Eingangs- und Ausgangsordnung aus dem Biotop gelebt hatte, erkannte nun seine Rechte, erklärte sich für zuständig. Die Losung war ein ernster Appell an den, der sie aussprach: Wenn du das Volk bist, also der Souverän, dann trägst du auch Verantwortung. »Wir sind das Volk« sollte in jedem Klassenzimmer hängen. Gibt es einen schöneren Satz aus dem langen Kampf für Menschen- und Bürgerrechte in diesem Land? Gehörte er nicht ins kollektive Gedächtnis der ganzen Nation?

Damals wehte mit dem Satz aus Sachsen eine doppelten Botschaft über das Land: Den Einen bestritt sie das Recht zu herrschen, weil sie ohne Recht herrschten, die Anderen forderte sie auf, den nun offenen Raum zu betreten, die Macht, die auf der Straße lag, zu übernehmen, an das Recht zu binden und als frei gewählte Volksvertretung auszuüben.

Auch Tausende von Parteimitgliedern der SED spürten die Kraft, die von der Losung ausging. Die neue Mündigkeit wirkte ansteckend. Viele einfache Parteimitglieder protestierten durch Austritt, sie wollten nicht länger Teil einer herrschenden Klasse sein, die als Gegner oder als Feind des Volkes agierte, andere waren ermutigt: Bald würden die reaktionärsten Bastionen der ideologischen Festung gestürmt, alte Kader gestürzt und sogar aus der Partei ausgeschlossen sein!

Sicher wäre all dies auch ohne eine starke Losung geschehen, aber mit ihr ging es schneller und besser. Am Ende wurde aus unserer Protestbewegung eine Revolution. Das Oberste, was für alle Zeiten hatte oben sein wollen, wurde nach unten gekehrt. Ganz ohne Gewalt. Dies erschien manchen nach den Erfahrungen etwa mit der Französischen Revolution 1789 oder der Revolution in Russland 1917 ein Widerspruch in sich. Revolution war bis dahin immer mit Gewalt verbunden gewesen. Viele sprechen daher lieber von einem Zusammenbruch, einem Kollaps, einer Implosion, einer Wende, zumindest von einer »friedlichen«, einer »samtenen« oder einer »verhandelten« Revolution im Osteuropa des Jahres 1989. Timothy Garton Ash sprach von einer »Refolution«, was eine Mischung aus Reform und Revolution bezeichnen sollte. All diese Einschränkungen ändern für mich nichts an der grundlegenden, eine Revolution kennzeichnenden Tatsache, dass eine staatliche Ordnung durch das Volk gestürzt und durch ein neues System ersetzt worden ist – auch wenn kein Blut floss und die Aufbegehrenden Transparente und Kerzen statt Waffen in den Händen hielten.

Damals, im Herbst 1989, versuchten Partei und Staat noch, die Mobilisierung der Bevölkerung umzuleiten, die Menschen von der Straße weg- und in institutionalisierte Bahnen zurückzulenken. Dialogveranstaltungen sollten die Unzufriedenheit auffangen und die Meinungsführerschaft der Partei wieder herstellen. Der stellvertretende Rostocker Bürgermeister erschien sogar in unserem Fürbittgottesdienst am 19. Oktober, um für eine derartige Veranstaltung am folgenden Tag in der Ostseehalle zu werben. Hätte die SED ein Jahr zuvor, etwa auf dem Kirchentag 1988, ähnlich wie die ungarischen Reformsozialisten Miklós Németh und Staatsminister Imre Pozsgay auf die privilegierte Rolle der Partei verzichtet und einen Parteienpluralismus akzeptiert, wir Bürgerbewegte wären auf das Dialogangebot eingegangen. Jetzt sahen wir in den Herrschenden keinen Dialogpartner mehr, sondern nutzten die öffentlichen Diskussionen in der Sport- und Kongresshalle, um sie zu delegitimieren.

Bei der letzten großen Veranstaltung über »Parteienpluralismus und Bürgermitbestimmung« am 5. November saß der Erste Sekretär der Bezirksleitung, Ernst Timm, selbst auf dem Podium, eben jener, der in der Volkskammer die Resolution zur Unterstützung der chinesischen Genossen eingebracht hatte. Timms Wortwechsel mit Reinhart Haase, einem Mitglied des Neuen Forums, der schon seit Jahr und Tag das offene Wort pflegte und in der Rostocker Kirchenszene durch unorthodoxes Auftreten auffiel, war bald jedermann an der Küste bekannt, denn er wurde mehrfach im Radio wiederholt.

Haase fragte Timm zunächst nach seiner Haltung zur Diktatur des Proletariats.

Timm: »Ja, wie soll man dazu stehen … Bis jetzt … Moment … Ich stehe eigentlich so dazu, wie es schon von Lenin formuliert worden ist. (Zwischenrufe: Wie denn?) Ja, da müsste man jetzt nachlesen. (Pfiffe, Rufe) Die Zeit haben wir jetzt nicht. Moment. In wenigen Sätzen kann man das nicht erklären, aber ich will Folgendes sagen: Diktatur des Proletariats als Synonym für die führende Rolle der Arbeiterklasse im breitesten Bündnis mit allen Kräften des Volkes.«

Haase: »Dankeschön. Zweite Frage: Welche politische Strukturveränderung planen Sie, und gehört die Auflösung der Nationalen Front dazu?«

Timm: »Bis jetzt nicht.«

Haase: »Bis jetzt nicht. Dankeschön. Ist die sozialistische Demokratie des Volkes ein Fortschritt gegenüber der Diktatur des Volkes, gegenüber der Diktatur des Proletariats?«

Timm: »Ich würde sagen, beides kann man nicht gegeneinander stellen.«

Haase: »Der Aderlass der Menschen in unserem Land schmerzt mich und Sie. Was können wir dagegen tun? Ich fordere, dass die

gesamte Regierung zurücktritt mit allen Ministern. Was empfehlen Sie?«

Timm: »Ich verstehe den Ernst der Dinge, der mich genauso traurig
macht. Ich fordere eine außerordentliche Volkskammerver-
sammlung, auf der sich zu diesen Fragen die entsprechenden
Vertreter in der Volkskammer äußern und Position beziehen.
(Zwischenruf: Wie lange noch?) …«

Haase: »Das Letzte: Ich bin kein gewählter Sprecher des Neuen
Forums, aber vertretend würde ich mich mit ins Präsidium setzen. Ich tue eine Tat und setze mich an die Seite der LDPD★.«

Haase stieg daraufhin auf das Podium, auf dem nur Vertreter der
SED und der Blockparteien saßen, entfaltete unter großem Beifall des Publikums ein Schild mit der Aufschrift »Neues Forum«
und setzte so den Themenschwerpunkt der Dialogveranstaltung
»Parteienpluralismus« in die Praxis um.

Als das Neue Forum am 8. November endlich zugelassen
wurde, war es für den »Parteienpluralismus« allerdings zu spät. Der
Machtverlust der SED war nicht mehr aufzuhalten. Wir wollten
mit deren Funktionären keine partnerschaftliche Zusammenarbeit
mehr zur Verbesserung des Sozialismus, wir wollten deren Ent-
machtung. Mit der Forderung nach freien Wahlen drohte der
SED-Führung ein Machtverlust wie den Genossen in Polen.

Unter dem Druck von Egon Krenz, Günter Schabowski und
Hans Modrow trat die Regierung Willi Stoph am 7. November
zurück. Damit war auch Erich Mielke entmachtet, der berüchtigte Leiter des Ministeriums für Staatssicherheit. Noch kurz vor
seinem erzwungenen Rücktritt hatte er aufgrund der »sich zu-
spitzenden Bedingungen« an alle Leiter der Kreis- und Objekt-
dienststellen den Befehl ausgegeben, »den Bestand an operativen
Dokumenten auf den unbedingt notwendigen Umfang zu redu-
zieren«. Das war die Aufforderung zur begrenzten Aktenvernichtung. Dem entsprachen Informationen über die Verbrennung von

★ Liberaldemokratische Partei Deutschlands, eine Blockpartei der SED

Akten, die wiederholt beim Sprecherrat des Neuen Forums eingingen. Es musste etwas geschehen! In mehreren Städten wurden daraufhin für den 4. Dezember Besetzungen der Stasi-Gebäude geplant.

Noch wenige Wochen zuvor wäre es ein aberwitziges Unterfangen gewesen, die Einrichtungen der Geheimpolizei zu stürmen. Nicht einmal die mutigen Polen hatten eine Besetzung des Sicherheitsdienstes gewagt. Wo auch immer die Kommunisten ihre Herrschaft seit dem Putsch der Bolschewiki 1917 etabliert hatten, hatten sie ein Bollwerk gegen das eigene Volk errichtet, eine Instanz, die als »Schwert und Schild der Partei« (Feliks Dzierżyński), als Geheimpolizei wie als Inlandsgeheimdienst und Terrorgruppe funktionierte. Mochte die Praxis des Sicherheitsdienstes nach dem 20. Parteitag der KPdSU 1956 bei weitem nicht mehr so blutig sein wie zu Zeiten Stalins, so hatte Erich Honecker doch noch Anfang Oktober 1989 den Befehl zur Unterdrückung der Unruhen gegeben, zugleich waren Bezirks- und Kreiseinsatzleitungen und der so genannte Vorbeugekomplex aktiviert worden.

In dem 1967 vom MfS ausgearbeiteten Vorbeugekomplex war festgelegt, welche Bürger im »Ernstfall« zu verhaften und in Stasi-Untersuchungsgefängnissen oder in »Isolierungslagern« festzusetzen seien. Es war genau vorgegeben, wer wo wen zu verhaften hatte, Lageskizzen der Wohnungen samt Foto der Betreffenden lagen den Unterlagen bei. Im Dezember 1988 umfasste die Liste 84 572 Personen, darunter 9000 aus den Nordbezirken. Als Isolierungsobjekte waren vorübergehend Ferienheime, Gaststätten, Lehrlingsheime, selbst Garagen in unmittelbarer Nähe der Wohnorte vorgesehen. Innerhalb weniger Tagen sollten die Internierten in zentrale Objekte überführt werden – etwa in die Festung Augustusburg im Bezirk Karl-Marx-Stadt, die Platz für 6000 Inhaftierte bot.

Seit Anfang Oktober brachten die Dienststellen des MfS die Listen der zu Verhaftenden und der Internierungslager auf den neuesten Stand. Verantwortlich in Rostock war Generalleutnant Rudolf Mittag; er legte mit dem Bezirkschef der Volkspolizei die

Verfahrensweisen bei der Errichtung »zentraler Zuführungspunkte« fest und befahl, alle Personen zu erfassen, »von denen gegenwärtig eine besondere Gefährdung der staatlichen Sicherheit und Ordnung ausgehen könnte«. Unter dem 23. Oktober werde auch ich als einer dieser »Organisatoren demonstrativer gegen Staat und Gesellschaft gerichteter Handlungen beziehungsweise oppositioneller Sammlungsbewegungen im Bezirk« aufgeführt. Gauck, so heißt es in den entsprechenden Stasi-Unterlagen, habe am 19. Oktober 1989 »zur Teilnahme an der Demonstration durch die Rostocker Innenstadt« aktiviert, und er habe sich »gegen die Politik der Partei- und Staatsführung sowie gegen das Ministerium für Staatssicherheit« gewandt.

Wir haben von der Existenz der Notstandsszenarien und des »Vorbeugekomplexes« zwar erst nach Erstürmung der Stasi-Zentralen erfahren, hielten gewaltsames Vorgehen aber wohl bis in den November hinein immer noch für möglich. Wir hatten das Kriegsrecht in Polen von 1981 in Erinnerung. Andererseits war die befürchtete gewaltsame Konfrontation bei der Leipziger Demonstration am 9. Oktober ausgeblieben, und es gab bereits die Erfahrung mit der Linie »Keine Gewalt« in der »Sicherheitspartnerschaft«. Honecker und Mielke waren zurückgetreten, in Partei und Regierung hatten mehr am Dialog denn an Gewalt orientierte Genossen die Macht übernommen.

Anfang Dezember befand sich die Partei zudem in einer prekären Lage, nachdem etwa dreihundert aufgebrachte Menschen in Kavelstorf unweit von Rostock ein geheimes Waffenlager entdeckt hatten. Es handelte sich um das Hauptlager der IMES, einer Firma des DDR-Außenministeriums, die der »Kommerziellen Koordinierung« (KoKo) unterstand. Fassungslos registrierten die Kavelstorfer achtzig Waggonladungen mit Waffen, Munition und militärischem Gerät. Sie empfanden die SED und die Repräsentanten des »Friedensstaates« nur noch als Heuchler. Das günstig in der Nähe des Rostocker Überseehafens gelegene Werk hatte seit 1982 in den Nahen Osten, nach Afrika und Südamerika geliefert. Der Honecker und Mielke direkt unterstellte Leiter der KoKo,

GARANT DER SED-DIKTATUR

Für eine Ausstellung über die Tätigkeit der Staatssicherheit wähl-
ten wir als Titelfoto eine Protestdemonstration vor der Bezirks-
verwaltung der Stasi in Rostock. Erst haben wir ihnen nur Zorn
und Verachtung gezeigt, am Ende waren ihre Gebäude und
Akten in unserer Hand.

Stasi-Generalmajor Alexander Schalck-Golodkowski, setzte sich,
um der drohenden Verhaftung zu entgehen, nach der Entdeckung
des Waffenlagers noch in der Nacht zum 3. Dezember nach Westdeutschland ab.

Kavelstorf und die Flucht von Schalck-Golodkowski schürten
die Empörung weiter. Als der Rundfunk in den frühen Morgen-
stunden des 4. Dezember noch meldete, die Stasi habe eine Aktion
größeren Ausmaßes zur Vernichtung der Akten eingeleitet, wollten
wir die weitere Entwicklung nicht mehr stillschweigend abwarten. Wie viele andere in Städten wie Erfurt, Leipzig und Dresden
beschlossen auch wir in Rostock, in die Höhle des Löwen einzudringen. Die Stasi sollte endlich ihre Arbeit einstellen und die
Aktenvernichtung beenden.

Gegen 16 Uhr postierte sich eine kleine Gruppe vor dem
Haupteingang des Stasi-Bezirksgebäudes in der Rostocker August-

Bebel-Straße. Kerzen wurden entzündet. Gegen 16.30 Uhr war die Menge so groß, dass alle Zufahrten zum Gelände gesperrt werden konnten.

Der Leiter des Amtes, Generalleutnant Rudolf Mittag, verweigerte zunächst jeden Kontakt mit Vertretern des Neuen Forums und fand sich allein zu Verhandlungen mit dem Superintendenten Dr. Joachim Wiebering und dem Rechtsanwalt Hans-Joachim Vormelker bereit. Gegen 22 Uhr stießen jedoch zehn Demonstranten zu der Verhandlungsgruppe hinzu, ihnen folgten weitere, die die Stimmung aufheizten: Sie waren in das Stasi-Objekt Waldeck bei Rostock eingedrungen und hatte Spuren der Aktenvernichtung gefunden.

Hatte Mittag seine Vorgesetzten in Berlin zunächst noch über den Ablauf der Ereignisse auf dem Laufenden halten können, so wurde das gegen Mitternacht von den Bürgern unterbunden. Um diese Zeit tauchten auf Druck der Besetzer endlich und widerwillig auch Staatsanwälte aus der Bezirksstaatsanwaltschaft auf, und einer von ihnen sprach den Satz, der zu einer Verwirrung führen sollte. »Ich führe Sie zu!«, erklärte er mit Blick auf Stasi-Chef Mittag und verließ mit ihm das Gebäude. Die Demonstranten hatten die »Zuführung« als Verhaftung verstanden – ein Irrtum, wie sich bald herausstellen sollte. »Zuführer« und »Zugeführter« wurden nämlich beobachtet, wie sie sich vor dem Stasi-Gebäude über die Abfahrt verständigten: »Fahren wir mit deinem Auto oder mit meinem?« Immerhin war der Herr der Burg nun draußen – die Demonstranten waren drinnen.

Der Arzt Ingo Richter hatte sich einen weißen Kittel übergestreift und war schon dabei, sich im Untersuchungstrakt um die Strafgefangenen zu kümmern. Entgegen den Vermutungen handelte es sich bei diesen nicht um politische Gefangene, sondern um Kriminelle. Später erzählte Richter, wie Axel Peters, der eigentliche Initiator der Aktion, ihn zu Hilfe gerufen habe: »Du, Ingo, komm' mal ein bisschen mit deinem roten Koffer in meine Nähe, du siehst ja, die sind alle noch bewaffnet«, wobei er auf die Wachleute wies. Dann habe sich Peters an sein Gegenüber gewandt, einen leitenden Offizier: »Können Sie nicht mal die Hand aus der Hosentasche nehmen, wenn Sie mit mir reden?!« Der nahm tatsächlich seine Hand aus der Tasche – und in der Tasche plumpste es. Er hatte seinen Revolver die ganze Zeit in der Hand gehalten.

Nach Mitternacht erschienen etwa dreißig Offiziere der Volkspolizei, die Demonstranten wurden ins Haus gelassen, etwa dreihundert Stasi-Mitarbeiter verließen es in den folgenden Stunden über verschiedene Ausgänge. Auf Schritt und Tritt von Bürgern begleitet, versiegelten die Offiziere der Volkspolizei die leeren Flure, um 6 Uhr morgens übernahmen sie die Verantwortung für die äußere Sicherheit des Gebäudes.

Rostock, im Oktober noch ein Schlusslicht der Revolutionsbewegung, hatte durch die Besetzung der Stasi-Gebäude mit Erfurt und Leipzig gleichgezogen. Ein Protokoll, unterschrieben von einem Vertreter der Demonstranten und einem Offizier der Stasi, hielt fest, dass das Amt seine Arbeit einstellte. Die revolutionäre Übernahme der bösen Stasi-Macht erfolgte mit der weniger bösen Volkspolizei und der Staatsanwaltschaft – ein Modell, das auch in anderen Orten praktiziert wurde.

Als wichtigstes Ereignis des Jahres 1989 hat sich in Deutschland und der Welt der Fall der Mauer eingeprägt. Für uns, die Akteure von damals, ist das allerdings nicht das zentrale Ereignis, denn ohne den 7. Oktober in Plauen, die Montagsdemonstrationen und insbesondere den 9. Oktober in Leipzig, ohne die Proteste in all den anderen Städten einschließlich meiner Heimatstadt hätte es keinen 9. November gegeben. Die Mauer fiel erst, als ihre Bauherren fielen. Vor der Einheit kam die Freiheit.

Der 9. November war ein Donnerstag, wir haben wie in den Wochen zuvor demonstriert, wieder waren 40 000 Rostocker auf den Straßen. Ganz zum Schluss, schon vor dem Rathaus, ich stieg gerade von der improvisierten Tribüne herunter, kamen zwei Volkspolizisten zu mir, um mir mitzuteilen, was sie gerade im Autoradio gehört hätten: »In Berlin fällt die Mauer.« Ich war in Gedanken in Rostock und nicht in Berlin, ich dachte an Freiheit und nicht an Mauerfall und sagte: »Meine Herren, bleiben Sie mal auf dem Teppich und machen Sie weiter Ihren Dienst.« Als ich zu Hause den Fernseher anstellte, sah ich: Sie hatten Recht. Noch am Tag zuvor hatte ich an einem der Kontrollpunkte gestanden, weil ich eine Ausreisegenehmigung zum Geburtstag meines Onkels Gerhard erhalten hatte. Wie immer hatte ich das flaue Gefühl gegenüber den Grenzoffizieren gespürt. Und nun fluteten die Massen an ihnen vorüber … Wahnsinn!

In Boizenburg und in Zarrentin spielten sich in der Nacht zum 10. November wie überall an den Grenzübergängen rührende Szenen ab. Am Tag danach bildeten sich lange Schlangen vor den Kreisämtern der Volkspolizei, allein im Bezirk Neubrandenburg wurden über 30 000 Reiseanträge gestellt und über 18 000 Visa für Privatreisen erteilt. Der Historiker Stefan Wolle sprach später von der »größten Volksbewegung des Wendeherbstes – der Pilgerfahrt in den Westen«. Auf den Bahnhöfen herrschte Chaos. Obwohl Sonderzüge eingesetzt wurden, konnten nicht alle mitgenommen werden, die in den Westen wollten.

Manche Bürgerrechtler fürchteten nach der Maueröffnung, wir würden die Menschen, die wir brauchen, an den Tourismus, an die neue Reisefreiheit verlieren. Wir hätten nicht mehr die Potentiale, um unseren politischen Kampf fortzusetzen. Das hat sich als Irrtum herausgestellt. Die Demonstrationen haben zwar zahlenmäßig abgenommen, aber bei uns in Rostock wurden sie noch weit ins neue Jahr hinein fortgeführt. Es gab die großen, kritischen Dialogveranstaltungen, ein aktiver Kern war also immer noch vorhanden. Den meisten ging es wie meinen Freunden: Sie fuhren kurz mal rüber und waren weiter Feuer und Flamme für die Veränderung der Gesellschaft zu Hause.

Einheit – wie hatte ich sie früher ersehnt, wie lange davon geträumt, in den Westen zu fahren! Aber jetzt hatte ich nicht so recht Zeit für den Westen, hatte im Osten so viel zu tun. Am 6. Dezember 1989 kam Willy Brandt zu uns, der erste bundesdeutsche Politiker, der nach dem Fall der Mauer offiziell die DDR besuchte. Ausgerechnet zu uns nach Rostock! Er sprach in der

Marienkirche, abends wurde live vom »Teepott« in Warnemünde die ZDF-Sendung »Kennzeichen D — Deutsches aus Ost und West« mit Dirk Sager übertragen. Neben Professor Rolf Reißig von der Akademie für Gesellschaftswissenschaften aus Berlin nahmen Wolfgang Schnur vom Demokratischen Aufbruch, Ingo Richter von unserer neu gegründeten Sozialdemokratie und ich als Vertreter des Neuen Forums teil. Es war die erste gesamtdeutsche Fernsehsendung.

Keinem Politiker der Nachkriegsgeschichte ist in Rostock ein so herzlicher und begeisterter Empfang bereitet worden wie Willy Brandt. In den Straßen und Plätzen der Innenstadt hatten sich 40 000 Menschen versammelt; weitere 8000 füllten die Marienkirche bis auf den letzten Quadratzentimeter. Auf dem Weg durch die Kirche wurde er von allen Seiten mit Blumen überschüttet. Ich erinnerte an seine Lebensstationen, an den jungen Flüchtling, der Nazi-Deutschland verlassen hatte, an den Berliner Bürgermeister — 1961 mit Zorn und Empörung im Gesicht, an den Bundeskanzler — 1970 auf den Knien vor dem Getto-Denkmal in Warschau — ein Ausdruck von Scham, Demut und dem Willen zum radikalen Neuanfang. »Viele von uns haben damals neben Ihnen gekniet.« Ich erinnerte auch an seinen Rücktritt. »Ihr Blick, als diese graue Kreatur in Ihrer Nähe enttarnt wurde.* Da war Ihre Enttäuschung ein Teil unserer Wut.« Und ich sagte: »Alle diese Bilder verbinden sich für mich mit dem Gegenwärtigen. Ihr gemeinsamer Nenner: Glaubwürdigkeit und Menschlichkeit. Und so ehren wir mit Ihnen einen Politiker, der etwas hat, was wir an unseren bisherigen Führungspersonen schmerzlich vermissten.«

Brandt erinnerte daran, dass seine Mutter aus Mecklenburg stammte und er in seiner Kindheit nicht nur ihren Geburtsort Klütz, sondern auch Wismar, Schwerin, Güstrow und Rostock besucht habe. Nach 53 Jahren war er nun nach Rostock zurückgekehrt. Und er erinnerte an seine Anstrengungen als Bun-

---

* Die Enttarnung des DDR-Spions Günter Guillaume, als Referent für Parteiangelegenheiten einer der engsten Mitarbeiter des Bundeskanzlers, wurde zum Anlass für Brandts Rücktritt Anfang Mai 1974.

deskanzler, das geteilte Europa nicht völlig auseinanderfallen zu lassen – durch Verträge mit der Sowjetunion, mit Polen, der Tschechoslowakei und durch den Grundlagenvertrag mit der DDR, vor allem aber auch durch die erste gesamteuropäische Konferenz im Sommer 1975 in Helsinki: »Insofern haben wir einige Voraussetzungen mitschaffen helfen für das, was nun in Bewegung gekommen ist.«

Was Brandt wenige Tage zuvor, am 10. November 1989, auf einer Kundgebung vor dem Schöneberger Rathaus in Berlin geäußerte hatte: »Nun wächst zusammen, was zusammengehört«, ist im Nachhinein immer als die Vorwegnahme der Einheit interpretiert worden. Damals aber konnte selbst er sich diese Entwicklung noch nicht vorstellen. Ihm schwebe vor, sagte Brandt in Rostock, »dass wir zu einer neuen Art von Deutschem Bund zusammenfinden … Wiedervereinigung kann ich mir eh schwer vorstellen.«

Es handele sich um ein »Wiedersehen« und nicht um die »Wiedervereinigung«, beschwichtigte auch der West-Berliner

Am 6. Dezember 1989 kam Willy Brandt nach Rostock. Nach einer beeindruckenden Begegnung mit Tausenden in der überfüllten Marienkirche nahmen Brandt und ich am späten Abend an einer deutsch-deutschen Gesprächsrunde in Warnemünde teil, die live vom ZDF übertragen wurde (links). Ein Rostocker schickte mir etwas später das oben abgebildete Foto: »Jochen, du warst im Westfernsehen!«

Bürgermeister Walter Momper. Die Grünen sahen es ebenso. Doch auf der Leipziger Montagsdemonstration wurden am 13. November bereits Transparente mitgeführt, auf denen »Wiedervereinigung! Der Anfang ist gemacht!« oder »Warum kein geeintes Deutschland?« zu lesen war. Vierzehn Tage später hieß es unmissverständlich »Deutschland einig Vaterland!« und in Fortschreibung unserer Parole »Wir sind das Volk« hieß es bald: »Wir sind *ein* Volk«.

Unter den Basisgruppen setzte eine Polarisierung ein. Wolfgang Ullmann von Demokratie Jetzt war strikt gegen die Wiedervereinigung. Bärbel Bohley vom Neuen Forum war besorgt und warnte vor dem Ausverkauf der DDR. Mein Pastorenkollege und enger Verbündeter Henry Lohse, mit dem ich in Rostock abwechselnd die Donnerstagsgottesdienste gestaltete, malte die schrecklichen Folgen einer kapitalistischen Überfremdung an die Wand – höhere Lebensmittelpreise, höhere Mieten, Arbeitslosigkeit.

Rostocker Pastoren, darunter keine, die zuvor Parteigänger des

Systems gewesen waren, gründeten mit ein paar Oppositionellen aus den Gemeinden und reformerischen SED-Vertretern eine Vereinigte Bürgerinitiative für einen neuen Sozialismus in einer eigenständigen DDR. Als sich bei der Donnerstagsdemonstration am 30. November Teilnehmer mit dem Transparent »Deutschland, einig Vaterland« an die Spitze des Zuges setzten, wurden sie beschimpft. Eine »Antifa-Rostock« meldete sich mit einem Flugblatt zu Wort: »Erschrocken haben wir am Donnerstag, dem 30. November 1989, registriert, wie gewaltig die Renaissance ist, die Nationalisten und Braune in dieser Zeit durchleben ... Darum auf die Straße gegen Wiedervereinigung, Neofaschismus und Ausländerhass! Wir können uns keinen Rechtsruck leisten!«

Es war ein Zerrbild, das da von der Bundesrepublik Deutschland entstand: ein Land beherrscht von Konsumterror, Arbeitslosigkeit, Drogen und Prostitution, in dem die Schuld für die Verbrechen des Zweiten Weltkriegs geleugnet werde.

Bekannte Vertreter von Oppositionsgruppen wie Konrad Weiß, Ulrike Poppe und Friedrich Schorlemmer unterzeichneten gemeinsam mit prominenten Schriftstellern wie Stefan Heym und Christa Wolf den Appell »Für unser Land«, in dem sie ebenfalls einen unsinnigen Widerspruch aufbauten: »Entweder: Können wir auf der Eigenständigkeit der DDR bestehen und versuchen, ... eine solidarische Gesellschaft zu entwickeln, in der Frieden und soziale Gerechtigkeit, Freiheit des Einzelnen, Freizügigkeit aller und die Bewahrung der Umwelt gewährleistet wird. Oder: Wir müssen dulden, dass, veranlasst durch starke ökonomische Zwänge und durch unzumutbare Bedingungen, an die einflussreiche Kreise aus der Bundesrepublik ihre Hilfe für die DDR knüpfen, ein Ausverkauf unserer materiellen und moralischen Werte beginnt ...« Und der Bremer Bürgermeister Klaus Wedemeier erklärte in unseren Rostocker *Norddeutschen Neuesten Nachrichten*: Das »Wiedervereinigungsgetöse« beruhe »auf Ideen von vorgestern«; das DDR-Volk sei glücklicherweise dabei, »den eigenen Staat in die Demokratie zu führen«.

All diese Einschätzungen teilte ich nicht, ganz im Gegenteil:

Ich begann für die Einheit zu werben. Ich habe sogar die Stasi-Besetzung am 4. Dezember versäumt, weil ich die ganze Nacht mit Freunden und den engsten Mitarbeitern über die deutsche Einheit diskutiert habe. Wir waren einander wirklich sehr nahe nach all den Wochen des Kampfes. Aber jetzt bestand die Gefahr, dass wir aneinander gerieten. Aenne, Connie, Johann-Georg, Kirsten und andere waren mehr als skeptisch. Die Wiedervereinigung war das Thema des Donnerstagsgottesdienstes drei Tage später. Sie fragten: »Jochen, was soll das? Wir müssen doch hier in unserem Staat klarkommen!«

Auch mir war es wie allen anderen zunächst um Demokratie und Freiheit gegangen. Aber ich hatte in den Herbsttagen Kontakte zu Werftarbeitern, die vom Sprecher des Neuen Forums wissen wollten, was aus ihrer Werft würde, »wenn wir gewinnen«. Was sollte aus all den Staatsbetrieben werden? Meinen Hinweis auf einen »dritten Weg« zwischen Sozialismus und Kapitalismus fanden sie zu unkonkret. Ich auch. In Rostock war keine Antwort auf die Ökonomie des »dritten Weges« bekannt. Auch von Bärbel Bohley und Reinhard Schult vom Neuen Forum in Berlin war wenig zu erwarten, selbst die Fachleute der Arbeitsgruppe Ökonomie verfügten über kein Rezept. Aber sie hatten eine Option, es war die soziale Marktwirtschaft. Als ich den Arbeitern dies bei der nächsten Besprechung mitteilte, reagierten sie völlig unaufgeregt: »Das ist ja dann wie im Westen!«

»Ja«, sagte ich, »wie im Westen oder auch im Norden.«

»Dann können wir ja auch für die Einheit sein«, sagten sie.

Das fand ich auch. Es lag auf der Hand: Wenn wir Freiheit und Demokratie wie im Westen haben würden und auch eine Wirtschaftsform wie im Westen, wozu sollte dann ein eigener ostdeutscher Staat gut sein?

Unmittelbar vor der Vollversammlung des Neuen Forums am 13. Dezember notierte ich drei Kernpunkte, die für die deutsche Einheit sprachen: »Ich frage mich, ob es angebracht ist, diesen Einheitswillen zu diskreditieren oder zu zensieren. Im Neuen Forum sollten wir dies unterlassen. Wir sind nicht in erster Linie Lehrer

des Volkes, sondern Teil des Volkes ... Wenn wir die Einheit bejahen, übersehen wir nicht, dass sie jetzt gleich und total nicht zu
haben ist. Wir bejahen also einen Wachstumsprozess. Diesen sollten
wir aber nicht verzögern, sondern deutlich fördern, begleiten und
mitbestimmen ... Beide Teile der Nation haben dabei je eigene
Teile zu erlernen und zu verlernen ... Der Kampf um eine erneu-
erte Gesellschaft ist mit dem Ziel ›Einheit‹ nicht erreicht. Die
emanzipatorischen Prozesse sind danach deutlich weiterzuent-
wickeln.« Den Linken baute ich eine Brücke: »Sogar Sozialismus
kann möglich werden, aber nicht vom ›Sozialismus‹ aus.«

Im Neuen Forum von Rostock gab es eine sehr große Mehrheit für meinen Kurs; linke, aktive Pastorenkollegen innerhalb und
außerhalb vom Neuen Forum waren dagegen, einer von ihnen
verzögerte den Abdruck des Beschlusses in unserem Mitteilungs-
blatt sogar um mehr als einen Monat. Da war ich bereits zum
ersten Treffen des Neuen Forums mit Delegierten aus allen Bezirken nach Berlin gefahren. Auf der Versammlung am 27./28. Januar
setzte ich mich mit meinen Verbündeten Harald Terpe und Heiko
Lietz auch republikweit durch. Gegen den Widerstand des bisher
dominierenden »linken« Flügels wurde eine Grundsatzerklärung
verabschiedet, mit der sich das Neue Forum zur Einheit der deutschen Nation bekannte.

Daraufhin bin ich an den zentralen Runden Tisch gewählt
worden. Doch weder in Berlin noch in Rostock habe ich am
Runden Tisch Platz genommen. Ich hatte keine Zeit dafür. Eine
Konsenspolitik von nicht legitimierten Mitgliedern eines Elite-
gremiums erschien mir als Übergangslösung sinnvoll, aber was
sollte das für ein Politikstil sein? Für mich war die parlamentarische Demokratie das Ziel.

Im Westfernsehen stellte es sich so dar, als sei die Bürgerbewegung geschlossen gegen die Einheit. Da die Westmedien vor allem
in Berlin saßen und seit Jahren enge Kontakte zu Mitgliedern des
Neuen Forums pflegten, wurde das Neue Forum fast so etwas wie
ein Synonym für die Opposition. Im Gedächtnis blieb Bärbel
Bohley, die sich einen Schnaps eingoss, als Günter Schabowski am

Winter 1989/90: Die Angst war einmal. Auch in Rostock haben wir wochenlang den aufrechten Gang trainiert. »Deutschland, einig Vaterland«, auf dem Transparent noch von einer kleinen Gruppe gefordert, wird bald die Losung der Bevölkerungsmehrheit sein.

9. November die Reisefreiheit verkündete, ins Bett ging und sich selbst »für acht Stunden beerdigte«, als der erste Trabant im Westen begrüßt wurde. Die Leute in Rostock hat das so wütend gemacht, dass man sie am nächsten Tag, wäre sie mit unserer Basis in Kontakt gekommen, aufs schärfste attackiert hätte.

Es zeigte sich, dass einige Bürgerrechtler den Kontakt zu den Massen auf der Straße ebenso verloren hatten wie ein Teil ihrer Gesprächspartner aus dem linksalternativen Milieu des Westens. Die Folge war ein tragischer Verfall. Zwar wurden die Väter und Mütter der Revolution nicht von ihren Kindern aufgefressen, aber man ließ sie bei den ersten freien Wahlen im Regen stehen. Oppositionelle, die später dazugestoßen waren, gingen andere Wege als die altgedienten Dissidenten. Den neuen Aktiven der erweiterten Demokratiebewegung gefiel die idealistische und welterneuernde Attitüde führender Bürgerrechtler nicht, und sie hegten auch wenig Sympathie für diejenigen, die sich ein ganzes DDR-Leben lang gegen den staatlichen Paternalismus gewehrt hatten, jetzt aber ihrerseits nicht frei waren von paternalistischen Ambitionen. Sie allein meinten zu wissen, was für das Volk gut sei, das aber ließ sich in seiner Unreife leider vom Westen, von Helmut Kohl verführen. Als Mitglieder des Neuen Forums von einer ökologischen Republik mit Windrädern schwärmten und am liebsten sofort auf das Fahrrad umgestiegen wären, blieb ich nüchtern: »Wer Trabant gefahren ist, möchte erst einmal ein richtiges Auto fahren, bevor er – vielleicht – irgendwann einmal zu einem bewussten Verzicht bereit ist.«

Beim Republiktreffen im Januar 1990 machten Bärbel Bohley und andere Gründungsväter und -mütter einen recht unglücklichen Eindruck: Was geschah da mit ihrem Forum? Die neuen Mitglieder erschienen ihnen zu konservativ oder zu realpolitisch, die hatten weniger gekämpft – und die sollten jetzt Einfluss haben?

Ende Januar 1990 beschloss eine aus Vertretern der SED und des Runden Tisches gebildete »Regierung der nationalen Verantwortung« freie Wahlen zur DDR-Volkskammer für den 18. März. Um ihre Chancen zu erhöhen, schlossen sich verschiedene Oppositionsgruppen Anfang Februar zu Wahlbündnissen zusammen. Neben der an die CDU angelehnten Allianz für Deutschland entstand so auch das an die Grünen angelehnte Bündnis 90, zu dem sich das Neue Forum, Demokratie Jetzt und die Initiative Frieden und Menschenrechte zusammentaten.

Eigentlich hätte ich mit meinen damaligen Überzeugungen als pragmatischer Politiker in die SPD eintreten müssen. Doch in Rostock gingen die aktiven und bewussten Mitstreiter aus den Herbsttagen mit dem Neuen Forum ins Bündnis 90. Wir wollten eine rationale Politik machen und konnten diese im Rostocker Umfeld auch durchsetzen. Was das Neue Forum in Berlin dachte, interessierte uns weniger. Dass in Rostock vieles anders war als in Berlin, wurde auch offenbar, als die Organisation endlich eine eigene Zeitung hatte, *Die Andere*. Wir brachten sie in Rostock nur spärlich unter die Leute, weil vieles, was dort zu lesen war, als zu links empfunden wurde.

Schwerin im Februar 1990. Hier sitzen Repräsentanten des Neuen Forums aus allen Teilen der DDR, als spielten sie gerade Zentralkomitee. Tatsächlich handelte es sich um eine unserer großen Veranstaltungen zu den freien Volkskammerwahlen am 18. März 1990.

Wir waren »nicht links, nicht rechts, sondern geradeaus«, aber wir waren längst nicht mehr so attraktiv wie zur Zeit der großen Gottesdienste und Demonstrationen, obwohl wir für unsere Großveranstaltungen in Schwerin und in Rostock mit Monika Maron und Wolfgang Leonhardt zugkräftige Wahlhelfer gewinnen konnten. Gegen die geballte Wahlkampferfahrung und die finanzielle Potenz der etablierten, nun auch im Osten tätigen Westparteien waren unsere Werbemöglichkeiten mehr als begrenzt.

Dann kam der Wahltag, der 18. März 1990. Als ich meine Stimme abgegeben hatte und aus dem Wahllokal trat, liefen mir die Tränen über das Gesicht. Ich musste fünfzig Jahre alt werden, um erstmals freie, gleiche und geheime Wahlen zu erleben. Und nun hatte ich sogar die Möglichkeit, ein wenig an der politischen Gestaltung der Zukunft mitzuwirken. Seit 1933 hatten die Menschen hier nicht mehr das Recht ausüben können, das ihre Ver-

Das Wahlplakat vom Bündnis 90 mit den Fotos der Spitzenkandidaten glich eher einem Steckbrief. Meine Unterstützer, die
mich in Rostock zum Spitzenkandidaten der Bürgerbewegung
gewählt hatten, waren so erschrocken, als sie es sahen, dass sie
sammelten, um ein eigenes Plakat drucken zu lassen. Ich schrieb
mein Lebensthema in Rot groß darauf: »Freiheit!«

treter zur zeitlich begrenzten Herrschaft berechtigt. Ich hatte
nach all den Jahren nicht mehr damit gerechnet, ein Bürger, ein
Wähler sein zu können. Es war eine Mischung aus Freude und
Stolz in mir. Und ich war jenen dankbar, die daran mitgewirkt
und dieses Land nun tatsächlich zu einer deutschen demokratischen Republik gemacht hatten. In diesem Moment wusste ich
auch: Du wirst nie, nie eine Wahl versäumen.

Unser Wahlergebnis war allerdings mehr als ernüchternd. Wir
erhielten nur 2,9 Prozent, aber es langte, um in die Volkskammer
einzuziehen, denn wir hatten keine Fünf-Prozent-Klausel. Um
in ein Loch zu fallen, hatte ich keine Zeit. Zwölf Abgeordnete
von Bündnis 90 zogen in die Volkskammer ein, ich schaffte es als
einziger Kandidat der Bürgerbewegung aus Mecklenburg-Vorpommern.

Der Wahlgang insgesamt war ein Triumph. 93,4 Prozent der Wahlberechtigten waren zu den Urnen gegangen. Freiwillig. So viel Zuspruch hat eine Wahl in den westeuropäischen Staaten niemals erreicht. Zur Analyse lud das NDR-Fernsehteam ins Rostocker Hotel Warnow. Man stellte mich für das Interview neben einen mir flüchtig bekannten Mann, der erklärte: »Ich bin der Wahlsieger.«

»Ich denke, das ist Helmut Kohl!?«

Er war der Helmut Kohl aus dem Mecklenburger Norden. Er hieß Günther Krause, war Mitglied der Blockpartei CDU gewesen und hatte für die CDU kandidiert. Später lief er mir häufig über den Weg, denn er handelte in verantwortlicher Position auf DDR-Seite den Einigungsvertrag mit Wolfgang Schäuble aus. Es war eine enorm arbeitsaufwendige Aufgabe und die wohl wichtigste Phase in seinem Leben, denn später musste er aufgrund mehrerer Affären aus der Regierung zurücktreten, und noch später wurde er unter anderem wegen Insolvenzverschleppung verurteilt.

Günther Krause war 1989 kaum bekannt, aber er war der Sieger. Mich kannte man, doch ich hatte verloren. Es war mir ergangen wie so vielen aus der Bürgerbewegung: »Toll, was ihr macht«, sagten die Menschen und klopften uns anerkennend auf die Schulter, »aber wir wählen Helmut Kohl.«

Ich war weder verwundert noch gekränkt, ich konnte das verstehen.

Volkskammer: frei und frei gewählt

A lles wurde nun anders. Jeden Tag wurde Altes durch Neues ersetzt – bald würden die Menschen fremdeln vor so viel Erneuerung. Aus den Bezirken der DDR würden wieder Bundesländer werden, was sich nicht nur die Sachsen, sondern auch die Mecklenburger und alle anderen wünschten. Eine bunte Warenwelt würde über das Land kommen und den vertrauten sozialistischen Handel dahinraffen. Niemand bedauerte das Ende von HO und Konsum, bis mit dem Dorfkonsum die einzige Einkaufsmöglichkeit aus Tausenden von Dörfern verschwand. Alle schimpften über die alten »Seilschaften«, die Einflussnetzwerke von SED und Staatskräften, allerdings empfanden einige bald die zu Hilfe eilenden Neuen aus dem Westen als Bedrohung.

Die Wähler hatten bestätigt, was die Demonstranten erzwungen hatten. Die Volkskammer stand vor einer grundlegenden Erneuerung. Wir »Neuen« waren glücklich, als wir zur festlichen Konstituierung in den Plenarsaal im Palast der Republik einzogen. Wo die SED all die Jahre Parlament hatte spielen lassen, würden zum ersten Mal frei gewählte Abgeordnete eine Demokratie errichten. Und was vierzig Jahre lang eine Lüge gewesen war, würde Wahrheit werden: eine Deutsche Demokratische Republik.

Zwar verfügte die zur Partei des Demokratischen Sozialismus (PDS) mutierte SED über 66 Sitze, aber »wir« waren die Mehrheit: die CDU mit 163, die SPD mit 88 Mandaten, dazu unser Bündnis 90 mit zwölf und die Grünen mit acht von insgesamt 409 Abgeordneten. Doch bei näherem Hinsehen trübten sich meine Freude und mein Stolz: Etwa 185 der neuen Abgeordneten hatten im untergegangenen System der SED oder einer Blockpartei angehört. In meinem Ausschuss saß beispielsweise ein Pastorenkollege aus Thüringen, der Mitglied der CDU-Blockpartei gewesen war.

»Martin, merkwürdig ist das schon«, sagte ich zu ihm, »früher für Honecker und jetzt für Kohl!?« Er lachte nur, und ich stimmte schließlich ein, denn er war gewählt und nahm seine Aufgabe ernst.

Auch die neue Regierung unter Lothar de Maizière rief bei mir nicht ungeteilte Freude hervor. Von den 23 Ministern gehörten dreizehn der CDU und zwei den Liberalen an – auch sie ehemalige Mitglieder der Blockparteien. Parteilos gewesen waren nur die elf Minister der SPD und der kleinen neuen Parteien: der Deutschen Sozialen Union (DSU) und des Demokratischen Aufbruchs (DA); mit Markus Meckel und Rainer Eppelmann kamen nur zwei Minister aus der DDR-Opposition.

Es war eine sehr arbeitsintensive, sehr aufregende, manchmal auch skurrile Zeit. Wir tagten unter einem großen silbernen DDR-Wappen mit Hammer, Sichel und Ährenkranz, das an der Stirnwand des Plenarsaals prangte. Wir legitimierten uns mit Klappausweisen, die das Siegel der DDR trugen und uns wie unsere ungeliebten Vorgänger zum unentgeltlichen Fahren mit Bus und Bahn – erster Klasse – berechtigten. Gemäß dem überlieferten DDR-Protokoll überreichte man uns eine große Mappe aus rotem Leder mit der Geschäftsordnung der Volkskammer. Geschlafen haben wir in einem verlassenen Komplex des Ministeriums für Staatssicherheit in der Lichtenberger Ruschestraße gegenüber der ehemaligen Stasi-Zentrale. Die Zimmer mit Küchenzeile strahlten den Charme eines sozialistischen Ledigenwohnheims aus. Für die weiten Fahrten zwischen Schlaf- und Arbeitsplatz standen uns die alten Fahrbereitschaften der Stasi und der Ministerien zur Verfügung. Immer wieder musste ich daran denken, wer zuvor in diesen Autos gefahren und wer in diesen Betten geschlafen hatte. Dann überfielen mich Gefühle des Triumphs, aber manchmal ekelte ich mich auch.

In unserer Fraktion waren unter den altgedienten Oppositionellen einige sehr gute Redner, etwa Wolfgang Ullmann, Jens Reich, Gerd Poppe, Matthias Platzeck, Marianne Birthler, Vera Wollenberger, Günther Nooke, Konrad Weiss und Werner Schulz.

Wir waren nur gering an Zahl, stellten aber ein parlamentarisches Schwergewicht dar. Da ich nicht so berühmt war wie andere in der Fraktion, kam ich weder in den Ausschuss Deutsche Einheit, in dem ich am liebsten gearbeitet hätte, noch in den Auswärtigen Ausschuss, sondern in den Innenausschuss, wohin ich gar nicht wollte. Ich ahnte nicht, dass ich dadurch mit einer Aufgabe betreut werden würde, die mich mehr als zehn Jahre in Anspruch nehmen würde. Nie wäre mir in den Sinn gekommen, dass die Staatssicherheit nun mein Thema werden sollte.

Das Ende des Ministeriums für Staatssicherheit war schon unter der Regierung von Hans Modrow eingeläutet worden, Anfang Dezember 1989, als verschiedene Bezirksverwaltungen und Kreisdienststellen der Stasi von aufgebrachten Bürgern besetzt worden waren. Sehr schnell hatte sich nämlich herausgestellt, dass die Mitte November erfolgte Umbenennung des Ministeriums in Amt für Nationale Sicherheit (AfNS) lediglich ein Ausweichmanöver der SED gewesen war. Wir wollten weder eine umstrukturierte noch eine umbenannte Stasi, wir wollten gar keine Stasi, und wenn schon einen Verfassungsschutz, dessen Gründung damals vorbereitet wurde, dann gewiss nicht mit MfS-Personal und MfS-Akten. Die DDR-weit vernetzten Bürgerkomitees und der zentrale Runde Tisch forderten daher die sofortige Auflösung des AfNS.

Während Ministerpräsident Modrow am 15. Januar 1990 in der Sitzung des Runden Tisches darlegen ließ, welche Schritte bereits zur Auflösung des AfNS unternommen worden waren – 30 000 von zuletzt 85 000 hauptamtlichen Mitarbeitern seien bereits entlassen, die Post- und Telefonüberwachung sei eingestellt worden, die Abgabe der 125 600 Pistolen, 76 500 Gewehre, 3300 Polizeiflinten, 3500 Panzerbüchsen habe begonnen –, besetzten Bürgerrechtler die Stasi-Zentrale in der Normannenstraße, die einzige Stasi-Behörde, die noch nicht unter der Kontrolle der Bürgerkomitees stand. In einem Flugblatt hatte das Neue Forum dazu aufgerufen, »Kalk und Mauersteine« mitzubringen: »Wenn die Stasisten nicht endlich rauskommen«, so die Parole, »dann mauern wir sie ein!« In Erfurt war man schon so verfahren.

In der Normannenstraße gelang es einer großen Zahl von Demonstranten überraschend schnell, in den Komplex einzudringen. Merkwürdig war nur, dass sie in den Verwaltungtrakt mit Kino und Kantine stürmten und nicht in das Haus 1 mit Mielkes Dienstsitz und seinen operativen Abteilungen. Dass es sich dabei um ein abgekartetes Spiel der Stasi gehandelt haben soll, wie bald vermutet wurde, konnte bis heute nicht bewiesen werden. Jedenfalls wurde am 15. Januar 1990 die letzte Stasi-Bastion mit 5800 Büros in sechzig Gebäuden in verschiedenen Berliner Stadtteilen eingenommen und unter die Kontrolle eines Bürgerkomitees gestellt.

Koordinierender Vorsitzender des Bürgerkomitees wurde David Gill, ein 23-jähriger Student des Sprachenkonvikts, einer kirchlichen theologischen Ausbildungsstätte. Später wurde er der erste Pressesprecher unserer Stasi-Unterlagen-Behörde, der, wo immer er auftrat, Vertrauen erwarb – freundlich, engagiert, kompetent, verlässlich, für mich die Inkarnation aller Tugenden, die mir bei unseren jungen Mitstreitern während des revolutionären Umbruchs begegnet waren.

Die Arbeit des Bürgerkomitees bei der Abwicklung der Zentrale wurde zunächst durch die Modrow-Regierung behindert, denn sie setzte ihm ein Staatliches Auflösungskomitee vor die Nase. Und nach der Volkskammerwahl wurde die Situation nicht besser, sondern schlechter, da der neue Innenminister Peter-Michael Diestel erklärte, ein Bürgerkomitee sei nicht mehr erforderlich. Er sperrte ihm kurzerhand den Zugang zum Archiv und schickte den Komiteemitgliedern für Ende Juni 1990 die Entlassungsbescheide.

Mitte Juni konstituierte sich allerdings der Sonderausschuss zur Auflösung der Stasi. Wir baten David Gill aufgrund seiner Erfahrungen dazu. Am Ende der Sitzung war ich zum Vorsitzenden und David Gill zum Sekretär des Ausschusses gewählt.

Der Sonderausschuss der Volkskammer zur Auflösung der Stasi sollte parlamentarisch legitimiert das fortsetzen, was die Bürgerkomitees begonnen hatten. Das von Modrow eingesetzte Staatliche

Auflösungskomitee, das die Regierung de Maizière umstandslos übernommen hatte, hat sich unserer Kontrolle allerdings weitgehend zu entziehen versucht, und der Innenminister hat es gedeckt.

Peter-Michael Diestel war zunächst Repräsentant der DSU, der ostdeutschen Schwesterpartei der CSU, dann, als sich die DSU seiner entledigte, Mitglied der CDU. Im parlamentarischen Raum genoss er keineswegs das für seine heiklen Aufgaben notwendige Vertrauen, und erst recht nicht unter den Aktivisten der Demokratiebewegung. Eigenartigerweise hat er dennoch alle Krisen bis zur Auflösung der Regierung de Maizière im Oktober 1990 überstanden. Diestel deckte Stasi-Mitarbeiter, die in großer Zahl im Staatlichen Komitee zur Auflösung der Stasi saßen, und er deckte die Vernichtung von Material der Hauptverwaltung Aufklärung (HVA), der Auslandsspionage der Stasi, die unter der Regierung Modrow begonnen hatte und bis nach der Volkskammerwahl andauerte. Zu Kompetenzstreitigkeiten zwischen ihm und dem Sonderausschuss der Volkskammer kam es vor allem, als es um die Aufdeckung der Offiziere im besonderen Einsatz (OibE) und um das Stasi-Unterlagen-Gesetz ging.

Im Fall der OibE haben wir vom Sonderausschuss tatsächlich Aufgaben übernommen, die uns gar nicht zustanden, denn wir wollten Stasi-Offizieren kein Untertauchen ermöglichen. Daran habe auch ich mich beteiligt. Die berüchtigten OibE rückten ins Blickfeld, als der Bürgerrechtler Hans Schwenke durch Zufall auf den Mielke-Befehl 6/86 stieß, die »Ordnung über die Arbeit mit den Offizieren im besonderen Einsatz«. Es handelte sich dabei um Stasi-Mitarbeiter, die unter Verheimlichung ihres tatsächlichen Dienstes in sicherheitsrelevanten Positionen eingesetzt waren und im Notfall das Überleben der Stasi garantieren sollten. Man musste also vermuten, dass OibE in wesentlichen Bereichen von Wirtschaft, Verwaltung, Wissenschaft, Polizei und Armee weiter tätig waren. Obwohl die elektronischen Datenträger der Stasi mit personenbezogenen Angaben auf Beschluss des Runden Tisches im März 1990 vernichtet worden waren, konnten wir eine Liste von knapp 2000 OibE zusammenstellen. Es ging uns nicht darum, diese Leute anzuprangern – noch gab es keinerlei Regelung über den Umgang mit den Stasi-Akten –, aber aus ihren Stellen wollten wir sie unbedingt entfernen.

Der wohl berühmteste OibE war Alexander Schalck-Golodkowski, Staatssekretär im Außenhandel und als Leiter des Bereichs Kommerzielle Koordinierung (KoKo) Verhandlungspartner bundesrepublikanischer Politiker, allen voran Franz Josef Strauß, mit dem er 1983 den westdeutschen Milliardenkredit für die DDR aushandelte. Schalck-Golodkowski hatte sich allerdings längst in den Westen abgesetzt.

Weil wir dem Personal von Herrn Diestel misstrauten, hatten wir die Namenslisten der OibE in den einzelnen Bezirksstädten Vertrauenspersonen aus den Bürgerkomitees übergeben. Sie besorgten die entsprechenden Akten, dann begaben sich unsere Ausschussmitglieder in die einzelnen Regionen, um diese Offiziere unverzüglich aus ihren Positionen zu entfernen. Ich fuhr nach Rostock, bestellte die Leiter der Bezirksbehörde der Volkspolizei ein und erklärte: »Wir sind gekommen, um Sie zu informieren, dass jene und jene Offiziere Mitglieder der Stasi sind.« Sie seien unverzüglich zu entlassen beziehungsweise zum Rücktritt zu bewegen. Sollte das nicht geschehen, würden wir die Sache öffentlich machen.

Diestel beschwerte sich, dass Abgeordnete sich Rechte anmaßten, die ihnen nicht zustanden. Doch er hatte politisch einen schweren Stand, da sich herausstellte, dass in seinem eigenen Ministerium zehn OibE beschäftigt waren. Der Versuch, seine Abberufung als Innenminister durchzusetzen, scheiterte zwar in der Volkskammer, aber von seiner Zuständigkeit als Stasi-Auflöser wurde Diestel entbunden. Die gesellschaftliche Empörung über sein Versagen bei der Stasi-Aufarbeitung und der Druck der Medien waren so stark, dass er keine weiteren Schritte gegen uns unternahm.

Der zweite, politisch weit wichtigere Konflikt, in den unser Ausschuss geriet, drehte sich um den zukünftigen Umgang mit den Stasi-Akten. Nachdem die Regierung de Maizière einen Entwurf vorgelegt hatte, der vom Parlament als völlig unzureichend zurückgewiesen worden war, begann unser Ausschuss mit der Ausarbeitung eines eigenen Entwurfs. Im Zentrum stand die Idee, den Aktenbestand zu sichern und für die politische, juristische und historische Aufarbeitung zugänglich zu machen. Wir verfügten dabei bereits über sachkundigen Beistand aus dem Westen. Das hatte sein Gutes – wir kamen bei der Arbeit schnell voran und lernten viel über die demokratischen und parlamentarischen Gepflogenheiten –, aber es gab auch einen Nachteil: Wir waren die Laienspieler, sie die Profis. Überall wurde der Ostdeutsche, der gerade noch der Sieger der Geschichte gewesen war, zum Lehrling. Mancher fühlte sich da fremd im eigenen Land.

Wir teilten diese Gefühle nicht, und wir brauchten juristische Hilfe bei der Argumentation gegen Innenminister Diestel, der behauptete, in einem freiheitlichen Land verhindere der Datenschutz den freien Zugang zu den personenbezogenen Akten. Von Hans-Jürgen Garstka, dem Landesbeauftragten für den Datenschutz in West-Berlin, haben wir damals gelernt, dass Datenschutz kein Täterschutz sein darf und es Möglichkeiten gibt, dem Datenschutz gerecht zu werden, ohne Abstriche in den politischen Absichten vorzunehmen.

Wir haben das »Gesetz über die Sicherung und Nutzung der personenbezogenen Daten des ehemaligen MfS/AfNS« in kürzester Zeit verfasst. Bereits am 24. August 1990 wurde es fast einstimmig von der Volkskammer angenommen. Zum ersten Mal in der Politikgeschichte gab es eine Umwidmung des gesamten Archivguts einer Geheimpolizei, die dem Einzelnen und der Öffentlichkeit das Recht eines geregelten Zugangs einräumte. Wir empfanden die Verabschiedung dieses Gesetzes als eine Sternstunde unseres jungen Parlaments. Anders als in Westdeutschland nach 1945 hatten wir die Interessen der Opfer angemessen und zu Lasten der Täter und ihrer Helfer berücksichtigt.

Wir ahnten allerdings nicht, dass das Tauziehen gerade erst begonnen hatte. Wäre es nach dem damaligen Bundeskanzler Kohl gegangen, wären die Stasi-Materialien einfach in einem großen Loch verschwunden. Und das Bonner Innenministerium war der Ansicht, dass der Westen besser mit der Altlast umgehen könne als der Osten. Also schickte Eckart Werthebach, ein karriere-bewusster Ministerialrat, der vom damaligen Innenminister Wolf-gang Schäuble zum Berater des Innenministers in Ost-Berlin er-nannt worden war, ein Fax an den Leiter der Abteilung Recht im DDR-Innenministerium. Eine »differenzierte Vernichtungsrege-lung«, hieß es darin, werde »unbedingt als erforderlich angesehen«. In Sorge um die Sicherheit des Staates (oder auch um die bürger-liche Reputation einiger Politiker und sonstiger Führungskräfte) hatten die Innenminister der Länder und des Bundes beschlos-sen, Stasi-Unterlagen, die im Westen vermutlich von ehemaligen MfS-Mitarbeitern angeboten wurden, zu vernichten. Bonn drängte zudem darauf, die Stasi-Unterlagen dem Bundesarchiv Koblenz zu überstellen. Der Präsident des Bundesarchivs wäre dann auch Sonderbeauftragter für die Nutzung der Stasi-Akten geworden. So sah es auch der Einigungsvertrag vor, mit dem im Oktober 1990 der Beitritt der DDR zum Bundesgebiet besiegelt werden sollte. Der Osten empörte sich: Gerade hatten wir ein Gesetz ver-abschiedet, das Politik-, vielleicht auch Rechtsgeschichte geschrie-ben hatte, und jetzt sollte der von allen Volkskammerabgeordneten bekundete Volkeswille derart missachtet werden?

Am 30. August habe ich eine Entschließung des Parlaments herbeigeführt, dass wir auf unserem Gesetz bestehen und es als fortwirkendes Recht im wiedervereinigten Deutschland über-nommen sehen wollen. Den Verhandlungsführer der DDR, Staats-sekretär Günther Krause, wies ich ausdrücklich darauf hin, dass auch seine Fraktion in der Volkskammer, die CDU, die Bonner Linie nicht unterstütze. Der Einigungsvertrag war bereits weit-gehend ausgehandelt, es war sogar eine Formel gefunden, die den Streit in der Eigentumsfrage beendete. Unser stures Beharren löste Befürchtungen aus, die Einigung könnte scheitern, und so kam es, dass ich am 18. September in die Regierungsmaschine der DDR gesetzt wurde und mit einer Verhandlungsdelegation nach Bonn flog.

Wir einigten uns auf einen Kompromiss: Das Stasi-Unter-lagen-Gesetz der Volkskammer sollte nicht als fortwirkendes Recht übernommen, der Einigungsvertrag aber um eine Zusatz-klausel ergänzt werden. Unser Volkskammer-Gesetz würde mit der Auflösung der DDR unwirksam werden, der Deutsche Bun-destag aber verpflichtet sein, unmittelbar nach der Vereinigung ein neues Gesetz auf der Grundlage des alten zu verabschieden. Schö-ner wäre es gewesen, wir hätten uns ganz durchgesetzt, aber im-merhin blieben die Kernpunkte unseres Gesetzes erhalten: Die Akten sollten geöffnet werden für die politische, historische und juristische Aufarbeitung, ferner sollten sie auf dem Gebiet der DDR dezentral gelagert, aber zentral unter Bundeshoheit verwal-tet werden. Ein ehemaliger DDR-Bürger sollte von der Volkskam-mer zum unabhängigen Sonderbeauftragten für die personen-bezogenen Unterlagen des ehemaligen Staatssicherheitsdienstes der DDR gewählt werden.

Bereits am 4. September 1990 hatten Bürgerrechtler aus Pro-test gegen die westdeutschen Vorstellungen und aus Angst vor einer Verwässerung der Stasi-Aufarbeitung einige Räume der Stasi-Zentrale in Berlin-Lichtenberg besetzt. Als ich am Abend nach den Gesprächen in Bonn zu ihnen fuhr, machte mir Bärbel Bohley Vorhaltungen, warum ich es erst jetzt für nötig hielte, sie aufzusuchen.

Es war nicht zu übersehen, dass ich ein distanziertes Verhält-nis zu der Aktion hatte. Wieso bedurfte es einer Besetzung, fragte ich mich, wenn nahezu die gesamte Volkskammer erklärt hatte, dass sie die Einkassierung des Stasi-Unterlagen-Gesetzes nicht hinnehmen werde? Mochten sich Schäuble, Diestel und Kohl in diesem Punkt auch einig sein – sie hatten fast alle DDR-Abge-ordneten gegen sich. Ich vertraute auf unsere Stärke, und ich verhielt mich wie ein demokratischer Fundamentalist: Wir haben die Demokratie, also halten wir deren Regeln ein und besetzen keine Straßen und Gebäude, wenn es rechtswidrig ist und kein Notstand vorliegt.

Doch Bärbel Bohley beharrte darauf: »Wir müssen unsere

Radikalität beibehalten!« Schließlich versuchte Wolf Biermann in der ihm eigenen Weise zu vermitteln: »Ich habe den Eindruck, dass Gauck kein Schwein ist, dass er ehrlich ist und sich Mühe gibt.« Auch so konnte man beschreiben, was mir gelungen war, nämlich in der Stasi-Aufarbeitung eine Koalition der Vernunft im Parlament zu schmieden und der Aufklärung einen Dienst zu erweisen.

Letztlich hat die Aktion der Bürgerrechtler der Sache allerdings genutzt, denn sie lenkte die Aufmerksamkeit der Öffentlichkeit auf den Konflikt. Aus diesem Grund haben sie auch einige Abgeordnete aus meiner Fraktion und aus der SPD unterstützt.

Die Diskussion über den Umgang mit den Stasi-Unterlagen war schon in der Volkskammer höchst emotional. Auf ihrer letzten Sitzung am 29. September 1990 entbrannte eine stundenlange, chaotische Debatte, ob und auf welche Weise die Namen jener Volkskammer-Abgeordneten publik gemacht werden sollten, die mit dem Ministerium für Staatssicherheit zusammengearbeitet hatten. Hier tauchten bereits all die Argumente auf, die uns noch Jahre später begegnen sollten. Die einen – hauptsächlich von der CDU – wünschten die Publizität so weit wie möglich zu beschränken, weil sie statt der IM die »Auftraggeber« in den Fokus stellen wollten und fürchteten, es könne eine »Lynchjustiz« begünstigt werden. Die anderen – von der SPD und vom Bündnis 90 – forderten die Volkskammer dagegen auf, ihrer Pflicht zur moralischen Selbstreinigung nachzukommen. Als sich der Prüfungsausschuss, dem ich nicht angehörte, mit Hinweis auf die ihm auferlegte Schweigepflicht weigerte, die Namen vorzulesen, und auch die Volkskammerpräsidentin Sabine Bergmann-Pohl erklärte, sie wolle nicht schuldig werden, wenn ganze Familien ins Unglück gestürzt würden, erzwangen verschiedene Abgeordnete durch einen Sitzstreik vor dem Präsidium eine Unterbrechung der Sitzung. Mein junges Rechtsbewusstsein erlaubte mir nicht, mich daran zu beteiligen.

Schließlich einigte man sich darauf, dass die Namen der fünfzehn am meisten belasteten IM in nicht öffentlicher Sitzung verlesen würden. Da kursierte die Liste mit allen 56 Namen allerdings schon außerhalb des Sitzungssaales unter den Journalisten. Zwölf der Abgeordneten haben nach dem Verlesen ihres Namens das Recht genutzt, eine persönliche Erklärung abzugeben. Keiner hat die Zusammenarbeit eingestanden oder Worte des Bedauerns geäußert. Entweder stritten sie die Vorwürfe ab oder sahen sich als Opfer. Einige erkärten sogar, die Zusammenarbeit sei notwendig gewesen, etwa um Material oder Medikamente für ein Krankenhaus zu erhalten. Ein Abgeordneter höhnte daraufhin, die Stasi sei wohl eine karitative Organisation gewesen.

Unter denen, die vehement beklagten, dass ihnen ein Unrecht geschehe, war auch ein Bekannter und guter Vertrauter von mir, Dr. Bernhard Opitz, damals Chefarzt am Evangelischen Krankenhaus in Wittenberg. Später stellte sich heraus, dass er tatsächlich zu Unrecht als IM bezeichnet worden war. Der zuständige Volkskammerausschuss hatte sich bei seiner Arbeit an den Karteikarten des MfS orientiert und nicht die Zeit gehabt, für jeden Einzelnen die dazugehörigen Akten zu suchen. Hätte man die Akten über Bernhard Opitz eingesehen, wäre offenbar geworden, dass dieser als junger Doktor in die Klemme geraten war und nach langem Hin und Her seine Bereitschaft zur Zusammenarbeit mit einer Unterschrift bekräftigt hatte. Einen Tag später allerdings hatte er diese Unterschrift schon wieder schriftlich zurückgenommen und dies ausführlich damit begründet, dass er als Arzt und als Christ diese Verpflichtung nicht einhalten könne. Seinen Nachkommen hat er mit diesem Brief ein schönes Beispiel für Zivilcourage hinterlassen. Opitz hat nicht ein einziges Mal für die Stasi gearbeitet, ist aber von da an sein ganzes Leben lang drangsaliert und überwacht worden.

Die Existenz einer Karteikarte allein sagt eben nur begrenzt etwas über die Art der Zusammenarbeit aus. Die sogenannte Vorgangskartei enthält beispielsweise Entwicklungsschritte des IM, Umregistrierungen, die erfolgt sind, wenn jemand von einem einfachen zu einem anspruchsvolleren IM aufstieg, sie vermerkt auch, wie lange Informationen geflossen sind, und hält fest, wann der Vorgang abgeschlossen und die Akte archiviert worden ist. Aber über die Menge und den Charakter der Informationen gibt sie keine Auskunft. Deswegen bin ich schon in meiner Zeit als Abgeordneter sehr stark für eine differenzierte Bewertung der IM-Vorgänge eingetreten. Bei Fällen, in denen die Akten vernichtet worden sind und keine Zusatzinformationen aus anderen Akten existierten, bin ich nach dem alten Grundsatz *in dubio pro reo* immer sehr zurückhaltend bei der Beurteilung gewesen.

Am 19. September wurde ich als »Sonderbeauftragter der Bundesregierung für die Verwaltung der Akten und Dateien des ehemaligen Ministeriums für Staatssicherheit« vorgeschlagen. Einen Gegenkandidaten gab es nicht. Die Wahl erfolgte in der letzten Sitzung der Volkskammer am 28. September 1990. Es gab fraktionsübergreifende Zustimmung und nur einige wenige Gegenstimmen. Ich bedankte mich mit dem Hinweis auf die Menschen, die den revolutionären Umbruch geschafft und mit diesem Parlament diese Form der Aufarbeitung ermöglicht hatten.

Zu Hause in Rostock hatten meine Frau und Katharina bang die Nachrichten verfolgt. Bis zuletzt hatten sie gehofft, ich würde das Amt nicht annehmen. Es erschien meiner Frau zu exponiert; sie fürchtete sogar, dass wütende MfS-Kader mich umbringen könnten. In ihr lebten alte DDR-Ängste weiter wie in so vielen gebrannten Kindern des Regimes. Zur Feier der Einheit aber kam sie dann doch nach Berlin und wurde Zeugin, wie beim Festakt im Berliner Schauspielhaus plötzlich ein Beamter des Innenministeriums auf mich zueilte und mir unbedingt etwas in die Hand drücken wollte. Das passte mir nicht. Ich wollte keine Mappe mit mir herumschleppen, wenn Kurt Masur die 9. Sinfonie von Ludwig van Beethoven spielte. Aber der Mann ließ nicht locker. Im Unterschied zu mir wusste er, dass ich die Urkunde noch vor Mitternacht *in der Hand* haben musste. Dieser Rechtsakt war wichtig, sonst wären die Stasi-Akten im ganzen Land herrenlos geworden. So nahm ich ein wenig irritiert am späten 2. Oktober auf dem Flur des Schauspielhauses in der Mitte Berlins eine Urkunde entgegen, die vom Bundespräsidenten und darüber

In der Nacht zum 3. Oktober 1990 vor dem Reichstag in Ber-
lin. Die neue Einheit der Deutschen beginnt in diesen Minu-
ten – Schlusspunkt und Neubeginn. Ganz und gar überra-
schend für die meisten hatten Ost und West das Bewusstsein
bewahrt, zu einer Nation zu gehören: »Wir sind ein Volk!«

hinaus – was ganz und gar ungewöhnlich war – vom Bundeskanzler und vom Innenminister unterschrieben war, eben eine
Sonderurkunde für einen Sonderbeauftragten.

Um Mitternacht, als das neue Deutschland geboren wurde,
begann meine Tätigkeit als Leiter einer Behörde, die zunächst nur
auf dem Papier existierte. Wir standen auf den Stufen des Reichs-
tags, meine Frau und ich, nur wenige Schritte hinter Helmut Kohl
und Richard von Weizsäcker, hier, wo so lange verbotene Zone
für uns gewesen war. Wir fassten uns an den Händen; jeder hatte
auf seine Art vierzig Jahre DDR hinter sich gebracht, nah beiein-
ander hatten wir 1989 das Glück der Befreiung erlebt. Nun erlebten wir noch einmal einen der inzwischen selten gewordenen
Momente von Nähe, vor uns die riesige Menge glücklicher Menschen, über allen die große, heitere, freundliche Stimmung dieser

Vereinigungsnacht. Zum Geläut der Freiheitsglocke wurde die große Deutschlandfahne am Mast vor dem Reichstag hochgezogen: schwarzrotgold. »Deutschland, einig Vaterland« sang »Einigkeit und Recht und Freiheit«.

Ich würde bald kein Parlamentarier mehr sein. Obwohl ich zu den 144 Abgeordneten gehörte, die von der Volkskammer bis zur Neuwahl in den Bundestag delegiert worden waren, hatte ich mich entschieden, den Sitz aufzugeben. Ich war nun ein Beauftragter der Regierung und konnte, so verstand ich die Gewaltenteilung jedenfalls, kein Abgeordneter mehr sein.

Ich dürfte der Parlamentarier mit der kürzesten Amtszeit im Deutschen Bundestag gewesen sein, denn ich suchte gleich am nächsten Tag die Präsidentin des Deutschen Bundestages auf und legte mein Mandat nieder. Aber dieser eine Tag als Abgeordneter des Deutschen Bundestages war mir wichtig.

Aufbau ohne Bauplan

Der Feiertag war vorüber, und plötzlich war ich im alten DDR-Jargon »Staatlicher Leiter«, schickte mich an, die Aufgaben eines Präsidenten einer oberen Bundesbehörde im Geschäftsbereich des Bundesministeriums des Innern (BMI) zu erlernen. Es war klar, dass jetzt Berlin mein Lebensmittelpunkt sein würde. Ich bewegte mich in einer Welt voller Aufbruchstimmung und arbeitete mit Menschen voller Optimismus zusammen. Innerlich hatte ich mich aber nicht endgültig von meinem Pastorenberuf verabschiedet und glaubte noch, nach einigen Jahren zurückzukehren. Vorerst beflügelte mich die Vorstellung, in einer anderen Welt wichtig zu sein und etwas Neues beginnen und gestalten zu können. Es war der wohl tiefste Einschnitt in meinem Leben.

Ich war bereits fünfzig. Ich wechselte den Ort, den Beruf, und ich trennte mich von meiner Frau. Schon längere Zeit hatte unsere Ehe einem Krisenmanagement geglichen, mal ging es besser, mal schlechter. Die Erwartungen, die jeder an den anderen stellte, waren wohl zu groß. Wir hatten uns als sehr junge Menschen mit sehr idealistischen Vorstellungen zusammengetan, waren mit zwanzig Jahren zum ersten Mal Eltern und mit vierzig Großeltern geworden. Als die großen Kinder aus dem Haus waren, wurde immer deutlicher, dass der Vorrat an Gemeinsamkeiten wie das notwendige Maß an Auseinandersetzungen fehlten. Was symbiotisch begonnen hatte, war nicht in einen Prozess des gemeinsamen Reifens übergegangen.

Im DDR-Alltag war mir trotz Krisen eine Trennung nie in den Sinn gekommen, zumal mir das Gelöbnis eines lebenslangen Bundes als selbstverständliche Verpflichtung erschien. Der Aufbruch im politischen Bereich hat dann aber auch im Privatleben einen Abschied herbeigeführt. So vermischten sich die Glücksgefühle aus der neuen Hyperaktivität mit der Trauer über das Ende einer nicht gelungenen Ehe und den eingeschränkten Kontakt zu meiner jüngeren Tochter Katharina. Sie war erst zwölf und hat ihrem Vater zunächst sehr übel genommen, dass er die Familie verließ. Ich empfand Schuldgefühle, wollte aber auch nicht zurück. Jetzt musste all das Neue gestaltet werden, kraftvoll und zügig. Rückschau, therapeutisches Verharren, Geduld, all das kam mir vor wie eine Fessel. Ich wollte fort, vorwärts. Der, der immer bleiben wollte, war nun auf seine Weise gegangen, nicht in den Westen, aber in eine andere Welt. Diese andere Welt war so fordernd, brauchte Präsenz und Energie, dass alles Familiäre – wie schon bei der Arbeitsaufnahme in Evershagen – zur Randerscheinung wurde.

Meine Zeit als Sonderbeauftragter begann mit lauter Übergangslösungen. Zunächst war ich in einem Hotel am Alexanderplatz untergebracht, dann ließ ich mir eine möblierte Wohnung vom Bundesvermögensamt zuweisen. Es gab damals jede Menge staatlichen Wohnraum in der DDR, doch ausgerechnet ich erhielt in einem der Plattenbauten in der Leipziger Straße eine Zwei-Raum-Wohnung, die als konspirative Wohnung »Terrasse« von der Stasi genutzt worden war, wo sich, wie sich später herausstellte, im kleinbürgerlich-spießigen Interieur a là DDR Stasi-Offiziere mit ihren IM getroffen hatten: eine mittelbraun glänzende Schrankwand, zwei hellbraune, plüschige Sessel, ein Teppich in beige mit dunkelbraunem Muster, die berühmte Durchreiche von der Kochnische zum Wohnzimmer und eine Hängelampe mit runden Schirmen, wie sie als »Stabwerkkugelleuchten« im Palast der Republik ihre Vollendung gefunden hatten. Ich nahm es als Groteske, fragte auch nicht, was ich mir antat, hier zu »wohnen«. Eigentlich wohnte ich in jenen Jahren gar nicht. Ich war unterwegs.

Die Tage waren bis zum Bersten angefüllt. Noch residierte die »Behörde« weit abgelegen im ehemaligen Komplex des Zentralkomitees in zwei Büroräumen mit Bad, die wir als Sonderausschuss der Volkskammer zugewiesen bekommen hatten. Da saßen

Eine Sonderunterkunft für den Sonderbeauftragten. Die Zwei-Raum-Wohnung im Hochhaustrakt an der Leipziger Straße in Berlin, zugewiesen vom zuständigen Bundesamt, entpuppte sich als die ehemals konspirative Stasi-Wohnung »Terrasse«. Ich stelle mir gerade vor, wie der Führungsoffizier seinen gesprächigen Informanten mit einem Weinbrand belohnte – die Gläser fand ich noch im Wandschrank.

wir zu viert und bildeten quasi die Zentrale der Behörde: Christian Ladwig, ein ehemaliger Bühnenbildner in Berlin, war mein persönlicher Mitarbeiter in der Volkskammer gewesen. Ich kannte ihn als sehr verlässlichen Freund aus der Kirchentagsarbeit; er hat immer sehr offen seinen christlichen Glauben bezeugt und ist seinen Weg mit viel Fantasie gegangen. Der zweite im Bunde war David Gill. Schließlich gehörte noch Elisabeth Ladwig dazu, Christians Frau. Sie erledigte die Büroarbeit. Anfänglich haben wir alle grundlegenden Fragen gemeinsam beraten.

Die vordringliche Frage lautete: Wo soll die Behörde ihren Sitz nehmen? Sollten wir dorthin ziehen, wo die Akten lagen, nach Berlin-Lichtenberg, in die ehemalige Stasi-Zentrale? Ich war der Meinung, dass die Behördenleitung in die Mitte Berlins

In der Behrenstraße in Berlin-Mitte fand die Bundesbehörde für die Stasi-Unterlagen ihre erste zentrale Dienststelle. Ich hatte Rückenwind und fühlte mich im Aufbruch. Der Fotograf sah auch: Es lag eine Last auf mir.

gehöre, und fand damit auch Gehör. Nach zwei Monaten erhielten wir ein Eckgebäude in der Behrenstraße gegenüber der Komischen Oper, wenige Gehminuten vom Brandenburger Tor entfernt. Die Öffentlichkeit kennt es vielleicht, weil hier Anfang 1992 zum ersten Mal die Anträge zur Akteneinsicht ausgegeben wurden. Später zogen wir in ein riesiges Gebäude gleich um die Ecke in der Glinkastraße, das vor 1989 vom Innenministerium der DDR und bis Ende des Zweiten Weltkriegs von der

Deutschen Bank genutzt worden war. In der ehemaligen Stasi-Zentrale in der Normannenstraße blieben nur das Archiv und die Techniker, die alles am Laufen hielten – Angestellte der Stasi, die vom Staatlichen Komitee zur Stasi-Auflösung übernommen worden waren.

Damit hing die nächste grundlegende Frage zusammen: Sollen wir mit dem alten Personal weitermachen? Ich erhielt ein Schreiben, in dem mir ein ehemaliger Stasi-General aus eben jenem Staatlichen Komitee mitteilte, wie viele Mitarbeiter übernommen werden müssten, damit die weitere Arbeit überhaupt funktionieren könne. Wir aber waren uns einig, dass wir, wenn überhaupt, nur begrenzt auf dieses Personal zurückgreifen wollten. Auf einige konnte man aufgrund ihrer Spezialkenntnisse nicht verzichten, andere hatten sich in der Übergangszeit nicht arrogant und gehässig, sondern kooperativ und freundlich gegen die Bürgerrechtler verhalten. Ich bat also meine Vertrauenspersonen in Berlin und in den Bezirken, mir die Namen derjenigen zu nennen, die für eine Übernahme in Frage kämen, und zwar Archivfachleute und Techniker. Diese Bitte sollte später wiederholt Gegenstand heftiger Polemiken werden.

Ich konnte als Sonderbeauftragter nur die politischen Vorgaben für die aufzubauende Behörde nennen; den konkreten Aufbau mussten andere in die Hand nehmen. Ich konnte mir weder vorstellen, wie viele Räume gebraucht würden, noch wie viele Mitarbeiter welcher Qualifikation erforderlich wären, ganz zu schweigen davon, in welche Gehaltsstufen sie einzuordnen wären. Dankbar nahm ich das Angebot des Innenministeriums an, einen Aufbaustab unter Leitung von Rainer Frank zu schicken, der das Grundgerüst für Struktur, Personal, Immobilien und Sachmittel der Behörde erstellen sollte.

Es war klar, dass ich als Nicht-Jurist einen Fachmann mit Verwaltungserfahrung und juristischen Kenntnissen an meiner Seite brauchen würde, einen Chefbeamten, vergleichbar einem Staatssekretär in einem Ministerium. Ich wünschte mir einen Mitarbeiter, der meinen politischen Absichten nicht im Wege ste-

Mit Direktor Hansjörg Geiger. Es war ein Glück, mit ihm in den Jahren 1990 bis 1995 einen Stellvertreter zu haben, der meinen politischen Absichten ein juristisches Fundament geben konnte. Wo dieser kompetente und engagierte Bayer agierte, war eine juristische Niederlage nicht zu befürchten.

hen und loyal mit mir zusammenarbeiten würde, eine Person meines Vertrauens, deren Wahl ich nicht dem Aufbaustab überlassen wollte. Also fragte ich Hans-Jürgen Garstka, jenen außerordentlich begabten und versierten sozialdemokratischen Juristen, den wir in der Zeit der Volkskammer als Berater hinzugezogen hatten: »Kennen Sie jemanden, der mit mir zusammen die Leitung übernehmen könnte?« Er verwies mich auf Hansjörg Geiger, Jahrgang 1942. Der promovierte Jurist hatte nach dem Staatsexamen bei Siemens die inzwischen für jeden bundesdeutschen Juristen unentbehrliche elektronische Suchdatei »Juris« entwickelt, war als Staatsanwalt und Richter sowie im Bayerischen Justizministerium tätig gewesen und hatte dann den Posten eines Referatsleiters beim Bayerischen Landesbeauftragten für den Datenschutz übernommen. Ich hatte noch nie von ihm gehört. Mein Anruf, zwei, drei Tage nach der Wiedervereinigung, erreichte ihn in Paris, wo er nach einer Datenschutzkonferenz gerade ein paar Tage Urlaub machte.

In Bonn spürte ich Befremden, weil ich Geiger einstellen

wollte. Man hielt mich dort für wenig berechenbar, eigensinnig – eben ein Abgeordneter aus dem Bündnis 90 (obwohl ich versuchte, dem grünen, gern etwas anarchischen und selbstgestrickten Stil nicht zu entsprechen). Man befürchtete wohl Schlimmes, beruhigte sich jedoch schnell. Erstens handelte es sich bei Geiger um einen Beamten aus Bayern, und bayerische Beamte gelten in Deutschland als gut qualifiziert und fleißig. Zweitens machte Geiger einen hervorragenden Eindruck, als er sich im Innenministerium vorstellte. So kam ich zu einem parteilosen, auf verschiedenen Rechtsgebieten versierten Fachmann, der sich mit unglaublicher Energie der Mehrfachbelastung stellte und sich unverzüglich an die Arbeit machte.

HANSJÖRG GEIGER ERZÄHLT

Der Name Joachim Gauck sagte mir im September 1990 so gut wie nichts. Auch vom MfS hatte ich keine Ahnung, das war ein *closed shop,* ein schwarz verhangener Kasten. Da ich jedoch seit Jahren schon etwas Neues machen wollte und es meinem staatsbürgerlichen Grundverständnis entsprach, für die Wiedervereinigung etwas zu leisten, sagte ich ja, grundsätzlich sei ich interessiert. Ich war einfach neugierig und wollte ohne jeden Druck prüfen, ob ich Lust hätte, mich darauf einzulassen.

Dann ging alles sehr schnell. Am Sonntag, dem 7. Oktober 1990, kehrte ich von Paris nach München zurück, schon am Dienstag flog ich nach Berlin, um Herrn Gauck kennen zu lernen. Wir verabredeten uns für 10 Uhr im alten ZK des SED, dem jetzigen Außenministerium, das bis Kriegsende Sitz der Reichsbank gewesen war. Um das entlegene Büro des Sonderbeauftragten zu finden, musste ich geführt werden: In das oberste Stockwerk über einen langen Gang bis zu einer Tür, die aussah wie jede andere, hinter der jedoch ein weiterer Gang lag, der über einige Stufen in eine kleine Zwei-Zimmer-Wohnung führte, die dem Präsidenten der Reichsbank einst als Rückzugsmöglichkeit gedient haben soll und nun zum Büro des Sonderbeauftragten umfunktioniert worden war.

Etwa zehn Leute saßen in den beiden Räumen herum und diskutierten. Es war nicht erkennbar, ob es sich um Mitarbeiter handelte oder um Journalisten oder – das stellte sich später heraus – um Familienangehörige. Ein munterer Kreis. Eines Tages sollte mir die Freundin von David Gill barfuß und mit nassen Haaren entgegenkommen – sie hatte unser Bad benutzt, weil es in ihrer Wohnung im Prenzlauer Berg keines gab.

Dann kam Herr Gauck, wir setzten uns auf eine Couch, die erst leer geräumt werden musste von den vielen Briefen der Bürger, die sich dort bereits stapelten. Die übrigen Anwesenden wurden aus dem Raum hinauskomplimentiert. Wir unterhielten uns etwa vier Stunden. Ich verstand sehr schnell, dass es darum ging, die Arbeitsweise des MfS aufzudecken und den Menschen die Möglichkeit zu geben, sich das Wissen anzueignen, das dieser Repressionsapparat über sie gesammelt hatte.

Eine Akte des MfS hatte ich natürlich noch nicht gesehen, und vom wahren Ausmaß der Repression hatte ich nach wie vor keine Ahnung. Aber ich gewann den Eindruck, dass die Aufgabe herausfordernd sein könnte. Außerdem spürte ich, dass Herr Gauck und ich vieles auf ähnliche Weise sahen und in unseren Bewertungen auf einer Wellenlänge lagen. Wie intensiv mich das Gespräch gepackt hatte, zeigte sich, als ich am Ende zustimmte: »Ja, ich komme Donnerstag wieder.« Herr Gauck hatte mich nämlich gebeten, an einer Sitzung mit dem Aufbaustab vom BMI teilzunehmen, der erste Pläne für die künftige Behördenstruktur vorlegen wollte.

Selbst in Bayern war die Ausnahmesituation nach der Wiedervereinigung zu spüren. Niemand protestierte, niemand runzelte die Stirn, als ich nach zwei Tagen wiederum eine Dienstreise nach Berlin antrat – zu einer Dienststelle, die mich womöglich abwerben würde. Als wir mit dem Leiter des Aufbaustabs, Herrn Dr. Frank, und ein, zwei seiner Mitarbeiter zusammentrafen, hatte ich mir bereits ein paar Gedanken zur möglichen Organisation der neuen Behörde gemacht. Es war offenkundig, dass das BMI – in bester Absicht – das Ganze in die Hand nehmen wollte. Herr Gauck hätte dann zusehen können, wie westdeutsche Beamte die Aufgabe entsprechend ihren Kriterien erledigten. Doch Gaucks Herangehen war mit dem der Bonner überhaupt nicht in Übereinstimmung zu bringen. Diese wollten eine stringente Organisation aufbauen, Herr Gauck wollte Aufklärung betreiben. Aufgrund meiner organisatorischen Erfahrungen konnten wir erste eigene Vorstellungen einbringen, wir ergänzten uns wunderbar.

Am Donnerstagabend, dem zweiten Tag, an dem ich überhaupt wusste, was Stasi bedeutete, nahm ich zusammen mit Herrn Gauck bereits an einer live ausgestrahlten Rundfunksendung teil. Eine Stunde lang standen wir im ehemaligen Presse- und Informationsamt der DDR am Gendarmenmarkt Rede und Antwort. Ein bisschen frech war das schon, aber auch Ausdruck dessen, dass Herr Gauck mich mit seiner Botschaft überzeugt hatte, so dass ich sie in mein Juristenvokabular umsetzen konnte. Ich hatte mich entschieden.

Am Sonntag, dem 14. Oktober, machte ich mich mit einem vollgepackten Auto auf den Weg nach Berlin, am Montag, dem 15. Oktober, trat ich meinen neuen Dienst an – nicht einmal zwei Wochen nach der Wiedervereinigung. Der bayerische Datenschutzbeauftragte hatte mich frei gegeben. Allerdings war ihm auch gar nichts anderes übrig geblieben, denn ich hatte einfach erklärt: »Ich helfe beim Aufbau der Stasi-Unterlagen-Behörde.« Mein Gehalt zahlte weiterhin der Freistaat Bayern. Bis ich offiziell abgeordnet wurde und eine entsprechende Urkunde erhielt, hat es noch Monate gedauert. Richtig übernommen in den Geschäftsbereich des BMI wurde ich erst im Jahr 1992.

In Berlin überschlugen sich die Ereignisse. Was sonst in einem Jahr geschieht, geschah damals in einem Monat. Noch im Oktober 1990 traf eine Delegation aus dem BMI unter Leitung des Staatssekretärs Franz Kroppenstedt in Berlin ein. Herr Gauck und ich wurden in die Außenstelle des BMI in der Glinkastraße bestellt. »Ich erwarte«, sagte Kroppenstedt mit Blick auf mich, »dass bereits in den nächsten Wochen die ersten Bescheide über Stasi-Verflechtungen hinausgehen, damit die Behörden wissen, ob sie IM in ihren Reihen haben.«

Der Staatssekretär stand unter politischem Druck, doch zu diesem Zeitpunkt hatte niemand auch nur annähernd einen Überblick über die Hinterlassenschaften des MfS oder dessen interne Organisation. Im Archiv in der Normannenstraße saßen lediglich ein paar Mitarbeiter vom Bürgerkomitee und kooperative Altkräfte, die Akten suchen und uns zur Verfügung stellen konnten. Das war alles. Wenig später kam ein Brief vom BMI, in dem wir um eine Aufstellung unserer Mitarbeiter gebeten wurden. Herr Gauck und ich sahen uns ratlos an.

In unserem Büro im ehemaligen ZK war die Lage sehr unübersichtlich. Abgesehen vom kleinen Kern der Mitarbeiter waren es täglich andere, die hereinschauten, um sich auszutauschen. Die Akten störten meistens nur. Man legte sie auf das Fensterbrett oder auf die Couch. Und wenn man auf der Couch sitzen wollte, wurde der Aktenstapel eben dorthin verschoben, wo gerade Platz war.

Die Zuständigen in Bonn hatten keine Ahnung, wie es bei uns aussah. Das Einzige, was sie mitbekamen, war das Problem mit dem Telefon: Man musste sich bei der Zentrale anmelden und wartete dann oft stundenlang auf die Verbindung, denn es gab viel zu wenige Leitungen nach Westdeutschland. Einmal war ich gerade im Waschraum, als Herr Gauck hereinstürmte: »Herr Kroppenstedt ist am Apparat, er braucht Sie dringend – und wir haben eine Leitung!« Das war damals eben nicht so, dass man in fünf Minuten zurückrufen konnte.

Es gab viel guten Willen in den ersten Wochen, aber keinerlei Struktur. Ich stellte fest, dass wir nur eine einzige Schreibmaschine hatten, noch dazu eine mechanische, bei der das »e« kaputt war, der Buchstabe, der im Deutschen am meisten vorkommt. Um dieses »e« zu tippen, musste man den Typenhebel mit dem Finger kraftvoll nach vorn schnipsen, dann schlug das

»e« zwar immer noch zu schwach auf, war aber sichtbar. Unsere argwöhnisch beäugte Behörde musste ja nicht perfekt sein, aber auch nicht jenseits des grünen Bereichs. Ihr durften also keine gravierenden Fehler unterlaufen. Weil es keinerlei Vorlagen gab, habe ich die ersten Bescheide selbst entworfen, handschriftlich, nachts, weit draußen im Berliner Bezirk Rauchfangwerder, der schon auf keinem Stadtplan mehr eingezeichnet ist, in einem Zimmer des ehemaligen Gästehauses des DDR-Innenministeriums, in dem ich meist der einzige Gast war. Elisabeth Ladwig hat diese Briefe anschließend mit Mühe getippt.

Einmal stieß ich auf eine Registriernummer, die mir sehr vertraut vorkam. Da stellte sich heraus, dass die junge Frau, die die eingehenden Anfragen registrierte, immer wieder bei 1 anfing, wenn 100 voll waren. Danach habe ich einen Ingenieur mit der Registratur beauftragt. Als Arbeitsplatz stand ihm leider nur das relativ geräumige, fast bis zur Decke gekachelte Bad mit Klo für den Reichsbankpräsidenten zur Verfügung.

Nach einer Woche zog ich in ein Büro ein Stockwerk höher. Meine »Sekretärin« wurde die junge Frau, die die Registratur verwaltet hatte. Ich erhielt ein altes DDR-Diktiergerät und musste die Bescheide an die Behörden nicht mehr handschriftlich notieren, sondern konnte sie einfach aufsprechen. Doch statt »Bericht« las ich nun überall »Beichte« über den Zustellungsbescheiden. All diese Seiten mussten neu getippt werden, es gab ja noch keinen Computer.

Die Mitarbeiter, die wir aus den Bürgerkomitees übernommen hatten, arbeiteten drei Monate lang ohne geregeltes Gehalt. Das lag nicht daran, dass Bonn nicht zahlen wollte, vielmehr forderte das BMI uns immer wieder auf: »Nennen Sie uns ihre Mitarbeiter!« Der Staat zahlt eben nur, wenn ein Vertrag vorliegt. Doch es fehlten die Vertragspartner. Die Leiterin der Dienststelle in Leipzig beispielsweise nannte mir am Telefon jedes Mal andere Zahlen über ihre Mitarbeiter. Sie verstand nicht, warum sie sich um Gehälter kümmern sollte, wo es so viel Wichtigeres zu tun gab. Erst nach Wochen konnte eine

Namensliste der Mitarbeiter zusammengestellt werden. Alle erhielten noch vor Weihnachten einen Vertrag.

Weitere Einstellungen erfolgten im Januar 1991. Wir hatten im November 1990 gemeinsam mit dem Aufbaustab überschlagen, wie viele Mitarbeiter wir brauchen würden, und waren im ersten Anlauf auf etwa 560 Planstellen gekommen. Bei dieser Zahl waren wir uns schon sehr mutig vorgekommen. Wir ahnten nicht, dass es schließlich über 3000 Mitarbeiter werden würden. Wir wussten noch nicht, wie viel Material überall noch entdeckt werden würde, beispielsweise in Frankfurt/Oder, wo die Ordner völlig zerfleddert in einem zehn Meter tiefen Bunker lagerten. Dort waren sie von Lkws einfach hineingekippt worden und hatten sich zu einer Pyramide aufgetürmt.

Die Stellen wurden in Berliner Tageszeitungen ausgeschrieben; innerhalb von zwei Wochen gingen 10 000 Bewerbungen ein. Die westdeutschen Beamten saßen in der ehemaligen Stasi-Zentrale in der Ruschestraße und waren ratlos: Nach welchen Kriterien sollten sie die Briefe ordnen? Nach Beruf der Bewerber: Krankenschwester, Ingenieur, Fabrikarbeiter? Fast alle Bewerbungen stammten aus Ost-Berlin. Das graue, billige Papier der Briefumschläge staubte beim Öffnen. Die Beamten waren wenig begeistert: Ihre Anzüge waren abends von einer dünnen Papierschicht überzogen. Glücklicherweise verfügte der Aufbaustab über eine Kasse, aus der kleinere Auslagen beglichen werden konnten, und so schickte ich einen Mitarbeiter nach West-Berlin, um Arbeitskittel zu kaufen.

Wir waren rund um die Uhr beschäftigt. Neben der praktischen Aufbauarbeit in Berlin liefen die Verhandlungen mit Bonn über die für unsere Arbeit sehr wichtige Benutzerordnung während der Übergangszeit bis zur Verabschiedung des neuen Stasi-Unterlagen-Gesetzes. Für den noch eingeschränkten Umgang mit den Akten entsprechend dem DDR-Gesetz und dem Einigungsvertrag war diese juristische Grundlage unbedingt erforderlich. Die Benutzerordnung ermächtigte uns nur zur Überprüfung von Personen bei Anfragen von Institutionen und Behörden wie der Justiz. Unsererseits durften wir im Laufe des Jahres 1991 selbst bei schweren Fällen noch keine Stasi-Verstrickungen aufdecken oder Strafanzeige stellen. Ich entwarf diese Regeln ebenfalls handschriftlich an den Wochenenden in meinem Gästehaus-Domizil Rauchfangwerder. In Bonn war man bürokratisch und wollte – zu Recht – alles bedenken. Doch es gelang, die Benutzerordnung schon am 15. Dezember 1990 in Kraft treten zu lassen.

Heute hat sich die Behörde nicht nur in der Öffentlichkeit, sondern auch bei der Regierung großes Ansehen erworben. Damals, in den ersten Wochen ihrer Existenz, waren wir in Bonn ein Nichts: ein unbekannter Sonderbeauftragter, zudem aus den Reihen des Neuen Forums, und ein unbekannter bayerischer Staatsbeamter, der noch nicht einmal eine offizielle Ernennung für seine von uns eigenwillig als »Direktor« deklarierte Stelle besaß. Ob wir unsere politischen Ziele würden durchsetzen können, war keineswegs entschieden.

Ich erinnere mich an ein Gespräch im BMI in Bonn. Da saßen Herr Gauck und ich zwanzig bis dreißig Vertretern vom Verfassungsschutz, militärischen Abschirmdienst, BND und Bundeskriminalamt sowie Beamten des BMI gegenüber, die aus verschiedenen, für Sicherheit zuständigen Abteilungen kamen. Sie gaben uns deutlich zu verstehen, dass die von uns angestrebte weite Öffnung der Akten einerseits und der dagegen restriktive Zugang zu den Akten für die Sicherheitsbehörden andererseits nicht zu akzeptieren seien. Mochte die DDR auch untergegangen sein, so belehrten uns diese Beamten, das Wissen über die Staatssicherheit dürfe nicht vollständig an die Öffentlichkeit dringen. Denn das Know-how des einen Nachrichtendienstes ist häufig auch das Know-how eines anderen Dienstes, und sei es der gegnerische.

Mir war klar, dass wir verloren hätten, wenn wir in dieser Runde nur ein wenig nachgeben würden. Daher habe ich unsere verfassungsrechtliche Position juristisch aggressiv vorgetragen und alle Gegenargumente etwa aus dem Polizeirecht und dem Verfassungsschutzrecht nachdrücklich zurückgewiesen. Ich wusste, wenn ich nicht entschieden auf unseren Essentials bestehe, geht das Tauziehen weiter. Herr Gauck neben mir wurde unruhig, weil ihm mein aggressiver Ton gegen Beamte eines Rechtsstaats, wie er immer zu formulieren pflegte, nicht gefiel. Da habe ich, obwohl wir immer die Distanz wahrten, kurz die Hand auf seinen Arm gelegt und leise gesagt: »Lassen Sie mich machen. Es wird schon gut.« Wir hatten die besseren Waffen: er mit seiner Ausstrahlung, seiner Botschaft, ich als spezialisierter Jurist, der darin geschult war, andere mit juristischen Argumenten zu überzeugen.

Kern unserer Bemühungen war es, die persönliche Einsichtnahme von Bürgern in ihre Akten uneingeschränkt durchzusetzen. Dabei stützten wir uns auf das Recht auf informationelle Selbstbestimmung, wie es vom Bundesverfassungsgericht 1983 im Zusammenhang mit der Volkszählung geprägt worden war. Aufgrund der grundgesetzlich garantierten Menschenwürde und des Rechts auf freie Entfaltung der Persönlichkeit hat der Einzelne ein Recht zu erfahren, wer wann was über ihn zusammengetragen hat. Nur wenn er auch insoweit Herr seiner Daten ist, kann er darüber bestimmen, in welcher Weise er in die Öffentlichkeit treten will.

Dass die Informationen im Fall des Staatssicherheitsdienstes unrechtmäßig gesammelt wurden, sprach meines Erachtens in der konkreten politischen Situation nicht für Schließung oder Vernichtung der Akten (was von nicht wenigen gefordert wurde), es machte die Aufklärung nur noch dringlicher. Als ich in Bayern im Datenschutzbereich gearbeitet hatte, hatte ich erfahren, dass das Wissen nicht aus den Köpfen verschwindet, wenn Akten vernichtet werden. Ohne Akten kann der Einzelne dem Wissen der einst Herrschenden nichts entgegensetzen. Wer behauptet, aufgrund seiner früheren Funktion etwas zu wissen, kann sogar Dinge in die Welt setzen, die möglicherweise gar nicht wahr sind. Der Betroffene aber ist ohne Kenntnis des Aktenmaterials hilf- und wehrlos. Deswegen hielt ich es für sehr wichtig, den Betroffenen Einsicht in ihre Unterlagen zu geben, damit sie wissen, was auf sie zukommen könnte und welche Gerüchte über sie kursierten. So könnten sie sich gegebenenfalls wehren. Das heißt aber nicht, dass auch Behörden diese Unterlagen in gleicher Weise verwenden dürfen.

Für mich war juristisch nicht entscheidend, ob die ehemaligen DDR-Bürger die Akteneinsicht haben *wollten*, weil sie nun freie Bürger waren. Das Recht auf informationelle Selbstbestimmung stand und steht ihnen als verfassungsrechtlicher Anspruch prinzipiell zu – damit verfügen sie über die stärkste Anspruchsgrundlage, die man überhaupt haben kann.

Der FDP-Politiker und Jurist Burkhard Hirsch und einige andere Liberale, die sich für die Wahrung von Bürgerrechten engagierten, waren jedoch in großer Sorge, dass durch die Akteneinsicht Informationen über Dritte erworben und damit deren Persönlichkeitsrechte verletzt werden könnten. Die Akten handeln ja nicht nur von den Observierten, sondern man erfährt auch vieles über die Menschen in ihrem Umkreis und selbst über den berichtenden IM. Auch insofern waren die Stasi-Unterlagen tatsächlich nicht unproblematisch. Überzeugt hat aber, dass gerade infolge der besonderen Situation, nämlich dass Menschen in einer Diktatur überwacht worden waren, eine Abwägung vorgenommen werden muss zwischen dem Recht der Betroffenen zu wissen und dem Recht derer, die am Rande durch deren Einsichtnahme betroffen sind. Wir waren zudem der Meinung, dass schwere Persönlichkeitseingriffe vermieden werden können, wenn die Namen Dritter geschwärzt werden, wir die Akten also bearbeiten, bevor wir sie zur Verfügung stellen. So konnten wir die Bedenken zerstreuen. Als sich aber Abgeordnete wie Burkhard Hirsch, Leitfiguren rechtsstaatlicher Auffassungen, für die Grundstruktur des Stasi-Akten-Gesetzes verwendeten, schufen sie Mehrheiten in den Fraktionen.

Dass Datenschutz kein ausreichender Grund sein kann, die Akteneinsicht zu verhindern, hatten wir schon während der Volkskammer-Zeit gelernt. Wie aber im Einzelnen umzugehen sei mit unterschiedlichen, auch konkurrierenden Rechtsgütern, das wussten wir nach wie vor nicht. Wie jedem Kriminellen gewisse Rechte zustehen, haben natürlich auch Stasi-Täter Rechte. Inwieweit sollte es dennoch möglich sein, die Akten von Inoffiziellen Mitarbeitern zu studieren? Welche Informationen sollten uns zustehen, welche nicht? Wie konnte der Persönlichkeitsschutz respektiert werden?

Geiger hat seinem Chef und den Mitarbeitern aus dem Osten erst einmal Nachhilfeunterricht erteilen müssen in Rechtsstaatlichkeit und rechtsstaatlichen Normen. Er hat uns beigebracht, was rechtsstaatliches Verwaltungshandeln und was Willkürfreiheit ist und dass man mit gutem Willen allein keine Behörde leiten kann. Er hat auch überzeugend dargelegt, dass das, was andere Bürokratie nennen, letztlich eine Regelung zugunsten der Schwachen ist, da alle Bürger nach Maßgabe des Gesetzes gleichberechtigt sind. Wenn vieles kompliziert ist, dann deshalb, weil jeder Vorgang in einer Behörde nachvollziehbar sein muss. Geiger hat von Anfang an gewusst, welcher gigantische Aufwand damit verbunden sein würde, wenn Akten an Betroffene, Behörden, Gerichte, Journalisten und Wissenschaftler herausgegeben werden würden. Wir dagegen hatten unseren politischen Willen zwar sehr klar zum Ausdruck gebracht, aber über die Form seiner Umsetzung nicht so genau nachgedacht.

Geiger wurde uns auch eine Stütze im Umgang mit dem Aufbaustab. Als westdeutscher Beamter empfand er unseren von der Basisdemokratie inspirierten Laissez-faire-Stil anfänglich zwar auch befremdlich, aber er hatte für die politische Situation größeres Verständnis als manch anderer und bemühte sich um einen Ausgleich mit den Aktivisten von 1989.

Bei der Auswahl der Bewerber traten die wohl größten Differenzen zum Aufbaustab auf. Wir ostdeutschen Stasi-Auflöser waren daran interessiert, möglichst erprobte Aktivisten aus der

Zeit des Umbruchs in die Behörde zu ziehen, die sich durch ihr persönliches Engagement allmählich umfangreiche Kenntnisse erworben hatten. Uns war es egal, ob sie bis dahin als Schlosser, Lehrer oder Pastoren gearbeitet hatten. Mein Vertrauter im Bezirk Chemnitz war beispielsweise der Klempnermeister Konrad Felber, ein Abgeordneter der frei gewählten Volkskammer wie ich. Da hieß es: »Ein Klempnermeister erfüllt nicht die Eingangsvoraussetzungen des höheren Dienstes.« Dem hielten wir entgegen: »Was nützt uns jemand vom höheren Dienst, der noch nie eine Stasi-Akte gesehen hat?« Im Fall des Klempnermeisters haben wir uns durchgesetzt, in vielen anderen nicht.

Den Mitgliedern der Bürgerbewegung, die eingestellt worden waren, bot man später berufsbegleitende Ausbildungen in der Behörde an, so dass sie sich im neuen Aufgabenbereich weiterqualifizieren konnten. Der ehemalige DSU-Abgeordnete Steiner aus dem Erzgebirge, ein Schlosser, dem zu DDR-Zeiten das Abitur verweigert worden war, ist auf diese Weise Leiter einer Außenstelle geworden. Später wechselte er als Parteiloser in die Politik und wurde im Erzgebirge Bürgermeister für die CDU.

Die Beamten des Aufbaustabs dachten, mit Krankenschwestern, Bühnenbildnern, Studenten, Pulloverträgern oder Klempnern aus Karl-Marx-Stadt könne man keine Behörde aufbauen, und haben uns das je nach Souveränität mehr oder weniger deutlich spüren lassen. Die Mitglieder der Bürgerkomitees hingegen warfen den Beamten mangelnde Sensibilität im Umgang mit der Materie vor, fantasieloses Gestalten nach Schema West und blindes Loyalitätsverhalten.

Nicht wenige ehemalige Bürgerrechtler haben vergeblich auf eine Einstellung gehofft, sie waren entweder unter- oder als Akademiker überqualifiziert etwa für die angestrebte Stelle als Rechercheur, oder sie passten den einstellenden Beamten einfach nicht. Ich erhielt bittere Briefe: »Insgesamt scheint es eben doch so, dass man in Deiner Behörde den ›Bürgerbewegten‹ nicht allzu freundlich gegenübersteht und dass vieles an Dir vorbei entschieden wird.« Tatsächlich wurde vieles an mir vorbei entschieden – es ging gar nicht anders. Anfang 1992 wurden monatlich unter den 10 000 Bewerbern bis zu 250 neue Mitarbeiter ausgewählt und eingestellt.

Die Hauptarbeit zumindest bei uns in Berlin leisteten Teams aus Westdeutschland, die in Personalführung Erfahrung hatten. Sie hielten nicht selten relativ förmlich auftretende Krawattenträger für geeignet, die ich schon aus zwanzig Metern Entfernung als Genossen identifizierte. Einmal konnte ich mich gegenüber einem durchaus tüchtigen und aufgeschlossenen Personalreferenten nicht zurückhalten: »Wie viele SED-Mitglieder haben Sie mir denn heute wieder reingedrückt?« Er schaute mich verständnislos an. Wusste denn der Ostchef nicht, dass in der Demokratie bei Bewerbungsgesprächen nicht nach der Parteimitgliedschaft gefragt wird? Der Ostchef wusste es, aber er hätte sich doch gewünscht, dass – wie in den Außenstellen – auch in Berlin ein Ostdeutscher bei den Einstellungsgesprächen öfter dabei gewesen wäre.

Es galt aber nicht nur, Mitarbeiter einzustellen. Wir mussten parallel zu den Einstellungen das Material sichern, das wir oft in völlig chaotischem Zustand vorfanden, mussten anfangen, es zu archivieren, teilweise erst einmal die Gebäude finden, die für die Lagerung überhaupt geeignet waren. Gleichzeitig aber sollten wir schon die ganze Zeit Auskünfte erteilen.

Die ersten Informationen über IM wurden bald nach den Besetzungen der Stasi-Gebäude im Dezember 1989 an die Öffentlichkeit lanciert, im revolutionären Überschwang und in einem quasi rechtsfreien Raum. Die ersten spektakulären Fälle betrafen die beiden Spitzenkandidaten der Allianz für Deutschland bei den Wahlen zur Volkskammer im März 1990, Wolfgang Schnur und Ibrahim Böhme. Der eine wurde kurz vor, der andere kurz nach der Wahl enttarnt. Beide waren »Intensivinformanten«, die jahrelang Menschen verraten hatten.

Rechtsanwalt Wolfgang Schnur hatte seit 1965 als Inoffizieller Mitarbeiter für die Stasi gearbeitet, seine Akten wurden vom Bürgerkomitee in seinem Wohnort Rostock entdeckt. Ibrahim

Böhme, Spitzenkandidat der von der SPD unterstützten Sozial-demokratischen Partei der DDR, hatte der Stasi seit 1968 berichtet; er flog auf, als die Unterlagen über den Lyriker Reiner Kunze im Stasi-Keller von Gera gefunden wurden.

Heute können wir froh sein, dass uns diese Herren als Ministerpräsidenten der DDR erspart blieben. Allerdings sollten erste Aktenfunde ergeben, dass auch Lothar de Maizière, der DDR-Regierungschef von April bis Oktober 1990, belastet war. Nachforschungen über ihn erfolgten bereits während seiner Amtszeit und wurden später offiziell im Rahmen der Behörde beendet, der entsprechende Bericht ging dem Innenminister Ende Januar 1991 zu. Trotz belastender Indizien erklärte Wolfgang Schäuble de Maizière aber für entlastet, möglicherweise habe er nicht gewusst, dass er als IM geführt worden sei. Die Parteispitze der CDU wollte ihren stellvertretenden Bundesvorsitzenden offenkundig decken.

Mir waren in dieser Situation aufgrund der restriktiven Benutzerordnung die Hände gebunden. Das schmerzte, doch ich hielt mich an die Rechtsgrundlage. Regierung und Parlament waren berechtigt, Anträge zu stellen, Medien und Forscher noch nicht. Viele Stasi-Auflöser aus den Kreisen der Bürgerkomitees rieben sich an den Einschränkungen; sie wollten sich den Bestimmungen, Dienstwegen und Zuständigkeiten nicht oder nur begrenzt unterordnen. So stieß ich eines Tages im *Spiegel* auf Äußerungen von Stefan Wolle und Armin Mitter, beide Historiker unserer Behörde, die erklärt hatten, dass Innenminister Schäuble unseren Bericht geschönt habe und sein Persilschein für de Maizière nicht mit den Fakten über den IM Czerni in Einklang zu bringen sei.

Ich bestellte die beiden umgehend in mein Dienstzimmer. Es musste etwas geschehen.

»Wie kommen Sie dazu, sich öffentlich zu äußern? Sie kennen die Zugangsregeln und haben unterschrieben, sich rechtskonform zu verhalten?! Wo ist ihre Loyalitätspflicht?«

Die beiden schienen nicht überrascht und erst recht nicht

schuldbewusst. Sie fragten mich, wozu sie die Revolution gemacht hätten und wem sie zu größerer Loyalität verpflichtet seien – bürokratischen Vorstellungen und einem restriktiven Übergangsgesetz oder der Maxime, für die sie gekämpft hätten: Offenheit und Stasi-Akten in die Hand des Volkes? Wieder einmal rieb sich die revolutionäre Moral am Rechtsstaat.

Ich bat sie um Geduld: »Es ist doch nur eine Frage der Zeit, bis wir das Gesetz bekommen, das Ihnen zusichert, genau das zu tun, was Ihnen jetzt noch untersagt ist: die Öffentlichkeit zu informieren!«

Doch ich stieß auf taube Ohren. Sie wussten nicht, ob sie darauf vertrauen könnten und wollten nach ihrem Gewissen entscheiden.

Ich war angetreten, den Rechtsstaat zu schützen, und der wird nachrangig, wenn die Moral der Guten die Regeln setzt. Staatliche Verwaltung muss dem Recht gehorchen, weder Gutdünken noch Gut-Meinen, noch Böswilligkeit dürfen das Handeln leiten. Wenn ein Verhalten wie dieses einreißen würde, könnte die Behörde schließen. Und so erklärte ich die beiden mit sofortiger Wirkung für entlassen. Glücklicherweise gab es einen Juristen neben mir, der schnell nachschob: »Herr Gauck, Sie meinen, nach Anhörung des Personalrats werden wir sicher zu einer Entlassung kommen.« In meiner Empörung über die Missachtung rechtsstaatlicher Prinzipien hatte ich für einen Moment selbst rechtsstaatliche Prinzipien missachtet – genauer gesagt: Ich kannte sie damals noch gar nicht.

Bürgerrechtler haben mir die Entlassung der beiden Historiker sehr übel genommen. Für sie war ich zur anderen Seite übergelaufen. Mir hat die Entlassung leid getan. Ich habe die beiden Historiker geschätzt. Sie haben früh zur DDR publiziert, und sie waren aus dem Osten. Der Behörde fehlten solche Historiker. Ich konnte und wollte aber nicht anders handeln. Nach mehreren Jahren haben wir uns wieder einander angenähert. Ich habe sogar versucht, Stefan Wolle wieder zur Behörde zu bringen.

So mühten wir uns einerseits, der aktuellen – noch restriktiven – Rechtslage zu entsprechen, und engagierten uns andererseits für die Schaffung einer neuen, breiteren Rechtsgrundlage. Die Übergangsregelung aus dem Einigungsvertrag galt es zu ersetzen durch ein Gesetz des Deutschen Bundestages. Noch immer gab es Gegenwind. Die Argumente lauteten ähnlich wie schon in der Volkskammer: Es werde Mord und Totschlag geben. Oder auch: Die Persönlichkeitsrechte würden verletzt. Umstritten war vor allem, dass die Stasi-Mitarbeit als mangelnde Eignungsvoraussetzung im öffentlichen Dienst gelten sollte.

Schon unter den restriktiven Bestimmungen des Einigungsvertrages hatte der öffentliche Dienst das Recht gehabt, sich von seinen durch Stasi-Mitarbeit belasteten Angehörigen zu trennen. Ein exakter Kriterienkatalog für Entlassung oder Weiterbeschäftigung fehlte allerdings. Damals wurde diskutiert, ob eine durch Stasi-Mitarbeit erfolgte Entlassung nicht einem außergerichtlichen Schuldspruch gleichkäme. Ich war der Meinung, dass es hier nicht um Schuld gehe, sondern um Eignung, und dass eine inoffizielle Zusammenarbeit mit der Geheimpolizei als Malus für einen Angestellten oder Beamten im öffentlichen Dienst zu betrachten sei. Im Konflikt mit Stolpe ist diese Debatte noch einmal aufgelebt.

Wir waren damals eine argumentative Macht, und das schlug sich schließlich ganz deutlich im Bundestag nieder. Eine breite Mehrheit von CDU/CSU, SPD und FDP hat das Gesetz unterstützt. Links-alternative Politiker aus meiner eigenen Partei Bündnis 90/Die Grünen, der ich allerdings seit meiner Amtsübernahme nicht mehr angehörte, blieben mit ihrem Alternativvorschlag in der Minderheit. Ihr unüberwindliches Misstrauen gegen jedwede Art von Geheimdienst stieß auf kein Verständnis.

Mit dem neuen Stasi-Unterlagen-Gesetz (StUG) vom Dezember 1991, das im Kern bis heute gültig ist, konnten wir unsere Anliegen tatsächlich in breitem Umfang durchsetzen. In der Präambel ist es festgehalten: Die Behörde soll den Opfern Einsicht in die eigenen Akten geben, die Strafverfolgung und Rehabilitierung der zu Unrecht verfolgten Personen unterstützen, eine Durchleuchtung des öffentlichen Dienstes und des privaten Sektors ermöglichen und die Öffentlichkeit über Struktur und Wirkungsweise des MfS informieren – also politische, juristische und historische Aufarbeitung betreiben.

Es war ein Spezialgesetz, geschaffen für eine konkrete historische Situation. Es gewährte Zugangsrechte zu Daten, die unter grober Missachtung rechtsstaatlicher Regeln gewonnen worden waren, also im Normalfall vor Gericht unter Verwertungsverbot fallen. Es ermöglichte ferner Einsicht in persönliche Daten, die im Normalfall dem Datenschutz unterliegen. Hätten wir schematisch bestehende Rechtsformen übernommen, hätten die personenbezogenen Daten nach dem Bundesarchivgesetz dreißig Jahre lang einer Zugriffssperre unterlegen. Die Regelungen im neuen Gesetz waren sogar noch großzügiger als im Volkskammergesetz. So wurde den Aktenlesern nicht nur erlaubt, den Decknamen, sondern auch den Klarnamen von Inoffiziellen Mitarbeitern zu erfahren.

Die Berichte der IM stehen, geschwärzt an den Stellen, die die Rechte Dritter betreffen, Forschern und Medien zur Verfügung, während die Akten der Opfer nicht freigegeben sind. Auf diese Weise sollen die Opfer geschützt werden. In der Regel haben die Opfer ein Interesse an der Darstellung ihrer Verfolgung, so dass Forscher und Journalisten diese Akten mit Genehmigung der Betroffenen einsehen dürfen.

Die politisch sicher wichtigste Aufgabe der Behörde war und ist, den Opfern von einst die über sie gesammelten Unterlagen zur Verfügung zu stellen, damit sie erfahren, wie ihr persönliches Schicksal unter Umständen durch den Staatssicherheitsdienst beeinflusst wurde.

Kein Mitarbeiter der Behörde wird je den Tag vergessen, an dem zum ersten Mal Akten eingesehen werden konnten. In der Weihnachtspause hatten wir rund 20 000 Antragsformulare drucken lassen. Als ich am 2. Januar 1992, einem Donnerstag, zum Dienst kam, sah ich schon von weitem vor der Behörde in der Behrenstraße Hunderte von Menschen, die ihre Akten einsehen wollten, möglichst sofort. Jeder wollte der Erste sein. Es gab un-

vorstellbare Szenen. Unser Sicherungspersonal konnte die An-
drängenden nur mit Mühe und inzwischen gelernter Freundlich-
keit zurückhalten. Zum Teil wurden die Formulare an Ort und
Stelle ausgefüllt, am Abend waren alle Formblätter verteilt. Wir
konnten die Antragsteller nicht mehr bedienen. Tageszeitungen
druckten das Formblatt daraufhin nach, Kopien wurden angefertigt. In den ersten hundert Tagen stellten 420 000 Menschen Anträge auf private Akteneinsicht, gleichzeitig gingen 130 000 Anträge
auf Überprüfung von Personen im öffentlichen Dienst ein. Anders
als die anderen Ostblockländer hatten wir einen rechtsförmigen
Zugang zu diesen vergifteten Papieren geschaffen. Unsere Mitarbeiter merkten, wie sehr man sie brauchte und wie wichtig das
war, was sie taten. Wir waren stolz und froh, dass wir das Bedürfnis
nach Aufklärung befriedigen konnten, auch wenn wir dem An-
sturm so vieler Menschen natürlich längere Zeit in keiner Weise
gewachsen waren.

Wir hatten zum 2. Januar 1992 etwa fünfzig bekannte und
weniger bekannte Stasi-Opfer zu ihrer Akteneinsicht geladen. Die
Bürgerrechtler dachten: Endlich! Sie hatten nicht verstanden, warum wir schon beinahe ein Jahr Auskünfte über Stasi-belastete
Mitarbeiter ausgegeben hatten, während sie, die Observierten,
vertröstet worden waren. So hatten sie sich die Herrschaft des
Rechts nicht vorgestellt. Jürgen Fuchs hatte den »Geraer Weg«
propagiert: Danach sollten die »OV-Leute«, also diejenigen, die als
Observierte in einem Operativen Vorgang erfasst waren, bei der
Einsichtnahme bevorzugt werden. Wir haben den Opfern bei unserer Arbeitsverteilung tatsächlich großes Gewicht eingeräumt –
aber erst, nachdem mit der Verabschiedung des Gesetzes eine
juristische Grundlage geschaffen war. Solange der Bundestag die
Einsicht in die personenbezogenen Akten nicht genehmigt hatte,
waren uns die Hände gebunden. Das war nicht immer leicht aus-
zuhalten. Im Umkreis von Bärbel Bohley hatte man kurz nach der
Stasi-Besetzung propagiert: »Jeder nimmt seine Akte mit nach
Hause!« Dass damit die Opfer von einst entgegen jedem Daten-
recht in den Besitz von Informationen über unbescholtene Dritte

gelangen konnten, hat man in der Situation des Umbruchs gar nicht bedacht.

Der 2. Januar, als die Akten endlich zugänglich waren, dürfte jedem Bürgerrechtler jedoch als ein Tag des Triumphes über die Stasi in Erinnerung bleiben. Wolf Biermann kam mit Picknickkorb und Thermoskanne, andere mit Frühstücksbeuteln. Vor den Geladenen stapelten sich die Akten, die wir in Dutzenden von Aluminiumkästen aus den Altbeständen der Stasi herbeigeschafft hatten. Um unseren guten Willen zu zeigen, hatten wir die Akten zum Lesen frei gegeben, noch bevor sie bis ins Detail auf die Rechte Dritter hin durchgegangen und entsprechend geschwärzt worden waren. Die Bürgerrechtler durften sich Notizen machen, erhielten aber keine Kopien. Auch die Einsicht in fremde Akten handhaben wir noch großzügig. Heute müssen selbst Eheleute dem Partner eine schriftliche Erlaubnis zur Einsicht erteilen. Hansjörg Geiger führte als Beispiel immer an, dass jeder darüber entscheiden können muss, ob der Ehepartner aus den Akten von einem verheimlichten Ehebruch erfahren soll.

Im Januar 1992 gingen die Bürgerrechtler noch von Tisch zu Tisch und beugten sich gemeinsam über die Akten, deren Akteure ihnen oft vertraut waren. Es herrschte eine große Aufregung. Alle wollten wissen: Wie wurden die Akten überhaupt geführt? Was wussten sie von mir, von uns? Wer hat unter Umständen aus meinem Freundes-, Verwandten- und Bekanntenkreis über mich berichtet? Damals wurde entdeckt, dass Gregor Gysi, den beispielsweise Bärbel Bohley und Robert Havemann als Rechtsbeistand gewählt hatten, Informationen über sie an die Stasi weitergeleitet hatte.

Während Heerscharen von Presseleuten Prominenten wie Bärbel Bohley, Rainer Eppelmann, Lutz Rathenow, Ulrike und Gerd Poppe oder Wolf Biermann über die Schulter und in die betroffenen oder bemühten Gesichter blickten, fand ich mich plötzlich neben einem älteren Mann wieder, der über den Zeugnissen seiner ungerechtfertigten Haft saß. Schneller als er erzählen konnte, traten Tränen in seine Augen.

*Wir hatten für den 2. Januar 1992 etwa fünfzig Stasi-Opfer zur
Akteneinsicht geladen. Nun saßen sie vor Stapeln von Dokumenten und lasen staunend oder erschrocken, was die Stasi jahrelang über sie zusammengetragen hatte.*

Er wollte eigentlich nur wissen, was in der Akte steht, um mit
allem abschließen zu können. Aber mit der Erinnerung an die
Haft kam die Erinnerung an seine Frau, die ihn verließ, während
er eingesperrt war. Das Gespräch zwischen uns war nur kurz. Aber
mehr als durch alle Äußerungen der prominenten Gäste habe ich
durch Blick und Geste dieses Aktenlesers erkannt: Wer sich noch
einmal seiner Vergangenheit stellt, wer auf den Schutz der selek-
tiven Erinnerung verzichtet, der braucht Mut. Er wird vergangene
Phasen wieder durchleben und unter Umständen auch von Gefühlen überwältigt werden. Er wird womöglich noch einmal klein
sein und missbraucht, gedemütigt, ausgeschlossen, eingeschlossen,
er wird einstigem Schmerz nah sein. Erinnern bedeutet eben
nicht nur, etwas Vergangenes neu zu wissen, sondern auch, Vergangenes oder Verdrängtes neu zu fühlen.

Die Bürgerrechtlerin Vera Lengsfeld, die damals Vera Wollenberger hieß, fand bestätigt, was sie schon gewusst hatte, aber am

liebsten nicht geglaubt hätte: Dass ihr eigener Mann seit 1972 als IM Donald mit der Stasi zusammengearbeitet und kurz nach der Heirat begonnen hatte, sie auszuspionieren. Wie kann jemand ein liebevoller Vater sein und gleichzeitig Berichte über die eigene Frau schreiben? Sie hat später viel von ihrer bitteren Kränkung in Zorn und Angriffslust verwandeln können. Sie hat sich scheiden lassen, hat sich alles vom Leibe geredet und geschrieben, sich in die politische Arena geworfen und dort gekämpft.

Drei Tische entfernt von ihr hat ein anderer gelesen, der Schriftsteller und Lyriker Ulrich Schacht. Er wurde 1951 im sächsischen Frauenzuchthaus Hoheneck geboren, wo seine Mutter inhaftiert war, und hatte später selbst wegen angeblich staatsfeindlicher Hetze in seinen Gedichten einige Jahre im Zuchthaus gesessen, bevor er 1976 in die Bundesrepublik abgeschoben wurde. Dort hat er als Journalist in Hamburg gearbeitet, heute lebt er in Schweden. Ulrich Schachts Gesicht war nicht starr und nur mühsam beherrscht wie das von Vera Lengsfeld. Auch er fand Denunzianten und Verräter in seinem weiteren Umfeld, aber auch Trost: »Niemand von meinen Freunden hat mich verraten. Ich schreibe ihnen allen einen Dankesbrief!« Strahlend verließ er an jenem Tag die Behörde.

Das werde ich nie vergessen – Erleichterung, Ernüchterung, Enttäuschung, Entsetzen, Wut, gemischt mit Lachanfällen und ungläubigem Staunen. Das bedrückende Gefühl, dass die vergangene Diktatur nur äußerlich vergangen war, aber in den Seelen der Menschen höchst gegenwärtig, ließ eine frühe Ahnung in mir wachsen, dass es lange, sehr lange dauern würde, bis wir auch innerlich befreit sein würden von ihrem Zugriff.

Ein kleiner Wermutstropfen trübte in diesen aufregenden Tagen die Freude über die erste Akteneinsicht: Eines Abends fehlte im Lesesaal ein Band. Eine der bekanntesten Persönlichkeiten unter den Bürgerrechtlern hatte ihre Auffassung »Meine Akte gehört mir« in die Tat umgesetzt und die Dokumente mit nach Hause genommen. Wir brachten sehr deutlich unsere Missbilligung zum Ausdruck. Am nächsten Abend zählte das Archiv einen Band zuviel. So unbemerkt, wie er aus unserem Lesesaal verschwunden war, war er wieder zurückgekommen. Um den Bürgerrechtlern und ihrem Kampf für Freiheit und Demokratie unsere Reverenz zu erweisen, hatten wir auf jede Kontrolle am Ein- und Ausgang verzichtet.

Turbulente Jahre

Aus einem ersten Protestsignal war lawinenartig eine Massen-
bewegung entstanden, aus einer Wortmeldung des Sommers
1989 war am Ende des Jahres eine Revolution geworden. Doch
anders als in Polen oder in der Tschechoslowakei, wo Oppositionelle seit den siebziger Jahren immer wieder erörtert hatten, wie
die Zivilgesellschaft ihren Handlungsspielraum erweitern könne,
ohne ein gewaltsames Eingreifen des Repressionsapparats zu riskieren, hatte es unter DDR-Oppositionellen keinerlei Diskussionen über eine organisierte, institutionelle Einflussnahme auf das
politische Leben gegeben, ganz zu schweigen über eine politische
Linie gegenüber Westdeutschland. Unser Vorgehen erfolgte eher
als Reaktion auf die Straße, einer gemäßigten und besonnenen,
aber auch zornigen und entschlossenen Straße, die erst ihren Anspruch als mündiger Souverän anmeldete und dann für viele Bürgerrechtler zu früh mit der Formel, Ost- und Westdeutsche seien
»ein« Volk, den Zusammenschluss des geteilten Landes einleitete.

Der revolutionäre Charakter unseres Umbruchs kam wohl
am deutlichsten im Kampf gegen den Staatssicherheitsapparat
zum Ausdruck – einer Besonderheit in der DDR. Weder die
Volksarmee noch die Volkspolizei hielten wir für so gefestigt, dass
sie unter allen Umständen der kommunistischen Gewaltherr-
schaft gefolgt wären wie die Stasi, das »Schwert und Schild der
Partei« – eine Bezeichnung übrigens, die ich damals noch gar
nicht kannte. Der schlagkräftigste, loyalste, fast ordensmäßig organisierte Kern der SED-Herrschaft verkörperte die spätstalinis-
tische Struktur des Systems besonders sinnfällig; seine Entmach-
tung, so unsere Überlegung, würde den Hardlinern in der SED
die Basis entziehen und nicht ohne Wirkung auf die Generalität
und die Volkspolizei bleiben. Und so kam es auch.

Die entscheidende Erschütterung der alten Machtstrukturen

erfolgte am 4. und 5. Dezember durch die Besetzung der Stasi-Gebäude in verschiedenen Städten der DDR und endete am 15. Januar mit der Einnahme des Stasi-Hauptquartiers in Berlin-Lichtenberg. Mit dem Mauerfall am 9. November 1989 war die Revolution – wie häufig zu lesen – keineswegs zu Ende gewesen.

Anfangs vermochte ich nicht zu erahnen, welche Erblast der Diktatur unserer Demokratiebewegung in die Hände gefallen war. Ich überblickte weder den Umfang noch die politische Bedeutung der bösen Hinterlassenschaft. Dann waren wir entsetzt: Erste Schätzungen der Archivare des Bundesarchivs ergaben 204 Kilometer Akten, davon etwa die Hälfte im Zentralarchiv in der Berliner Normannenstraße – wobei ein Meter Akten bis zu siebzig Vorgänge oder 10 000 Din-A-4-Blätter mit einem Gewicht von etwa dreißig Kilogramm enthielt. Das 1984 errichtete neunstöckige Zentralarchiv galt als das schwerste Haus in Berlin-Lichtenberg, denn Wände und Böden waren aus besonders dickem Beton. Es lag für die Öffentlichkeit verborgen hinter einem noch höheren, zwölfstöckigen Bürogebäude. Aufbewahrt wurden dort etwa 6 Millionen Personendossiers, davon 4 Millionen über Bürger der DDR, 2 Millionen über Bürger der alten Bundesrepublik, ferner Operativpläne für weitere Werbungen, Zersetzungs- und Einsatzmaßnahmen, Einschätzungen der verantwortlichen Staatssicherheits-Stellen, auch Fotos, Filme, Tonbänder und die perversen Geruchsproben, gelbe Tücher, die – hatten sie einmal den spezifischen Geruch einer Person an den Geschlechtsteilen aufgenommen – in Einweckgläsern konserviert worden waren. Als das Bürgerkomitee den Komplex übernahm, stand er teilweise leer, er war auf Zuwachs angelegt.

Die Behörde des »Bundesbeauftragten für die Unterlagen des Staatssicherheitsdienstes der DDR« war keine Behörde wie jede andere, auch wenn sie wie eine obere Bundesbehörde aufgebaut war. Wir haben uns als Leuchttürme der Aufklärung verstanden.

Meistens erfuhren unsere Mitarbeiter viel Unterstützung in ihrem Umfeld. Am ersten Tag der offenen Tür in Berlin unter dem Motto »Durchzug bei der Stasi« strömten Abertausende in die ehemals geheimen Gemäuer, es gab große Aufmerksamkeit und großes Interesse. In DDR-konformem oder gar feindlich reagierendem Milieu konnte es aber auch geschehen, dass unsere Mitarbeiter unter Rechtfertigungsdruck gerieten. Manche mögen sich zeitweilig gefürchtet haben; einer Mitarbeiterin wurde einmal eine Scheibe in ihrer Pankower Wohnung eingeworfen. Einige dürften sich für ihre Arbeitsstelle sogar geniert haben, schließlich hatten wir nicht wenige Mitarbeiter, die einst dem System nahegestanden hatten.

»Wenn man sich in der U-Bahn oder im Bus fürchtet, als Mitarbeiter unserer Behörde erkannt zu werden, dann begreift man nicht, welche große aufklärerische Funktion wir haben!«, habe ich einmal auf einer Personalversammlung im Friedrichstadtpalast gesagt. »Wer sich nicht zur Behörde stellt, der soll seinen Hut nehmen und gehen!« Großer Beifall.

Das Gros der Behördenmitarbeiter, die zu 96 Prozent aus den neuen Bundesländern kamen, war überdurchschnittlich motiviert. Wir haben vorrangig ältere Frauen eingestellt, nicht nur, weil sie es auf dem Arbeitsmarkt schwer haben würden, sondern weil die Frauen aus der DDR selbstbewusst, lebensklug und besser als die Männer mit den sich aus den Akten ergebenden Lebensschicksalen umgehen könnten. Sie alle waren und sind einer starken psychischen Belastung ausgesetzt. Ich weiß nicht, ob und wie ich es ausgehalten hätte, wenn ich tagtäglich mit diesen Akten und der darin enthaltenen staatlichen Perfidie konfrontiert worden wäre.

Wir sahen uns einer Flut von Anträgen gegenüber; insgesamt waren es bis Frühjahr 2006 deutlich über 6 Millionen, davon allein fast 2,6 Millionen Anträge auf persönliche Akteneinsicht. Mitte der neunziger Jahre haben wir bis zu 3500 Bescheide pro Tag mit Auskünften in einem Umfang von teilweise 200 Seiten verschickt. Das waren unglaubliche Erledigungszahlen, die nicht zuletzt erreicht werden konnten, weil die Zentrale und die sechzehn, über die neuen Bundesländer verstreuten Außenstellen gut aufeinander eingespielt waren. Wir hatten ein standardisiertes Verfahren entwickelt, das in sechzehn Punkten eine mögliche IM-Tätigkeit beschrieb: Name, Zeitraum der Zusammenarbeit, IM-Kategorie, mit Verpflichtung, ohne Verpflichtung, Geld genommen oder nicht, Orden erhalten oder nicht, sich selbst aus der Zusammenarbeit gelöst oder nicht. 2007, sechzehn Jahre nach der Aktenöffnung, gingen noch gut 100 000 Anträge auf persönliche Akteneinsicht ein, 2008 waren es immerhin noch 87 000. Jeder braucht offensichtlich seine Zeit, um sich dem Thema zu stellen.

Die Staatssicherheit verfügte über ein nahezu unbeschränktes Arsenal an Maßnahmen, um jeden beliebigen DDR-Bürger zu observieren und ihre Opfer zu entmutigen und zu »zersetzen«. Sie konnte einer öffentlichen Person ein Liebesverhältnis andichten oder das Foto eines oppositionellen Pastors vom FKK-Strand im Lebensmittelladen seines Dorfes aushängen. Sie konnte den beruflichen Aufstieg durch gezielte Kritik oder Verleumdung seitens eines IM bremsen – ein besonders hinterhältiges Vorgehen, da die Einwände auf den ersten Blick vollkommen unpolitisch schienen und der Betroffene häufig Kollegenneid, aber keineswegs »sicherheitspolitische« Belange dahinter vermutete –, und sie konnte Gerüchte streuen und Nicht-Angepasste als Stasi-Spitzel verdächtigen lassen, was deren Ruf in einer Friedens- oder Umweltgruppe zumeist vollständig ruinierte.

Derartige »Zersetzungen« von Unbotmäßigen und oppositionellen Gruppen waren eines der Hauptziele der Stasi. Die Betroffenen sollten in ihrem Selbstbewusstsein erschüttert, in Widersprüche verwickelt und in eine Lage getrieben werden, in der sie Konfliktsituationen sozialer, persönlicher, beruflicher oder gesundheitlicher Art nicht mehr oder nur noch unter großer Anstrengung bewältigen konnten und damit in ihrer Handlungsfähigkeit stark eingeschränkt waren.

Die Lesesäle der Behörde, die seit 1992 für die Akteneinsicht bereit standen, kennen das Lachen und das Weinen, den Groll und die Freude, die Wut und auch die Enttäuschung, wenn jemand weniger Dokumente als erwartet vorfand oder wenn diese banal und ungenau waren: »Wichtiger war ich nicht?« Sie kennen aber auch bodenloses Erschrecken und niederdrückende Beklemmung, wenn sich herausstellt, dass Freunde, Verwandte oder Bekannte Zuträger des Systems waren und Teile des eigenen Lebens plötzlich in einem anderen Licht erscheinen.

Der junge Theologiestudent Matthias Storck wusste beispielsweise nicht, wie es dazu gekommen war, dass er im Oktober 1979 auf offener Straße in Greifswald verhaftet und im Juli 1980 mit seiner Verlobten zu zwei Jahren und acht Monaten Gefängnis wegen »landesverräterischer Agententätigkeit« und »Fluchtversuch« verurteilt worden war. Bis Dezember 1980 hatten sie gesessen – er in Cottbus und sie im Frauenzuchthaus Hoheneck –, dann waren beide durch die Bundesregierung freigekauft worden.

Bei der Akteneinsicht nach 1989 fand er heraus, dass er von einem seiner besten Freunde verraten worden war, dem Pfarrer Frank Rudolph aus Herzfelde bei Berlin, alias IM Klaus. Jener hatte ihm ein Angebot zur Flucht zugespielt, deren Route über Polen laufen sollte, und obwohl Storck abgelehnt hatte, weil er als künftiger Pfarrer in der DDR bleiben wollte, war er des Fluchtversuchs beschuldigt worden. Es hatte sich um eine hinterhältige Falle gehandelt: Andere Menschen aus dem Freundes- und Bekanntenkreis von IM Klaus, die sich auf den Vorschlag eingelassen hatten, waren im Hafen von Danzig verhaftet worden.

Matthias Storck, der sein Theologiestudium in Westdeutschland beendet hat und heute als Pfarrer in Herford tätig ist, war durch die Akteneinsicht umso mehr schockiert, als sein »Freund« Frank Rudolph 1985 ebenfalls nach Westdeutschland übergesiedelt war, eine Stelle in Frankfurt am Main beim Evangelischen Pressedienst angetreten und noch aus der Bundesrepublik weiter für die Stasi gearbeitet hatte. Dass er aufflog und nach 1990 wegen Spionage zu einer Bewährungsstrafe und 10 000 DM Geldstrafe verurteilt wurde, hat die Enttäuschung über den Verrat bei dem Ehepaar Storck nicht beseitigen können.

Für mich war es eine der größten Überraschungen, wie schnell die eigentlichen Täter, die hauptamtlichen Stasi-Mitarbeiter, nach der Aktenöffnung aus dem Blickfeld der Öffentlichkeit verschwanden. Schon in der Modrow-Zeit wurden sie quasi »legalisiert« überführt: Sie erhielten Arbeitsplätze beim Zoll, bei der Polizei, auch in zivilen Bereichen. In Rostock wurden einige sogar als Lehrer angestellt, was allerdings zur Absetzung des Stadtschulrats und schließlich sogar des alten kommunistischen Oberbürgermeisters führte. Unser Slogan während der Bürgerproteste war aber nicht »Stasi an die Laterne« gewesen, sondern »Stasi in die Produktion« oder – in Sachsen – »Stasi in den Tagebau«, was bedeutete: Sie sollten im Prinzip integriert und unter normalen Beschäftigten »resozialisiert« werden.

Viele Stasi-Mitarbeiter haben sich in die Privatwirtschaft zurückgezogen. Sie haben – vielleicht mit Geldern aus schwarzen MfS-Kassen oder von der Partei, vielleicht auch mit Krediten von der Bank oder der Sparkasse – ein Gewerbe angemeldet, sind Reiseunternehmer geworden, Versicherungsvertreter, sie haben Wachschutz-, Immobilien- und Beerdigungsunternehmen gegründet und eine Reihe von Dienstleistungsjobs übernommen. Nicht selten haben sie gut verdient. Die Personalratschefin unserer Behörde, immerhin einer Behörde mit mehr als 3000 Mitarbeitern, traf einmal den MfS-Offizier, der versucht hatte, sie anzuwerben. Er trat selbstbewusst auf, gut gekleidet, mit selbstsicherem Lächeln. Während sie sich mit einem zehn Jahre alten Opel begnügte, fuhr er einen Daimler, den er gerade für ein noch teureres Gefährt in Zahlung geben wollte. Während sie diszipliniert Tag für Tag ihre Büroarbeit leistete, konnte er sich als Immobilienmakler seine Arbeit einteilen: »Tja, hätten Sie bei uns angefangen …« Hatte er nicht wieder besser abgeschnitten?

Als Herrenmenschen hatten viele Stasi-Offiziere wie übrigens auch eine Menge von SED-Führungskadern schon in der Diktatur gelernt, ihre Ellenbogen einzusetzen, was ihnen in der neuen offenen Gesellschaft bei Unternehmern aus dem Westen oder auch unter ihresgleichen Vorteile verschaffte. Ihre einstigen Opfer waren dagegen nicht selten traumatisiert, litten nach Jahren der Drangsalierung unter einem geringen Selbstwertgefühl und mussten ihnen oft den Vortritt lassen. Insofern lässt sich von einer gewissen Kontinuität der Eliten sprechen, zwar nicht auf der politischen Leitungsebene, wohl aber im privaten wie im öffentlichen Bereich, etwa in den Verwaltungen der Kommunen. In anderen Ländern des Ostblocks war dieses Phänomen noch stärker ausgeprägt, da sie ihre Gerichte, Staatsanwaltschaften, Hochschulen und so weiter nicht mit unbescholtenem Personal aus dem Westen besetzen konnten und sich bei ihnen weniger Firmen von dort niederließen.

Die weiche Landung von ehemaligen Mitgliedern der DDR-Funktionseliten hat Bespitzelte, Verfolgte und Oppositionelle verständlicherweise verbittert. Eine Umfrage des Psychologischen Instituts in Hamburg Anfang der 1990er Jahre ergab allerdings, dass die Betroffenen noch weit mehr Verantwortung für das, was ihnen widerfahren war, den Zuträgern des Geheimdienstes zuschoben, den Spitzeln, den Inoffiziellen Mitarbeitern. Eine derartige Fokussierung des Interesses auf die IM, wie wir sie vor allem in den Jahren 1992 bis 1995 erlebten, hatte ich nicht erwartet – und schon gar nicht eine derartige Emotionalität der Debatte.

Es hat wohl noch keine Gesellschaft ohne Denunziation gegeben, aber es hat auch noch keine gegeben, die den Verrat als Teil der selbstverständlichen Loyalität gegenüber dem Staat akzeptiert hätte, auch dann nicht, wenn sich, wie in Diktaturen üblich, überdurchschnittlich viele Denunzianten fanden. Selbst in der NS-Zeit ist die geheime Zusammenarbeit mit der Gestapo nicht als selbstverständlich betrachtet worden. Heimtücke wurde und wird mit Recht als ein besonderer Anschlag auf den Mitmenschen verurteilt. »Der größte Lump im ganzen Land, das ist und bleibt der Denunziant«, dichtete Hoffmann von Fallersleben 1843. Denunziation rührt an uralte menschliche Ängste, an hilfloses Ausgeliefertsein, an Vertrauensmissbrauch und Verrat gegenüber einer Macht, die aus dem Dunkel heraus agiert.

Wir vermuteten zwar, dass es viele Spitzel gegeben habe. Aber wohl niemand hat angenommen, dass das Ministerium für Staatssicherheit beim Zusammenbruch der DDR neben seinen etwa

90 000 hauptamtlichen Mitarbeitern noch 174 000 aktive Inoffizielle Mitarbeiter führen würde – für 16 Millionen Menschen, das heißt für eine Bevölkerung etwa so groß wie die Nordrhein-Westfalens. Mit 31 000 Personen hatte die Gestapo am Ende des Krieges deutlich weniger Mitarbeiter und war zudem nicht nur für das Großdeutsche Reich mit rund 80 Millionen Einwohnern, sondern auch für Teile außerhalb des Reiches zuständig.

Die nationalsozialistische Geheimpolizei ging zweifellos ungleich brutaler gegen ihre politischen Gegner vor und hat sie nicht nur aufgespürt, sondern in vielen Fällen auch physisch vernichtet. Doch auch die Stasi ließ sich leiten von der neurotischen Vorstellung, Sicherheit sei zu erreichen durch ständige Intensivierung und Perfektionierung von Observierung und Einschüchterung. Sie bevorzugte allerdings die »flächendeckende Überwachung«. Immer fand sie Gründe, den Apparat zu vergrößern und die Zahl der IM zu erhöhen: Nach dem Mauerbau 1961 sollte die Flucht der DDR-Bürger vereitelt, nach dem deutsch-deutschen Grundlagenvertrag 1972 die durch Berührung mit den »feindlichen« Westbesuchern entstandene ideologische Beeinflussung eingedämmt werden. 1975 erreichte die Zahl der IM mit 180 000 ihren höchsten Stand; während der gesamten DDR-Zeit haben sich insgesamt 600 000 Personen als Zuträger für das MfS betätigt.

Immer wieder gab es Menschen, die sich überzeugen, verführen, bestechen, erpressen oder zwingen ließen. Die Palette der Anwerbungsversuche war breit. Andererseits hat sich etwa jeder dritte DDR-Bürger einem Anwerbungsversuch meist ohne größere oder gar keine Sanktionen entzogen; in den letzten Jahren sollen sogar drei von vier Personen eine Zusammenarbeit abgelehnt haben – so meine Geschwister Eckart und Marianne und drei von vier Jugendlichen in meiner Gemeinde.

Da war beispielsweise Ulrike, ein junges Mädchen aus einem atheistischen, gut situierten, aber problematischen Elternhaus, die inzwischen Religionslehrerin in Brandenburg geworden ist. Die Begegnungen mit unserer warmherzigen Katechetin übten auf sie eine regelrechte Sogwirkung aus. Sie musste im kirchlichen Rahmen nicht sagen, was sie nicht glaubte, und sie musste nicht schweigen, wenn sie innerlich aufbegehrte. Die Gemeinde wurde eine Art Heimat für sie. Auf Wunsch der Eltern war Ulrike wie alle anderen Mitglied in der Pionierorganisation und später in der FDJ geworden; in der Schule verhielt sie sich zunächst angepasst, wollte nicht auffallen, war sehr ängstlich. In der neunten Klasse entschied sie sich dann aber, geradezustehen für das, was sie dachte, und begann, eine Halskette mit einem Kreuz auch in der Schule zu tragen.

Ulrike geriet unter Druck, besonders durch den stellvertretenden Schulleiter, der sie vor der Klasse bloßstellte und ihr androhte, sie müsse mit einem Schulverweis rechnen, wenn sie die Halskette nicht ablege. Da nahm sie »die Kirche« als ihr Rückgrat mit in die Schule: Auf die Rückseite ihres Schulaufgabenheftes schrieb sie ein Gebet, das sie las, wenn sie angegriffen wurde und sich fürchtete. Vor sich auf den Tisch stellte sie eine Zahnbürste, Symbol einer nur für sie entschlüsselbaren Botschaft von Martin Luther King, der den farbigen Kindern in seiner Umgebung erzählt hatte: »Wenn ihr ins Gefängnis kommt – und damit müsst ihr rechnen –, dann wird man euch alles nehmen, was ihr in der Hosentasche tragt. Allein eure Zahnbürste könnt ihr behalten. Deshalb tragt sie immer bei euch zum Zeichen, dass ihr bereit seid, ins Gefängnis zu gehen!« Wir haben oft das Lied gesungen, das ein kirchlicher Liedermacher dazu verfasst hatte, was die SED immer wieder zu Protesten bei den Bischöfen veranlasste:

> Hast du deine Zahnbürste dabei,
> Du wirst sie noch gebrauchen.
> Man sperrt heute viele Menschen ein,
> Die gegen Unrecht sind.

Unter den Mitschülern galt Ulrike als ein wenig verrückt oder zumindest als sonderlich, dabei handelte sie auf ihre Weise sinnvoll. Weil sie ihrer eigenen Kraft noch nicht genügend vertrauen

konnte, nahm sie die Zahnbürste mit, die sie nach ihrer psychologischen Ausbildung als »Übergangsobjekt« erkannte, als ermuti-
gende Kraft von außen. So hielt sie stand, als sie eines Tages zur
Direktorin gerufen wurde. Zwei Männer warteten dort im Ne-
benzimmer auf sie, zwei fremde Männer, die sie noch nie gesehen
hatte, die aber erstaunlich gut unterrichtet waren. Sie wüssten,
sagten die Männer, dass Pastor Gauck ihr väterlicher Freund sei.
»Aber wir machen uns große Sorgen um ihn. Mit dem, was er tut,
schadet er sich und seiner Familie.« Sie sei doch sicherlich daran
interessiert, ihm zu helfen? Vielleicht könne sie bei einem Treffen
in der nächsten Woche erzählen, was er plane?

Der Anwerbungsversuch erfolgte, weil Ulrike als »labil« galt.
In ihrer Staatssicherheits-Akte fand sie später Mitschnitte von
Telefonaten, in denen sie mutlos und verzweifelt über die äußerst
schwierigen Beziehungen zu den Eltern und ihre oft schweren
Depressionen erzählt hatte. Wer weiß, wie Ulrike auf die fürsorgliche Offerte reagiert hätte ohne die Kraft, die sie im Glauben
und in der Gemeinde gefunden hatte. So kam sie zu mir, und wir
legten eine Taktik fest. Sie würde sich wie verabredet wieder mit
den Staatssicherheits-Leuten treffen und ihnen scheinbar naiv,
wenn auch mit klopfendem Herzen erklären: Sie habe ihrem
väterlichen Freund Pastor Gauck sogleich berichtet, dass sich die
Staatssicherheit Sorgen um ihn mache. Nach diesem Gespräch
haben die Männer von einer Zusammenarbeit mit Ulrike Abstand genommen, und ich habe bei meinem nächsten Treffen mit
dem Referenten für Kirchenfragen beim Rat der Stadt scharfen
Protest eingelegt: »Sollen jetzt schon Halbwüchsige und Kinder
als Spitzel angeworben werden?«

Es kam nicht selten vor, dass die Stasi bei Jugendlichen das
Bedürfnis nach Fürsorge gezielt ausnutzte. Wer aus zerbrochenen
oder zerstrittenen Familien stamme, sich alleingelassen fühle und
die elterliche Zuwendung vermisse, so die Erfahrung, die in ein
»Anforderungsprofil« einfloss, war verführbar. Unter Umständen
ließ sich ein Jugendlicher in dieser Situation auf eine Zusammenarbeit ein, weil er vom Führungsoffizier ein wenig jener Gebor-

genheit und Sicherheit erhoffte, die ihm so bitter fehlte. Die Führungsoffiziere schlüpften dann in die Rolle des Ersatzvaters, halfen bei der Schul- und Berufsausbildung, förderten die Karriere und waren zur Stelle, wenn die Jugendlichen jemanden suchten, mit dem sie ihre Probleme besprechen konnten.

Ulrike hatte sich entzogen, indem sie sich dekonspirierte. In der Regel galt die Person damit als unzuverlässig und wurde in Ruhe gelassen. Andere entzogen sich nicht, weil sie einer Bestechung erlagen, zu ängstlich waren oder einfach nicht nein sagen konnten. Mit ihrer IM-Tätigkeit zahlten sie dafür, dass sie ihren Studien- oder Berufswunsch realisieren, in den Westen reisen, Westbesuch empfangen oder auch ein Wassergrundstück erwerben konnten. Wieder andere wagten nicht nein zu sagen, weil sie erpresst wurden. Durch die IM-Tätigkeit entgingen sie einer strafrechtlichen Verfolgung etwa bei Fahrerflucht, verbotener Prostitution oder Missbrauch von Minderjährigen.

Aus den Akten kenne ich den Fall eines Kirchenmannes aus der Zeit, als Homosexualität in der Gesellschaft noch weitgehend als pervers verachtet wurde. Die Ehefrau wusste nichts, die Kinder wussten nichts, die Kirche wusste nichts. Der Mann wurde hilflos, als die Stasi ihn mit seiner Beziehung konfrontierte, und unterschrieb ein detailliertes »Geständnis«, mit dem das MfS ihn vollkommen in der Hand hatte. Das Ganze war so schambesetzt, dass er – obwohl antikommunistisch und ein Gegner des Systems – hilflos im Netz zappelte, unfähig, sich zu befreien. Während ich die Akten las, empfand ich Mitleid mit dem Erpressten, vor allem aber Ekel und Wut gegen die Menschenverächter von der »Firma«. Mit ihren Auftraggebern von der SED priesen sie beständig die Menschlichkeit des sozialistischen Systems, in ihrem Verhalten war die Arroganz der Übermächtigen aber so grenzenlos, dass sie vor keiner Missachtung der Persönlichkeitsrechte zurückschreckten und, wenn es keinen anderen Weg zum Ziel zu geben schien, wie kriminelle Erpresser auftraten.

In Fällen wie diesem fällt es schwer, einen IM einen Täter zu nennen. Auch dem Informanten drohten Entlassung, Bloßstellung,

Gefängnis. Doch indem er sich der eigenen Bestrafung durch Denunziation anderer entzog, wurde er eben auch schuldig.

Fast schon schizophren lebten IM, die in Friedens- und Umweltgruppen oder kritischen Intellektuellenzirkeln eingesetzt waren, mit deren Zielen sie sich identifizierten. Einige wollten dann die »Legende« glauben, die ihnen die Stasi suggeriert hatte: Sie könnten durch ihre Berichte dazu beitragen, dass die politische Führung endlich erführe, was in den Gruppen wirklich gedacht würde, und dies in ihrer Politik berücksichtigen. Bei manchen führte die doppelte Existenz auch zu Größenfantasien, etwa bei Sascha Anderson, der bei der Staatssicherheit Anerkennung fand, weil er seine Schriftstellerkollegen Elke Erb, Wolfgang Hilbig, Uwe Kolbe und Lutz Rathenow verriet, und der unter den Oppositionellen wegen seiner Umtriebigkeit und seiner organisatorischen Fähigkeiten geschätzt wurde, da er zahlreiche Untergrundpublikationen herausgab, in denen er jene publizieren ließ, die er gleichzeitig bespitzelte. Ähnlich gespalten muss die Persönlichkeit von Ibrahim Böhme gewesen sein, lange ein loyaler IM, der wohl zu seiner eigenen Freude in der Opposition so reüssierte, dass er in der Wendezeit zum ostdeutschen SPD-Chef aufstieg. Der Begriff »Doppelleben« vermag in solchen Fällen nur die äußere Form zu erfassen, nicht aber das Zerstörerische und Perfide einer derartigen Existenz.

Weitgehend ohne inneren Zwiespalt aufgrund ihrer Stasi-Zuträgerarbeit lebten wahrscheinlich nur überzeugte Kommunisten beziehungsweise Mitglieder der SED, die es für selbstverständlich hielten, die Politik des Staates in jeder Weise zu unterstützen. Sie fühlten sich durch die Anwerbung besonders geehrt, waren stolz darauf, auserwählt worden zu sein; sie glaubten, etwas Sinnvolles für ihr Land zu tun.

Manchmal, wie im Fall von Ines Fleckstein, spielte sicher auch eine gewisse Abenteuerlust eine Rolle. Sie stammte aus einem linientreuen kommunistischen Elternhaus und war als 19-Jährige zum Studium der Sonderschulpädagogik nach Rostock delegiert worden. Ihre Anwerbung erfolgte 1982 gezielt für einen Einsatz in der Evangelischen Studentengemeinde (ESG) Rostock; sie sollte sowohl über deren Friedenskreis berichten als auch über den Studentenpastor Christoph Kleemann.

IM Gisela gehörte bald zur studentischen Leitungsebene der ESG. Bereits im zweiten Semester wurde sie Vertrauensstudentin, tauchte in verschiedenen anderen Initiativen auf und war plötzlich überall. Aufgrund ihres Eifers beschloss die Staatssicherheit, sie als Einflussagentin für wichtige Posten innerhalb der Kirche aufzubauen. Damit begann ein vollständiger Wandel ihrer Biographie. Sie trat aus der SED aus, wobei sie weder den Genossen noch ihrer Mutter, einer überzeugten Kommunistin, die wahren Gründe für diesen Schritt erläutern durfte. Das Sonderschulstudium gab sie auf, begann mit dem Studium der Theologie und bemühte sich um Arbeit im kirchlichen Bereich. Anfängliche Unkenntnis und Unsicherheit sah man ihr nach, sie wollte angelernt sein, kam sie doch aus einem völlig atheistischen Umkreis. Bald ließ sie sich taufen. Zur Taufe erschienen ihre Kommilitonen, ein gutes Dutzend Theologiestudenten, legten ihr die Hand auf und beteten für sie. Wenig später ließ sie sich auch kirchlich trauen; dieselben Kommilitonen kamen zu ihrer Hochzeit und wünschten ihr Gottes Segen. IM Gisela schien der lebendige Beweis dafür, dass die Kirche ihre missionarische Kraft noch nicht verloren hatte.

Nach der Hochzeit tauchte jedoch eine unvorhergesehene Schwierigkeit auf. Der Ehemann billigte die kirchliche Gebundenheit seiner Frau nicht unbedingt, und noch weniger verstand er sie. Es gab Spannungen in der Ehe. Da warb die Staatssicherheit – erster Schritt – den Ehemann ohne Wissen der Ehefrau ebenfalls als IM. Dann führte sie – zweiter Schritt – die Eheleute im Hotel »Ostsee« in Kühlungsborn zusammen. Jedem wurde die Begegnung mit einem anderen IM angekündigt, jeder wurde in ein Zimmer geführt, dann öffnete sich die Tür – und statt eines Fremden sahen sie den Partner, der ihnen der Allervertrauteste doch nicht gewesen war. Fortan würde der Ehemann keinen Einspruch mehr gegen die Aktivitäten seiner Frau im Rahmen der Kirche erheben. Sie arbeiteten für dieselbe »Firma«.

IM Gisela war für eine führende Stellung in der Evangelischen Kirche von Greifswald vorgesehen. Bevor sie ihre Karriere jedoch antreten konnte, begann in Mecklenburg-Vorpommern die Revolution. Da beteiligte sich die Stasi-Dame an den Vorbereitungen zur Gründung der SDP, der Sozialdemokratie in der DDR – auch hier hatten ihre Auftraggeber Informationsbedarf. Sobald der erste Stasi-Verdacht auftauchte, zog sie sich allerdings aus der oppositionellen Bewegung zurück und wechselte in eine Wachschutzfirma, mit der sich ihre ehemaligen Führungsoffiziere inzwischen eine neue Existenz aufgebaut hatten.

1994 suchte Jörn Mothes Ines Fleckstein auf, einer jener Kommilitonen, die ihr bei der Taufe die Hand aufgelegt und an ihrer Hochzeit teilgenommen hatten. Tagsüber hatte er früher mit ihr Hebräisch gelernt, und abends war er Gegenstand ihrer Spitzelberichte geworden. IM Gisela fand ihm gegenüber kein Wort des Bedauerns. Für Honecker, erklärte sie vielmehr, hätte sie den Staat auch mit einer Maschinenpistole gegen Feinde verteidigt. Für den Theologen Mothes, der später Landesbeauftragter für die Stasi-Unterlagen in Mecklenburg-Vorpommern wurde, stellt sich seitdem die Frage, was eine Taufe und eine kirchliche Trauung, die im Auftrag der Stasi erfolgten, eigentlich wert seien.

Die Prozedur bei der Anwerbung eines IM war vorgegeben. Zunächst wurde ein persönliches »Profil« des Anzuwerbenden erstellt, dann wurde ein IM-Vorlauf eröffnet und eine entsprechende Akte angelegt. Während dieser Phase nahm man Kontakt zu ihm auf, und schließlich wurde er schriftlich zur geheimen Zusammenarbeit verpflichtet. Durch die Arbeit mit den Akten haben wir allerdings gelernt, dass es von diesem Verfahren Abweichungen gab. So hieß es in einer Anweisung Anfang der fünfziger Jahre, dass in bestimmten Fällen auf eine schriftliche Verpflichtung des IM verzichtet werden könne: »Entscheidend ist nicht die Verpflichtung, sondern die positive Mitarbeit des Kandidaten.« Diese Praxis galt für die Arbeit mit Inoffiziellen Mitarbeitern bis zur letzten gültigen Richtlinie 1979.

Sehr hilfreich bei der Aufdeckung derartiger Sonderregeln

war Oberst Becker, einer der viel geschmähten Stasi-Offiziere, die wir 1990 bewusst in die Behörde übernommen haben. Becker war Leiter der Zentralen Auswertungs- und Informationsgruppe (ZAIG) gewesen, die die gesamten Informationen aus dem MfS komprimiert und für den Minister aufbereitet hatte. Er wusste, wo sich welche Unterlagen befanden, und er konnte sie interpretieren, wenn wir zunächst nur Mutmaßungen anstellten. Er war einer der wenigen kooperativen und umkehrwilligen Stasi-Mitarbeiter, die mit ihren Kenntnissen dem Bürgerkomitee geholfen hatten. Das empfahl ihn für unsere Behörde, und so haben wir ihn eingestellt.

Auf die Anwerbung ohne Verpflichtungserklärung wurde häufig an den Universitäten, im Kulturbereich und natürlich in den Kirchen zurückgegriffen, weil hier Verrat besonders sanktioniert war. Der Greifswalder Bischof Gienke zum Beispiel, IMB Orion, hätte sicherlich keine Unterschrift geleistet und sich damit als Stasi-Helfer definiert. Er wollte die Kontakte zur Stasi als eine der selbstverständlichen Aufgaben seines Amtes sehen, dasselbe galt für die Oberkirchenräte in seiner Umgebung. Fast alle kirchenleitenden IM hatten keine Verpflichtungserklärung unterschrieben und gingen nicht davon aus, als IM geführt zu werden, und so waren sie nach 1990 oft erschrocken und gekränkt, dass ihnen Vorhaltungen gemacht wurden. Viele von ihnen ließen gar kein Unrechtsbewusstsein erkennen. Wenn sich jemand aber regelmäßig mit seinem Führungsoffizier traf, wenn er dem MfS aus seinem Aufgabenbereich berichtete, unter Umständen sogar konspirative Wohnungen aufsuchte, Geschenke und Vergünstigungen, manchmal gar Orden akzeptierte, ging die Stasi von einer festen Zusammenarbeit aus – unabhängig davon, ob eine Unterschrift existierte oder nicht. Da unsere Behörde laut Gesetz verpflichtet war und ist, in ihren Auskünften über Verstrickungen zu dokumentieren, was in den Akten enthalten ist, haben wir in diesen Fällen selbstverständlich weitergegeben, dass diese Personen bei der Stasi in IM-Akten geführt wurden.

Also nicht die Behörde hat die IM-Bezeichnung vergeben,

sondern die Staatssicherheit. Dennoch mussten wir oftmals das verrückte Phänomen konstatieren, dass sich die Empörung der Betroffenen gegen die Behörde richtete und wir die Schelte bekamen, obwohl wir nur die Überbringer der bösen Nachricht waren.

Als Beispiel für einen solchen Fall sei hier der Konflikt um den Theologieprofessor und Rektor der Humboldt-Universität Heinrich Fink 1991 angeführt. Im Zuge einer Überprüfung aller Universitätsangestellten hatte sich bei Fink ein IM-Verdacht ergeben, der sich zunächst auf relativ wenig Unterlagen stützte. Ersichtlich war, dass IM Heiner beim Kirchentag 1987 konspirativ ein Lagezentrum der Staatssicherheit angerufen und die Verdienstmedaille in Gold der Nationalen Volksarmee erhalten hatte. Ersichtlich war ebenfalls, dass sein Vorgang fünf Bände umfasst haben musste. Die Akte selbst war nicht mehr vorhanden. Fink wurde entlassen, klagte dagegen, aber bis zum Bundesgerichtshof wurde unsere Einschätzung bestätigt, dass Fink wissentlich für das MfS gearbeitet habe. Im Laufe der Zeit wurde unsere Einschätzung schließlich auch durch weitere Aktenfunde bestätigt.

Für die PDS und die Studenten der Humboldt-Universität war Fink jedoch ein Gejagter und ein Opfer. Für manche wurde er zu einer Identifikationsfigur des Ostens gegen den Westen und zum Vorkämpfer der Entrechteten. »Unser'n Heiner nimmt uns keiner!«, skandierten die Studenten, die eines Tages vor unsere Behörde in die Behrenstraße zogen; die Straße war bis Unter den Linden schwarz von Menschen. Da ich nicht da war, stellte sich Herr Geiger den äußerst aggressiven Demonstranten und versprach über einen Lautsprecherwagen der Polizei, dass wir uns in der Humboldt-Universität in Kürze einer Diskussion stellen würden.

Mir kam eine derartige Diskussion geradezu gelegen. Wo waren diese Studenten, die für Fink auf die Straße zogen, 1989 gewesen? Hatten sich die meisten bei der Revolution nicht auf eine peinliche Weise zurückgehalten? Waren sie im DDR-System nicht zu einer hohen Anpassungsleistung bereit gewesen, um in ihrem

Fach studieren zu dürfen? Und die alten Hochschullehrer: War eine Reihe von Lehrstühlen nicht mit Leuten besetzt, die in ihre Führungsrollen keineswegs durch ihr Können, sondern durch die Kaderpolitik der SED gebracht worden waren? Statt kritisch die eigenen Biographien zu prüfen, warfen sie nun westdeutschen Bildungs- und Hochschulpolitikern vor, dass sie wie Kolonialherren auftreten würden.

Nie vorher und nie nachher hat uns die Polizei einen Begleitschutz geschickt, darunter eine große, durchtrainierte Frau in Stöckelschuhen – ihrer Waffe für den Notfall, wie sie uns lachend erklärte, wobei sie zur Demonstration einen Schuh kraftvoll durch die Luft schwenkte. Eine Behörde, die zum Symbol offener Aufarbeitung geworden war, hervorgegangen aus einer demokratischen Bewegung und beauftragt mit der Aufdeckung der Unterdrückungsmechanismen derer, die uns nie informiert haben, wurde von der Mehrheit der im Auditorium Maximum Versammelten bekämpft als Feindin des Volkes. Der Saal war überfüllt, die Stimmung aufgeheizt. Bis heute erinnere ich mich an den Satz, mit dem ich das Publikum in aufklärerischer Verve begrüßte: »Gelassen und voller Freude erwarte ich die Proteste einer PDS-gesteuerten Hochschulöffentlichkeit.« Und ich ballte die Faust. Buuh!!

Natürlich waren längst nicht alle von der PDS gesteuert. Einige waren einfach verwirrt. Ein Student, »praktizierender Katholik« und 1989 Teil der Bürgerbewegung, schrieb mir hinterher einen vier Seiten langen Brief. Er fühlte sich – wahrscheinlich zu Recht – verletzt. Aber der Protest der Mehrheit erschien mir schrecklich altmodisch, um nicht zu sagen reaktionär. Er erinnerte mich an die Haltung der westdeutschen Gesellschaft in den fünfziger Jahren, als Konrad Adenauer, gestützt auf die Mehrheit der Westdeutschen, aus den NS-Verstrickungen seines engen Beraters Hans Globke keine Konsequenzen ziehen wollte.

An Fink konnte sich der Widerstand gegen die Aufarbeitung besonders gut festmachen: Er war nicht SED-Mitglied gewesen, schien also nicht ideologisch borniert oder belastet; er war Theologe, schien also von lauteren Motiven bestimmt. Außerdem war er ein »Ossi«, den es zu schützen galt gegen die »Wessis«, die das Stasi-Thema angeblich benutzten, um Konkurrenten zu verdrängen. Nur engagierte Christen wussten, dass Fink in der DDR eine peinliche Systemnähe praktiziert hatte; unkundige Intellektuelle in Ost- und Westdeutschland sicherten ihm dagegen 1991 mehr oder weniger naiv ihre Unterstützung zu. 2005 allerdings konnte fast seine gesamte Akte wiederhergestellt werden. Sie fand sich in einem der blauen Säcke, in denen das Bürgerkomitee 1989 willkürlich zerstörte Unterlagen gesichert hatte. Danach war IM Heiner am 11. Juni 1968 angeworben worden und hatte bis zum 7. Oktober 1989, also dem bitteren Ende der DDR, über Studenten und Kollegen berichtet und sich für seine Leistungen mit Orden, Geldprämien und Geschenken auszeichnen lassen.

Meine Gegner fanden sich nach meinem Auftritt bestätigt in ihrem Urteil, ich sei ein »politischer Missionar« und sehr emotional. Aber in der äußerst angespannten Situation wäre vermutlich jeder Versuch, um Verständnis für unsere Position zu werben, als Schwäche ausgelegt worden. Ich war ein Behördenchef geworden, aber ein Aufklärer geblieben. Mehrfach gab ich kämpferische Statements in der Öffentlichkeit ab, und es war oft eine Frage des Ermessens, was noch als sachgerechte, wenn auch engagierte Erklärung und Informierung aufgefasst und was bereits als eine Grenzüberschreitung, eine unverhältnismäßige oder gar willkürliche Wertung vorgefundenen Materials eingestuft wurde.

Der Streit darum, wo die Grenze zwischen Erklärung und Wertung lag, zog sich durch viele Debatten und mehrere Prozesse. Durfte Gregor Gysi eine Zusammenarbeit mit dem MfS unterstellt werden, oder war das eine Schmähkritik? Durfte ich im Interview mit einer polnischen Zeitschrift erklären, dass die Unterlagen im Fall des brandenburgischen Ministerpräsidenten Stolpe »zum Beispiel in Sachsen ausreichen würden, ihn seines Amtes zu entheben«, oder war das eine mir als Behördenleiter nicht zustehende Bewertung? Dies durfte ich laut Gericht nicht und habe es auch nicht mehr getan. Aber es blieb der einzige Fall, in dem mir eine Äußerung gerichtlich untersagt wurde. Andere weitergehende

Forderungen mir gegenüber konnte Stolpe vor Gericht nicht durchsetzen. Jedenfalls erschien ich den einen (meist im Westen) oft zu unberechenbar, zu politisch, zu eigenwillig, den anderen (meist im Osten) zu bürokratisch, zu angepasst, zu westlich.

Ich habe mein Recht auf persönliche Meinungsäußerung immer dann verteidigt, wenn relevante Fragen von Struktur und Wirkungsweise des MfS zur Debatte standen. Ich musste und wollte nicht schweigender Zuhörer von Lügen, Beschönigungen und Beschwichtigungen sein. Weder Stolpe noch Gysi oder Fink oder gar Schnur und erst recht nicht die ehemalige Stasi-Generalität sollten den öffentlichen Diskurs in Stasi-Themen bestimmen und die Deutungshoheit übernehmen. Hier von mir Unparteilichkeit zu erwarten, wäre überzogen gewesen; parteipolitisch waren meine Stellungnahmen hingegen nie orientiert; gleich mit der Amtsübernahme bin ich aus dem Bündnis 90 ausgetreten.

Anfangs wurden in der Öffentlichkeit noch Zweifel an dem Wahrheitsgehalt der Stasi-Dokumente geäußert. Hatte das MfS nicht selbst gezielt falsche Informationen in Umlauf gesetzt? Hatten IM und Stasi-Offiziere nicht tendenziös oder selektiv berichtet? Nach jahrelangem Umgang mit den Akten dürfte allerdings weitgehend anerkannt sein, dass die Staatssicherheit im Interesse ihrer eigenen Funktionsfähigkeit darauf drang, dass die IM möglichst »objektiv, unverfälscht, konkret und vollständig« über die für sie wichtigen Sachverhalte berichteten – was sie beispielsweise dadurch kontrollierte, dass sie zwei IM zum selben Sachverhalt befragte –, dass in den Unterlagen deutlich zwischen Desinformation und anderen Informationen unterschieden wurde, so dass insgesamt zuverlässige Quellen entstanden, selbst wenn sie einen gewissen Grad von Ideologisierung aufweisen und selbstverständlich einzelne unkorrekte, oberflächliche oder tendenziöse Aussagen enthalten.

Wenn belastende Materialien vorlagen, haben wir sie an die personalführenden Stellen geschickt; im Fall der Hochschullehrer gingen sie an die Kultusminister. Da diese aber selten zur Beurteilung der Unterlagen imstande waren, haben die Universitäten Ehrenkommissionen geschaffen, die in schwierigen Fällen die betreffenden Akten einsehen und sich von Mitarbeitern der Behörde einzelne Zusammenhänge oder unbekannte Begrifflichkeiten erklären lassen konnten. Zur Personalentscheidung selbst wurden wir aber nie herangezogen. Insofern war es bösartig, wenn mich die PDS-nahe Presse wider besseres Wissen als Großinquisitor darstellte.

Dass es im öffentlichen Dienst eine Hatz oder eine Inquisition gegeben habe, widerspricht vollständig den Fakten. Nur in einem einzigen Bereich wurde generell jeder IM aus dem Dienst entlassen – das war die Bundeswehr. In allen anderen Bereichen fielen die Entscheidungen nach Überprüfung des Einzelfalls. Jedem Betroffenen wurde rechtliches Gehör eingeräumt; er konnte seiner Stasi-Akte eine Erklärung beifügen, sofern er der Meinung war, dass das, was dort über ihn vermerkt worden war, in der Sache falsch sei. Danach wurde die Belastungslage bewertet, wobei sich immer ein Entscheidungsspielraum ergab. Bei einem einfachen Polizisten beispielsweise, der während des Wehrdienstes angeworben worden war und nur dreimal äußerst begrenzte Informationen geliefert hatte, entschied manche Behörde: Den können wir weiter arbeiten lassen. So kam es, dass etwa in der Lehrerschaft und der Polizei ein hoher Prozentsatz ehemaliger IM weiter beschäftigt wurde. In Sachsen-Anhalt beispielsweise, wo auf der Ebene der Ministerien, Regierungspräsidien und nachgeordneten Behörden in sechs Prozent der beantragten Auskünfte eine IM-Belastung vorlag, ist nur ein Drittel dieser Arbeitsverhältnisse gelöst worden. Und aus der Berliner Lehrerschaft, in der sich 4,7 Prozent der Überprüften als IM-belastet herausstellten, sind nur 0,9 Prozent entlassen worden. Einige der Entlassenen sind vor Gericht gezogen und haben vor deutschen Arbeitsgerichten sehr ausführlich Gehör gefunden. Die Kündigungen wurden in manchen Fällen als überzogen und nicht verhältnismäßig gerügt und mussten zurückgenommen werden.

Vor allem in den ersten Jahren wurde ich immer wieder zum Objekt politischer Attacken, in einem Fall sogar einer Intrige, die mich ahnen ließ, wie einst Zersetzungsmaßnahmen funktioniert haben müssen. Anfang 1991 erhielt Hansjörg Geiger einen Anruf aus dem Bonner Innenministerium. Man wollte wissen, was denn dran sei an dem Gerücht, das angeblich auf den Aussagen von drei Stasi-Offizieren aus Rostock basierte, Gauck sei ein IM? Obwohl ich als Betroffener dazu nie meine Zustimmung gegeben hatte, war ein Teil meiner Opferakte »Larve« an die Öffentlichkeit gelangt. Es handelte sich um den Bericht, den Stasi-Offizier Terpe nach unserem Treffen Ende Juli 1988 mit Überlegungen geschlossen hatte, ob nicht versucht werden sollte, mich als IM zu werben. Die *Welt* druckte den Bericht im April 1991, ein PDS-naher Verlag druckte ihn nach. Ich war zwar bereits als Abgeordneter der Volkskammer überprüft worden, aber Geiger machte sich dennoch auf den Weg nach Rostock, um mit Tatsachen aufwarten zu können. Er sah die noch versiegelte Originalakte ein und meldete nach Bonn, dass definitiv keine Anwerbung stattgefunden habe. Es gab nicht einmal einen IM-Vorlauf.

Eine weitere Entlastung kam kurz darauf von völlig unerwarteter Seite. Ein höherer Stasi-Offizier aus Rostock bat Geiger um ein konspiratives Treffen am Stadtrand von Berlin: »Ich werde einen schwarzen Anorak mit roter Paspelierung tragen.« Geiger antwortete, er werde in einem Porsche mit Münchner Kennzeichen kommen. Im Gespräch am verabredeten Samstagmorgen um 7 Uhr erklärte der Stasi-Offizier, er habe damals zwar keinerlei Sympathien für Gauck gehabt, aber ein IM – nein, das sei Gauck niemals gewesen. So viel Wahrheit musste sein.

Dennoch tauchte das Gerücht wenige Jahre später noch einmal auf, drang wieder bis zum Innenminister vor, der inzwischen Manfred Kanther hieß und mit dem Fall nicht vertraut war. Der Personalchef des Innenministeriums machte sich auf den Weg nach Rostock, der Generalstaatsanwalt aus Mecklenburg begann mit Vorermittlungen, und der ehemalige DDR-Innenminister Peter-Michael Diestel behauptete im Januar 1994 im *Neuen Deutschland*, über mich existiere ein IM-Vorlauf. Glücklicherweise lebten wir inzwischen in einem Rechtsstaat. Beim Landgericht Berlin erwirkte ich eine einstweilige Verfügung auf Unterlassung: Diestel und das *Neue Deutschland* durften mich nicht mehr als IM bezeichnen; die Entscheidung wurde vom Kammergericht Berlin bestätigt. Diestel gab zwar nicht auf und erkärte mich nun zum »Begünstigten der Staatssicherheit«, doch nach zwei Instanzen gelang es, eine außergerichtliche Einigung zu erzielen. Diestel unterschrieb eine Ehrenerklärung, die mich voll zufriedenstellte. Das Gericht legte ihm, dem mutmaßlichen Verlierer, die Kosten des Verfahrens auf.

Nicht überrascht haben mich die Angriffe, Widerstände und Lügen aus dem postkommunistischen Lager. Überrascht hat mich aber schon, wie stark unsere Arbeit von anderen persönlichen und parteipolitischen Interessen beeinflusst und teilweise überlagert wurde, obwohl es für die Aufarbeitung der Stasi-Vergangenheit im Prinzip ein parteiübergreifendes Einverständnis gegeben hatte. Am deutlichsten zeigte sich diese Entwicklung in dem sehr speziellen Fall Manfred Stolpe.

Der begabte und politisch ambitionierte Jurist war als Leiter des Sekretariats des Bundes der Evangelischen Kirchen in der DDR bekannt geworden und hatte sich in Ost und West gleichermaßen Respekt verschafft. Sein hohes Renommee hatte er als Konsistorialpräsident der Berlin-Brandenburgischen Kirche noch ausgebaut, unter anderem als stellvertretender Vorsitzender des evangelischen Kirchenbundes in der DDR. In der Umbruchzeit war er der SPD beigetreten und hatte als einziger Sozialdemokrat im Osten die Position des Ministerpräsidenten eines Bundeslandes errungen.

Bevor es einen »Fall« Stolpe gab, gab es ein Gerücht; erstmals tauchte es im Sommer 1990 auf. Wie im Fall des letzten DDR-Ministerpräsidenten Lothar de Maizière (IM Czerni) war ich zunächst empört. Stolpe war doch einer unserer wichtigsten Protagonisten! Noch im Sommer 1991, als ich mit anderen Bürgerrechtlern mit der Theodor-Heuss-Medaille ausgezeichnet worden war, hatten wir uns als Laudator Manfred Stolpe gewünscht. Wir hatten keinerlei Misstrauen.

Später, er war schon Ministerpräsident, ich Bundesbeauftragter, lud er mich einmal zum Essen ein. Wir trafen uns in dem leeren, teuren Restaurant des Palast-Hotels, irgendwo hockte sein Bodyguard. Wir führten anderthalb Stunden lang einen Smalltalk, ein Aquarium in der Nähe lenkte mich immer wieder ab. Ich fragte mich, weshalb dieses Treffen arrangiert worden war. Erst später deutete ich sein Verhalten so, dass Bruder Stolpe wohl hatte wissen wollen, ob Bruder Gauck etwas wusste.

Irgendwann erhielten wir dann einen Anruf aus der Staatskanzlei in Potsdam: Ob uns die neuen Gerüchte über Herrn Stolpe zu Ohren gekommen seien? Ich stellte sofort einen Arbeitsstab zusammen, fuhr selbst hinaus in das Archiv in der Normannenstraße und gab der Staatskanzlei zu verstehen: »Sobald Sie grünes Licht geben, fangen wir mit der Materialsuche an.« Der Ministerpräsident sollte doch vor Verleumdung geschützt werden. Doch dann erschien Stolpes West-Berliner Anwalt Peter Danckert, bedankte sich im Namen des Ministerpräsidenten für unseren Eifer – und blies die Aktion ab. Eine vorgezogene Suchaktion sei nicht erforderlich, Stolpe werde demnächst sowieso überprüft als Mitglied des Landtags und der Regierung. Ich war überrascht, doch überzeugt. Eine gute Idee! Warum sollten wir das Gerücht hochspielen? »Sich nicht nervös machen lassen, das ist die richtige Haltung«, pflichtete ich bei und fügte noch hinzu: »Es wäre schön, wenn sich Stolpe bei meinen Leuten, die mit Überstunden Gewehr bei Fuß gestanden haben, mit einem Kasten Bier erkenntlich zeigen würde.«

Als dann das erste Dokument auftauchte, in dem Stolpe tatsächlich am Rande erwähnt wurde, empfing ich den Ministerpräsidenten mit seinem Justizminister Hans-Otto Bräutigam, dem ehemaligen Ständigen Vertreter Bonns in Ost-Berlin, kurz in meinem Büro. Dann ging Geiger mit den beiden ein Stockwerk höher, um ihnen die ersten Funde zu präsentieren. Von ihrem Charakter her, erklärte Geiger, seien die Papiere nicht eindeutig zuzuordnen, zu einer Opferakte Stolpe gehörten sie aber sicher nicht. An einer Stelle war von einem IM Sekretär die

Rede, doch uns war unbekannt, wer sich hinter diesem Decknamen verbarg.

Stolpe fragte schließlich: »Was soll ich denn der Presse sagen,
die vor der Tür steht?« (Wir hatten die Presse nicht gerufen.)

»Ich würde mich sehr zurückhalten«, riet Geiger, »da aus dem
Dokument keine eindeutigen Schlüsse zu ziehen sind.«

Unten erwarteten ihn die Journalisten schon. Die Scheinwer-
fer gingen an, und Manfred Stolpe erklärte vor laufenden Kameras, er sei ein Opfer der Stasi. Geiger verschlug es die Sprache.

Eine Pause trat ein. Im Januar 1992 trat Manfred Stolpe dann
die Flucht nach vorn an und ließ im *Spiegel* Auszüge aus seinen
Erinnerungen »Schwieriger Aufbruch« veröffentlichen, in denen
er darlegte, wie er seit den sechziger Jahren regelmäßig Gespräche
mit Mitarbeitern und Offizieren des MfS geführt habe, um »politische Ziele auch auf dem Weg über die Staatssicherheit« zu erreichen. Nun bestand Aufklärungsbedarf. Am 12. Februar richtete
der Brandenburger Landtag einen Untersuchungsausschuss ein.

Wohl kaum ein Fall hat die Öffentlichkeit so polarisiert. Für
die Brandenburger war der joviale Landesvater eine Integrations-
figur. Er sprach den meisten aus der Seele, wenn er erklärte, er sei
kein Held gewesen, habe vielmehr wie die meisten DDR-Bürger
nur versucht, einen Modus vivendi zu finden, irgendwie anständig
zu überleben. Seine Haltung entschuldete viele. Wer wollte sich
schon an den Widerständigen oder Oppositionellen messen lassen
und permanent mit einem schlechten Gewissen leben? Es sprach
vielen auch aus dem Herzen, wenn er an ein neues Wir-Gefühl
appellierte, das jede Form der Erörterung der Stasi-Verstrickung
Einzelner zu einem Generalangriff auf ostdeutsches Selbstverständnis erklärte – grotesk genug, wenn man sich vor Augen führt,
dass sich gerade einmal ein Prozent der Bevölkerung als IM hatte
einspannen lassen. Im Herbst 1992 wurde Stolpe von 84 Prozent
aller Brandenburger unterstützt.

Sympathieträger wie er konnten auch im Westen Beistand aus
den verschiedensten Lagern mobilisieren. Stolpe war *everybodys
darling*. Helmut Schmidt, die SPD und die *Zeit* wollten ihn nicht

fallen lassen, weil er der einzige sozialdemokratische Ministerpräsident im Osten war, alle anderen Bundesländer waren in den Händen der CDU. Sie wollten sich nicht distanzieren, weil sie dann einen selbstkritischen Blick auf ihre eigene Haltung gegenüber der DDR hätten werfen müssen. Hatten sie vom Westen aus nicht eine ähnliche Politik betrieben wie Stolpe im Osten, als sie versuchten, die SED zu einem »besonnenen« Verhalten zu bewegen und gleichzeitig besänftigend, »konfliktminimierend« auf die Opposition einzuwirken? Richard von Weizsäcker wollte seine Evangelische Kirche vor Schaden bewahren. »Wir wussten doch«, sagte er einmal zu mir, »dass die Leute aus der DDR, die uns im Westen kontaktierten, es hinterher weiterleiten.« Darauf ich: »Sind Sie also, als ich Sie um eine Intervention wegen der verhafteten Gunnar und Ute Christopher bat, davon ausgegangen, dass ich darüber anschließend der Staatssicherheit berichte?« Auch in der kirchlichen Öffentlichkeit und sogar bei einigen Oppositionellen von einst wie Friedrich Schorlemmer fand Stolpe Fürsprecher und ebenso bei den großen Medien.

Der Untersuchungsausschuss, den der Landtag Brandenburg im Februar 1992 einsetzte, folgte in den gut zwei Jahren seiner Arbeit mehrheitlich den oft widersprüchlichen Erklärungsmustern von Stolpe. Dieser hat immer bestritten, ein IM gewesen zu sein. Seine schärfsten Kritiker fanden sich in den Reihen von Bündnis 90. Marianne Birthler, damals Bildungsministerin in seinem Kabinett, legte im Sommer 1992 ihr Landtagsmandat nieder, Ende Oktober trat sie auch als Ministerin zurück. Im Frühjahr 1994 kam es schließlich zu einem Bruch der Koalition von SPD und Bündnis 90, als Bündnis-Fraktionschef Günter Nooke trotz eines Ultimatums nicht von seiner Kritik an Stolpe abrücken wollte.

Die eigentliche Akte zu IM Sekretär existiert nicht. Daher wissen wir bis heute nicht, ob es eine Unterschrift gegeben hat oder nicht – MfS-Zeugen erklärten vor dem Untersuchungsausschuss, es habe weder eine mündliche noch eine schriftliche Verpflichtungserklärung gegeben. Bekannt ist aber, dass Stolpe 1964 als IM-Vorlauf registriert und 1970 unter dem Decknamen

»Sekretär« als IM von der Hauptabteilung XX/4 (zur Bearbeitung der Kirche) übernommen wurde. Bekannt ist auch, dass er 1976 als Sekretär des DDR-Kirchenbundes geholfen hat, öffentliche Proteste gegen die Selbstverbrennung des Pastors Oskar Brüsewitz zu unterbinden, dass er 1978 eine Verdienstmedaille und Geschenke in Form eines wertvollen »Atlas des Großen Kurfürst« sowie eine Bibel aus dem Jahre 1599 erhalten und sich regelmäßig in konspirativen Wohnungen mit MfS-Offizieren getroffen hat. Anfang April 1992 ist unsere Behörde in einem Gutachten daher zu dem Schluss gelangt, dass Stolpe »nach den Maßstäben des Ministeriums für Staatssicherheit über einen Zeitraum von circa 20 Jahren ein wichtiger IM im Bereich der Evangelischen Kirche der DDR war«. Diese Einschätzung ergab sich aus den vorgefundenen Akten.

Über die Frage, ob Manfred Stolpe eine DDR-Verdienstmedaille aus den Händen des inzwischen verstorbenen Staatssekretärs für Kirchenfragen Hans Seigewasser (so Stolpes Version, dann wäre es eine staatliche Auszeichnung gewesen) oder aber aus den Händen seines MfS-Führungsoffiziers Klaus Roßberg empfangen hat (so Roßbergs Version, dann wäre es eine Auszeichnung der Stasi), widersprechen sich Stolpe und Roßberg bis heute. Für uns war Stolpes Version unglaubwürdig, da sein Deckname in einer Auszeichnungsliste des MfS auftauch.

Es sei unerlässlich gewesen, hat Stolpe mehrfach betont, mit dem MfS zu reden, wenn man etwas erreichen wollte. Das Argument ist wenig überzeugend. Warum soll jemand mit der Staatssicherheit reden, der sich als offizieller Vertreter der Kirche mit den politischen Chefs der Geheimpolizei treffen kann? Wenn man zum Schmied gehen kann, geht man nicht zu Schmiedel. Warum also ließen sich Menschen wie er auf vertrauliche Kontakte zum MfS ein? Müssten nicht gerade kirchliche Führunsgkräfte, Intellektuelle oder Wissenschaftler von einer derartigen Zusammenarbeit am meisten abgestoßen sein?

Wolf Biermann hat einmal geschrieben: Die Staatssicherheit sei zu dumm gewesen. Statt ihn zu verfolgen, hätte sie ihn bei

Unangenehme Dienstpflichten im Jahr 1992: Ich bin mit zwei Aktenkoffern zum Untersuchungsausschuss im Fall Manfred Stolpe nach Potsdam gefahren. Ich würde das Ergebnis sorgfältiger Recherchen vortragen und erfahren, dass man damit zwischen alle Stühle geraten kann – manchmal für einen unabhängigen Beauftragten nicht der schlechteste Platz.

seiner Eitelkeit packen, ihm Komplimente machen sollen: Du bist intelligent, einsichtsvoll, den anderen überlegen. Sie hätte ihn verführen können, indem sie ihm das Gefühl einer besonderen Wichtigkeit vermittelt, ihn narzisstisch aufgewertet hätte. Denn wer den Kontakt zur Staatssicherheit akzeptierte, erfuhr einen Zugewinn an Bedeutung. Ich bin vielleicht nur ein kleiner Künstler am Theater, aber wenn ihr wüsstet, was ich hinter den Kulissen bewirken kann! Oder: Ich bin ein Arzt an einer Klinik, ein Genosse, der unter seinen Kollegen nicht beliebt ist, aber durch meine Beziehungen zur Staatssicherheit kann ich eine Situation schaffen, in der bei kaderpolitischen Entscheidungen nichts an mir vorbeigeht. Oder: Ich bin Chefjurist in der Kirche, sehe die Probleme von Partei und Staat auf höchster Ebene, und wenn jemand wie ich mit denen redet, kann ich zur Verbesserung der Beziehungen Staat–Kirche beitragen.

Die meisten intellektuellen IM waren ihren Führungsoffizieren geistig überlegen. So verfielen sie leicht dem Irrtum, sie könnten das Gesetz des Handelns bestimmen. Ich habe dieses Phänomen als das Drama des begabten Mannes bezeichnet, ausdrücklich des *Mannes*, denn neunzig Prozent der IM waren männlich.

Als Stolpe seine Bischöfe und die Kirchenleitung nicht darüber unterrichtete, dass er mit dem MfS verhandelte, habe er eine Dienstpflichtverletzung und einen Vertrauensbruch begangen. Das stellte – allerdings erst Jahre später – der Prüfungsausschuss der Evangelischen Kirche fest. Er hat Vertrauensbruch begangen, falls er sich gegenüber der Staatssicherheit und staatlichen Stellen von seinen bischöflichen Vorgesetzten distanzierte, falls er abwertende Bemerkungen über sie machte und auch wenn er dem Staat das Vorgehen gegen einige Oppositionelle erleichterte, indem er in kirchlichen Gremien darauf hinwirkte, dass ihnen kein kirchlicher Schutz gewährt wurde.

Ich habe Stolpe einmal in einer Runde von Kirchentagsverantwortlichen vorgehalten, dass er der Staatssicherheit gegenüber eine größere Offenheit zeigte als gegenüber seinen Brüdern und Schwestern im Präsidium des DDR-Kirchentages. Und was ist davon zu halten, wenn er zeitnah seinem Führungsoffizier von der dreitägigen Sitzung in Bad Saarow berichtete, auf der sich die Kirchenleitung im März 1978 auf das Spitzentreffen mit Staats- und Parteichef Erich Honecker vorbereitete? Dadurch verschaffte er der staatlichen Seite einen Handlungsvorteil – sie wusste genau, was sie zu erwarten hatte.

Außerdem fragt man sich, wie weit jemand nach Jahren vertraulicher Gespräche mit der Stasi deren Gedanken und Haltungen verinnerlicht hat und dadurch vielleicht maßvoll, aber doch zielgerichtet die Rolle der Opposition zu begrenzen und zu minimieren bereit ist.

Ob sich durch Stolpes Status einer Persona grata für die Kirche wirklich etwas verbessert hat, wissen wir nicht. Von den acht Kirchenvertretern, die Stolpe als »Mitstreiter« in der Beweisaufnahme des Potsdamer Untersuchungsausschusses angab, waren sechs selbst als IM registriert und zum Teil deutlich belastet.

Selbstverständlich musste die Kirche Stolpe verteidigen gegen Kritiker, die meinten, er sei ein Mann der Stasi in der Kirche gewesen. Keineswegs zwingend war aber die frühe pauschale Exkulpierung. Mit meinem Landesbischof Christoph Stier vertrat ich damals die Ansicht, dass kirchliche Verlautbarungen weniger von Imagepflege gelenkt sein sollten als durch die christlichen Grundsätze von Buße und Umkehr.

Das alles ist strafrechtlich nicht relevant, aber durchaus wichtig bei der Prüfung der Frage, ob eine Person für einen herausgehobenen Posten im öffentlichen Dienst geeignet ist oder nicht.

Immer wieder wurde ins Gespräch gebracht, es gebe ein altes Zerwürfnis zwischen Stolpe und mir. Das ist eine Legende. Ich habe Stolpe in den achtziger Jahren kennen gelernt, als ich als Verantwortlicher für die Kirchentagsarbeit in Mecklenburg dem Präsidium des Kirchentages in der DDR angehörte. Ich habe ihn dort als geschickten Verhandlungsführer erlebt, eindrücklich blieb er mir in Erinnerung wegen seiner Rechtskenntnisse und als Meister von Strategien des Ausgleichs. Er besaß eine herausragende Begabung für die Politik der Vermittlung und die Gestaltung von Kompromissen. Ich hatte zu ihm Vertrauen und habe ihn auch ein Stück bewundert. Ich hatte kein Problem mit Stolpe, solange Stolpe kein Problem mit seiner Vergangenheit hatte.

Stolpe konnte den Fall aussitzen, wobei hilfreich war, dass hohe und höchste Politiker ihn unterstützten. Der Bürger verlor schließlich den Überblick, welche Aussagen in verschiedenen Phasen des Konflikts gegeneinander standen, wer wann etwas verschwiegen oder die Wahrheit gesagt hatte. Die Maßstäbe bei der Beurteilung verschoben sich vollständig. De Maizière hatte gehen müssen, obwohl viel weniger gegen ihn vorlag. Stolpe blieb, obwohl er von vielen als belasteter angesehen wurde. Irgendwann wurden die Medien und die Öffentlichkeit der Sache müde und überdrüssig.

Hatten kurz nach 1989 diejenigen die Debattenhoheit, die eine Erneuerung und somit die Entfernung von Belasteten befürworteten, so gerieten später eher jene in die Vorhand, die die Überprüfungen für übertrieben, auch für eine gezielte Aktion gegen die Ostdeutschen hielten. Gefragt war jetzt nicht der Typ des revolutionären Erneuerers, sondern der Siegertyp mit paternalistischer Ausstrahlung, der die Wahlen zum Landtag gewann. Neue Interessen überlagerten alte Besorgnisse. Selbstkritik, innere Einkehr sowie die juristische Bearbeitung gerieten auf ein Nebengleis und die einstigen Oppositionellen nicht völlig, aber zunehmend in die Defensive.

Auf die starke Abhängigkeit der Aufarbeitung von der aktuellen politischen Lage hat Theodor Adorno schon 1959 hingewiesen, als er schrieb, das Vergessen des Nationalsozialismus sei wohl »aus der allgemeinen gesellschaftliche Situation weit eher als aus der Psychopathologie« zu begreifen. Vergleichbares lässt sich für die DDR-Vergangenheit konstatieren.

Die immer wieder aufflackernden Schlussstrich-Debatten erklären sich nicht unwesentlich aus den spezifischen Denkmustern eines gewissen linksliberalen Milieus, das die Auseinandersetzung mit der kommunistischen Diktatur zu umgehen trachtete, um eigene Fehleinschätzungen nicht revidieren zu müssen. Dieses Milieu war belastet durch die Tatsache, dass es den repressiv-totalitären Charakter des realen Sozialismus meist als links und nicht als totalitär rezipiert hatte. »Wir wollten nicht antisowjetisch denken …«, charakterisierte Fritz J. Raddatz den Kern dieses Denkens und fragte, ob es »links« sei, zu schweigen, und »reaktionär«, offenbare Realitäten zu kritisieren. »Schweigen«, so seine Schlussfolgerung, »kann Lüge sein.« Ralph Giordano prägte den Begriff von der »Internationale der Einäugigen«.

Systemkritische Ansätze wie die Totalitarismustheorie wurden damals ignoriert oder aus moralischen Gründen verworfen, die Bücher derer, die aus bitterer Erfahrung gelernt hatten, als »Renegatenliteratur« verachtet. Ende der 1960er Jahre waren auch viele, die keiner Kaderpartei angehörten und keineswegs der kommunistischen Ideologie anhingen, abgerückt von der sie umgebenden Demokratie. Sie hatten gegen den Vietnamkrieg pro-

9. November 1999: Festakt im Deutschen Bundestag zum zehnten Jahrestag des Mauerfalls mit Helmut Kohl, Michail Gorbatschow und George Bush sen. Ich durfte reden als Repräsentant der ostdeutschen Demokratiebewegung. Ich sprach von der Ermächtigung der Bürger, von der Freiheit vor der Einheit und vom Erwachen nach der Euphorie des Durchbruchs: »Wir haben vom Paradies geträumt und wachten auf in Nordrhein-Westfalen.« Das Protokoll verzeichnete Heiterkeit im Plenum.

testiert, gegen Autoritäten an den Hochschulen, schließlich gegen verkrustete Strukturen in der Erziehung, der Moral, in den Geschlechterrollen.

Der Diskurs wurde antikapitalistisch, der utopische Sozialismus zum visionären Ziel. Die freiheitlich demokratische Grundordnung, kurz FDGO, wurde der Kritik unterzogen und als kapitalistisch gebrandmarkt. Kritische Theorien zur Entlarvung der östlichen Diktatur konnten sich nicht durchsetzen. Kamen sie von konservativer Seite, wurden sie, weil von der falschen Seite, von vornherein verworfen. Kamen sie aus antifaschistischer Grundhaltung wie früh von Eugen Kogon, wurden sie oberflächlich abgewertet. Und Verteidiger der persönlichen Freiheit wie Leszek Kołakowski hatten gegen die rechtgläubigen Türhüter eines institutionalisierten Marxismus keine Chance. Jürgen Habermas hatte den polnischen Philosophen, einen der wichtigsten Marxismus-Kenner weltweit, 1970 als Nachfolger auf dem Lehrstuhl von Adorno vorgeschlagen, doch die linken Studenten und Assistenten lehnten den »Revisionisten« ab. Eine borniert politische Posse.

Die Angst, als Antikommunist gebrandmarkt zu werden, untergrub den Einsatz für Menschen- und Bürgerrechte im real existierenden »linken« Totalitarismus in Ost-Mitteleuropa. Den Oppositionellen in Warschau, Prag, Budapest und Moskau wurde die Solidarität weitgehend verweigert: Enttäuscht schrieb Václav Havel: »Ich erinnere mich noch, wie zu Beginn der siebziger Jahre einige meiner westdeutschen Freunde und Kollegen mir auswichen aus Furcht, dass sie durch einen wie auch immer gearteten Kontakt zu mir, den die hiesige Regierung nicht gerade liebte, (...) die zerbrechlichen Fundamente der aufkeimenden Entspannung bedrohen könnten.« Und er fuhr fort: »Nicht ich war es, sondern sie, die freiwillig auf Freiheit verzichteten.«

Es war die Zeit der Entspannungspolitik. Statt die antikommunistische Opposition zu stützen, setzte die Politik in Westdeutschland auf ein gutes Verhältnis zu den kommunistischen Machthabern in dem Bestreben, sie zu einer »Liberalisierung von oben« zu bewegen und den Status quo nicht zu gefährden. Noch 1985 verzichtete Willy Brandt bei einem Besuch in Warschau auf ein Treffen mit dem Nobelpreisträger Lech Wałęsa, was bei der polnischen Opposition bittere Enttäuschung hervorrief.

Dies alles einzuräumen fiel vielen Politikern, Wissenschaftlern und Journalisten im Westen schwer. Sie wollten sich die DDR auch im Nachhinein noch schönreden als »kommode« Diktatur und die einstigen Gesprächspartner nicht desavouieren. Deutlich zeigte sich dies am Beispiel von Marion Gräfin Dönhoff und Egon Bahr, beide auf je eigene Weise mit großen Verdiensten, aber in der Frage der Aufarbeitung eigentümlich zeitgeistverhaftet.

Gräfin Dönhoff plädierte – 1994 wie schon 1950 – für die Taktik des »Deckel drauf«; Egon Bahr forderte gegen die Mehrheit in der SPD zum fünften Jahrestag der Einheit ein »Schlussgesetz«. In einem *Spiegel*-Interview lobte er Adenauer, der auf die Integration selbst so Belasteter wie den NS-Juristen Hans Globke gesetzt hatte. Eine verkehrte Welt! »Beiderseits soll das ewig vergessen und vergeben sein«, zitierte Gräfin Dönhoff die allgemeine Friedensamnestie des Westfälischen Friedens, »was seit Beginn dieser Unruhen wie und wo auch immer der einen oder der anderen Seite, hinüber und herüber, an Feindseligkeiten geschehen ist.« Und sie lobte die Polen wegen ihrer klugen Politik des Schlussstriches. Dabei hat gerade diese Politik zu jahrelangen erbitterten Auseinandersetzungen über die Vergangenheit geführt und dem Land 2005 einen massiven Rechtsruck beschert, weil das verschüttete Unrecht nach Aufdeckung rief.

Linke Juristen wie Uwe Wesel bemängelten damals auch die strafrechtliche Aufarbeitung kommunistischen Unrechts, weil diese gegen das Rückwirkungsverbot verstoße, die abendländische Tradition des *nulla poena sine lege:* Was in der DDR nicht illegal war, könne im vereinten Deutschland nicht bestraft werden. Ein Urteil könne nur gefällt werden nach einem Gesetz, das vor Begehen der Tat bestand. Im Prinzip hat es der Einigungsvertrag auch so vorgesehen; in den Fällen schwerster Kriminalität wie bei den Morden an Mauer und Stacheldraht bezog sich die deutsche

Rechtsprechung jedoch auf einen Ansatz, den der sozialdemokratische Rechtswissenschaftler Gustav Radbruch gleich nach dem Zweiten Weltkrieg entwickelt hatte.

Die so genannte Radbruchsche Formel geht davon aus, dass Verbrechen gegen Leib und Leben auch ohne eine entsprechende Rechtsnorm geahndet werden können, da Gesetze im Sinne der Menschlichkeit und des Naturrechts, im Sinne der Ideen der Freiheit und Demokratie des Abendlandes existieren. »Gesetzliches Unrecht«, so Radbruch, müsse einem »übergesetzlichen Recht« weichen, Schandgesetze seien für Richter nicht verbindlich. Auf dieser Grundlage wurden Verfahren gegen Mauerschützen und ihre Kommandeure eröffnet, denn trotz staatlicher Anordnung, so hieß es, sei die Rechtswidrigkeit der Tötung eines Flüchtlings für jeden Menschen erkennbar gewesen. Prozesse gegen die militärische Befehlsstruktur, den Nationalen Verteidigungsrat und ganz zuletzt gegen die Mitglieder des Politbüros als der obersten Kommandoinstanz des Staates folgten; zum größten Teil endeten sie mit Schuldsprüchen.

Niemals hätte ich erwartet, dass der Gedanke des Schlussstrichs im wiedervereinigten Deutschland noch einmal ernsthaft in die Debatte geworfen, dass gar ein »Schlussgesetz« gefordert werden würde. Auch das einer Zeit der Verdrängung entliehene Vokabular hätte ich nicht erwartet, schon gar nicht in Kreisen der Linksliberalen.

»Wir sind doch trotz der Re-Integration von NS-Eliten ein ganz demokratischer Staat geworden«, kommentierten Altlinke unseren sehr begrenzten Elitenwechsel nach 1990. Dabei waren sie in den sechziger Jahren selbst gegen autoritäre Strukturen und NS-belastete Politiker und Professoren Sturm gelaufen. Hatten die Linksliberalen dem konservativen Ministerpräsidenten Filbinger nicht einst um die Ohren gehauen, was sie nun selbst vertraten: »Was damals rechtens war, kann heute nicht Unrecht sein!«

Von »Verständnis-Wessis« konnte man oft auch das vordergründig so großzügig entschuldende Argument hören: »Wer weiß, wie ich mich verhalten hätte.« Aus dem Munde derer, die ihre eigene Regierung mit Argusaugen betrachteten, wenn es um Einschränkung von Freiheiten und erst recht um geheimdienstliche Maßnahmen ging, klang das befremdlich. Warum sagten sie nicht: »Ich hoffe, ich hätte standgehalten und mich gegen Anpassungsdruck, Verfolgung und Erpressung gewehrt«?

Auch von konservativer Seite gab es Gegenwind. Mit Argumenten ähnlich wie denen im Jahre 1990, als sich im Westen ein grundsätzliches Unbehagen an der Veröffentlichung rechtswidrig gewonnener Dokumente geäußert hatte, wehrte sich einige Jahre später Bundeskanzler Helmut Kohl gegen die Nutzung von Dokumenten der Stasi zu seiner Person. Es waren Abhörprotokolle hochrangiger westdeutscher Politiker aufgetaucht, die der Aktenvernichtung in der Hauptverwaltung Aufklärung entgangen waren. Der Konflikt, in diesem Fall juristisch und nicht ideologisch ausgetragen, begann am Ende meiner Amtszeit.

Nach dem Stasi-Unterlagen-Gesetz hatte Helmut Kohl als Person der Zeitgeschichte nicht das alleinige Recht an seinen Daten, auch Medien und Forschern hätten seine Akten offengestanden. Als er davon erfuhr, war er empört. So habe er sich unser Spezialgesetz nicht vorgestellt, teilte er mir in einem Telefonat mit. Er entschloss sich zur Klage, da er seine Grundrechte verletzt sah.

Marianne Birthler hatte als meine Nachfolgerin den unangenehmen Rechtsstreit auszufechten. Das Verwaltungsgericht Berlin und auch das Bundesverwaltungsgericht gaben Kohl recht. Der Paragraph, der das Zugangsrecht für Medien und Forscher zu Akten von Personen der Zeitgeschichte regele, sei so auszulegen, dass immer, wenn eine Person nicht Mitarbeiter oder Begünstigter der Stasi gewesen sei, den Antragstellern *kein* Zugang gewährt werden dürfe.

Das war für die Juristen der Behörde eine schwer nachvollziehbare Entscheidung. Im Einklang mit den wissenschaftlichen Kommentaren war die Gesetzesnorm bis dahin anders interpretiert worden: Der Zugang sei immer dann berechtigt, wenn die observierte Person als Person der Zeitgeschichte agiere, und sei nur dann zu verweigern, wenn die Person im Privatbereich observiert worden sei. Ohnehin wurden bei allen Anträgen die privaten und intimen Sachverhalte nicht übermittelt; sie gehörten allein der observierten Person. So hätte es die Behörde auch bei Helmut Kohl gehalten, aber selbst das wollte er nicht dulden.

Die Entscheidung der Gerichte war so, als hätte ein Jurist der Behörde einem Wissenschaftler oder Journalisten gesagt: »Ihr Antrag wird abgelehnt, da die Formulierung im Gesetz, auf die sich Ihr Antrag stützt, ungültig ist.« Nach Ansicht der Gerichte, die Kohls Rechtsvertretern folgten, sollte es sich bei dem Paragraphen, nach dem bereits jahrelang verfahren worden war, um eine Leerformel gehandelt haben – eigentümlicherweise hatten dies weder die wissenschaftlichen Kommentatoren noch die Abgeordneten und auch nicht die Juristen unserer Behörde bemerkt.

Nutznießer der Kohl-Entscheidung wäre nicht nur der Kläger selbst gewesen. Vor allem die SED-Führungskader und Systemträger hätten aufatmen können, denn auch sie sind Personen der Zeitgeschichte. Nur wenn sie Mitarbeiter, Auftraggeber oder Begünstigte der Stasi gewesen wären, hätten Forschung und Medien Zugang zu ihren Akten erhalten können (in diese Kategorien fielen Führungskräfte in der Regel aber nicht). In allen anderen Fällen hätten sie persönlich ihre Zustimmung zur Veröffentlichung geben müssen und damit die Einsicht stark einschränken oder unmöglich machen können. Ob Helmut Kohl das gewollt hat?

Der Gesetzgeber hat das Gesetz dann im September 2002 präzisiert – im Sinne der von der Behörde vertretenen Interpretation. Nun müssen die Betroffenen davon in Kenntnis gesetzt werden, dass ihre Unterlagen angefordert sind. Sie können zwar Einwände erheben, aber die Entscheidung über die Herausgabe obliegt letztlich der Bundesbeauftragten – nach Abwägung der Grundrechte auf Freiheit der Wissenschaft, des Rechts auf freie Meinungsäußerung und des Persönlichkeitsrechtes. Eine Zustimmung des Betroffenen muss nicht eingeholt werden.

Der im Rückblick nicht besonders ergiebige Rechtsstreit ist schon wieder Geschichte. Helmut Kohl hat erreicht, dass etwas mehr Rechtssicherheit hergestellt wurde: Auch seine Akten können unter bestimmten Bedingungen herausgegeben werden. Der Rechtsstreit erinnerte mich an das große Unbehagen, das die Aktenöffnung bei Helmut Kohl hervorgerufen hatte. Mir kamen wieder die merkwürdigen Einlassungen in den Sinn, die er Jahre zuvor vor der verdienstvollen Enquête-Kommission zur Aufarbeitung der SED-Diktatur im Deutschen Bundestag gemacht hatte. Wenn es nach ihm gegangen wäre, hatte er bedeutungsvoll gesagt, hätte das ganze Zeug vernichtet werden können. Man muss sich das einmal vorstellen: Der Bürger, der Regierungschef, der Historiker Kohl hielt diesen so unendlich aussagekräftigen Dokumentenbestand, dieses facettenreiche Monument der zweiten Diktatur in Deutschland für verzichtbar! Es war mit den Händen zu greifen, dass die DDR nicht seine Lebenswelt, nicht seine Diktatur gewesen war. Nach einer solchen Wortmeldung wird man wieder zum Ossi.

Bald nach seinem Auftritt vor der Enquête-Kommission hat Helmut Kohl mich erstmals ins Bonner Kanzleramt eingeladen. Er war freundlich, ich hoch erfreut; ich schätzte ihn trotz allem sehr wegen seiner Haltung 1989/90. Er trug die Strickjacke, die schon so viele Besucher vor mir beeindruckt hatte. Er sprach über sich, ich sprach über mich, es dauerte länger als geplant. Er wollte mir offensichtlich ein Friedenssignal geben. Ich war beruhigt.

So hatte jeder mit der Aufarbeitung seine eigenen Schwierigkeiten: Auf der einen Seite gab es den ideologischen Widerstand einer unaufgeklärten Linken, vertreten durch unterschiedliche Gruppen in Ost und West, auf der anderen Seite die kulturelle Distanz der Konservativen, denen die Intensität einer substantiellen Auseinandersetzung über vergangenes Unrecht zum Teil fremd und unheimlich vorkam.

Letztlich aber fanden sich für die Linie der maßvollen Bestrafung und des Elitenwechsels, wie wir sie in der Behörde vertraten, genügend Unterstützer quer durch alle Fraktionen: sozialdemokratische Juristinnen wie Jutta Limbach und Lore Peschel-Gutzeit, liberale Rechtshüter wie der Abgeordnete Burkhart Hirsch, die

CDU-Fraktion und die Grünen. Seit meiner Zeit als Abgeordneter habe ich die Schaffung dieser Koalition der Vernunft gesucht und gefördert.

Um der Wahrheit die Ehre zu geben: Ich habe unter den Auseinandersetzungen mit den ewig Gestrigen nicht gelitten, sondern mit Lust und Freude für die Aufklärung gestritten. Im Übrigen führte jede der Schlussstrich-Debatten zu einem eklatanten Anstieg der Anträge auf persönliche Akteneinsicht. Von den Medien und aus dem parlamentarischen Raum erhielt ich ein außergewöhnliches Maß an Zuspruch, Unterstützung und schließlich auch an Ehrungen. Politik und Öffentlichkeit würdigten, dass ich keine parteipolitischen Präferenzen hegte und keine unlauteren Absichten verfolgte. Bis heute erlebe ich, dass Menschen in fremden Städten auf mich zukommen und sich bedanken. Für Hunderttausende von DDR-Bürgern wurde die Behörde zu einer Institution, die – wenn oft auch erst nach langem Warten – Klarheit in Ungeklärtes brachte, was einen neuen Blick auf die eigene Biographie ermöglichte.

Fundamentaloppositionelle Bürgerrechtler wie Jürgen Fuchs sahen hingegen einen Widerspruch darin, dass die Behörde den hohen moralischen Anspruch vertrat, den Opfern zu ihrem Recht zu verhelfen, die Fälle aber rein formal nach neutralen verwaltungstechnischen Kriterien abarbeitete. Freilich kann eine so große Behörde wie die unsere eine Bürokratie entwickeln, die nicht gewollt ist; wer den Spuren von Kafkas Entfremdungsphänomenen nachgeht, wird gerade in großen Verwaltungen immer Stoff finden. Dennoch versteht sich unsere Behörde, die der politischen Aufklärung dient, zuallererst als Dienstleistungsagentur für alle, die Zugangsrechte haben. Wir waren und sind nicht der Kern einer moralisch besonders legitimierten Gruppe von Gutmenschen, die oberste Entscheidungsbefugnis besitzt.

Mochte es in der revolutionären Phase, als die Stasi-Dienststellen besetzt wurden, noch angehen, wenn dem Dichter Reiner Kunze seine Akte »auf kurzem Weg« von einem Bürgerrechtler in die Hand gedrückt wurde. Im Rechtsstaat kann der Bürger nur auf rechtlichem Wege an seine Akte gelangen: Er muss einen Antrag stellen, dann werden die Unterlagen für ihn vorbereitet, das heißt geschwärzt an den Stellen, wo die Rechte unbelasteter Dritter betroffen sind. Das alles hat Ordnung und Struktur. Darin einen Zugewinn an Humanität zu erkennen, ist auch uns erst allmählich gelungen.

In unserer Behörde wird darauf geachtet, dass das Personal sensibel auf die Anliegen der Bürger eingeht. Es gibt auch eine Bürgersprechstunde, in der Betroffene Raum zum Gespräch finden. Therapeutische Betreuung kann und soll dort nicht angeboten werden, aber die traumatisierten Opfer werden informiert über fachlich ausgewiesene Beratungsstellen und Therapeuten.

Am Ende war eine Behörde entstanden, die zwar an verwaltungsrechtliche Normen gebunden war, den Interessen der Opfer aber dennoch in herausragender Weise diente. Dies war auch ein Verdienst ihres ersten Direktors, Hansjörg Geiger. Er war der juristischer Mentor für unsere Juristen ebenso wie für die vielen Neueinsteiger und ganz besonders für mich. In Parlament und Regierung erwarb er sich so viel Vertrauen, dass er nach 1995 von zwei unterschiedlichen Regierungen mit besonders heiklen und gewichtigen Aufgaben betraut wurde – zunächst als Chef des Bundesamtes für Verfassungsschutz, dann als Präsident des Bundesnachrichtendienstes und schließlich als Staatssekretär des Justizministeriums. Als diese Führungspersönlichkeit, die sich im besten Sinne des Wortes als ein Diener des Gemeinwesens erwiesen hatte, die Behörde verließ, war das ein herber Verlust.

Ich war sehr besorgt und atmete auf, als mit Peter Busse ein Nachfolger gefunden war. Busse kam aus dem Innenministerium, hatte das Ministerbüro des liberalen Innenministers Gerhard Baum geleitet und stieß nun zum Abschluss seiner Laufbahn zu uns. Im BMI war er unter anderem für das Ausländerrecht und den Sport zuständig gewesen. Das war von unseren Themen weit entfernt, doch kaum hatte er sich eingearbeitet, zeigte er seine Fähigkeit der Personalführung in einer großen und weit verzweigten Behörde. Sein Stil, behutsam, mit Verständnis und Unterstützung auf die Mitarbeiter zuzugehen, hat ihm speziell auch die Anerkennung unserer ostdeutschen Mitarbeiterinnen und Mitarbeiter eingebracht. Zur Rückschau auf diese Zeit gehört meine Erkenntnis: Was wäre ich ohne meine Direktoren gewesen?

Insgesamt erfüllt es mich mit tiefer Genugtuung, dass wir ein Spezialgesetz geschaffen haben, das zur Delegitimierung der vergangenen Diktatur beigetragen hat. Ähnliches hatten die Alliierten nach dem Zweiten Weltkrieg im Sinn, als sie in Nürnberg ein spezielles Tribunal errichteten, vor dem »Verbrechen gegen den Frieden und gegen die Menschlichkeit« verhandelt wurden. Der Europäische Gerichtshof in Straßburg bestätigte 2001, dass es legitim sei, wenn ein Rechtsstaat Straftaten verfolgt, die unter einem früheren Regime begangen wurden. In dieselbe Richtung gehen die Bemühungen zur Etablierung eines Völkerstrafrechts.

In Deutschland sind nach 1945 wie nach 1990 aus unterschiedlichen Ecken Proteste gegen diese »Siegerjustiz« erhoben worden. Was als rechtspolitisches Argument daherkam, entpuppte sich allerdings oft als tiefgreifende Angst vor kritischer Selbstreflexion, vor allen Formen von »re-education«, vor dem Rückblick auf das, was das Leben in der Zeit der Diktatur ausgemacht hatte. »Es war doch nicht alles schlecht beim Führer!«, sagten die Großeltern. Und ein Teil der Eltern heute: »Unrechtsstaat? Es war doch nicht alles schlecht am Sozialismus!« Sie wollten und wollen sich schützen vor der Scham, mitgemacht, zugeschaut, weggeschaut oder gar nichts bemerkt zu haben.

Seit Karl Jaspers nach dem Krieg seinen Essay »Die Schuldfrage« veröffentlicht hat, ist uns ein vertieftes Verständnis von Schuld im öffentlichen Raum zugewachsen. Ich selber habe den Text erst 1990 gelesen, aber sehr viel daraus gelernt. Schuld, so Jaspers, ist nie nur die Schuld für Verbrechen, die von Richtern geahndet wird. Sie tritt auch auf als moralische Schuld, beurteilt vom eigenen Gewissen und demjenigen, an dem ich mich vergangen habe: Er allein hat das Recht, mir diese Schuld zu vergeben. Schuld tritt ferner auf als metaphysische Schuld, bei der sich

der Mensch als Sünder erlebt, der gegen göttliche Gebote verstoßen hat und nur durch Reue eine Vergebung von Gott erhalten
kann. Schließlich spricht Jaspers von der politischen Schuld, die
jeden Deutschen als Staatsbürger in eine politische Haftung nimmt:
Wir haben geduldet, dass ein solches Regime wie der Nationalsozialismus bei uns entstanden ist, auch wenn viele keine moralische Mitschuld an ihm tragen.

Mit der Formulierung von der »politischen, juristischen und
historischen Aufarbeitung« im Stasi-Unterlagen-Gesetz haben
wir in Anlehnung an Jaspers versucht, dieser mehrdimensionalen
Schuld Rechnung zu tragen.

Letztlich war unser Umgang mit der Vergangenheit der DDR
nach 1989 weit maßvoller als der Umgang in den Westzonen mit
der Nazi-Vergangenheit unmittelbar nach dem Krieg. Wir verzichteten auf eine »Entkommunisierung« analog zur Entnazifizierung,
wie sie etwa die Tschechen praktizierten, als sie die Mitglieder der
KPČ aus dem öffentlichen Dienst entfernten. Im frei gewählten
DDR-Parlament gab es 1990 durchaus Abgeordnete, die das ganze
MfS und die ganze SED zur kriminellen Vereinigung erklären wollten, aber die Mehrheit empfand diese Lösung als unverhältnis-
mäßig, weil jedermann wusste, dass die SED keine Kaderpartei von
Überzeugten darstellte, sondern viele der 2,3 Millionen Mitglieder
einfache Mitläufer waren. Zudem wollten wir Integrationssignale
an die einstigen SED-Mitglieder aussenden; noch hegten wir die
Illusion, dass die Affinität zu dem System schnell verschwinden
würde. Von heute aus betrachtet wäre es politisch wohl eher angemessen gewesen, die Führungselite der SED gleichzustellen
mit den Stasi-Offizieren und den IM. Ich finde es bedauerlich,
dass Mitglieder von SED-Kreis- und Bezirksleitungen sowie des
Zentralkomitees nach der Wiedervereinigung weit bessere Kar-
rierechancen hatten als kleine IM. Das stellte die Fürsten von
einst unverdientermaßen besser als die Bauern – ein politischer
Fehler.

In unseren Nachbarländern ging man andere Wege. Die Polen
haben sich zunächst scheinbar generös, christlich geprägt und zu-

kunftsorientiert für eine *gruba kreska* entschieden, einen dicken Schlussstrich: Wir bieten euch die Hand, ihr ehemaligen Eliten. Man hatte darauf gehofft, die alte Elite würde sich beschämt zurückhalten, das Opfer generös auf jede Form von Aufdeckung und Wiedergutmachung verzichten und die Öffentlichkeit an der Wahrheit nur bedingt interessiert sein. Ein kleines taktisches Zugeständnis war in dieser Geste auch enthalten: Immerhin hatte der erste nicht-kommunistische Ministerpräsident Tadeusz Mazowiecki 1989 noch drei Monate lang notgedrungen mit den Kommunisten zu koalieren und sich mit einem Innenministerium und damit einem Sicherheitsdienst in den Händen von General Kiszczak zu arrangieren, einem alten Kampfgefährten von General Jaruzelski aus der Zeit des Kriegsrechts 1981. Wie sich später zeigte, waren der intendierte innere Frieden und der innere Zusammenhalt der Gesellschaft mit einem Schlussstrich nicht zu erreichen – der vorübergehende Aufstieg der konservativen Brüder Kaczyński verdankt sich wesentlich dem Protest gegen die mangelnde Aufklärung über den Sicherheitsdienst UB.

Die Politik des »Schlussstriches« hat in Polen die einst scharfe Trennlinie zwischen Altem und Neuem, zwischen »denen« und »uns« verwischt und die Anstandsgrenze verschoben. Was als christliche Versöhnungsbereitschaft daherkam, war nicht selten entweder eine kollektive Ent-schuldung der einst Herrschenden, die über das hinausging, was aufgrund der machtpolitischen Konstellation nach dem Runden Tisch erforderlich gewesen wäre, oder es diente als Schutzschild für jene in Volk und Opposition, die sich auf eine Zusammenarbeit eingelassen hatten.

Die Sorge um die Reputation der heldenhaften Widerstandsbewegung hat die Aufklärung in Polen stark gelähmt. Ich habe das immer für töricht gehalten. Menschen sind verführbar und erpressbar – auch Oppositionelle, wenn auch sicherlich viel weniger. Aber Angst macht große Augen. Der Fall Lech Wałęsa zeigte es exemplarisch: Ein junger, aktiver, eigensinniger Werktätiger hat in einer entscheidenden Situation nicht nein sagen können und später, als er große Erfolge im Widerstand gegen die Kommunisten errang und zum wichtigsten Mann im Staat wurde, nicht die Kraft und Größe aufbringen können, seinen Landsleuten zu bekennen: Es gibt einen dunklen Punkt in meiner Vergangenheit. Dabei wäre die Öffentlichkeit angesichts seiner historischen Verdienste mit Sicherheit generös gewesen. Es gibt eben einen Zauber, der der Wahrheit und der kritischen Selbstreflexion innewohnt und der wie ein reinigendes Gewitter wirkt. So aber wurde Wałęsa zu dem, was man gemeinhin als kontroverse Persönlichkeit bezeichnet.

Ich bin häufig nach Polen eingeladen worden, zu Ausschusssitzungen in den Sejm, zu großen europäischen Konferenzen, ich habe allen wichtigen polnischen Medien Interviews gegeben, habe Vorträge in der Aula Leopoldina der Breslauer Universität und in der Krakauer Universität gehalten. Dem früheren Oppositionellen und späteren Senatsvorsitzenden Bogdan Borusewicz habe ich sogar Akten aus den Stasi-Unterlagen übergeben können – ein IM aus der DDR hatte ihn jahrelang in Danzig observiert. Von Teilen der polnischen Öffentlichkeit wurde ich immer voller Freude und mit großer Erwartung empfangen – ähnlich war es übrigens in Rumänien und Bulgarien, wo die wenigen, die eine Aufarbeitung befürworteten, unsere Lösung geradezu überschwänglich priesen –, andere waren deutlich distanziert, darunter auch einige, von denen ich eigentlich Unterstützung erwartet hätte, etwa Adam Michnik mit seiner Zeitung *Gazeta Wyborcza*. Hier spürte ich deutliche Reserven. Sie fanden unser Vorgehen »überpreußisch«, vielleicht auch ein wenig inquisitorisch.

Inzwischen hat Polen mit dem Institut des Nationalen Gedächtnisses eine Lösung geschaffen, die unserer sehr ähnlich ist. Der aufarbeitenden Behörde wurden sogar staatsanwaltschaftliche Aufgaben übertragen, was mir fast als Überforderung erscheint. Ich bin jedenfalls froh, dass unsere deutsche Behörde solche Kompetenzen nicht besitzt.

Gerade im linksliberalen deutschen Milieu wurde die Lösung, für die sich Südafrika mit der Errichtung einer Wahrheits- und

Versöhnungskommission entschieden hat, oft als vorbildlich gepriesen. Im eigenen Land war sie dagegen keineswegs unumstrit-
ten. Davon konnte ich mich bei einem Besuch im Januar 1997
überzeugen.

Die Südafrikaner hatten von völlig anderen Voraussetzungen
auszugehen als die Ostdeutschen. Wir zogen zwar fast zur selben
Zeit auf die Straße wie die Schwarzen in Südafrika, doch unsere
Revolution verlief friedlich, während in Kapstadt im September
1989 zwanzig Schwarze erschossen wurden. Wir konnten einen
Elitenwechsel durchführen und Verantwortliche strafrechtlich und
politisch zur Rechenschaft ziehen. In Südafrika, davon war Desmond Tutu überzeugt, hätte die Bedrohung der alten Amtsinhaber
den friedlichen Wechsel hingegen sabotiert. Mit einer Lösung wie
in Deutschland, meinte Tutu – und seine folgenden Worte werde
ich nie vergessen –, »we would have a burning land«. Ähnlich wie
es in Spanien am Ende des Franco-Regimes eine Verabredung zur
Nicht-Strafverfolgung gegeben hat, gestand Südafrika den Tätern Straffreiheit zu, wenn sie sich in einem öffentlichen Verfahren
zu ihrer Schuld bekannten. Das war im Kern die Intention der
»Wahrheits- und Versöhnungskommission«.

Ich habe während meines Besuchs an einer der Anhörungen
teilnehmen können, zu denen neben den Tätern auch die Angehörigen der Opfer geladen wurden. Es hatte etwas Ergreifendes, als
dort eine alte Frau aus einem Township auftrat, deren zwölfjähriger
Sohn bei einem Einsatz der Polizei in der Schule erschossen worden war. Leute, die ein Nichts gewesen seien, so erklärte Tutu mir
damals, die als letzter Dreck gegolten hätten, würden jetzt im ganzen Land gehört – allein das sei schon eine Art der Wiedergutmachung. Manchmal kam es vor Kameras und Mikrofonen tatsächlich zu sehr ergreifenden Bitten um Vergebung.

Die Zeugenschaft einer erweiterten Öffentlichkeit bei einem
Geständnis und – vielleicht – einer nachfolgenden Versöhnung
sollte eine heilende Wirkung auf die Gesellschaft haben und hat
im Idealfall auch so gewirkt. Dennoch hat die Arbeit der Wahr-
heits- und Versöhnungskommission nicht wenige Angehörige der

Auf Initiative der »Süddeutschen Zeitung« besuchte ich im Januar 1997 Bischof Desmond Tutu und lernte die Arbeit der Wahrheits- und Versöhnungskommission in Südafrika kennen. In seinem Land hatte es einen verhandelten Machtwechsel gegeben, und ich sah: Andere Bedingungen erfordern andere Lösungen.

Opfer verbittert. So konnte beispielsweise ein Leutnant, der gefoltert oder getötet hatte, nach seinem Geständnis als freier Mann in seine Villa zurückkehren, unter Umständen sogar weiter als Oberst der Polizei tätig sein, während die Mutter eines getöteten Studenten bettelarm oder mit einer geringen Summe entschädigt in ihr Dorf zurückzog. Das Verfahren begünstigte deutlich die Täter, während die Angehörigen der Opfer oft traumatisiert zurückblieben und keine Gerechtigkeit erfuhren.

Im Fall von Winnie Mandela zeigte sich, dass die Wahrheits- und Versöhnungskommission im Grunde völlig ohnmächtig war, wenn die Belasteten zu keinem Schuldgeständnis bereit waren. Mandela stritt die ihr zur Last gelegten schweren Menschenrechtsverletzungen rundweg ab. Als Bischof Tutu sie vor laufender Kamera beinahe flehentlich bat, wenigstens einzugestehen, dass die Dinge »furchtbar schiefgelaufen« seien, wiederholte sie nach kurzem Zögern lächelnd genau diese Worte: »Die Dinge sind furchtbar schiefgelaufen.« Es glich einer Verhöhnung.

Die Kommission hatte sich nahezu Unmögliches zum Ziel gesetzt, als sie einer staatlichen Institution die Aufgabe der Versöhnung übertrug. Selbstkritisch gestand mir Professor Charles Villa-Vicencio, einer der geistigen Urheber der Kommission, in einem Gespräch: Realistischer wäre es gewesen, eine friedliche Koexistenz anzustreben. Versöhnung könne nur erfolgen zwischen Täter und Opfer. Und Vergebung könne ein Täter nur von dem erhalten, dem er Unrecht angetan hat, oder von Gott.

In Deutschland gab es von Anfang an massive Bedenken gegen eine Versöhnung durch Offenlegung der Wahrheit. Viele empfanden die Anschuldigungen gegen die Stasi und ihre Zuträger nicht als notwendigen Schritt zu einer – und sei es partiellen – Gerechtigkeit und zur Aneignung der ausspionierten Biographien, sondern als Bedrohung des inneren Friedens. Auf Gerechtigkeit drängende Opfer galten nicht selten als rachsüchtig. Die erstaunliche Tatsache, dass es keinerlei Selbstjustiz gegeben hat, wurde nur unzureichend gewürdigt, und den Opfern hat man das Recht auf Darstellung ihrer Leiden zuweilen nur widerstrebend zugestanden. Oft wurde ich gefragt, ob das Wissen aus den Akten die Vergebung nicht behindere. Darauf habe ich stets entgegnet: »Vergeben kann ich nur, was ich weiß.«

Tatsächlich war Vergebung in der Regel nur möglich, wenn der Täter sich nicht oberflächlich und taktisch, sondern rückhaltlos und ehrlich zur Wahrheit bekannte. Auch wenn Böses und Belastendes zur Sprache kam, konnten Opfer verzeihen, wenn sie tatsächliches Bedauern, wirkliche Reue spürten. Dazu ein kleines

Beispiel: Anfang 1992 besuchte mich ein Freund, den ich seit zwanzig Jahren aus der Kirchenszene kannte. Er war aus dem Norden angereist, hatte sich nicht von der Sekretärin abweisen lassen und war bis in mein Dienstzimmer vorgedrungen. Nun stand er vor mir und sagte: »Jochen, ich weiß, du kennst mich aus deiner Akte.« Ich aber hatte nichts über ihn in meiner Akte gelesen.

Es handelte sich um jenen Mann aus meiner Jungen Gemeinde, der sich in der Uniform des Marinesoldaten hatte taufen lassen und beim Militär jeden Sonntag Ausgang zum Gottesdienst beantragt hatte. Er was als Jugendlicher von der Stasi angeworben worden, hatte einige Zeit berichtet, sich dann aber allmählich, je mehr er sich im Glauben verwurzelte, gelöst und schließlich seine Mitarbeit aufgekündigt. Ich kannte sein ganzes Leben, seine Liebesgeschichten wie seine Sorgen – nur die Stasi-Zuarbeit hatte er nie erwähnt. Warum nicht?

»Ich habe mich so geschämt.« Tränen traten ihm in die Augen und im selben Moment auch mir. Spontan gab ich ihm die Hand und drückte ihn. Spät abends auf dem Nachhauseweg fragte ich mich: War das eigentlich politisch korrekt? Aber ich wusste: Wäre er in den Raum getreten und hätte wie so viele andere IM erklärt, er habe nur das Beste gewollt, niemandem geschadet, mir sogar geholfen, denn wenn statt seiner Müller oder Meier berichtet hätten, wäre alles viel schlimmer gekommen, dann, ja dann hätte ich gesagt: »Du hast dich nicht angemeldet, erwarte nicht, dass ich lange Gespräche mit dir führe«, und das wäre noch höflich gewesen, denn in mir wäre Wut aufgekommen, dass ich ihm, dem Verräter, noch dankbar sein sollte. Als er aber seine Scham nicht verbarg, da wusste mein Herz vor meinem Verstand, was ich zu tun hatte.

Eine ähnlich spontane Geste hatte es bereits einmal in der Volkskammer gegeben. Der junge Abgeordnete Rainer Börner, damals PDS, hatte sich im Unterschied zu den meisten anderen verstrickten Abgeordneten im Plenum zu seiner IM-Tätigkeit bekannt. Und plötzlich war der ganze Saal ruhig gewesen – alle hatten gespürt, mehr kann er jetzt nicht tun. Damals war ich ohne zu überlegen durch den Saal gegangen, hatte ihm die Hand gegeben und gesagt: »Nicht wegen damals, aber wegen jetzt.«

Und noch ein drittes Mal ist mir das Vergeben leichtgefallen, bei einem Mann, der mein Freund wurde. Klaus Richter war Kommunist gewesen, nicht weil er herrschen, sondern weil er das Gute tun wollte; in seiner Familie hatte es Kommunisten gegeben, die unter Hitler verfolgt worden waren. Ich lernte ihn 1990 kennen, als er den Posten des Geschäftsführers bei der Fraktion von Bündnis 90 übernahm. Da war er schon viel weiter von der kommunistischen Ideologie entfernt als manche unserer Brüder und Schwestern, die als ehemalige K-Gruppen-Mitglieder nun bei den Grünen waren, unseren parlamentarischen Weggefährten.

Aber einst war Klaus so überzeugt gewesen, dass er bei der Hauptverwaltung Aufklärung der Stasi gelandet war. Das Leben, so schien es ihm kurze Zeit, würde spannend werden: Westreisen, Adrenalinstöße. Doch schon bald stieß ihn das alles ab. Wie banal die Zeit als Spionagelehrling, wie primitiv die Ausbilder. Dann tauchte eine Freundin auf. Was sollte er ihr sagen, was er tue? Er schaffte es zu gehen, was nicht leicht war für jene, die einmal eingeweiht waren.

»Wen hast du verraten«, fragten wir, als er seine Geschichte vor der Fraktion ausbreitete. Wir fanden nichts, was uns gehindert hätte, mit ihm zusammenzuarbeiten. Er hatte die Wahrheit gesagt, niemand musste ihn mehr zornig beschämen, beschimpfen, belehren, er war schon belehrt. Wir spürten, er hatte schon härter, als wir es je hätten tun können, mit sich selbst abgerechnet. So konnten wir mit ihm leben. Merkwürdig war das schon, denn vor ihm saßen ausnahmslos langjährige Opfer und Gegner der Stasi.

Später habe ich Klaus Richter in unsere Behörde aufgenommen und wo auch immer und gegen wen auch immer verteidigt. Ich konnte mich hundertprozentig auf ihn verlassen. Man hätte ihn mitten in der Nacht aufwecken und vor zwanzig Altlinke aus dem Westen stellen können, vor dreißig konservative Abgeordnete aus den USA und in jede Zusammenrottung von roten Reaktionären in nordostdeutschen Niederungen. Er hätte immer zu seiner neuen Freiheit und zu unserer Sache gestanden.

Im Rückblick scheint mir unsere Lösung trotz aller Turbulenzen, Einschränkungen und Fehler doch gelungen. Wir haben den Opfern ihre Würde zurückgegeben, Rehabilitierungen und Entschädigungen ermöglicht, wir haben einen relativ weitgehenden Elitenwechsel in Politik und Gesellschaft erreicht, einen Teil der Schuldigen und politisch Verantwortlichen an den Rand gedrängt, einige wenige auch bestraft. Vor allem aber haben wir einen Raum für Debatten über die jüngste Geschichte geschaffen und erfahren: Aufklärung ist möglich. Dies zu erleben, war ein bleibender Gewinn der turbulenten Jahre.

Schneller als gedacht waren die ersten fünf Jahre als Bundesbeauftragter dann verflossen. Das Erfinden und Erklären unseres Erneuerungsansatzes und die enorme Arbeitsfülle sorgten für eine gefühlte Beschleunigung der Zeit. Und plötzlich stand die Wahl des Bundesbeauftragten wieder auf der Tagesordnung unseres Parlaments. Am 25. September 1995 saß ich im Deutschen Bundestag und wurde zum zweiten Mal gewählt – mit einer wohltuend großen Mehrheit.

Aber ruhig wurden die fünf folgenden Jahre auch nicht. So wie die Enquête-Kommission des Bundestages sich eine weitere Legislaturperiode mit der Aufarbeitung der SED-Diktatur befassen musste, spürte jeder in der Behörde, auch die Abgeordneten in deren Beirat: Hier steht uns eine Langzeitaufgabe bevor. Unsere Bildungsaufgaben würden wichtiger werden, also brauchten wir Ausstellungen, Veröffentlichungen und Podien, um öffentliche Debatten zu befördern. Und ständig die riesigen Mengen neuer Anträge ... Nicht zehn oder fünfzehn Jahre, sondern vielleicht dreißig oder vierzig Jahre würden wir arbeiten müssen.

Am Ende meiner Amtszeit konnten sich viele eine »Gauck-Behörde« ohne Gauck nicht vorstellen. Abgeordnete sprachen bei mir vor, ich solle doch eine weitere Amtszeit akzeptieren. Mein

Verweis auf das Gesetz, das nur zwei Amtsperioden vorsah, beantworteten sie mit dem Hinweis, Gesetze könne man ändern. Das wollte ich nicht, meine Meinung stand fest: Ein gutes Gesetz nur wegen einer Personalie zu ändern, sei kein guter demokratischer Stil. Ich sah den Nutzen nicht ein. Ich kam ja selbst aus der Mitte der Demokratiebewegung, hatte nicht Stasi-Auflösung studiert, als ich mein Amt antrat. Und so würde eine andere glaubwürdige Persönlichkeit aus dem Osten an meine Stelle treten. Nicht eine »Gauck-Behörde« galt es zu erhalten, sondern die Inhalte des Gesetzes und die Arbeit der Behörde.

Genau so ist es gekommen. Mit Marianne Birthler trat eine entschlossene ehemalige Bürgerrechtlerin meine Nachfolge an. Es sollte nicht lange dauern, und aus der »Gauck-Behörde« war eine »Birthler-Behörde« geworden.

Als ich ging, hatte ich danke zu sagen, allen, die mit ihrer Treue, ihrer Kompetenz und ihrem Engagement unserem Werk gedient hatten. Viele kannte ich gar nicht, andere waren mir ans Herz gewachsen. Renate Liebermann saß im Vorzimmer, wo sie souverän waltete; so war sie mir besonders nah, konnte mir helfen, wo es erforderlich, und mich dirigieren, wo es nötig war. Was sollte ich künftig ohne sie machen?

Als ich zum Schluss alle Außenstellen besuchte, erfuhr ich nicht nur rituelle Abschiedsbekundungen, sondern erlebte bewegende Augenblicke menschlicher Nähe. Ganz unbekannte Menschen schrieben mir Briefe, verschiedene Fernsehstationen hatten zur Verabschiedung aus dem Amt Porträts produziert, die Zeitungen würdigten mich, und von Bundespräsident Johannes Rau erhielt ich das große Bundesverdienstkreuz mit Stern. Es war Oktober, die Zeit des Erntedankfestes in der Kirche. Zwar hatte ich schon lange nicht mehr als Pastor gearbeitet, aber ich fühlte wie einst: »Die Ernte war groß.«

Viele hatten erwartet, dass ich nach meinem Abschied ein politisches Amt übernehmen würde. Auch ich hätte es mir vorstellen können, aber als Parteiloser, der sich als linker, liberaler Konservativer versteht, sah ich mich nicht als Abgeordneter einer Partei im

Mit Amtsnachfolgerin Marianne Birthler im Berliner Reichstag am Tag ihrer Wiederwahl als Bundesbeauftragte für die Stasi-Unterlagen 2005. Noch stärker als ich hat sie internationale Kontakte gepflegt und überall, wo unsere Erfahrungen gefragt waren, mit Rat und Tat geholfen. Auch wenn ihre zweite Amtszeit 2010 zu Ende geht, wird die Arbeit noch lange nicht erledigt sein.

Bundestag. Bald danach übernahm ich ein Ehrenamt, das mich noch einmal auf neue Weise mit der Aufarbeitung von Geschichte beauftragte. Als Vorsitzender des überparteilichen Vereins Gegen Vergessen – Für Demokratie bin ich Teil eines Netzwerkes von Menschen und Organisationen geworden, die neben der Aufarbeitung des Kommunismus die Erinnerung an die Barbarei der Nazi-Diktatur bewahren und die Demokratie vor alten und neuen Rechtsextremisten schützen wollen.

Im Grunde bin ich meinem Lebensthema auch in den letzten zwanzig Jahren treu geblieben. Ich bin ständig unterwegs, um in der Öffentlichkeit den Wert der Freiheit im Bewusstsein zu erhalten. Nach einer Berufsbezeichnung gefragt, antwortete ich einmal: »Ich bin ein reisender Demokratielehrer.«

Es gilt, bei der Bewältigung der Folgen der kommunistischen Diktatur umzusetzen, was Theodor W. Adorno schon bei der Aufarbeitung der nationalsozialistischen Vergangenheit gefordert hatte:

München, November 2007. Der Preis »Gegen Vergessen – Für
Demokratie« wird im Jüdischen Gemeindezentrum an das Ma-
ximilian-Kolbe-Werk für jahrzehntelange Versöhnungsarbeit in
Polen vergeben. Auf dem Bild neben mir Friedrich Kronenberg,
der Präsident des Werks, Charlotte Knobloch, Vorsitzende des
Zentralrats der Juden, und Marek Prawda, Botschafter der Re-
publik Polen.

Dass man das Vergangene »im Ernst« verarbeite, seinen Bann bre-
che durch »helles Bewusstsein«. Es gilt zu berücksichtigen, was
Alexander und Margarete Mitscherlich, Horst-Eberhard Richter
und viele andere Soziologen und Psychologen über die Spätfolgen
von Diktaturerfahrungen schrieben: Wir können nicht leicht von
der Vergangenheit loskommen, weil ihre Schatten in die folgenden
Generationen reichen.

Wir lernten und stehen weiter mitten in diesem Lernprozess.
Es ist ein steiniger Weg, den wir gehen, denn Aufarbeitung be-
deutet umfassende Anerkennung der Fakten, bevor wir uns eine
Meinung bilden; Zulassen von Sympathie und Mitleid mit den
Opfern, statt in kompensatorisches Selbstmitleid zu verfallen. Es
geht – wie in der individuellen Psychotherapie – nicht ohne
Schmerzen ab, wenn eine Gesellschaft »im Ernst« auch mit ihren

Gefühlen dorthin geht, wo sie einst gelebt, gewirkt, gelitten und mitgemacht hat.

Wie Individuen dem Impuls erliegen, durch selektives Erinnern den Schattenseiten der Vergangenheit zu entfliehen, können auch Kollektive jene Seiten des Unrechtsstaates auszublenden versuchen, die Erschrecken, Scham, Trauer und Reue auslösen und bei den Opfern auch Gefühle der Kleinheit und des ohnmächtigen Verlorenseins hervorrufen. Die Nostalgie schafft sich beständig eine Scheinwelt. Ganz ohne politischen Missbrauch ist sie äußerst beliebt, aber es ist nicht die Dummheit, die die Menschen an ihr lieben, sondern die Freiheit von Schmerz.

Am Beispiel der Bundesrepublik in den Jahrzehnten nach dem Krieg kann man die verschiedenen Etappen der Aufarbeitung ablesen. Es hat gedauert, bis sich die Fakten gegen die Meinungen durchsetzen konnten; es hat gedauert, bis sich die Nation nicht primär als Opfer verstand, sondern sich zu Schuld und Verantwortung bekannte; und es will noch immer gelernt sein, dass Schuld und Leiden nicht allein Teil der kollektiven Geschichte sind, sondern jeder einzelnen Familienbiographie. Noch immer vermeiden Teile der dritten Generation, sich den Belastungen in der eigenen Familie zu stellen – sei es der Schuld (»Opa war kein Nazi«), sei es dem Leid etwa der Vertreibung, das in den letzten Jahren wieder stärker ins Bewusstsein gerückt ist.

Im Osten haben wir erst die Hälfte des Weges geschafft. Ein wirklicher Abschied und der damit verbundene Mentalitätswandel sind erst von einem Teil der Bevölkerung vollzogen. Die meisten nehmen noch eine merkwürdige Wechselhaltung ein, ihr Erinnern schwankt zwischen betulicher Nostalgie und wachen Momenten »hellen Bewusstseins«. Wir, die wir so lange als Unterdrückte gelebt haben, sind Menschen in einer Unterwegs-Situation. Wir wissen zwar schon, wie Abschied definiert wird, aber das Wissen allein löst alte Bindungen nicht automatisch auf.

Keiner liebt den Schmerz. Aber der Schmerz über so viel geraubte Freiheit, soviel Demütigung und beständige Ohnmacht kann nicht durch einen einfachen Willensakt abgetötet werden.

Der Opportunismus, die Arroganz und die Schuld der Anderen, der Mitläufer und einstigen Machthaber, schreien geradezu nach Rechenschaft sich selbst und Anderen gegenüber.

Erst wenn wir den verwirrenden Einbruch der Gefühle nicht mehr abwehren, werden wir uns bewusst von ihnen verabschieden und die Bindung an das Alte lösen können.

»Freiheit, die ich meine«

Zwei Männer sitzen in einem Raum, reden und hören einander zu. Es ist meine zweite Amtszeit als Bundesbeauftragter für die Stasi-Unterlagen; Professor Jürgen Körner will mich zu einem Kongress von Psychotherapeuten einladen. Er ist nicht nur an meinen dienstlichen Aufgaben interessiert, er will wissen, was mich treibt. Das Gespräch geht weiter und tiefer, als es bei Dienstgesprächen üblich ist. Und plötzlich zähle ich aus dem Stegreif auf, was er eigentlich viel besser kennt als ich. Dort, wohin ich erst vor kurzem gekommen bin, gibt es Kostbarkeiten, die dort, wo ich vorher gelebt hatte, nur in schäbigen Resten oder überhaupt nicht existierten.

»Wo ich jetzt lebe«, so höre ich mich sagen, »möchte ich sein, aber ich kann immerfort auch gehen. Wo ich jetzt lebe, habe ich Grundrechte, garantiert durch die Verfassung: Gewissensfreiheit, Glaubensfreiheit, Meinungsfreiheit, die Freiheit der Berufswahl, Versammlungsfreiheit, Forschungs- und Veröffentlichungsfreiheit. Wo ich jetzt lebe, gründen Menschen von sich aus Vereine, Bürgerinitiativen, Gewerkschaften und Parteien und übernehmen Verantwortung in ihnen. Kritik, Diskurs und Dissens gelten als Normalfall der politischen Kultur und nicht als politisch-ideologische Diversion, Untergrundtätigkeit oder politische Straftat. Wo ich jetzt lebe, existiert die Herrschaft des Rechts, notfalls kann ich meine Rechte auch einklagen. Es gibt den freien Markt, aber auch ein soziales Netzwerk – wer bedürftig ist, erfährt Unterstützung. Und seit mehr als sechzig Jahren hat dieses Land kein anderes überfallen, es lebt mit allen Nachbarn in Frieden.«

Ich hatte noch mehr Kostbarkeiten in meiner Schatzkammer, aber fürs Erste sollte es reichen. Der Glanz der schönen Dinge, die wir eben beide gesehen hatten, war plötzlich nicht nur in meinen, sondern auch in den Augen meines Gegenübers. Sie erzählten stärker, als seine Worte es vermochten, von der Bewegung in seinem Innern.

»Ich habe eben immerfort ja gesagt, ja, ja.«

Alles hatte er schon gewusst. Aber wie so viele im Westen hatte er die alltäglichen Unzulänglichkeiten, Mängel und Fehler der Freiheit als bedeutsamer empfunden als ihre Vorzüge. So wie zu DDR-Zeiten die Inselbewohner von Rügen sich erst von Besuchern aus Leipzig, Borna und Bitterfeld vor Augen führen lassen mussten, welch außergewöhnliche Luft sie atmeten, so war ihm erst in meiner Spiegelung das, was ihm seit Kindesbeinen vertraut war, anders, tief und hoch emotional erneut begegnet. Er lächelte. Nun konnte er glauben, was er wusste.

Ich kannte aus zahllosen Gesprächen der letzten Jahre die Diskrepanz des Erlebens zwischen mir, dem im Kern ostdeutsch Geprägten, und meinen Freunden und Bekannten aus Westdeutschland; ich kannte den mitleidigen Blick jener, die meine beständige Freude an der westlichen Freiheit für naiv hielten, irgendwie rührend. Hundertmal hatte ich diesen Kultur-trifft-Natur-Blick von Ethnologen oder Feuilleton-Artisten aushalten müssen, die mich anschauten, als wäre ich gerade aus einer primitiven Kultur zugewandert.

Doch ich wollte und will mir jene warme und tiefe Zuneigung zur Freiheit erhalten, die wohl nur versteht, wer sich lange und intensiv nach ihr gesehnt hat und in ihr magnetisches Feld geraten ist. Dadurch konnte er zwar äußerlich in Bedrohung oder gar Verfolgung geraten, innerlich aber gewann er Kraft daraus – damals. Ich vertraue ihrer verändernden Kraft, auch wenn sie angesichts so vieler und so komplexer Herausforderungen in der modernen, globalisierten Welt manchmal verloren zu gehen scheint. Ich habe ihre tiefgreifende, zur Selbstverwirklichung befähigende Dimension selbst erfahren; noch allzu gut erinnere ich mich an die Ohnmacht, die uns umhüllte, als sie uns fehlte. Und so werde ich genau wie viele andere aus dem Osten Europas die Freiheit wohl ebenso lange in hohen Tönen loben, wie ich die Spätfolgen der Unfreiheit in mir spüre.

Ich weiß noch, wie die Enteignung der »Kapitalisten« die Hoffnungen der Armen auf mehr Gerechtigkeit beflügeln sollte, dann aber waren wir sehr schnell mit einer Realität konfrontiert, in der es zwar keine neue Gerechtigkeit gab, wohl aber ein altes Spiel neu inszeniert wurde, in dem die Macht der Wenigen über die Ohnmacht aller anderen triumphierte.

Ich weiß noch, wie der von Marx inspirierten »Expropriation der Expropriateure« die von Lenin inspirierte Enteignung aller folgte. Am Ende war die in Jahrhunderten gewachsene Struktur privater Kleinbetriebe und Mittelstandsunternehmen in Sachsen und Thüringen verschwunden, waren die bäuerlichen Höfe gegen den Willen der Betroffenen in große Produktionseinheiten umgewandelt. Aus eigenständigen Unternehmern und Bauern waren abhängige Betriebsangehörige und Landarbeiter geworden. Und die Arbeiter hatte ausgerechnet die »Arbeiterpartei« ihrer freien Gewerkschaften beraubt und zu Agenturen der Staatsmacht umfunktioniert. Ohne politische Rechte und ohne freie Wirtschaft waren persönliches Engagement, Fähigkeit zur Verantwortung, unternehmerische Initiative und Innovationsgeist dann verschwunden. Eine auf den ersten Blick ökonomische Entmächtigung hatte eine kulturelle und politische nach sich gezogen.

»Ruinen schaffen ohne Waffen«, so hatten wir in DDR-Zeiten die Verwüstung der historischen Altstädte mit Galgenhumor kommentiert. Mit der Gesellschaft gelang der Einparteienherrschaft Ähnliches. Erst nahm sie Geld und Besitz, dann Bürgerrechte, Menschenrechte, unabhängiges Recht und unabhängige Richter, und sie begrub die Freiheit in der Wirtschaft, in Kunst und Kultur. Die Entfremdungserscheinungen in der Gesellschaft überboten bei weitem das, was die marxistischen Theoretiker als Entfremdung im Kapitalismus angeprangert hatten.

Das alles war kein Langzeitversuch in einem Laboratorium, sondern ein Experiment am lebenden Objekt. Und wir, festgehalten hinter der Mauer, mussten uns nolens volens anpassen.

Ich erinnere mich noch gut, wie eine ganze Gesellschaft ins

Glied und unter einen einheitlichen Willen gezwungen werden sollte: schon in den Kindergärten und Schulen, wenn Kinder mit dem blauen Halstuch der Jung-Pioniere und dem roten der Thälmann-Pioniere zu den wöchentlichen Fahnenappellen antreten mussten und Eigensinn ausgegrenzt und bestraft wurde. Der Staat forderte Mitgliedschaft: von der Jugend in der FDJ, von den Erwachsenen im FDGB, meist auch in der Gesellschaft für Deutsch-Sowjetische Freundschft (DSF), tausende erwachsene Männer sollten zusätzlich Mitglieder der Kampfgruppen in den Betrieben sein, wo sie mit Waffen und in militärischen Verbänden ihre Systemtreue beweisen mussten.

Zu wählen war nur zwischen dem Grad der Anpassung.

Die einen verinnerlichten die politische Linie, die Schule und Universität vermittelt hatten, blendeten Widersprüche aus und bejahten, was sie geprägt hatte. Sie hatten kein Problem damit, in die Partei einzutreten – denn nur als Parteimitglieder stiegen sie auf. Allüberall wurden führende Stellen mit Genossen der SED besetzt. Keine einzige Schule im Land, in der der Direktor nicht in der SED gewesen wäre.

Und weil sie aufsteigen wollten, passten sich selbst jene an, die dem »Politikzeug« kein Wort glaubten. Sie taten so, »als ob«, lebten pro forma angepasst und brav eine unüberzeugte Minimalloyalität. Innerlich gehörten sie nicht dazu, äußerlich waren sie immer dabei. Aus objektiver Machtlosigkeit, die vom übermächtigen Staatsapparat erzwungen worden war, wurde so im Laufe der Zeit subjektive Ohnmacht: Sie verloren das Vertrauen in ihre individuelle Potenz, zweifelten an ihrer Fähigkeit, sich verwirklichen zu können, und verzichteten schließlich darauf, unter diesen Bedingungen überhaupt noch Einfluss ausüben zu wollen.

Ich weiß auch noch allzu gut, dass fehlende Anpassung Karrieren zerstörte und Biographien tiefgreifend veränderte, tausendfach und unspektakulär im ganzen Land. Zum Beispiel bei Eckart, meinem Bruder: Als er, der sich als Seemann hoch gearbeitet hatte vom Maschinenassistenten zum Ingenieur, in der Kaderabteilung seiner Reederei erschien, um sich mit seinem Patent C 6 als leitender Ingenieur (Chief) an Bord eines Schiffes zu bewerben, traf ihn ein skeptischer Blick: »Und bist du schon in der Partei?«

»Nein«, antwortete mein Bruder wie Tausende in dieser Situation vor ihm. Er fühle sich für diesen wichtigen Schritt noch nicht reif.

Der Ausgang war nahezu vorprogrammiert: Wenn er noch nicht reif für die Parteimitgliedschaft sei, so die kühle Antwort, sei er auch nicht reif für eine Führungsaufgabe an Bord. Er müsse wohl weiter als zweiter oder dritter Ingenieur fahren. Mein Bruder war, wie er war. Er machte die Tür von draußen zu. So einer wurde kein Chief. Später ließen sie ihn nicht einmal mehr auf See fahren; er, der Seemann, musste an Land arbeiten.

Schon vor Jahren ist mir Václav Havels Sentenz in die Hand gefallen, der 1990 das Leben in den östlichen Staaten mit dem Leben in einem Gefängnis verglich: mit einem festen Tagesablauf, fest zugemessenen Rationen, zugewiesenem Nachtlager, mit einem strengen Reglement. Vor diesem Hintergrund wird verständlich, warum wir uns zunehmend in kleine Nischen und Gegenwelten zurückzogen, in Freundeskreise, in Gemeinden, in Künstlerzirkel, in Abrisshäuser, auf das Land oder in kulturelle Inseln der großen Städte. Nur so wird verständlich, warum der kleine Spielraum und die kleinen privaten Freiheiten, die am Status unserer generellen politischen Abhängigkeit und Ohnmacht nicht rütteln konnten, doch eine große Freude, viel Wärme und Nähe in uns auszulösen vermochten – eben jene Intensität des Erlebens, die wir später in der großen Freiheit vermissten.

Und so befällt uns manchmal die Trauer über den Verlust dieser Intensität, obwohl wir uns keine einzige Sekunde in die DDR zurückwünschen. Wir haben ein sehr besonderes Leben verloren, das wir uns selbst trotz Unfreiheit errungen und geschenkt hatten. Wir haben es für uns und gegen sie gelebt. Als dann alles vorbei war und die neue Zeit so schnell zu uns gekommen war, überfiel auch mich manchmal diese Traurigkeit, obwohl ich doch voller Dankbarkeit und Freude über die neue Freiheit bin. Vielleicht habe ich mich in jenem stürmischen Herbstfrühling mit seinen hundert neuen Aktivitäten zu schnell dem Neuen überlassen und mich ohne Abschied von dem vertrauten Leben auf und davon gemacht. So holt sie mich jetzt manchmal ein, die Sehnsucht nach der Sehnsucht, die ihr Ziel verlor, als die erträumte Freiheit Wirklichkeit wurde. Die Freiheit als Sehnsucht hatte eine verlockende Kraft, sie war ungeschmälert schön. Die Freiheit als Wirklichkeit ist nicht nur Glück, sondern auch Beschwernis.

In Václav Havels Text folgt auf das Glück der Befreiung alsbald der Schock durch die neue Freiheit. Die äußere Ordnung und Sicherheit fehlte, für alles waren die Entlassenen nun selbst zuständig – aber zu dieser Eigenverantwortung waren viele nicht mehr fähig.

Eines Tages, schon in der neuen Freiheit, entdeckte ich bei einem Autor, dessen Hauptwerke ich lange kannte, einen Text, der mir half, diese Schwierigkeiten mit der Freiheit besser zu verstehen. Schon vor über sechzig Jahren entwickelte Erich Fromm in »Furcht vor der Freiheit« eine Theorie, nach der immer dann, wenn Menschen Freiheit oder mehr Freiheit erlangen, machtvolle Ängste und Fluchttendenzen einsetzen. So wie bei Adam und Eva. Indem sie Gottes Gebot missachteten und vom Baum der Erkenntnis pflückten, so sagt Fromm, lösten sie sich zwar von ihrer ursprünglichen Abhängigkeit und gewannen die menschliche Freiheit. Im nächsten Moment aber waren sie schon auf der Flucht, außerhalb des Paradieses, einsam miteinander und voller Angst. »Die neu gewonnene Freiheit erscheint ihm als Fluch.« Der Mensch, sagt Fromm, sei jetzt zwar frei *von* der süßen Knechtschaft des Paradieses, aber er besitze noch nicht die Freiheit *zur* Selbstbestimmung.

Schon Jugendliche können das erleben, die Freiheit *von* etwas. Pubertät und Eintritt ins Erwachsenenalter zeigen ihnen den Reiz dieser Freiheit. Wenn man erwachsen wird, wandelt sich das Freiheitsverständnis. In der Liebe zu einem Menschen, zumal einem Kind, zu einem Wert, zu Gott, der Kunst, der Natur, einer Arbeit, einem großen Ziel entsteht eine fundamentale Geneigtheit zu etwas außer mir selbst. Wer das erlebt hat, will alles tun, dies zu bewahren. Die Übernahme von Verantwortung ist dann keine Zumutung und erst recht keine Überforderung. Zwar wird der Mensch auch von außen durch Normen, Eltern, Staat oder Religion in die Pflicht genommen. Aber ganz unabhängig davon existieren mit Sympathie und Liebesfähigkeit freundlichere Einladungen zur Verantwortung. Wer Freiheit als Verantwortung lebt, kommt letztlich bei den besten und tiefsten Potenzen an, die in uns Menschen angelegt sind. Und unsere Seelen belohnen uns dafür, wenn wir uns als Herausgeforderte und auf andere Wesen Bezogene verstehen. Wir erleben Gemeinschaft und Glück.

Aber Freiheit und Verantwortung verlangen eben ständige Wandlung, sind eine permanente Herausforderung. Die einen fühlen sich in ihrem Element. Sie werden Bürgermeister, gründen Firmen, erforschen unbekannte Kontinente, eine der Befreiten wird Regierungschefin. Andere aber sehen sich überfordert, werden kleinmütig, fühlen sich bestätigt in ihrer Auffassung, dass es wirkliche Freiheit nicht gebe, der Sozialstaat nicht sozial sei und die Chancengleichheit ein Traum bleibe. Deutschland hat in den letzten Jahren zu sehr auf diese Kleinmütigen und Zweifler geschaut. Ich auch. Manchmal durchaus im Zorn, wenn ich auf Wahlergebnisse und Meinungsumfragen im Osten geblickt habe. So viel Distanz zur Freiheit! Dabei war es bei vielen einfach nur Fremdheit.

Gefangen in lange eingeübter Ohnmacht, oft auch ohne Selbstbehauptungswillen, der eigenen Kräfte nicht sicher, politisch und intellektuell verunsichert, waren und sind Menschen anfällig für Konformität oder auch eine »erlösende« Ideologie: Gib mir deine Freiheit, ich gebe dir ein Ziel, den Sinn deines Lebens, du darfst die Zuständigkeit für dein Leben abgeben. Auch in Westdeutschland lassen sich diese Haltungen finden, allerdings weniger häufig. Doch die quantitativen Unterschiede sind Folge historisch unterschiedlich ausgebildeter Mentalitäten, die wenig mit Charakter, aber sehr viel mit den unterschiedlichen Trainingsmöglichkeiten zu tun haben.

Die größere Anfälligkeit im Osten für »fürsorgliche« Politik und die Existenz als Landeskind statt als Citoyen dürfte sich noch in der zweiten Generation fortsetzen. Distanz und Fremdheit bei den Einen und Bejahung der Freiheit bei den Anderen trennen Ostdeutsche häufig stärker voneinander als Ost- und Westdeutsche. Und noch lange wird es ein Gewinn der westlichen Zivilgesellschaft sein, Lösungen aus Diskurs und Debatte zu entwickeln, während viele im Osten auf »einfache Wahrheiten« setzen. Doch man muss schon denkfaul und erfahrungsresistent sein, wenn man, wie es angesichts von Finanzkrise und Verunsicherungen durch eine globalisierte Welt in Deutschland geschieht, ausgerechnet sozialistischen und kommunistischen Ideologen wieder glaubt, die einen Systemwechsel propagieren. Warum sollten gerade jene, die in der gesamten Politikgeschichte weder Wohlstand noch Freiheit haben schaffen können, die Bewältigung der neuen Krisen meistern?

Unter denen, die uns vom linken Rand her zum Systemwechsel aufrufen, gibt es zu viele, die agieren wie die reaktionären Verteidiger der Ancien régimes im 19. Jahrhundert, die zurück wollten zum Feudalstaat. So wie jene fordern sie die Wiederherstellung einer überlebten Situation. Doch das kommunistische Gesellschaftsprojekt liegt hinter uns, nicht vor uns. Wer den Kapitalismus abschaffen will, schüttet das Kind mit dem Bade aus. Wir werden den Fußball nicht abschaffen, weil einige Spieler foul spielen, und wir werden nicht den ganzen Radsport verbieten, weil einige Fahrer dopen. Wer Freiheit will, muss sie auch in der Wirtschaft wollen. Doch wie im Raum der Politik gilt es auch in der Wirtschaft, die Freiheit so zu verstehen wie Demokraten – als Verantwortung gegenüber dem Ganzen.

Ganz sicher sind westliche Gesellschaften krisenanfällig und produzieren Ungleichheit – beides erfordert beständig Kritik und entgegenwirkende Maßnahmen. Aber dazu müssen wir nicht bei jenen in die Schule gehen, deren Gesellschaftssystem an mangelnder Freiheit zerbrochen ist. Unser Lernort ist ein anderer. In der Geschichte Nordamerikas und Europas finden wir die großen Freiheitstexte und -bewegungen, auf denen die universellen Menschenrechte fußen. Freilich können auch auf dem Boden der Demokratie totalitäre Ideen gedeihen; wir haben den Sieg der Visionen einer Ordnung des Proletariats und der arischen Rasse erlebt.

Aber kein System ist so lernfähig wie die Demokratie. Sie ist gerade nicht das Einfache, das schwer zu machen ist, wie Brecht es vom Kommunismus behauptete. Sie ist das Komplizierte, was auch einfache Menschen machen können. Die Erwachsenen und Diktaturerfahrenen der Länder sollten zusammenstehen und für ein kleinformatiges Politikmotto werben: nicht für eine Gestaltung des absolut »Guten« und »Richtigen«, sondern des jeweils Besseren. Mit diesem Motto bleiben wir sehr irdisch und sehr nah an dem, was uns vor den Füßen liegt.

Wir brauchen keine neue Gesellschaftsordnung, sondern eine Demokratie, die auf aktuelle Probleme und Bedrohungen mit innovativem Geist und ermächtigten Demokraten reagiert.

In den zwanzig Jahren, die ich nun lebe, wo ich leben möchte, habe ich allerdings besser verstanden, warum Menschen im Westen oft nicht so begeistert von der Freiheit und Demokratie sind, wie ich es hinter der Mauer war und immer bleiben werde. Die Freiheit in unserer fragilen Demokratie ist noch nie vollkommen und nie vollendet gewesen. In der Polis der Athener existierte schon die Freiheit der Einen neben den unfreien Sklaven; im Amerika der Neuzeit gab es bei der Verkündigung der Unabhängigkeitserklärung noch Hunderttausende von versklavten Schwarzen; in den Industrienationen kämpften die Arbeiter noch jahrzehntelang für das Streikrecht und freie Interessenvertretungen; die Schweiz gewährte den Frauen das Wahlrecht erst in der zweiten Hälfte des 20. Jahrhunderts.

Und dann: Die Freiheit der Einen will gegen die Freiheit der Anderen ständig neu austariert sein; nur ein ununterbrochener Diskurs kann einen – und sei es vorübergehenden – gesellschaftlichen Konsens schaffen. Amerika setzt stärker auf Autonomie und Eigenverantwortung des einzelnen Bürgers in der Gesellschaft; in Europa dominiert weitgehend der Sozialstaatsgedanke. Kritiker des amerikanischen Modells vermissen die Fürsorge für die Schwachen; Kritiker des Sozialstaatsmodells sehen die Gefahr einer Entmächtigung des Einzelnen und mangelnder Anreize zur Eigenverantwortung.

Ständig neu will auch ausgehandelt werden, wie weit die Freiheitsrechte des Einzelnen begrenzt werden sollen oder müssen, um die Freiheit der Gesamtheit gegen terroristische Bedrohungen in einer zunehmend globalisierten Welt zu schützen. Gemeinsam müssen wir uns auch mit der Frage auseinandersetzen, ob und wie weit freiheitliche Gesellschaften Gewalt anwenden und militärische Mittel einsetzen wollen, um außerhalb ihres eigenen Territoriums friedenserhaltende Maßnahmen durchzuführen oder den Schutz bedrohter Völker und Menschen zu gewährleisten.

Martin Luther hat einmal gesagt: Kirche sei Kirche nur dann, wenn sie sich als *ecclesia semper reformanda* verstehe – als sich immerfort reformierende Kirche. So verstehe ich inzwischen Freiheit und Demokratie: als eine *societas semper reformanda*.

Die Aufforderung zu beständiger Erneuerung richtet sich keineswegs nur an Instanzen und Organe des Staates, sondern in gleicher Weise und vor allem an die einzelnen Bürger.

Wenn die Freiheit ihre Strahlkraft völlig verliert, verstärkt sich, was wir bereits massiv erleben: Der Mensch tauscht seine Existenz als Citoyen gegen eine Existenz als Konsument. Er geht nicht mehr wählen, beteiligt sich an keiner Bürgerinitiative, zieht sich aus dem öffentlichen, dem politischen Raum zurück. Nichts gegen Konsum, aber Konsum als einziger, als zentraler Lebenszweck macht die Menschen nur so lange glücklich, bis sie ihre – sicher variablen – Grundbedürfnisse gestillt haben. Da sollte man sich eher Mitbürger wünschen, die auf dem Weg des Lernens auch den Irrtum riskieren als solche, die zwar nie an irgendetwas schuld sind, aber durch ihre Gleichgültigkeit die Gestaltung des Öffentlichen aus der Hand geben und sich freiwillig in eine Situation der Ohnmacht begeben.

Bei meinen ersten Reisen in den Westen habe ich mich oft

gefragt, warum Mut und Zivilcourage so gering notiert und selten praktiziert wurden. Keiner hatte die Menschen gehindert, diese Tugenden zu entwickeln. Später waren mir jene aufgefallen, die ohne jeden Zwang auf die Wahrnehmung bürgerlicher Rechte verzichteten. Hatte ich bis dahin gedacht, dass Furcht vor der Freiheit ein alleiniges Problem der Übergangsgesellschaften sei, habe ich nach diesen Erfahrungen und der Lektüre von Erich Fromm gelernt, dass es sich vielmehr um eine anthropologische Konstante handelt.

Ganz offensichtlich gibt es keine ungestörte Beziehung zur Freiheit. Schon ihre zwei Gesichter mögen uns verwirren. Eines erweckt Vertrauen – es verspricht Selbstverwirklichung, Gestaltungsmöglichkeiten, Zukunft. Es lässt in der Begegnung und der Nähe zum Mitmenschen Empathie und Verantwortung wachsen, das Grundelement moralischen Verhaltens. Das andere Gesicht der Freiheit hingegen lässt uns erschrecken – wenn es als Raubtierkapitalismus, nacktes Kalkül, Gruppenegoismus, als unethischer Forschungseifer letztlich den Egoismus fördert und die Solidarität und das Mitleid mit dem Anderen neutralisiert. Das Erschrecken über diese Seite der Freiheit ist letztlich ein Erschrecken über uns, über das destruktive Potential in uns.

Schiller, der große Liebhaber der Freiheit, wusste um die Gefahr der schrankenlosen Freiheit, in der »Weiber zu Hyänen« würden und die Gesittung in Gefahr gerate. Freiheit verpflichtet uns daher immer wieder, uns der Moral in den zwischenmenschlichen Beziehungen wie auch der Werte in unserem Gemeinwesen zu vergewissern.

Als Bürger der Bundesrepublik habe ich in den letzten zwanzig Jahren zur Kenntnis nehmen müssen, dass die Freiheit tatsächlich im Alltag der freien Gesellschaften einen Teil ihres Glanzes verliert. Als Ostdeutscher, als Betroffener einer osteuropäischen Verlustgeschichte weiß ich aber deutlicher als die, die immer über sie verfügt haben, dass wir, wenn wir uns nicht immer wieder von ihr beflügeln und befähigen lassen, auch an Kraft und Willen zur Veränderung einbüßen.

Mag sein, dass Jahre kommen, in denen die Freiheit noch mehr an Glanz verliert. Mag sein, dass uns ungewohnte Lasten auferlegt werden. Mag sein, dass dann allgemeiner Verdruss das Land noch mehr einhüllt. Aber ich werde mich erinnern: Wir haben sie ersehnt, sie hat uns angeschaut, wir sind aufgebrochen, und sie hat uns nicht im Stich gelassen, als uns in der Freiheit neue Herausforderungen begegneten. Es kann nicht anders sein: Sie wird mir immer leuchten.

Berlin. Mai

Vielleicht ist es ein schöner Maitag gewesen wie heute, der 23. Mai vor genau sechzig Jahren, als das Grundgesetz aus der Taufe gehoben wurde. Viele denken heute zurück – auch ich.

Aus dem Erinnerungsdunkel kommt mir plötzlich ein kleiner Junge entgegen. Ich sehe ihn auf einem lichten Waldweg nach Hause gehen, den Tornister auf dem Rücken, einen Holzknüppel in der Hand. Er ist bester Laune, denn die Schule ist vorbei, aber etwas arbeitet noch in ihm. Rechts und links am Weg steht hohes, blühendes Maigras. Er drischt bei jedem zweiten Schritt hinein, das Gras sinkt um, er schlägt und spricht, immer dieselben drei Wörter, eine Zornesformel, die er gerade in der Schule gelernt hat: »Das Bon-ner Grund-ge-setz. Das Bonner Grund-ge-setz«. Am Ende des Waldwegs schaut er voller Befriedigung zurück. Er hat eine Spur gezogen, die niemand übersehen kann. Es musste etwas aus ihm heraus, was in der Schule in ihn hineingekommen war.

Er hatte gehört von Bonn, jener Stadt drüben im Westen, in der böse Menschen regieren: Spalter, die gegen die Einheit des Vaterlands sind, Ausbeuter, Imperialisten. Die Amerikaner unterstützen diese schändliche Brut – das hätte er sich denken können, die kannte er schon. Sie flogen nachts über die Felder in der DDR und warfen Kartoffelkäfer ab, um unsere Ernte zu vernichten. Wir Schulkinder haben das allerdings nicht zugelassen, im ganzen Land krochen wir durch die Reihen und inspizierten jede Pflanze, auch wenn uns die Amerikaner in Mecklenburg heimtückisch ins Leere laufen ließen. Bei uns haben wir nicht einen einzigen Käfer gefunden – was unsere Wut auf die Amerikaner nur noch steigerte.

Aber die Kinder im Land blieben wachsam, auch meine Freunde in Wustrow. Sie zogen sogar gern in den Kampf, denn sie mussten tun, was sie sonst nicht durften: richtig Krach machen. Eines schönen Fischlandmorgens liefen Scharen von Kindern durch das Dorf, schlugen Topfdeckel gegeneinander oder trommelten mit Kellen und Löffeln auf Töpfe und Kannen. Und alle brüllten ein ums andere Mal: »Ruhr-sta-tut und Mar-shall-plan, in den gro-ßen Ozean! Plumps hinein!«

Es muss ein furchtbares Erschrecken unter den Amerikanern gegeben haben, als die Wustrower Kinder sich erhoben und den Feinden der Menschheit ihre Grenzen aufwiesen. Die kleine Heidi war so angetan von der großen Mobilisierung, dass sie heimlich den Jungen Pionieren beitrat, obwohl ihre Mutter das verboten hatte. Stolz trug sie ihr blaues Halstuch, immer wenn die Mutter es nicht sehen konnte.

Der damaligen Kinderbegeisterung war es nicht abträglich gewesen, dass die einen nicht wussten, was das Bonner Grundgesetz war, und die anderen nicht, was ein Ruhrstatut oder gar ein Marshallplan. Sie waren einfach mitgerissen in diesen frühen Tagen. Schneller als erwartet würden sie aber mit der Wirklichkeit des Lebens konfrontiert werden, die Begeisterung verlieren und auf Distanz gehen. Und der Mann, der sich jetzt erinnert, war auf Abstand gebracht worden, ehe er den Abstand gesucht hatte.

Nun, im Moment der Rückschau, ist all das lange her. Er in seinem siebzigsten Lebensjahr, und das meiste hat er gelebt. Wie eigentümlich, ganz und gar erstaunlich und manchmal auch geheimnisvoll, dass er angekommen ist, obwohl er nie einen Fahrplan gesehen hat. Er wünschte sich, dass er im fernen Mecklenburg stünde, in der Nähe der Heimat seiner Vorfahren, dort, wo es einen Ort gibt mit dem Namen »Siehdichum«. Man steht etwas erhöht und erfasst in der Rückschau den Weg, den man gekommen ist, die Wege, die Hecken, das Land, den See. Ach, so sieht das aus, das Ganze. Lächeln, schüchtern.

Aber heute ist er in Berlin unterwegs, in der Mitte seiner Hauptstadt, die fünfzig Jahre lang die Hauptstadt seiner Unterdrücker war. Heute feiert sie den sechzigsten Jahrestag der Verkündung des Grundgesetzes. Und zum dreizehnten Mal ist der

Präsident der Bundesrepublik gewählt worden. Es ist Sonne über Berlin.

Es ist Sonne in mir.

Ich setze mich auf die Mauer vor dem Reichstag, hinter mir weht die schwarzrotgoldene Fahne.

»Komm«, sage ich zu meiner Begleiterin, »nimm den Fotoapparat und fotografiere mich.«

Die Frau ist intelligent und aus dem Westen, sie sagt: »Aber doch nicht hier, vor dieser Fahne!«

»Doch«, sage ich, »genau hier!«

Dank

Menschen, die mich im Leben begleitet oder meinen Weg gekreuzt haben, haben mir mit ihren Erinnerungen geholfen, mich meiner eigenen zu vergewissern.

Einige haben mir mit Sachwissen zur Seite gestanden, wo ich selber unsicher war.

Andere waren bereit, eigene Erfahrungen beizusteuern, das hat mich und dieses Buch bereichert. Ihnen allen danke ich:

Hansi Gauck, Christian Gauck, Martin Gauck,
Gesine Lange, Katharina Gauck,
Marianne Gauck, Sabine Pannwitz, Eckart Gauck,
Thomas Abraham, Gunnar Christopher,
Christine Danziger, Hansjörg Geiger, Margitta Giera,
David Gill, Dietlind Glüer, Sibylle Hammer,
Ulrike Lange, Ulf Meyer, Jörn Mothes, Erhart Neubert,
Heinrich Rathke, Klaus Richter, Jörn-Michael Schmitt,
Gerhard Schmitt, Matthias Storck, Helmut Zeddies.

Bildnachweis

AP, Düsseldorf 327 (Fritz Reiss)
Steffi und Dieter Behrendt, Schwerin/Pirna 231
BStU, Rostock 183
Gegen Vergessen – Für Demokratie e.V., Berlin 328
Thomas Helms, Schwerin 155
Maik Jespersen/Octopus, Berlin 252
Barbara Klemm, Frankfurt am Main 273
Andreas Schoelzel, Berlin 303
Privatbesitz 11, 17, 19, 29, 50, 51, 67, 93, 101, 114, 115, 133,
        171, 225, 232, 251, 345
Gerhard Schmitz, Warnemünde 224
Martina Thierkopf, Bremen 254
Guy Tillim, Johannisburg 321
ullstein bild, Berlin 138 (ullstein – ADN Bildarchiv),
        247 (ullstein bild – Werek), 307 (ullstein – LS-PRESS)
Siegfried Wittenburg, Rostock 77, 123, 206, 229

Quellenangabe für den Auszug aus dem Lied von Fritz Müller
(S. 285: »Hast du deine Zahnbürste dabei …«): Mundorgel Verlag,
Köln.